리더십 역량 워크북

Leadership Competency Workbook

양성국 강석규 김정훈 조부연 방호진

머리말

관리자들은 조직 내에서 실로 다양한 의사결정의 상황에 놓이는데, 모든 의사결정이 항상 최선의 결과로 이어지지는 못한다. 이는 관련된 경험과 지식의 부족에 기인하는 경우도 있지만, 체계적인 사고와 의사결정을 위한 사고방법과 방법론 자체에 익숙하지 않기 때문인 경우가 많다.

본 리더십 역량 워크북은 총 22개의 모듈을 통해 조직, 팀, 그리고 개인 자신의 관리를 위한 실무적 방법론을 내재화할 수 있도록 기획되었다.

각 모듈은 조직관리자가 보유해야 할 핵심적인 리더십 역량 요소로 구성되어 있으며, 조직 전체의 목적을 달성하기 위한 리더십 역량 발휘 방법론 – 즉, 조직 효과성의 영역 – 에서부터, 리더 자신의 효율적인 업무 수행을 위한 방법론 – 즉, 효율성의 영역 – 에 이르기까지 종합적인 내용이 망라되어 있다. 각 모듈에서 다루고 있는 내용을 개략적으로 요약하면 다음과 같다.

<모듈 1 비전 만들기>

변화하는 환경에 대응하기 위한 비전의 중요성과 비전달성을 위한 핵심 자원으로서 열정에 대하여 이야기 하고 있다. 특히 추상적으로 인식될 수 있는 열정을 구체적으로 이미지화하고 조직 내에 공유하는 절차를 경험할 수 있도록 하였다. 또한 조직 구성원으로서의 역할 모형이 되어야 할 관리자로서 어떻게 주도성을 배양할 것인지에 대한 실무적 방법론이 제시되고 있다.

<모듈 2 전략적 기획력>

모듈 2는 전략적 기획력을 높이기 위한 과정으로 관리자의 역할, 기획적 사고, 기획의 프로세스를 실제로 수행해보도록 하고 있다. 관리자가 가져야 하는 문제의식, 시장지향적 · 논리적 · 시스템적 사고를 통하여 기획력을 확보할 수 있도록 하였으며, 이러한 기획과정에서 사용되는 다양한 체계적 사고기법들을 습득할 수 있도록 하였다.

머리말

<모듈 3 의사결정력>

의사결정자들이 자신의 의사결정 유형을 이해하고, 실무현장에서 적용 가능한 다양한 의사결정 모형들에 대하여 학습할 수 있도록 하였다. 다양한 의사결정기법들에 대한 체험을 통하여, 시스템적 문제해결 접근이 숙달되도록 하였다.

<모듈 4 창의적 문제해결>

모듈 4에서는 PSA(problem solving approach)접근방식을 통하여 창의적으로 문제해결을 시도해볼 수 있도록 하였다. 문제 해결자들이 선택할 수 있는 프로그램들을 제시하고, "문제점 도출 → 핵심문제점 선정 → 원인 분석 → 해결방안 선정 → 실행수립계획"에 이르는 단계적 과정들을 실습할 수 있도록 하였다.

<모듈 5 문제해결>

모듈 5는 문제해결을 위한 가장 기본적인 접근방식에 대해 다루고 있으며, 이를 위해 문제해결의 이해, 문제해결의 원칙, 문제해결로 구성된 3대 요소를 제시하고 있다.

<모듈 6 문제해결 방안>

모듈 5의 문제해결에 대한 이해를 기반으로 체계적 문제해결, PDCA 등의 실무적 기법을 중심으로 다룬다. 특히, Plan - Do - Check - Action의 슈와츠 사이클을 통한 진단 및 해결과정을 체험하도록 하였는데, 각 단계별 다양한 진단, 실행 도구들을 제시하여 실무적 적용 가능성을 높이고 있다.

<모듈 7 의사소통력>

인간 행동 이해를 통한 사람 파악 방법, 효과적인 의사소통력, 칭찬의 기술, 조화로운 관계형성을 위한 실무적 개선방향을 제시하고 있다. 특히 LIFO 진단 등을 통하여 인간행동을 이해할 수 있도록 하였으며, 여러가지 유형화 분류법을 제시하여 인간유형에 대해 세분화된 접근방식을 취하고 있다. 이를 기반으로 효과적인 커뮤니케이션을 위한 메시지 전달방법, 조직 내 칭찬과 갈등관리 등에 대한 내용과 실습자료들을 제시하였다.

<모듈 8 코칭>

코칭 체험학습, 코칭의 정의와 기능, 코칭 기본 스킬, 코칭 면담 모델, 감성 코칭 모델, 코칭 커뮤니케이션, 코치 실행 계획 등 코칭과 관련한 다면적 접근을 시도하였다. 또한 코칭과정 중에 사용될 수 있는 동기부여 기법들을 함께 제시하여, 코칭활동의 효과성을 배가할 수 있도록 하였다.

<모듈 9 건설적 갈등관리>

모듈 9에서는 갈등의 기본 개념, 갈등의 발생 원인과 함께 갈등 해결 방안을 제시하고 있다. 두 사람 또는 그 이상의 사람들이 목표, 인식, 가치 등의 상충으로 인해 강한 불일치가 발생하는 갈등이 회피의 대상이 아니라 건설적으로 관리되어야 할 객체라는 시각을 가질 수 있도록 구성하였다. 또한, 갈등의 각 단계별 구체적 해결대안에 대한 실습이 가능하도록 하였다.

<모듈 10 효과적 회의>

본 모듈에서는 비효율적 회의의 원인인 7 Factor를 중심으로, 이를 해소하기 위한 실무적 접근방식을 제시하여 건설적 대안이 창출될 수 있도록 하였다. 또한 효과적 회의를 위한 6가지 원칙을 제시하여 조직관리자의 기본 스킬로서 회의관리 역량을 배양하고자 한다.

<모듈 11 협상>

협상의 구성요소와 기본원리, 프로세스에 대한 이해를 기반으로 협상 상황에 따른 5가지 전략을 적용할 수 있도록 하였다. 특히, 협상에 대한 잘못된 인식 교정을 위한 이론적 내용을 병기하여, 협상에 대한 긍정적 태도에 기반하여 워크북에 임할 수 있도록 하였다.

<모듈 12 집단역학>

Tuckman의 팀 발달 단계 모형 등 팀제 관련 기본적 이해를 도모하며, 팀 및 조직의 성장에 대한 이해를 돕고자 하고 있다. 또한 다양한 팀 발달단계와 수행 과업유형을 기반으로 자율성과 평가 · 보상의 기능을 알아볼 수 있도록 하였다.

머리말

<모듈 13 갈등의 이해>

갈등 메커니즘의 이해를 기반으로 다양한 갈등관리 기법을 소개하고 있다. 또한 갈등수준에 대한 평가시트 등을 통하여, 해당 기법이 실무에 쉽게 적용될 수 있도록 하였다.

<모듈 14 효과적 팀 만들기>

모듈 14에서는 효과적으로 일하는 팀 만들기에 대한 내용을 다루고 있다. 이를 위해 팀의 발단단계 모형과 팀 발달 특성에 따른 관리자의 역할을 제시하였고, 효과적 팀의 4요소 대한 이해와 팀 프로파일 작성 등을 실습해 볼 수 있도록 하였다.

<모듈 15 팀과 다양성>

모듈 15에서는 팀제에서 가장 빈번하게 접해지는 이슈인 다양성에 대해 다루고 있다. 다양성의 효과에 대한 이론적 견해들, 다양성의 유형 그리고 다양성의 분류에 대해서 세부적으로 논의하고 있다.

<모듈 16 ICP Model>

본 모듈에서는 개인의 특성과 조직 내 부합도 등을 진단하기 위한 모델인 ICP 모델을 소개하고 있다. 이를 위해 ICP Model의 기본 구성, ICP Model 자체에 대한 개념을 제시하였다. 또한 최근까지 조직의 유효성과 특성, 그리고 기업문화에 대한 분석 준거로서 가장 널리 적용되고 있는 경쟁가치 모형(CVF)에 대하여 설명하고 있다.

<모듈 17 ICP 진단>

본 모듈에서는 ICP 진단방식에서는 구체적 질문지를 통하여 IPC 모델을 적용해볼 수 있도록 하였다. 이를 통해 설문결과의 활용 방안에 대해서도 실무적 체험을 제공하고 있다.

<모듈 18 질문>

본 모듈은 적극적 경청과 커뮤니케이션을 위한 기초 요소로서 질문하기에 대한 관리자로서의 역량배양을 목표로 하고 있다. 촉진자로서 요구되는 3가지 핵심 질문 스킬을 직접 체험하고 학습함으로써 조직 내에서 효과적이고 건설적인 질문을 가능케 하고 있다.

<모듈 19 경청>

본 모듈에서는 경청의 정의 및 특징, 경청의 기법을 다루고 있다. 상대방의 얘기를 들으면서 그 말 뒤에 숨어있는 상대방의 감정(기분) 상태를 파악하여 내가 이해하고 같이 느끼고 있음을 전달하는 경청능력의 중요성과 함께, 이를 적용해볼 수 있도록 구성하였다.

<모듈 20 피드백>

모듈 20은 피드백으로, 피드백의 정의와 특징, 피드백의 종류를 제시하고, 코칭 피드백 등 최근 기법들에 대하여 체험하도록 하였다.

<모듈 21 프레젠테이션>

모듈 21 프레젠테이션에서는 모든 관리자들이 관리역할 뿐 아니라 향후 보다 상위관리 역할로 성장하기 위해 가장 핵심적으로 요구되는 역량 중 하나인 프레젠테이션에 대해 구체적으로 다뤄보고 있다. 특히 발표 요소, 발표 준비, 발표자의 기본요소를 상세히 제시하여 관리자 스킬 함양을 지원하고 있다.

<모듈 22 시간관리>

시간관리는 바쁜 관리자에게 있어 가장 기본적인 개인관리 역량이다. 본 모듈을 통해 시간관리의 개념, 중요성을 살펴보고 구체적으로 개인의 효율적 시간관리를 위한 방법론을 습득해 본다.

차례

Module 1

비전 만들기

1) 열정

2) Mind

비전 제시

◆ 비전은 기업이 추구하는 장기적인 목표와 바람직한 미래상임

– 회사가 나아가는 전략 방향을 설정하고, 구성원들에게는 동기를 부여할 수 있어야 함

– 기업의 비전에는 기업의 장기적인 존재 이유가 기업의 목적, 사업영역 및 경쟁우위 창출 등의 내용이 명확하게 표현되어야 함

◆ 비전은 더 나은 미래 설계에 도움이 됨

– 최고의 비전은 광범위하게 공유됨

– 비전은 미래로 향하는 첫발임

– 오늘의 그림이 사람들을 미래로 이끎

– 효과적인 비전은 부분과 전체를 포용할 수 있음

◆ 비전의 개인적 영향력은 다음과 같음

– 비전은 사진기의 초점 조절기와 같음

– 비전은 위대함을 향해 손짓함

– 비전은 미세한 힘과 봉사하고자 하는 욕구를 해방시킴

전략수립

◆ 전략의 고전적 정의로는 주어진 환경 속에서 기업의 행동경로를 결정하고 수행하는 것이고 경쟁적 측면으로는 환경에서 부여하는 기회요인을 잘 살리고, 위협요인을 극복하고, 기업의 강점을 활용하고 약점을 보완하여 경쟁 환경에서 승리하기 위한 대책임

– 전략 수립(strategy formulation)과 전략 실행(strategy implementation)이라는 두 가지의 중요하고 상호 관련된 과업들을 포함함

◆ 포터(Michael E. Porter)에 의하면 전략이란 기업의 여러 활동들을 결합하여 독특하고 가치 있는 전략적 지위를 창출해 내는 것을 의미함

– 차별화된 제품과 서비스를 공급할 수 있도록 내부 메커니즘으로서의 기업 활동을 조정하거나 재결합하는 과정까지도 포함한 개념을 전략적 지위라고 함

– 전략적 지위의 원천은 다음과 같음

① variety–based positioning

② needs–based positioning

③ access–based positioning

전략수립

◆ 전략은 기업전략(corporate strategy), 사업전략(business strategy), 기능별 전략(functional strategy)으로 나누어 짐

- 기업전략은 다각화, 수직적 통합, 기업 인수합병, 해외사업 진출과 같은 결정을 의미하며, 각 사업분야에 경영자원을 배분하고 신규 사업 진출과 기존 사업 부문에서의 철수와 같은 결정을 내림
- 사업전략은 개별사업단위의 목표를 성공적으로 달성하기 위해 사업의 장기적 경쟁우위를 어떻게 구축하고 공고히 할 것인가에 초점
- 기능별 전략은 사업전략을 실행하기 쉽도록 각 기능조직 단위로 실행할 전략을 규정하고 구체화하는 것임

◆ 전략수립을 위한 외부요소는 다음과 같음

- 외부요소는 거시환경 분석을 통하여 기술, 경제, 문화, 인구 통계, 정치(정부)를 파악함
- 산업구조 분석을 통하여 집중도, 진입장벽, 진입장벽 경제적 원인, 새로운 기업의 진출에 따른 위험, 기존 경쟁기업들 간의 경쟁, 대체품의 압력, 구매자의 교섭력, 공급자의 교섭력 등을 파악함
- 경쟁기업 분석에서는 '과연 경쟁기업이 누구냐'를 통하여, 미래의 목표, 현재 실행중인 전략, 가정, 능력 등 네 가지 진단요소들을 파악

전략수립

- 고객 분석은 기업이 소비자의 욕구에 얼마나 부응하느냐를 파악하게 함

① 우리의 고객은 누구인가?

② 고객이 재화나 서비스를 구매하는 동기는 무엇인가?

③ 고객들이 인식하지 못한 채로 존재하는 충족되지 않은 욕구가 있는가?

④ 고객들이 현재의 제품과 서비스에 만족하고 있는가?

◆ 전략수립을 위한 내부요소는 핵심역량에 근거함

- 핵심역량(core capability)이란 가치사슬상의 특정 요소에 대한 기술 및 생산능력을 강조하는 핵심능력(core competence)과는 달리 가치사슬 전체를 포괄하는 광범위한 개념

현재는 Interaction 시대

◆ 현재는 Interaction 시대

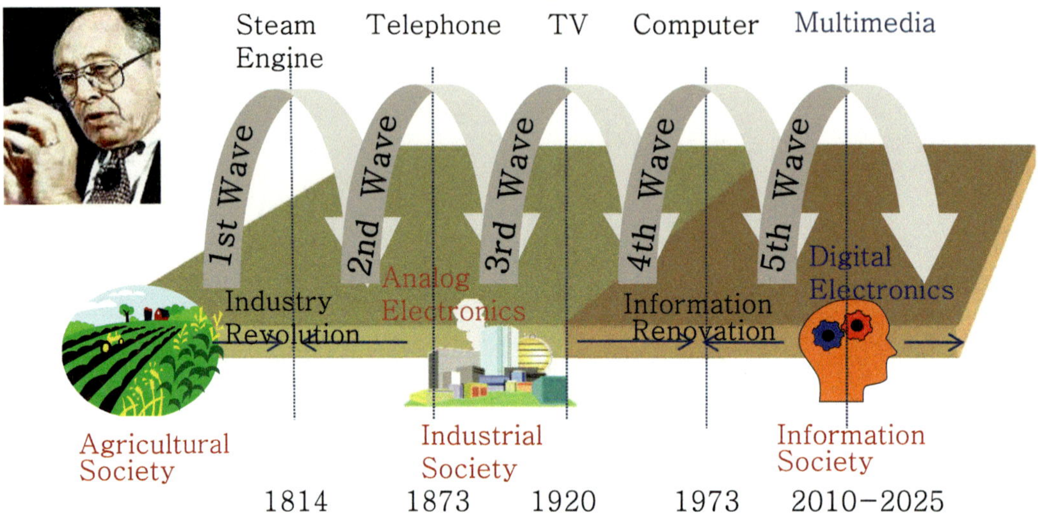

◈ **메모**

변화

◆ 변화 성공을 위한 지뢰밭!

변화 필요성 인식과 공감	X	변화에 대한 명확한 비전	X	변화에 대한 신념과 역량	X	체계적 실천 "GAP 극복"	=	성 공
	X	변화에 대한 명확한 비전	X	변화에 대한 신념과 역량	X	체계적 실천 "GAP 극복"	=	방 관
변화 필요성 인식과 공감	X		X	변화에 대한 신념과 역량	X	체계적 실천 "GAP 극복"	=	혼 란
변화 필요성 인식과 공감	X	변화에 대한 명확한 비전	X		X	체계적 실천 "GAP 극복"	=	회 의
변화 필요성 인식과 공감	X	변화에 대한 명확한 비전	X	변화에 대한 신념과 역량	X	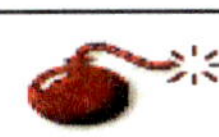 ."	=	좌 절

메모

변화

◆ 변화에 저항하는 이유는?

메모

패러다임

◆ 패러다임은 어떻게 생기는가?

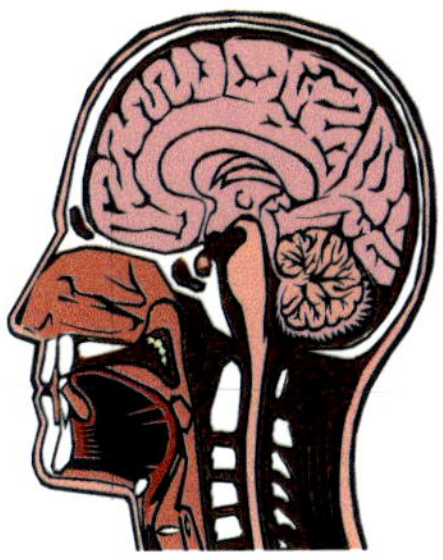

1
의식하지 못하는 무능력 상태
(Unconscious Incompetence)

2
의식하는 무능력 상태
(Conscious Incompetence)

3
의식하는 능력 상태
(Conscious Competence)

4
의식하지 못하는 능력 상태
(Unconscious Competence)

↓ 프로그램(습관)된 상태

무의식 수준	의식수준	의식수준	무의식 수준

메모

◆ 열정

✓ 열정 없이 이루어진 것은 아무 것도 없다. – 게오르크 빌헬름 프리드리히 헤겔

✓ 꿈을 밀고 나가는 힘은 이성이 아니라 희망이며, 두뇌가 아니라 심장이다. – 도스토 예프스키

✓ 성공은 능력보다 열정에 의해서 좌우된다. 승리자는 자신의 일에 몸과 영혼을 다 바친다. – 찰스 북스톤

✓ 성공을 위한 최고의 연료는 정열이다. – 스티븐 스코트

✓ 위대한 것 치고 정열 없이 이루어진 것은 없다. – R.W. 에머슨

P ______________________________

A ______________________________

S ______________________________

S ______________________________

I ______________________________

O ______________________________

N ______________________________

※ 성공을 향한 열정, 이나모리 가즈오

메모

◆ 열정의 모습 1 – 안중근

느낌 적기

러시아군 의장대 뒤편에서 양복 차림의 한 청년이 나타나 이토 히로부미에게 권총을 겨누고 세 발을 발사했는데, 세 발 모두 이토 히로부미에게 명중되었다. 하지만 그 순간, 혹시 이토 히로부미가 아닌 다른 사람을 쏘았을지도 모른다는 생각이 들어, 다시 이토 히로부미의 일행 중 의젓해 보이는 사람들을 향해 세 발을 더 쏘았다.
이토 히로부미를 뒤따르던 그의 비서관과 하얼빈 일본총영사, 그리고 남만주 철도 이사 다나카 세이지로 등이 차례로 쓰려졌다. 이를 본 러시아 헌병들이 안중근을 덮쳤지만, 그는 이에 개의치 않고 "코레아 우라!"(대한 만세)를 외쳤다.

그런데 이날 이토 히로부미를 수행하다 총상을 입었던 다나카 세이지로는 생전에 가장 훌륭한 사람을 누구라고 생각하느냐는 질문에 스스럼없이 '안중근'이라고 답했다고 한다. 일본의 비스마르크, 일본 흥륭의 장본인으로 추앙받던 이토 히로부미를 즉살하고 자신의 다리에 총상까지 입힌 식민지 조선의 청년을 세상에서 가장 존경한다는 것이 도대체 무슨 말인지 의아스러울 것이다.

심지어 다나카 세이지로는 총에 맞는 순간 마주친 안중근의 눈빛에서 뭐라 말로 형용할 수 없는 강렬함을 느꼈는데, 그 눈빛에 정신이 팔려 자신이 총을 맞았다는 사실조차 잊어버릴 정도였다고 한다.
"나는 당시 사건현장에서 10여분간 안중근을 마주할 수 있었다. 그가 총을 쏘고 나서 의연히 서 있는 모습을 보는 순간 마치 신을 보는 듯한 느낌이 들었다. 그것도 음산한 신이 아니라 광명처럼 빛나는 밝은 신이었다. 그는 참 태연하고 늠름했다. 그같이 훌륭한 인물을 일찍이 본 적이 없다." 다나카 세이지로의 이야기이다.

안중근에게 감복한 일본인은 비단 다나카 세이지로만이 아니다. 하얼빈에서 잡힌 안중근이 여순감옥에 수감되어 사형당할 때까지 5개월여를 함께했던 일본 헌병 출신의 간수 치바 토시치는 안중근에게 감복해 자신이 죽을 때까지 아침저녁으로 안중근 영전에 치성을 올리며 명복을 빌었다. 그리고 자신이 죽은 후에는 아내에게 이르길 "안중근 의사의 유목을 소중히 간직하고 자신과 안중근 의사의 위패를 함께 모셔 조석으로 공양하라"는 유언까지 남겼다.

※ 출처: 완벽에의 충동, 정진홍

◆ 열정의 모습 2 - 잭 웰치와 GE의 열정

세계 최고의 기업 GE에는 독특한 CEO선발 방식이 있다. CEO였던 레그는 GE 회장을 선출하기 위해 '기내 인터뷰'라는 방식으로 후보자들과 면담을 하였는데, 그것은 말 그대로 비행기 기내에서 행해지는 인터뷰가 아니라 만일 후보자 자신과 존스가 비행기 사고로 죽게 되었을 때 CEO의 후보로 누구를 추천하겠는가를 3명의 후보자에게 물음으로써 유래한 것이다. 말하자면 비행기 사고를 설정하여 답변을 요구하는 방식으로 후보자들의 지성, 리더십, 도덕성, 대외적인 이미지 등을 테스트하는 것이다.

레그 회장이 마지막으로 웰치를 불러 기내 인터뷰를 했다. "우리가 비행기를 함께 타고 있었는데 그 비행기가 추락하게 되었네. 나는 죽었고 자네는 살았네. 누가 GE의 회장이 되어야 하겠나?" 이 질문에 그는 주저 없이 대답했다. "바로 접니다" 이렇게 해서 잭 웰치는 GE 역사상 최연소 나이로 GE 전체를 통솔하는 위치에 올랐고 20여년간의 기나긴 경영자의 길을 밟아야만 했다. 열정은 천재의 재능보다 낫다는 말처럼 열정은 최고의 경쟁력이다. 올 가을 당신이 다시금 추슬러야 할 것은 당신의 열정이다.

한 기자가 잭 웰치 회장에게 다음과 같이 물었다. "어떤 사람이 인재인지를 파악하는 기준이 뭡니까?" 이 질문에 그는 '열정'이라고 답했다. 일에 대해 파고드는 열정이 그 사람을 전진하게 만든다면서 다음과 같이 덧붙였다. "모든 승자들이 가지고 있는 특성을 꼽는다면 그것은 바로 열정일 것이다.
그것이야말로 승리한 사람들과 다른 사람들의 차이를 잘 나타내 준다. 너무 사소해서 땀흘릴만한 가치가 없는 일이란 존재하지 않으며, 실현되길 바라기엔 너무 큰 꿈이란 존재하지 않으며, 실현되길 바라기엔 너무 큰 꿈이란 것도 존재하지 않는다. 열정은 목소리나 크기 혹은 화려한 외모와도 상관없다. 열정은 내면 깊은 곳에서 비롯되는 것이다."

<긍정의 유전자와 열정의 바이러스>

열정은 마음에서 우러나는 깊고 진실한 흥분을 말한다
열정을 가진 사람들은 다른 사람들이 승리하도록 진심으로 배려한다.
이들은 배우고 성장하는 것을 사랑하며 주위 사람들이 배우고 성장하는 것을 통해 커다란 자극을 받는다.

4E + 1P

◆ 열정의 모습 3 – 강수진

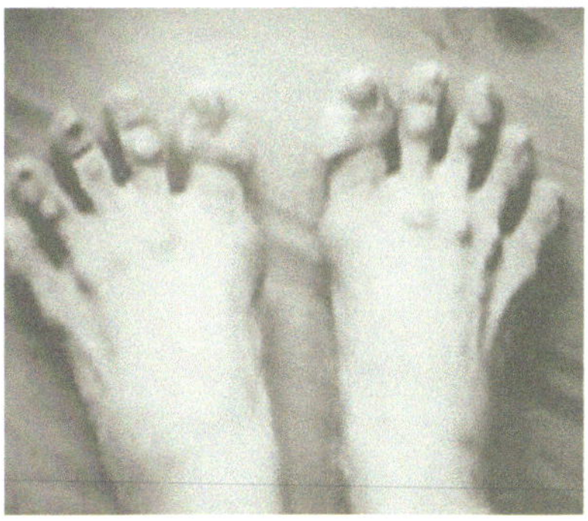

느낌 적기

발이 문드러질 정도로 쉬지 않고 연습과 훈련을 거듭한 결과, 강수진의 몸은 그 누구도 흉내낼 수 없을 만큼 꼿꼿한 섬을 세울 수 있었던 것입니다. 칼금을 그은 듯한 그녀의 허리와 손동작, 그리고 상하좌우로 자유롭게 공간을 누비는 나비처럼 가벼운 몸놀림은 강철보다 더 강해진 그녀의 발에서 뿜어 나오는 열정의 매력입니다.

그래서 혹자는 그녀를 가리켜 '강철나비'라 부릅니다. 중력이 나비의 날개짓을 꺾을 수 없듯, 뜨거운 불길 속에서 쇳덩이가 제련되듯, 강수진은 유연하고 가벼우면서 강하고 곧다는 것이죠.

1999년, 발레리나에게 최고 영예인 '브누아 드라 당스' 상을 수상한 뒤 그녀는 다리에 금이 갔다는 의사의 진단을 받았습니다. 더 이상 발레를 할 수 없는 처지에 내몰린 것입니다. 재기를 점칠 수 없는 불안한 나날의 15개월이 흐른 뒤, 그러나 그녀는 프리마 발레리나로 화려하게 복귀했습니다.

그녀는 일체의 잡념과 감정을 배제한 채 무아의 상태로 자신을 발레의 세계로 몰아넣습니다. 그 무서운 '몰입의 힘'으로 무대 위에 선 강수진은 <로미오와 줄리엣>에선 줄리엣으로, <미술피리>에선 파미나로 완벽하게 변모합니다. 그래서 혹자는 강수진을 가리켜 '발레 수행자'라고까지 말합니다.

만약 그녀가 동양인 최초로 로잔 국제발레 콩쿠르 1위를 차지했다는 식의 이력에만 집착했다면, 그저 한 명의 스쳐간 발레리나로만 기억되었을지 모릅니다. 하지만 강수진은 타고난 천재가 아니라 끊임없이 노력하는 연습벌레인 탓에 서른여덟의 나이에도 아랑곳 않고 더 원숙한 모습으로 발레의 세계를 펼쳐나가고 있는 것입니다.

살아오는 동안 단 한번도 발레 이외의 다른 삶을 동경해 본 일이 없다는 발레리나 강수진, 예술은 화려한 볼거리보다는 깊은 감동을 줄 때 비로소 그 가치를 찾을 수 있습니다. 그 깊은 감동은 '혼의 몰입'을 통해서 흘러 나옵니다. "더 못한다고, 이 정도면 됐다고 생각할 때 그 사람의 예술인생은 거기서 끝나는 것"이라고 단호히 말하는 발레리나 강수진, 그녀는 "몰입의 위대한 힘'을 여실히 보여준 사람입니다

※ 출처: 완벽에의 충동, 정진홍

◆ 열정의 모습

천재나 영웅은 하루아침에 이루어지지 않습니다

타이거 우즈는 세 살 때 골프를 시작해 14년 후 전미 아마추어 챔피언이 되었습니다.

일본의 야구천재 스즈키 이치로는 야구를 시작한 지 13년 후에 수위타자의 자리에 오릅니다.

링컨은 무려 20여 년 가까이 7번 선거에서 낙선했으면서도 기어코 대통령에 당선됩니다

위대한 성공, 위대한 천재는 이처럼 하루아침에 절대로 이루어지지 않습니다.

애틀란타 올림픽에서 200, 400m 동시 금메달을 획득한 마이클 존슨이 이렇게 말합니다

"나는 고등학교 시절, 200m를 21초에 뛰었습니다.. 고교생으로선 그저 그런 성적이었습니다. 그 뒤 10년 동안 끊임없이 노력하여 19.5초에 달리게 되었습니다. 10년간 고작 1.5초를 단축했습니다."

그러나 이 차이가 바로 보통선수와 세계 제일의 선수와의 차이입니다.

◆ [My Passion History] workshop

1. 태어나서 지금까지, 매년 기억에 남는 사건들을 회상해 보세요
2. 열정적이고 주도적이었던 때나 사건을 중심으로 기록해 보세요
3. 열정 지수로 그래프를 그리고 가장 열정적이었던 바로 '그때'를 서로에게 이야기해 보세요
4. 열정적이지 않았다면, 그 이유에 대해서도 생각해보고 이야기해 보세요

개인 성찰	이미지 차트 작업	팀 내 공유
5분	15분	15분

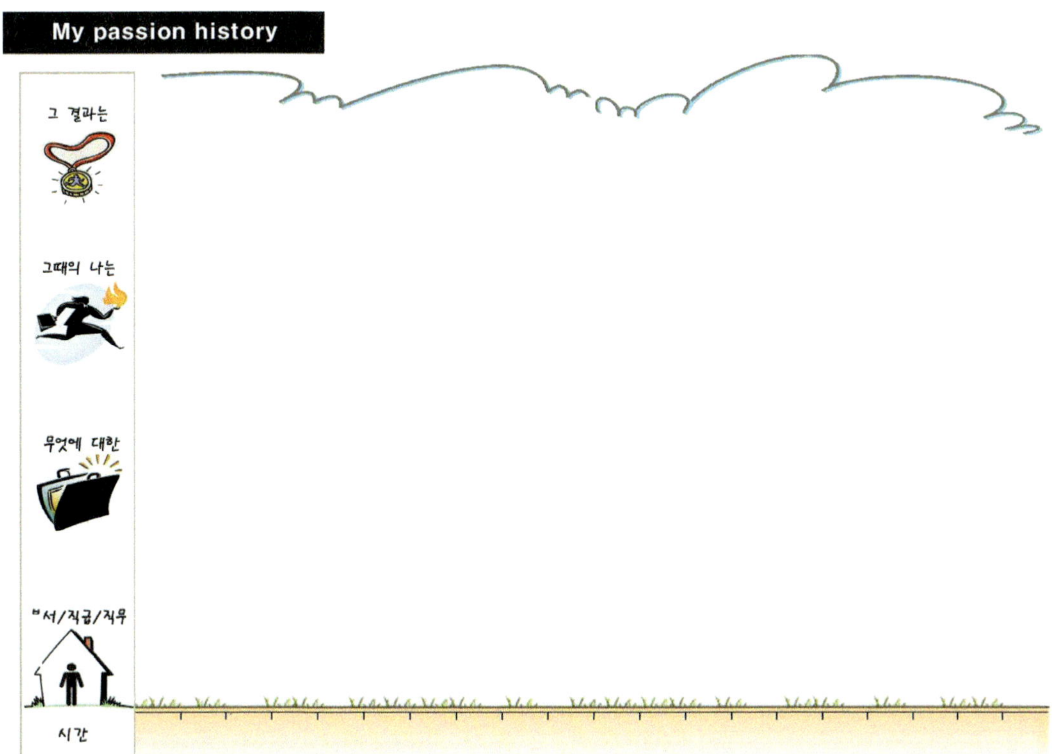

◆ 열정 그래프

열정 그래프

열정적이던 때

열정적이지 못했던 때

◆ 의미 있는 목표

느낌 적기

일반적인 상황에서 일반적으로 지속적으로 주도적이 되기 위해서 필요한 것이 있다.
그 주도성의 힘을 나오게 해주는 '엔진'은 의미 있는 목표이다.
주도적인 선택은 의미 있는 목표에 따라 결정된다. 자신의 가치, 자신이 중요하다고 여기는 가치와도 연관이 있는 의미 있는 목표가 있다면 언제나 주도적으로 반응하게 자신이 시스템화 될 것이다.
현재 상황에서 가장 절박한 무엇이다. 그것이 의미 있는 목표이다.

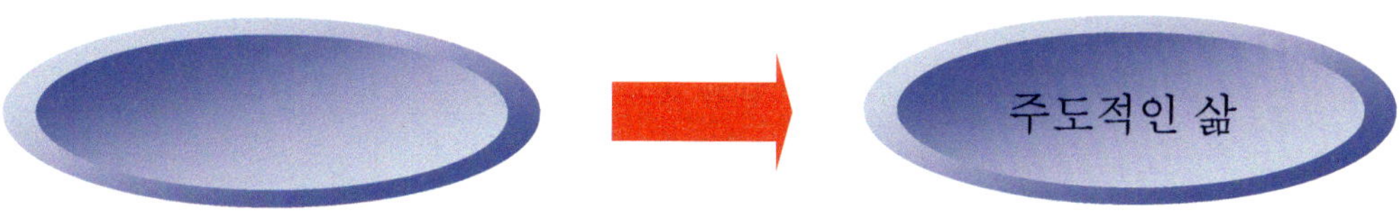

메모

◆ 이순신 장군의 말, 말, 말

1. 집안이 나쁘다고 탓하지 마라.
   나는 몰락한 역적의 가문에서 태어나서 가난 때문에 외갓집에서 자라났다.

2. 머리가 나쁘다고 말하지 마라.
   나는 첫 시험에서 낙방하고 서른둘의 늦은 나이에야 겨우 과거에 급제했다.

3. 좋은 직위가 아니라고 불평하지 마라.
   나는 14년 동안 변방오지의 말단 수비 장교로 돌았다.

4. 윗사람에 지시라 어쩔 수 없다고 말하지 마라.
   나는 불의한 직속 상관들과의 불화로 몇 차례나 파면과 불이익을 받았다.

5. 몸이 약하다고 고민하지 마라.
   나는 평생 동안 고질적인 위장병과 전염병으로 고통받았다.

6. 기회가 주어지지 않는다고 불평하지 마라.
   나는 적군의 침입으로 나라가 위태로워진 후 마흔일곱에 제독이 되었다.

7. 조직의 지원이 없다고 실망하지 마라.
   나는 스스로 논밭을 갈아 군자금을 만들었고 스물세 번 싸워 스물세 번 이겼다.

8. 윗사람이 알아 주지 않는다고 불만을 갖지 마라.
   나는 끊임없는 임금의 오해와 의심으로 모든 공을 빼앗긴 채 옥살이를 해야 했다.

9. 자본이 없다고 절망하지 마라.
   나는 빈손으로 돌아온 전쟁터에서 열두 척의 낡은 배로 133척의 적을 막았다.

10. 옳지 못한 방법으로 가족을 사랑한다 말하지 마라.
    나는 스무 살의 아들을 적의 칼에 잃었고 또 다른 아들들과 함께 전쟁터로 나섰다.

11. 죽음이 두렵다고 말하지 마라.
    나는 적들이 물러가는 마지막 전투에서 스스로 죽음을 택했다.

◆ 주도성이란?

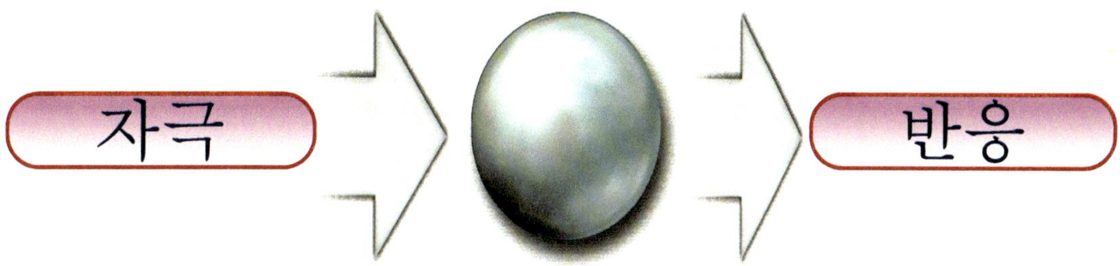

선택한다는 것은 주도적이 된다는 것이다.

메모

◆ 시지프스 신화

(   )없는 일상의 반복은..

그리스 신화에 나오는 시지프스 왕은 신을 모욕한 벌로 하데스의 가파른 언덕 위로 돌을 밀고 올라갔다가 다시 굴러 내리게 하는 일을 끊임없이 반복하는 형벌을 받는다. 무의미한 일의 반복이 그리스판 지옥이 상상할 수 있는 가장 무서운 형벌이었던 것처럼 목표가 없는 일상의 반복은 구성원들의 의욕을 꺾고 숨겨진 열정을 사장(死藏)시키고 만다.

시지프스는 바람의 신인 아이올로스와 그리스인의 시조인 헬렌 사이에서 태어났다.
호머가 전하는 바에 따르면 시지프스는 '인간 중에서 가장 현명하고 신중한 사람'이었다고 한다.
그러나 신들의 편에서 보면, 엿듣기 좋아하고 입이 싸고 교활할 뿐 아니라,
특히나 신들을 우습게 여긴다는 점에서 심히 마뜩잖은 인간으로 일찍이 낙인 찍힌 존재였다.

도둑질 잘하기로 유명한 전령신 헤르메스는 태어난 바로 그날 저녁에 강보를 빠져나가 이복형인 아폴론의 소를 훔쳤다. 그는 떡갈나무 껍질로 소의 발을 감싸고, 소의 꼬리에다가는 싸리 빗자루를 매달아 땅바닥에 끌리게 함으로써 소의 발자국을 감쪽같이 지웠다. 그리고는 시치미를 뚝 떼고 자신이 태어난 동굴 속의 강보로 돌아가 아무것도 모르는 갓난아기 행세를 했다. 그런데 헤르메스의 이 완전범죄를 망쳐 놓은 인간이 있었으니 바로 시지프스였다. 아폴론이 자신의 소가 없어진 것을 알고 이리저리 찾아 다니자 시지프스가 범인은 바로 헤르메스임을 일러바쳤던 것이다. 아폴론은 헤르메스의 도둑질을 제우스에게 고발하였고 이 일로 시지프스는 범행의 당사자인 헤르메스뿐만 아니라 제우스의 눈총까지 받게 되었다. 도둑질이거나 말거나 여하튼 신들의 일에 감히 인간이 끼어든 게 주제넘게 여겨졌던 것이다.

그 일로 말미암아 가뜩이나 눈밖에 나 있던 차에, 뒤이어 시지프스는 더욱 결정적인 괘씸죄를 저지르게 되었다. 어느 날 시지프스는 제우스가 독수리로 둔갑해 요정 아이기나를 납치해 가는 현장을 목격하게 되었다. 잠시 궁리한 끝에 시지프스는 아이기나의 아버지인 강신(降神) 아소포스를 찾아갔다. 딸 걱정에 천근같은 한숨을 내쉬고 있는 아소포스에게 시지프스는 자신의 부탁을 하나 들어준다면 딸이 있는 곳을 가르쳐 주겠노라 했다.

시지프스는 그때 코린토스를 창건하여 다스리고 있었는데 물이 귀해 백성들이 몹시 고생을 하고 있었다. 그러니 코린토스에 있는 산에다 마르지 않는 샘을 하나 만들어 달라는 게 시지프스의 청이었다. 물줄기를 산 위로 끌어올리는 게 쉬운 일은 아니었지만 어쨌거나 딸을 찾는 게 급했던 터라 아소포스는 시지프스의 청을 들어주기로 했다. 시지프스는 그에게 제우스가 아이기나를 납치해 간 섬의 위치를 가르쳐 주었고 아소포스는 곧 그곳으로 달려가 딸을 제우스의 손아귀에서 구해냈다.

자신의 떳떳잖은 비행을 엿보고 그것을 일러바친 자가 다름 아닌 시지프스임을 알아낸 제우스는 저승신 타나토스(죽음)에게 당장 그 놈을 잡아오라고 명령했다. 그러나 제우스가 어떤 식으로든 자신에게 보복하리라는 걸 미리 헤아리고 있던 시지프스는 타나토스가 당도하자 그를 쇠사슬로 꽁꽁 묶어 돌로 만든 감옥에다 가두어 버렸다. 명이 다한 사람을 저승으로 데려가는 저승사자가 묶여 있으니 당연히 죽는 사람이 없어졌다. 명계(冥界)의 왕 하데스가 이 어처구니없는 사태를 제우스에게 고했고 제우스는 전쟁신 아레스를 보내 타나토스를 구출하게 했다. 호전적이고 잔인하기 이를 데 없는 아레스에게 섣불리 맞섰다간 온 코린토스가 피바다가 될 것임을 알고 시지프스는 이번엔 순순히 항복했다. 그런데 타나토스의 손에 끌려가면서 시지프스는 아내 멜로페에게 자신의 시신을 화장도 매장도 하지 말고 광장에 내다 버릴 것이며 장례식도 치르지 말라고 은밀히 일렀다. 저승에 당도한 시지프스는 하데스를 알현하는 자리에서 이렇게 읍소(泣訴)했다.

"아내가 저의 시신을 광장에 내다 버리고 장례식도 치르지 않은 것은 죽은 자를 수습하여 무사히 저승에 이르게 하는 이제까지의 관습을 조롱한 것인즉 이는 곧 명계의 지배자이신 대왕에 대한 능멸에 다름 아니니 제가 다시 이승으로 가 아내의 죄를 단단히 물은 후 다시 오겠습니다. 하니 저에게 사흘간만 말미를 주소서."

시지프스의 꾀에 넘어간 하데스는 그를 다시 이승으로 보내 주었다. 그러나 시지프스는 그 약속을 지키지 않았다. 영생불사하는 신이 아니라 한번 죽으면 그걸로 그만인 인간인 그로서는 이승에서의 삶이 너무도 소중했던 것이다. 하데스가 몇 번이나 타나토스를 보내 올리대기도 하고 경고하기도 했지만 그때마다 시지프스는 갖가지 말재주와 임기응변으로 체포를 피했다. 그리하여 그는 그 후로 오랫동안을 "천천히 흐르는 강물과 별빛이 되비치는 바다와 금수초목을 안아 기르는 산과 날마다 새롭게 웃는 대지" 속에서 삶의 기쁨을 누렸다. 그러나 아무리 현명하고 신중하다 한들 인간이 어찌 신을 이길 수 있었으랴. 마침내는 시지프스도 타나토스의 손에 끌려 명계로 갈 수밖에 없었다.

명계에선 가혹한 형벌이 그를 기다리고 있었다. 하데스는 명계에 있는 높은 바위산을 가리키며 그 기슭에 있는 큰 바위를 산꼭대기까지 밀어 올리라고 했다. 시지프스는 온 힘을 다해 바위를 꼭대기까지 밀어 올렸다. 그러나 바로 그 순간에 바위는 제 무게만큼의 속도로 굴러 떨어져 버렸다. 시지프스는 다시 바위를 밀어 올려야만 했다. 왜냐하면 하데스가 "바위가 늘 그 꼭대기에 있게 하라"고 명령했기 때문이었다. 그리하여 시지프스는 "하늘이 없는 공간, 측량할 길 없는 시간"과 싸우면서 영원히 바위를 밀어 올려야만 했다.

다시 굴러 떨어질 것을 뻔히 알면서도 산 위로 바위를 밀어 올려야 하는 영겁의 형벌! 끔찍하기 짝이 없다. 언제 끝나리라는 보장이라도 있다면 모를까. 시지프스의 무익한 노동 앞엔 헤아릴 길 없는 영겁의 시간이 있을 뿐이다.

"열정을 깨우는 일은
(　　　　　　　) 에 대한 발견이다"

◆ 마음의 7법칙

우연의 법칙 ➔ 내 인생의 80%는 우연이다??

기대의 법칙 ➔ 항상 좋은 것을 기대하라

인력의 법칙 ➔ 나는 자석이다 과연 N극, S극…

상응의 법칙 ➔ 엔진부터 갈아라

메모

◆ 창조적 긴장과 소모적 긴장

메모

◆ 성공적 인생을 위해서 필요한 것은?

진대제 前장관 "완벽한 인생? 마음먹기 달렸죠"

"완벽한 인생이란 마음먹기(Attitude)에 달렸죠."

삼성전자 사장을 거쳐 정보통신부 장관으로 최장수 임기를 누렸던 진대제 씨(54)가 알파벳 단어와 숫자조합으로 인생론을 풀어내 호기심과 웃음을 자아냈다

푸르덴셜 투자증권이 16일 개최한 '인베스터스(투자가, 출자자) 포럼 2006'에서 기조 연설자로 나선 진 전 장관은 '100점짜리 인생이란 무엇일까'란 질문을 던진 뒤 색다른 해석을 내렸다.

진 전 장관은 알파벳 A~Z에 차례대로 1~26점의 점수를 부여한 뒤 이를 각각의 문자에 적용하면 운 좋은 경우를 뜻하는 'LUCK'은 47점에 불과하고, 'MONEY(돈)'는 72점, 'KNOWLEDGE(지식)'는 96점이라고 소개했다.

또 열심히 일하는 'HARD WORK'는 98점, 운도 좋고 돈도 많다는 의미의 'FORTUNE' 역시 99점에 그친다고 덧붙였다.

그는 "그러나 '자세·몸가짐'을 의미하는 'ATTITUDE'는 100점이 나온다"며 "결국 인생은 마음먹기에 달려 있는 게 아니겠느냐"고 의미 있는 해석을 붙였다.

그는 이어 "공교롭게도 정신적 중압감을 나타내는 'STRESS'와 휴식을 의미하는 숙어 'TAKE A REST' 역시 100점이 나왔다"며 "우리 삶은 적당한 스트레스와 휴식이 동시에 필요한 것 같다"고 설명했다.

※ 출처 : 한국경제, 2006. 11. 16

메모

◆ 긍정의 힘 - 생각하는 대로 이루어진다

느낌 적기

피그말리온 효과 (Pygmalion Effect)
로젠탈효과, 자성적 예언, 자기충족적 예언이라고도 한다. 그리스신화에 나오는 조각가 피그말리온의 이름에서 유래한 심리학 용어이다.
조각가였던 피그말리온은 아름다운 여인상을 조각하고, 그 여인상을 진심으로 사랑하게 된다. 여신(女神) 아프로디테(로마신화의 비너스)는 그의 사랑에 감동하여 여인상에게 생명을 주었다. 이처럼 타인의 기대나 관심으로 인하여 능률이 오르거나 결과가 좋아지는 현상을 말한다. 심리학에서는 타인이 나를 존중하고 나에게 기대하는 것이 있으면 기대에 부응하는 쪽으로 변하려고 노력하여 그렇게 된다는 것을 의미한다.
특히 교육심리학에서는 교사의 관심이 학생에게 긍정적인 영향을 미치는 심리적 요인이 된다는 것을 말한다.

1968년 하버드대학교 사회심리학과 교수인 로버트 로젠탈(Robert Rosenthal)과 미국에서 20년 이상 초등학교 교장을 지낸 레노어 제이콥슨(Lenore Jacobson)은 미국 샌프란시스코의 한 초등학교에서 전교생을 대상으로 지능검사를 한 후 검사 결과와 상관없이 무작위로 한 반에서 20% 정도의 학생을 뽑았다. 그 학생들의 명단을 교사에게 주면서 '지적 능력이나 학업성취의 향상 가능성이 높은 학생들'이라고 믿게 하였다. 8개월 후 이전과 같은 지능검사를 다시 실시하였는데, 그 결과 명단에 속한 학생들은 다른 학생들보다 평균 점수가 높게 나왔다. 뿐만 아니라 학교 성적도 크게 향상되었다. 명단에 오른 학생들에 대한 교사의 기대와 격려가 중요한 요인이었다. 이 연구 결과는 교사가 학생에게 거는 기대가 실제로 학생의 성적 향상에 효과를 미친다는 것을 입증하였다.

플라시보 효과 (Placebo Effect)
플라시보 효과란 약효가 전혀 없는 거짓 약을 진짜 약으로 가장, 환자에게 복용토록 했을 때 환자의 병세가 호전되는 효과를 말한다. '플라시보'란 말은 '마음에 들도록 한다'는 뜻의 라틴어로, 가짜 약을 의미한다. 만성질환이나 심리상태에 영향을 받기 쉬운 질환에서는 이 플라시보를 투여해도 효과를 보는 경우가 있는데 이를 '플라시보 효과'라 한다.

◆ 나에게 보내는 메시지

여러분은 지금 조용한 방안 매우 푹신한 의자에 몸을 깊숙이 파묻고 앉았습니다. 눈을 조용히 감고 매우 평화롭고 고요한 곳으로 내려가는 엘리베이터를 탔다는 상상을 합니다. 1부터 10까지 세며 자신의 몸이 매우 편안한 상태에 빠져들고 있음을 느낍니다.
1을 셉니다. 편안함이 얼굴에 퍼져갑니다. 턱에서 이마, 머리까지 편안해집니다. 2를 셉니다. 몸이 더욱 깊이 가라앉으며 편안해집니다. 3을 셉니다. 목에서 어깨, 등까지 부드럽고 유연해집니다. 4를 셉니다. 팔에서 손목과 손까지 편안해집니다. 호흡은 깊고 느려지며 숨쉬는 것이 편안해집니다. 5를 셉니다. 엘리베이터는 계속해서 내려가고 몸은 더욱 편안해집니다. 세상은 고요하고 편안하고 평화롭습니다. 6을 셉니다. 배와 엉덩이와 허벅지가 편해집니다. 머리끝에서 발끝까지의 모든 긴장이 풀어집니다. 7을 셉니다. 다리와 발, 그리고 발가락까지 편안해집니다. 8을 셉니다. 계속해서 밑으로 내려갑니다. 아래로 계속 내려가다가 자신만의 특별한 공간에 이릅니다. 이젠 아무 소리도 들리지 않고, 모든 것이 고요합니다. 9를 셉니다. 거의 다 왔습니다. 자유로움을 느껴보십시오. 10을 셉니다. 자신만의 특별한 공간에 도착했습니다. 완벽한 평화로움과 고요함의 상태를 느낍니다.
나는 이제 내 자신에게 이렇게 다짐합니다.
이제부터 나는, 긍정적인 마음을 가질 것입니다. 회의적인 시각과 조급함은 내 인생에서 없애버렸습니다. 이제는 참을성 있게 지켜보며, 나 자신에 대한 응원을 해줄 것입니다. 이제부터 나는, 나를 전적으로 믿습니다. 내게는 뭔가 큰 일을 할 수 있는 능력이 있고 또 나는 그럴 만한 가치가 있는 사람입니다. 이제부터 나는, 내 원대한 목표를 향해 정진할 것입니다. 이런 생각을 하면 힘이 솟고 인생을 더욱 소중하게 생각하게 됩니다. 이제부터 내가 하는 모든 행동은 나로 인한 것임을 인정합니다. 내게 어떤 결과가 생기든 그것은 나의 생각으로부터 나온 것임을 압니다. 이제부터 나는, 내 시간을 효율적으로 사용할 것입니다. 아무리 짧은 시간이라도 그것은 매우 소중한 것이며 되돌릴 수도 없습니다. 따라서 최선을 다해 시간을 사용할 것입니다. 이제부터 자기 계발에도 신경 쓸 것입니다. 하루에 최소, 한 시간씩은 나를 위해 사용할 것입니다. 이제부터 나는, 나를 매우 아낄 것입니다. 내 정신적, 육체적 건강은 매우 소중한 것이므로. 이제부터 나는, 목표를 세우고 그 것을 추구함에 있어 창의적인 사람이 될 것입니다. 나의 생각과 행동에는 무궁한 가능성이 있습니다. 이제부터 나는, 내 회사와 동료 직원들에게도 도움이 되는 사람이 될 것입니다. 사람들이 내게 바라는 것 이상의 것을 해 보일 것이며, 이렇게 함으로써 생기는 결과는 내 기대보다 훨씬 클 거라는 것을 알고 있다. 이제부터 나는, 내가 하는 일에 있어 나만큼 잘하는 사람이 없다는 것을 인정합니다. 그리고 이런 최고의 상태를 통해 진정한 내 모습을 발견할 수 있다는 것을 믿습니다. 이제부터 나는, 대인관계를 잘 이끌어 나갈 것입니다. 사람들과의 관계에 문제가 없다면 다른 문제도 생길 것이 없습니다. 그리고 다른 이들에게도 존경과 관심을 베풀 것입니다. -. 이제 현재의 삶으로 서서히 돌아옵니다.
-. 자 이제 심호흡을 하면서 현실로 돌아올 마음의 준비를 하십시오. 다섯을 세는 동안 여러분은 아주 자연스럽고 편안하게 그리고 서서히 여러분의 현재 몸으로 돌아옵니다. 하나, 깊이 호흡하면서 천천히 돌아옵니다. 둘, 편안한 마음을 유지합니다. 셋. -. 넷. -. 다섯! 이제 완전히 의식이 돌아왔습니다. 눈을 뜨십시오. 여러분 자신을 믿음으로 해서 나오는 긍정적인 느낌들이 어떻습니까?

◆ 긍정적인 감정과 나의 선호 경향

선호표상 체계 검사
(Favored Representational System : Rep System)

시각형	청각형
• 눈의 시선이 상향 방향 • 머리와 몸을 세우는 경향 • 주로 흉식호흡 • 깔끔하며 정리 정돈형 • 외모 중시 • 어떻게 보이는가에 관심 • 집중의 어려움 • 말보다 문서나 그림	• 눈의 시선이 중간 방향 • 중간 가슴 호흡 • 혼잣말, 독백 • 소음에 민감 • 한 번 들었던 것은 기억 • 대체로 음악듣기를 좋아함 • 전화로 수다떨기 • 문서보다는 말
신체감각형	**내부언어형**
• 눈의 시선이 아래 방향 • 복식 호흡 경향 • 말을 천천히 함 • 신체적 접촉을 좋아함 • 다른 사람들과 가까운 위치에서 대화하는 것을 선호 • 행동을 하면서 기억하는 경향 • 감을 잘 잡고 감정이 민감함	• 눈의 시신이 아래 방향 • 독백하는 버릇 • 논리적이고 분석적인 경향 • 절차와 순서를 중요시함 • 사물의 이치를 따지는 경향 • 단어나 용어를 중심으로 하는 언어에 민감함 • 정확한 언어를 구사하려 함

나의 에너지 원은?

자연 속에서 시간 보내기	독서	창의적인 자기표현	스포츠나 사회활동 도전하기
고독, 홀로 시간 보내기	가까운 사람과 함께 시간 보내기	타인으로부터 긍정적 피드백 받기	마음 나는 대로 따르기
음악 감상	아이들이나 젊은 사람 만나기	집안일 등 창조적인 활동으로 시간보내기	휴가나 여행
영화 감상	조언자 만나기	친구들 만나기	친구,동료,지인들과 넓은 인간관계 구축
공연 관람	공부 지식 습득	운동 하기	새로운 기술 배우기

◆ 기억하라 그리고 지속하라

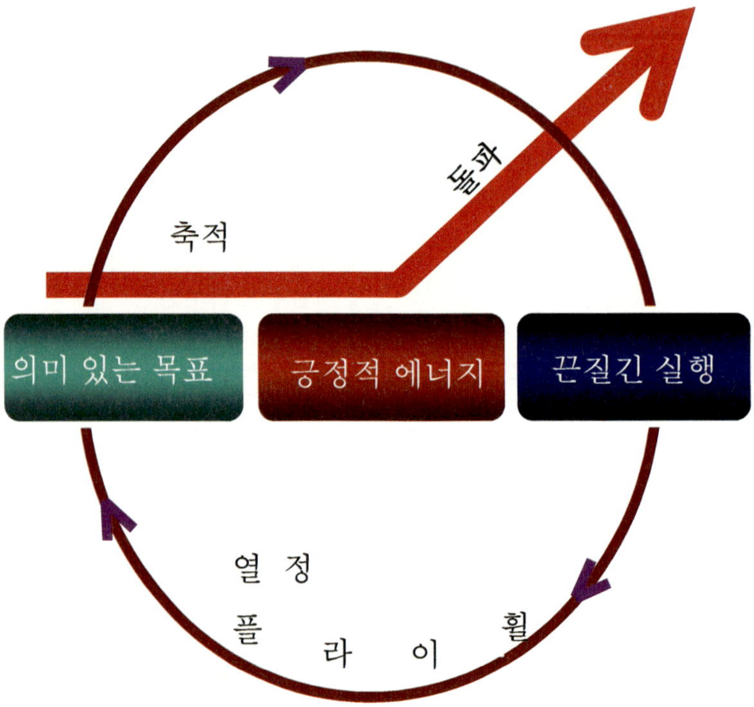

사람들을
밤 늦도록 안 재우고 또 이른 아침 깨우는 것도
바로 열정이다.

사람들이 인간관계에 결핍감을 느끼고, 이를 더 구하게 만드는 것도
바로 열정이다

열정은 인생에서 힘과 진액 그리고 의미를 준다
운동선수, 예술가, 과학자, 부모 또는 사업자 중
그 누구도 크게 되고자 하는 열정 없이는 성공해서 위대해 질 수 없다

※출처 : 안소니 로빈스의 <무한능력(Unlimited Power)> 중에서

Module 2

전략적 기획력

1) 관리자의 역할
2) 기획적 사고
3) 기획의 프로세스

기 획 력

◆ 기획이란 '어떤 일을 하기 위한 계획(을 세우는 것)' 으로 정의되며, 이는 '일' 과 '계획' 이라는 두 가지 키워드로 요약할 수 있음

- 문제의 근원
- 문제에 관련된 정보
- 문제해결을 위한 방침
- 해결을 위한 구상과 구체적 방안
- 기획을 설득시키고 실현을 목표로 함

◆ 기획력이란 문제를 창조적으로 해결하기 위해 방침을 세우고, 정보를 수집하고, 구상하고, 구체화하고, 설득하고 목표를 실현하는 전 과정을 실시하는 능력임

◆ 기획 인간의 필요 능력: 21세기형 기획 인간의 5C능력

- Conceptualize(이념력): 이상을 구상할 수 있는 능력
- Communication(정보 수집력): 정보를 활용할 수 있는 능력
- Create(창조력): 아이디어를 발상할 수 있는 능력
- Construct(구상력): 해결책을 구상할 수 있는 능력
- Carry out(실현력): 해결책을 실천할 수 있는 능력

기 획 력

◆ 개인기획 프로세스의 단계는 다음과 같음

- 오리엔테이션(문제발생)
- 테마를 명확히(문제설정)
- 정보수집과 분석(문제파악)
- 컨셉세우기(목표설정)
- 기본구상 구축(구상계획)
- 구체계획 수립(구체계획)
- 기획서 작성(종합평가)
- 프리젠테이션(계획 제안)
- 기획실시(해결행동)

◆ 기획에서 정보수집의 3원칙

- 규격화(정보를 규격 맞게 수집한다)
- 즉시화(정보를 즉시 모아 즉시 검색할 수 있게 한다)
- 집중화(정보를 집중 관리한다)

기 획 력

◆ 기획서를 쓰는 다섯 가지 포인트

- 형식(format)
- 컨셉(concept)
- 독창성
- 통일성(unification)
- 연출성(direction)

Ⅰ. 관리자의 역할

가. 역할인식 변화(role transfer)

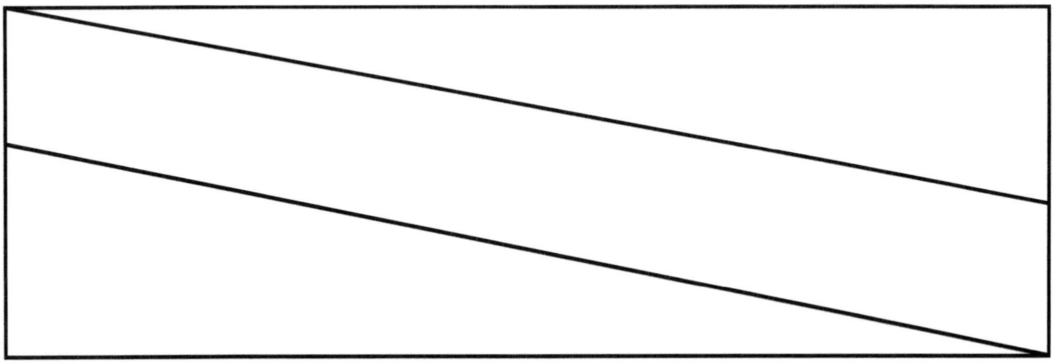

From	To
Role-taker(주어진 일을 하는 사람)	Role-maker(새로운 일을 만드는 사람)
Do things right(일을 효율적으로 함)	Do right things(일을 효과적으로 함)
Professional(프로페셔널)	Producer(프로듀서)

나. 요구 역량(skill hierarchy)

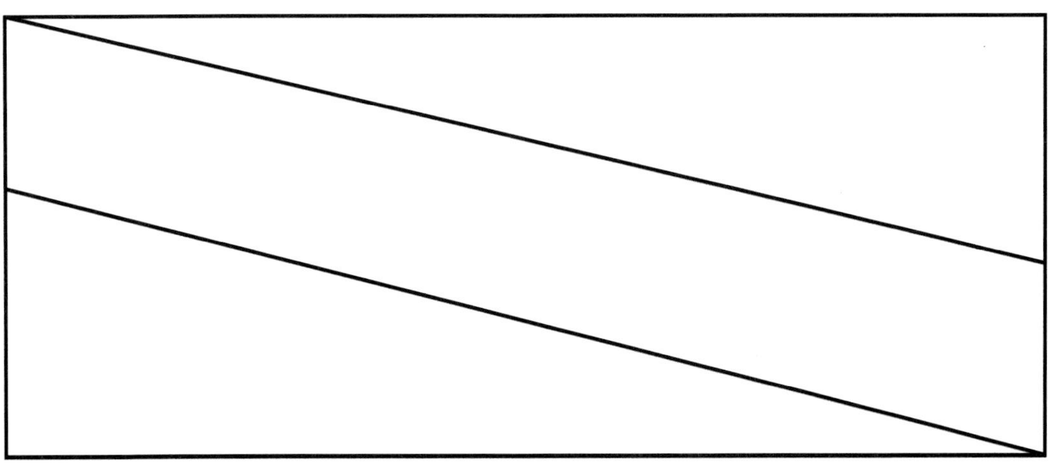

실무담당자 중간관리자 최고경영진

1. 문제의식

가. 문제의식과 5가지 질문

Marketing Myopia

현재 성장산업이라 불리는 많은 산업들, 그리고 과거에 그렇게 불렸던 산업들이 사실상 그의 목적, 혹은 산업 영역을 너무나 좁게 규정하여 미래에 그리고 오늘날 쇠퇴기를 걷고 있다.

간단한 예로 1900년대 중반 미국의 철도산업을 들 수 있는데 이 당시 미국의 철도산업 관계자들은 자신들의 사업영역을 운송업이라고 축소시킴으로 인해서 큰 위기를 맞게 된다. 즉 도로, 항만, 항공 등 대체산업의 발달에 따라 운송 수요가 점차로 감소하게 되었던 것이다.

이와 같은 위기에 처한 미국의 철도산업을 구한 것은 바로 철도산업의 영역(scope of biz domain)을 재설정한 것이다. 즉 산업의 영역을 (   )이라고 재 규정한 것이다.

(1) Who is our customer? (target customer)
우리의 (목표)고객은 누구인가?

(2) What is value to our customer? (customer needs focus)
우리 고객이 추구하는 가치는 무엇인가?

(3) What is will our business be? (finding signal of change)
우리의 사업은 어떻게 될 것인가?(변화의 징후)

(4) What should our business be?
(Redefining biz concept/domain in ever changing environment)
변화하는 환경에 대응해 생존하기 위하여 우리는 무엇을 해야 하는가?

나. 문제의식과 Trend Hunter

9·11 테러 이후 1년간 테러 여파에 시달려온 유나이티드 항공이 결국 파산을 눈앞에 두게 됐다. 그간 전략적 제휴의 강화로 세계 항공운송시장의 재편을 도모해 보려던 타개책도 무위로 끝났다.

유나이티드의 파산 위기는 세계 항공운송업계에 큰 영향을 미칠 것으로 보인다.

우선 이 항공사가 독일 루프트한자 항공과 함께 주도적으로 이끌어온 제휴 항공사들의 모임인 '스타 동맹체(Star Alliance)'의 약화가 예상된다. 이 동맹체는 전 세계 승객 수송의 17.2%를 차지해왔다. 국내의 아시아나 항공이 내년 2월 여기에 가입해 미국 노선 확대를 꾀하기로 했으나 어려움이 예상된다.

9·11 테러는 항공산업 구조조정의 계기가 되고 있다. 직원 감원, 보유 항공기 축소가 이뤄지고 있다. 지난해와 올해 미국 항공사들은 심각한 적자를 보았지만 산업적으로는 이를 극복하고 재무적, 비용 구조적으로 더욱 강고해질 전망이다. 이와 경쟁할 우리 항공사들은 어떻게 대응할 것인가가 과제다. .

1. 항공업계의 침체원인은 무엇인지 토론하여 발표하시오. 그리고 토론 결과가 시사하는 바를 요약하여 정리하시오

2. 전에 예상하지 못했던 현상이 실제로 발생하고 있는 사례에는 무엇이 있습니까?

2. 고객(시장)지향적 사고 _ 가치창조

$$\text{Value} = \frac{\quad x \quad x \quad}{\text{Cost}}$$

Utility (효용성)	❑ Form (외형) ❑ Fit (안성맞춤) ❑ Function (기능)
Access (접근성)	❑ Volume produced (생산량) ❑ Time to the Market (적시성) ❑ Place of Distribution (유통) ❑ Level of Pricing (가격)
Affinity (친밀성)	❑ Interest (흥미) ❑ Image (이미지) ❑ Kindness (친절함) ❑ Safety (안전함) ❑ Fun & Joy (Entertainment) (즐거움과 유희) ❑ Challenge/Risk-taking (도전과 위험감수) ❑ Easiness (쉬움) ❑ Convenience (편리함) ❑ Env.-Friendliness (환경친화) ❑ Comfort/ Atmosphere (안락함/분위기) ❑ Choice (선택의 즐거움) ❑ Simplicity (단순함) ❑ Uniqueness/ Rarity (독특함/희소함)

2. 고객(시장)지향적 사고 _ 가치창조

<table>
<tr><th>고객의 가치</th><th>사례</th></tr>
<tr><td>❑ Form (외형)
❑ Fit (안성맞춤)
❑ Function (기능)</td><td></td></tr>
<tr><td>❑ Volume produced (생산량)
❑ Time to the Market (적시성)
❑ Place of Distribution (유통)
❑ Level of Pricing (가격)</td><td></td></tr>
<tr><td>❑ Interest (흥미)
❑ Image (이미지)
❑ Kindness (친절함)
❑ Safety (안전함)
❑ Fun & Joy (즐거움과 유희)
❑ Challenge/Risk-taking (도전/위험감수)
❑ Easiness (쉬움)
❑ Convenience (편리함)
❑ Env.-Friendliness (환경친화)
❑ Comfort/ Atmosphere (안락함/분위기)
❑ Choice (선택의 즐거움)
❑ Simplicity (단순함)
❑ Uniqueness/ Rarity (독특함/희소함)</td><td></td></tr>
</table>

3. 논리적 사고

자신의 결론을 설명할 때 우리는 '의해서', '따라서', '이와 같이'라는 말을 자주 사용한다. 이때 전후 이야기가 비약하지 않고, 전달자가 말하고 싶은 결론과 근거, 결론과 방법의 맥락을 상대가 매끄럽게 이해하게 하는 것이 매우 중요하다. 이를 위한 사고가 논리적 사고이며, 구체적 기술로는 'So What / Why So? 기법'이 있다. 물론 이때 가로방향으로는 MECE한 관계를 전제로 한다.

❑ So What?: 현재 가지고 있는 정보나 데이터를 토대로 과제에 비추어 보아 대답할 수 있는 핵심 결론을 추출하는 작업이다. "결국 어떤 것인가?", "핵심이 무엇인가?", "결론이 무엇인가?"에 대한 답변을 제시하는 것이다.

❑ Why So?: "So What?"한 것에 대해 "왜 그렇게 말할 수 있지?"라는 질문을 던졌을 때 현재의 정보와 데이터로 분명히 설명될 수 있어야 한다는 것이다. "왜 그렇게 말할 수 있지?", "구체적으로는 뭐야?"라고 검증.확인하는 것이다.

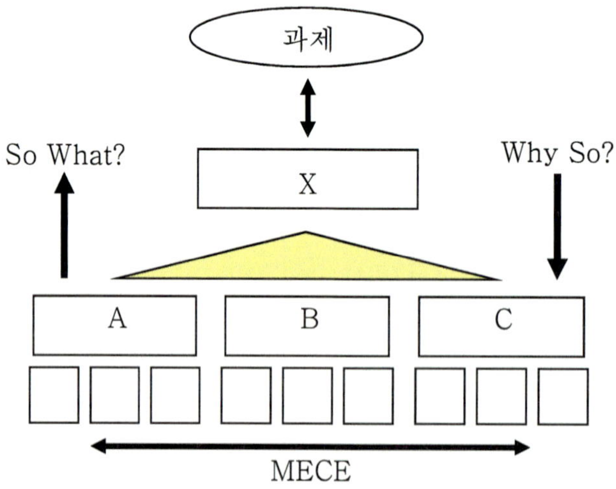

3. 논리적 사고

어떤 결론

성, 비정규직, 장애인, 외국근로자 및 학벌에 따른 차별을 해소하겠다는 신정부의 노동정책이 가시화되면서 비전경영㈜의 대표이사는 인사팀장을 불러 자사에서 성별에 따른 임금수준의 격차가 있는지, 있다면 그 정도는 얼마나 되는지 파악하여 보고하라고 지시하였다.

최경천 인사팀장은 인사팀 직원인 최경애 대리에게 지시하여 기획재무팀으로부터 자료 협조를 구하여 남.여별 평균임금을 조사토록 하였으며, 그 결과 비전경영㈜의 남직원 평균임금은 450만원으로 여직원 평균임금인 275만원보다 무려 175만원이나 높게 나타났다.

이와 같은 주사 결과를 토대로 최 팀장은 자사의 성에 따른 임금격차가 예상 외로 크다는 것을 파악하고 조속한 시일 내에 해결해야 할 과제로 인식하게 되었으며, 이를 대표이사에게 보고하였다.

1. 최 팀장의 결론(so what?)은 무엇입니까?

2. 최 팀장의 결론에 대한 근거(사실, 자료, 원인)는 정확합니까? 아니라면 왜 그렇다고 생각합니까?

4. 시스템적 사고

기획자는 숲과 나무, 나무와 숲을 같이 볼 수 있어야 한다. 즉 전체 속에서 부분을, 부분에서 전체의 모습을 볼 수 있는 것이 시스템적 사고이다. 시스템적 사고를 실천하기 위한 기법으로는 MECE법이 있다. 여기서 MECE란 Mutually Exclusive and Collectively Exhausted의 머리글자를 모아서 만든 말로서 "어떤 사항을 중복 없이, 그리고 누락 없는 부분의 집합체로서 파악하는 것"을 의미한다.

MECE인 경우

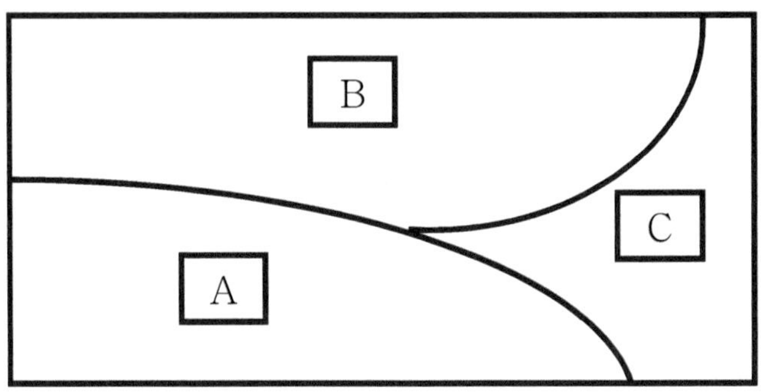

MECE가 아닌 경우

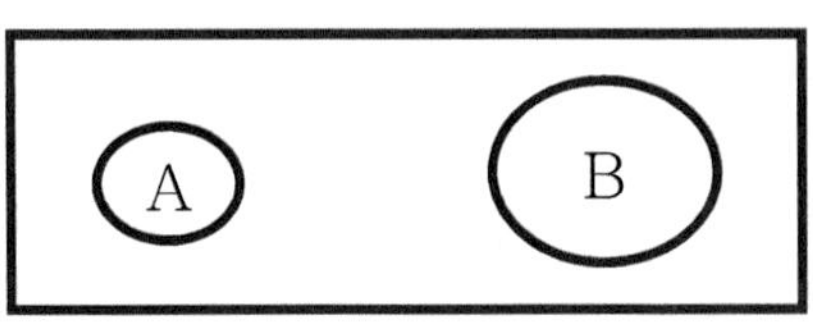

AB는 ME이기는 하나, CE는 아님
예) 전체: 동물 (A: 포유류, B: 어류)

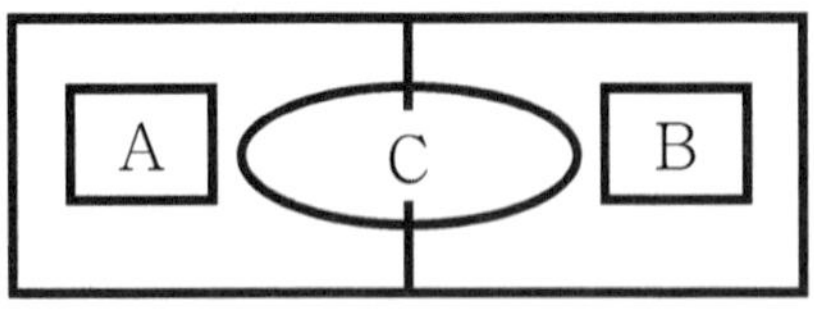

ABC는 CE이기는 하나, ME는 아님
예) 전체: 여성 (A: 기혼여성, B: 미혼여성, C: 직장여성)

AB는 ME도, CE도 아님
예) 전체: 공부 잘하는 학생 (A: 수학 잘하는 학생, B: 국어 잘하는 학생)

• 실습자료

Magic Number 3

맥킨지에서는 3이라는 숫자가 매직 넘버이다. 이 회사에서는 늘 3이라는 숫자를 애용한다. 매킨지인에게 복잡한 문제를 질문하면, 대개는 다음과 같은 답이 나올 것이다. "그 이유로는 세 가지가 있습니다. ...." 그리고 맥킨지의 컨설턴트들은 3개의 위계 속에서 일을 한다. 즉, 중요한 순서대로 고객, 회사, 그리고 자신이다.

계산의 제곱 법칙(the Square Law of Computation)

이것은 어떤 방정식의 수가 늘어남에 따라 문제 풀이에 필요한 계산 수는 적어도 제곱의 비율로 늘어난다는 것이다. 다시 말해서, 어떤 문제의 복잡성이 2배가 될 때 그 문제를 푸는 데 필요한 시간은 4배가 된다는 것이다. 따라서 우리는 나름대로 단순화를 해야만 한다.

핵심 요인(key driver)들에 집중하는 것은 문제의 핵심에 초점을 맞추는 것이다. 이것은 문제의 모든 측면을 다루는 것이 아니다. 이런 자세로 우리는 가장 필요한 부분에 사실에 근거한 철저한 분석을 하고 불필요한 부분은 제외시킨다.

엘리베이터 테스트

당신의 해결책을 완벽하게 알아서, 그것을 분명하고 정확하게 30초 안에 설명할 수 있어야 한다. 이렇게 할 수 있을 때 당신은 당신의 해결책을 팔 수 있을 충분한 정도로 자신의 일을 잘 이해하고 있는 셈이 된다.

이제 그 중요한 프로젝트의 최종 보고를 할 시간이 되었다고 상상하라. 당신과 당신의 팀은 그동안 새벽 2시까지 일을 하면서 보고서를 만들었고, 단 하나의 오자도 없도록 정성을 기울였다. 이제 당신은 제일 좋은 옷을 입고 만반의 준비가 된 것처럼 보이려 한다. 그리고 고객인 <포춘> 50대 기업의 중역들이 맥킨지 보고를 듣기 위해 회사 건물의 맨 위층에 자리잡은 원탁 탁자에 둘러 앉는다.

그런데 바로 그때 대표 이사가 회의실로 들어오면서 이렇게 말한다. "여러분 미안합니다. 나는 이 자리에 참석할 수가 없습니다. 갑자기 중요한 문제가 생겨서 변호사들을 만나러 가야 합니다." 그러다가 당신을 향해 돌아서며 이렇게 말한다. "당신이 나와 함께 엘리베이터를 타고 밑으로 내려가면서 연구한 것들을 말해 줄 수 있겠소?"

엘리베이터를 타는 시간은 30초 정도에 불과하다. 그 시간에 당신은 "고객 회사의 대표이사에게 해결책을 설명할 수 있는가? 당신은 그 사람에게 해결책을 팔 수가 있는가?" 이것이 바로 엘리베이터 테스트이다.

(에단 라지엘, 맥킨지는 일하는 방식이 다르다, 김영사)

- 실습자료

토종카페 '민들레영토'가 '스타벅스'를 제친 이유
10년 전 노점상으로 모은 2천만원을 가지고 10평 남짓한 공간에 마련한 카페가 지금은 4천평이 넘는 대형 카페로 발전했다. 국내 카페 브랜드 인지도 1위, 국내 외식업소 고객 만족도 1위의 '민들레영토'가 그곳으로, 이제는 미국과 중국 등 해외진출도 추진중이다.

민들레영토의 성공비결, '감성마케팅'
본점인 서울 신촌 민들레영토는 8백평 빌딩 전체가 카페이다. 10년 전 하루 1백명 정도의 고객이 찾아오던 이 곳은 지금은 하루 1만명이 찾아온다. 그 비결은 '감성마케팅'이다. 민들레영토는 '감성리더와 감성사원이 운영하는 감성공간'이라고 표현된다. 민들레영토의 대표 지승룡은 39세에 성직자를 그만두고 나서야 자신의 몸에 장사꾼의 피가 흐르고 있다는 것을 깨달았다. '어머니의 사랑'을 서비스하는 문화카페라는 전혀 새로운 비즈니스 영역을 개척하며 그는 20개의 민들레영토를 전국에 건설했다. 지승룡에게 첫 위기는 서른여섯에 이혼을 하면서 예수의 사랑과 진리를 세상에 전파하는 일에 평생을 바치겠다는 결심이 허망하게 무너졌을 때였다. 멀쩡한 성직자도 교회가 모자라서 목회활동을 하기 어려운 현실에서 이혼은 목회자에게 치명적인 핸디캡이었다. 그는 3년간 닥치는 대로 집 근처 종로 정독도서관에서 2천권의 책을 읽으며 패배의식을 달랬다. 어느덧 그는 경제와 경영분야의 책을 섭렵하는 등 사회 복귀에 필요한 책을 중점적으로 골라 읽고 있었다. 재혼에 성공한 유치원 선생님과 만난 것도 이 도서관이었다. 93년 가을 정독도서관에서 나와 인사동의 조그만한 카페에 앉으로 할 일을 생각하며 30분 정도 사색에 잠겼던 그에게 주인은 "손님, 이렇게 혼자 오래 앉아 계시면 영업에 지장이 있습니다. 그만 일어나주시면 좋겠습니다"라고 말했다. 지승룡은 너무나 자존심이 상했다. '내가 편하게 쉴 수 있는 휴식공간이 이렇게도 귀하단 말인가? 대부분의 사람들은 도시에서 살고 있는데, 도시의 모든 공간이 이렇게 장삿속에만 빠져 있단 말인가?'

- 실습자료 (계속)

그때 하나의 영감이 떠올랐다. 외로운 도시인들이 고향의 집이나 어머니의 포근함을 느낄 수 있는 휴식공간을 만든다면 틀림없이 성공할 거야. 옛날 시골다방에서 마담이 손님에게 편안한 대화 분위기를 제공했듯, 도시인이 쫓겨날 걱정을 하지 않아도 되는 편안한 카페를 만들면 어떨까?
그러나 돈이 없었다. 한 달 동안 80명을 만났지만 단 한 푼도 돈을 빌리지 못했다. 결국 스스로 초기자본을 만들어내야 했다. 어느 날 길거리 노점에서 떡볶이를 먹던 그는 가래떡이 '향수'를 불러일으키는 '추억'의 상품이라는 발상을 떠올렸다.
이때 정독도서관에서 읽은 경영도서들이 힘이 됐다. 어떤 장사를 해도 다른 사람과 다르게 해야 성공한다는 지침에 따라 가래떡 장사를 하기 위해 신사복에 넥타이까지 맨 정장 차림으로 강남의 고급아파트 단지를 입지로 선정했다.
주변에서는 서민들이 즐겨 찾는 음식인 가래떡을 부자동네에서 팔기로 한 그를 보고 장사의 기초도 모르는 사람이라고 비웃었다. 그러나 그는 가래떡이 강남에 사는 중년부인들의 향수를 불러일으킬 거라고 생각했다. 중년부인들이 지나갈 때마다 그는 부드러운 목소리로 '어머니'라고 불렀다.
"이거 쌀로 만든 떡인데 제가 지금 막 뽑아왔습니다. 이 떡을 오늘 집에 가지고 가셔서 요리하시면 가족들이 무척 좋아하실 겁니다. 제가 지금 방금 뽑아온 떡입니다."
장사가 잘 되는 날은 하루 20만원 넘게 수익을 올렸다. 가래떡 장사로 약간의 돈이 모이자 그는 이번에는 의류 재고품 판매에 나섰다. 그 무렵 신문에서 의류회사마다 재고로 골치를 앓고 있다는 기사를 눈여겨 본 것이다. 정가의 25%에 재고품을 받아 팔리는 물건만 결제하고 나머지는 반품하는 조건이었다.
정가의 50%에 판매를 하니 이윤이 짭짤했다. 떡장사를 시작한 지 6개월 만에 2천만원의 초기자본이 모아졌다. 이제 카페 사업을 시작할 때가 왔다. 연세대 신학과를 나온 그는 모교가 있는 신촌을 사업 장소로 염두에 두었다.

• 실습자료 (계속)

그러나 2천만원 예산으로 가게를 얻으려고 부동산 중개소를 찾아간 그에게 중개소 주인들은 "가게 없다"는 퉁명스러운 답변만 했다. 알고보니 적어도 억대는 있어야 한다는 것이었다. 그는 다시 창업 관련 서적에서 읽은 정보를 떠올렸다. 좋은 가게를 얻는 노하우였다. '내려가는 길목에서는 장사를 하지 마라, 사람들의 발길을 붙잡을 수 있어야 한다, 추후 확장성을 고려해야 한다'는 등의 원칙을 가지고 3개월간 신촌 일대를 관찰했다. 그러던 중 신촌 기차역에서 연세대 정문 쪽으로 난 이면도로 부근이 가능성이 있어 보였다. 하루 종일 서서 살피다가 카페를 하기에 딱 맞는 장소 하나를 발견했다. 그곳은 연세대 쪽 골목 안 기찻길 옆에 있는 양장점이었다. 위치가 골목 안쪽이고 뒤편은 기찻길이어서 인적이 드물었다. 그러나 주인은 권리금만 1억원을 요구했다. 몇주일간의 줄다리기 끝에 임대보증금과 권리금을 합해서 7천만원으로 깎았다. 2천만원밖에 없었으므로 나머지는 월세로 돌릴 작정이었던 그는 "가게를 계약하기 전에 반드시 건축대장과 등기부등본을 확인하라"는 창업 지침에 따라 구청에서 건축대장을 떼어보았다. 가게를 하려면 영업허가를 받아야 하고 허가를 받으려면 건축물관리대장에 등재되어 있어야 한다. 그런데 양장점 건물은 건축물관리대장에 등재되어 있지 않은 무허가 건물이었다. 그는 주인에게 "이곳은 무허가건물이더군요. 구청 담당공무원들이 그러는데 머지않아 철거하고 이 거리를 아름답게 꾸밀 계획이라고 하더군요"라며 재협상에 들어갔다. "없던 얘기로 하자"는 주인은 며칠 후 보증금 1천5백만원,월세 70만원의 조건으로 계약하자는 제안을 받아들였다.

카페를 하겠다고 마음먹은 지 9개월 만에 10평짜리 가게를 열었다. 카페에서 무엇을 팔 것인가. 음식과 음료 나아가 종업원의 서비스를 판다는 생각에서 한 걸음 더 나아가 그는 '어머니의 사랑'을 팔기로 했다. 손님에게 '어머니의 사랑'을 느끼도록 하기 위해서는 어떻게 해야 하나. 카페에 온 손님을 쫓아내는 일이 없어야 한다는 것으로는 부족했다. 그래서 결정한 게 리필이었다. 어머니는 자식이 아무리 많이 먹어도 낯을 찡그리지 않는다. '드시고 더 드세요'의 마음가짐으로 손님을 대하자는 것이었다.

그런데 무허가 건물이어서 음식을 팔 수 없었다.

• 실습자료 (계속)

그는 예전에 친구와 함께 갔던 한 카페가 머무는 시간을 기준으로 1시간에 1인당 5천원을 받고 누구나 먹을거리를 사가지고 올 수 있도록 했던 것도 무허가였기 때문이었다는 것을 생각해 냈다.

그는 구청 담당자에게 "무허가 건물이라서 음료를 팔 수 없다면 장소사용료를 받으면 괜찮겠느냐"고 물었다. 구청 직원은 '선례가 없으니 알아서 하라"면서 "자판기를 들여놓으면 어떻겠냐"는 아이디어까지 내놓았다.

그는 장소사용료로 '문화비'를 받되 카페 안으로 먹을 것을 가지고 오는 손님은 막지 않기로 했다. 자판기에서 파는 음료값에 장소사용료를 포함시키고 고급종이컵을 사용해 싸구려라는 느낌을 없앴다.

나아가 회원제를 실시해 입회비를 내면 도형을 이용해 자아실현상담을 해주기도 했다. 양장점이었던 10평짜리 가게에 탁자 6개를 놓은 카페라고 하지만 무허가여서 간판도 달 수 없었다.

그는 지나가는 학생들의 관심을 유도하기 위해 간판 자리에 영어로 'Break the Impossibility Habits'라고 크게 써놓고 차를 파는 곳이라는 걸 알리기 위해 커피 자판기를 하나 사서 쇼윈도 앞에 놓아두었다.

그리고 흔들의자를 두 개 사서 부부가 앉아 있었다. 아내는 공주옷을 입고 남편은 스웨터를 입고 앉아 커다란 활자로 인쇄된 영어 성경책을 읽었다. 실내에는 항상 새소리, 물소리 같은 환경음악을 틀어놓았다.

첫날 2명의 손님이 찾아온 뒤 한 달도 안돼 하루 1백명씩 손님이 찾아왔다. 그러나 돈은 적게 받고 많이 퍼주는 영업방식으로 하다보니 하루 5만원 정도밖에 벌지 못했다. 둘이서 하루 막일을 해도 10만원씩 버는데, 둘이 하루 종일 일을 해서 얻는 수입이 5만원이라는 노력에 비하면 적은 돈이었다. 그는 여기서 '곱하기 공식'을 통해 카페 영업을 사업 수준으로 격상시켰다. 잔금을 1년 뒤에 주고 그동안 이자를 지급하는 식으로 일단 카페를 대형화시킨 것이다. 10평 카페와 옆 가게 두 곳을 사들여 1백평으로 카페를 넓힌 것이다. 매출이 비약적으로 신장하면서 매달 수천만원씩 순익이 남았다.

- 실습자료 (계속)

민들레영토에서는 찻값을 따로 받지 않고 문화비를 내면 민토차를 기본으로 커피, 레모네이드, 녹차 등 다양한 종류의 음료를 3번까지 리필해서 마실 수 있다.

조용히 책을 볼 수 있는 독서실과 여러 사람들이 함께 공부할 수 있는 세미나실, 연극과 영화를 감상할 수 있는 공간도 마련돼 있다. 게다가 고객들이 직접 참여해서 자신들만의 콘서트를 열거나, 음악을 연주할 수 있는 공간도 갖추었다.
감성공간을 만들기 위해서 그는 오감마케팅까지 동원했다. 시각적으로 아름답게, 청각적으로 분위기 있게, 후각적으로 향기롭게, 촉각적으로 부드럽게, 미각적으로 입맛에 맞도록 카페를 설계한 것이다.
저자는 특히 민들레영토가 제공하는 '감성체험' 마케팅에 주목한다. 서비스 공간에 한 사람이 오래 머물면서 자리를 점유하면 효율이 떨어질 것 같지만 그렇지 않다는 것이다.

오래 머무는 동안 그곳에 친근감이 생겨서 다른 상품들을 소비하기 때문이다. 손님이 오래 머물면 다른 손님들이 민들레영토에 왔을 때 이곳은 항상 손님이 많은 인기 있는 곳이라는 이미지를 주게 된다. 고객도 뛰어난 인테리어가 되어 손님을 끌어들이는 것이다. 손님들이 항상 있으면 서비스 사원들도 긴장하여 근무의욕이 높아지고 서비스 스킬도 향상되는 부대효과도 있다.
그러나 사업 확장 후 또다시 위기가 찾아왔다. 서울시가 '아름다운 서울'을 만든다는 취지에 따라 서대문구청은 기찻길 옆 건물들을 헐고 공영주차장과 공공시설을 건립한다는 계획을 내놓았다. 하루 아침에 카페가 없어질 위기의 순간에 그는 디지털 세대에 주목했다.
그는 카페에서 토크쇼를 열고 '이곳이 헐리게 되었다'는 사실을 알렸다. 단골 학생들은 즉각 구청에 민원을 제기하고 구청 홈페이지에 하루 수백 건의 글을 올려 서버가 다운될 정도로 민들레영토 지키기 운동에 나섰다.

연세대는 물론 이화여대,서강대 학생들까지 온갖 유흥시설로 덮인 신촌에서 민들레영토는 반드시 지켜야 할 가치가 있는 공간이라면서 서명운동에 돌입했다.
사태가 이쯤 되자 구청에서 실태조사를 나와 마침내 서울시로부터 계획을 철회한다는 통보를 받았다.

• 실습자료 (계속)

그는 이 사건을 계기로 민들레영토가 단순한 카페가 아니라 도시인들의 문화공간이라는 것을 깨닫고 '도시문화연구소'를 만들었다. 이때부터 사람들은 그를 주인이나 대표, 사장이라고 부르지 않고 '소장'이라는 호칭으로 부르고 있다.

지승룡은 '문화공간'의 경쟁력에 대한 확신을 가지면서 이번에는 대학로에 민들레영토를 오픈하기로 했다. 신촌에서 돈을 많이 벌었다고 하지만 밀린 대금들 갚는데 돈이 다 들어가 당시 통장에는 1백만원도 없었다.
어이없어 하는 아내의 반응에도 불구하고 그는 점포 확장 계획을 밀어 부쳤다. 원하는 건물이 매물로 나왔다는 정보를 입수하고 등기부등본을 확인하니 경매 절차가 진행 중이었다. 은행 지점장으로부터 건물대금의 90%까지 대출을 약속받은 그는 경매로 건물을 낙찰받았다. 그러나 IMF가 터지면서 대출을 약속한 은행이 다른 은행으로 넘어가면서 잔금을 치르지 못할 위기가 닥쳤다.
6부 이자의 사채까지 끌어 써야 할 상황에서 대출에 부정적이었던 한 신용금고회사에서 긍정적으로 검토하겠다는 연락이 왔다. 알고보니 이사장의 여비서가 이 카페의 단골로 '문화공간'으로서의 민들레영토에 대한 지원을 간청했던 것이 큰 도움이 된 것이었다. 또다시 '문화공간'으로서의 카페의 위력이 발휘된 순간이었다.

메모

1. 기획의 의의와 FIT 모델

기획은 장기적 존속을 위한 기회를 선점하기 위하여 이슈를 발견하고, 이슈 달성에 필요한 '핵심 요인(key driver)'을 찾아 '부가가치(add value)'를 창출해 내는 것이다.

- 자원의 전략적 배분을 통하여 성과의 극대화를 추구해 가는 과정
- 조직의 (   )을 달성하기 위하여 (   )을 분석하고 미래를 예측하여 계획을 수립하는 과정

Finding S	* 환경의 변화를 예측한다. * 환경변화에 따른 조직의 CBI(핵심 비즈니스 이슈, Critical Business Issue)를 도출한다.
Imaging S	* 수집한 정보를 토대로, 조직의 CBI와 관련된 현상을 분석한다. * CBI를 해결하기 위한 큰 방향(전략적 컨셉)을 구상한다.
Taking-out S	* 전략적 컨셉에 기초하여 CBI를 해결하기 위한 구체적 대안을 수립한다. * 실행 대안이 조직의 생존에 도움이 되는지 전사적 관점에서 검토한다.

2. 기획의 프로세스

2.1 Finding Signals

가. 환경 변화

Chindia

FTA

Ubiquitous

사물인디넷

전기자동차

3D 프린터

드론

6T

4F

웰빙(Wellbeing)

프로슈머(Prosumer)

디지털 컨버전스(Digital Convergence)

블루오션(Blue Ocean)

에인절지수(angel coefficient)

GIGO

나. Biz Issue 끌어 내기

분석수준	Issues
조직	
부서/팀	
개인	

다. Biz Issue 우선순위 결정하기

라. 기획테마 결정하기

(1) 문제의 명확화

- 문제를 SMART하게 기술한다.
- 왜 이런 문제가 발생하였는지 "Endless why?" 관점에서 구체화될 때까지 반복한다.
- 지속적으로 의문을 제기하고 논리적 인과관계로 분석한다.
- 이러한 상황하에서 "우리가 속한 산업과 시장, 상품(serduct)과의 관련성, 또 전략적 이슈들은 과연 무엇인가?"를 분석한다.
- "최상, 최악, 최적의 시나리오는 무엇인가?"를 고려한다.

S

M

A

R

T

1. 인력구조의 개선
2. 지방재정자립도 부진
3. 공무원 근로의욕 감소
4. 대민만족도 취약
5. 책임의식 부재

(2) 목적의 명확화

- RFP: 기획을 의뢰한 사람은 무엇을 요구하는가?
- 배경: 왜 기획을 해야 하는가?
- 목적: 이 일은 조직에 어떠한 가치를 제공하는가?
- 효과: 이 일을 성공적으로 추진하면 어떤 기회를 얻을 수 있는가?

(3) 기획테마의 설정

6W 2H로 전제조건을 체크해 보면 기획의 테마와 방향성을 확인할 수 있다.

⇨ "자신이 무엇을 위해 어떤 기획서를 만들려고 하는가?

WHEN	시 기	언 제
WHERE	장 소	어 디 서
WHO	주 체	누 가
WHOM	대 상	누구에게
WHAT	내 용	무 엇 을
WHY	목 적	무엇을 위해
HOW	방 법	어 떻 게
HOW MUCH	예 산	얼마의 액수로

(4) 목표 설정

- 목표에는 목표항목, 달성기준, 목표치 및 달성시점이 포함되어져야 한다.
- 기획안의 성공적 달성 여부를 측정.평가할 수 있는 다양한 지표의 개발이 중요

목표항목	달성기준	목표치	달성시점
고객	고객만족도	95%	00. 8. 30

- 목표항목: 기획목표를 성공적으로 달성하는데 있어서 가장 중요하고 근본적인 요소이자 성과달성에 대한 평가 항목이다. 핵심성공요인(Critical Success Factor)이라고 한다.(예: 고객, 유지.보수, 생산성 등)

- 달성기준: 목표항목을 측정하기 위한 기준을 정량적, 정성적 측면으로 나누어 구체적이며 측정 가능한 형태로 전환한 평가지표를 말한다. 핵심성과지표(Key Performance Indicator)라고 한다.(예:고객만족도, 납기일 등)

- 목표치: (정량치) 금액, 시간, 빈도, 정도, % 등/(정성치) 만족도,진행도,충실도 등

기획 테마

기획 배경

기획 목적

목 표	1.
	2.
	3.

목표달성 기준

목표항목	달성기준	목표치	달성시점

마. 왜 Trend Hunter인가?

읽을 거리

9·11 테러 이후 1년간 테러 여파에 시달려온 유나이티드 항공이 결국 파산을 눈앞에 두게 됐다. 그간 전략적 제휴의 강화로 세계 항공운송시장의 재편을 도모해 보려던 타개책도 무위로 끝났다.

유나이티드의 파산 위기는 세계 항공운송업계에 큰 영향을 미칠 것으로 보인다. 우선 이 항공사가 독일 루프트한자 항공과 함께 주도적으로 이끌어온 제휴 항공사들의 모임인 '스타 동맹체(Star Alliance)'의 약화가 예상된다. 이 동맹체는 전 세계 승객 수송의 17.2%를 차지해왔다. 국내의 아시아나 항공이 내년 2월 여기에 가입해 미국 노선 확대를 꾀하기로 했으나 어려움이 예상된다.

9·11 테러는 항공산업 구조조정의 계기가 되고 있다. 직원 감원, 보유 항공기 축소가 이뤄지고 있다. 지난해와 올해 미국 항공사들은 심각한 적자를 보았지만 산업적으로는 이를 극복하고 재무적, 비용 구조적으로 더욱 강고해질 전망이다. 이와 경쟁할 우리 항공사들은 어떻게 대응할 것인가가 과제다.

1. 항공업계의 침체원인은 무엇인지 토론하여 발표하시오. 그리고 토론 결과가 시사하는 바를 요약하여 정리하시오.

2. MP3폰을 둘러싼 LG텔레콤과 음원 관련 단체 간의 갈등에 대하여 어떻게 생각하는가?

2. 기획의 프로세스

2.2 Imaging Strategy

가. SWOT 분석

기업의 내부 강점(Strength)과 약점(Weakness), 외부 환경의 기회(Opportunity) 및 위협(Threat) 요인을 분석하는 기법

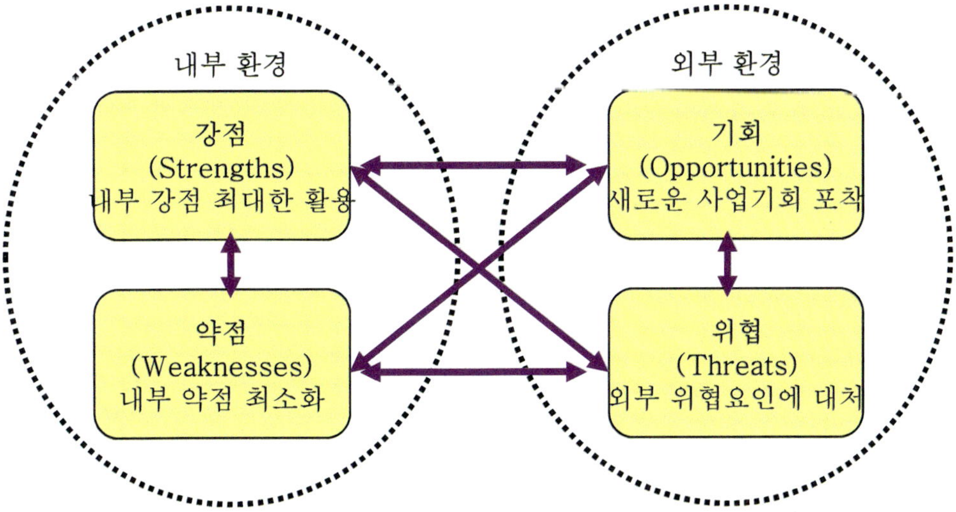

- 강점(S): 주요 경영자원이나 능력
- 약점(W): 경영 저해요인, 능력상의 한계 또는 결함
- 기회(O): 경쟁우위 확보에 유리한 외부 환경요소
  (경영의 잠재적 플러스 요인)
- 위협(T): 손해를 초래할 수 있는 불리한 외부 환경요소
  (경영의 잠재적 마이너스 요인)

기회	위협
강점	약점

나. 전략캔버스를 활용한 큰 전략방향 잡기

(1) 혁신사례(1) – QB하우스

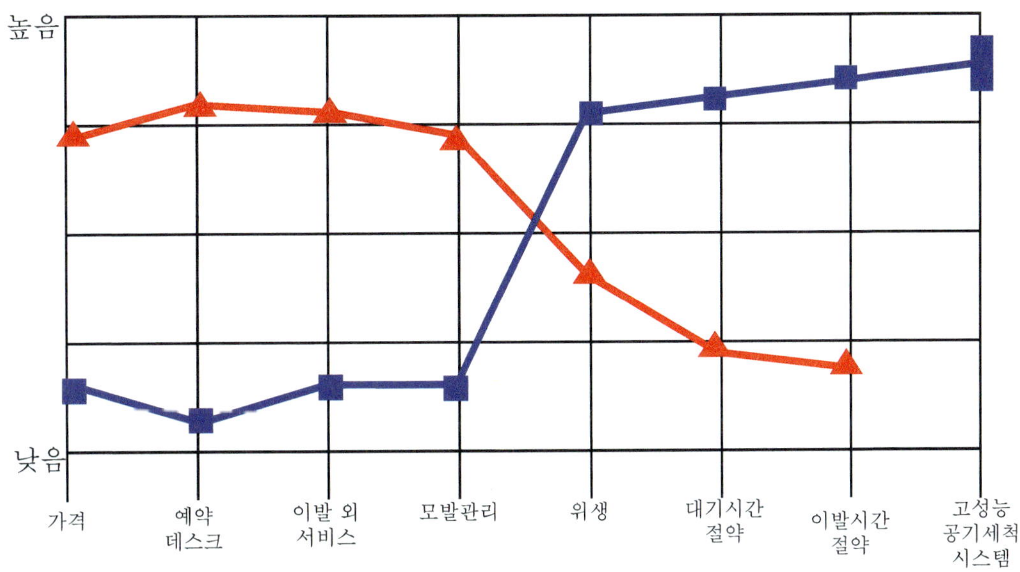

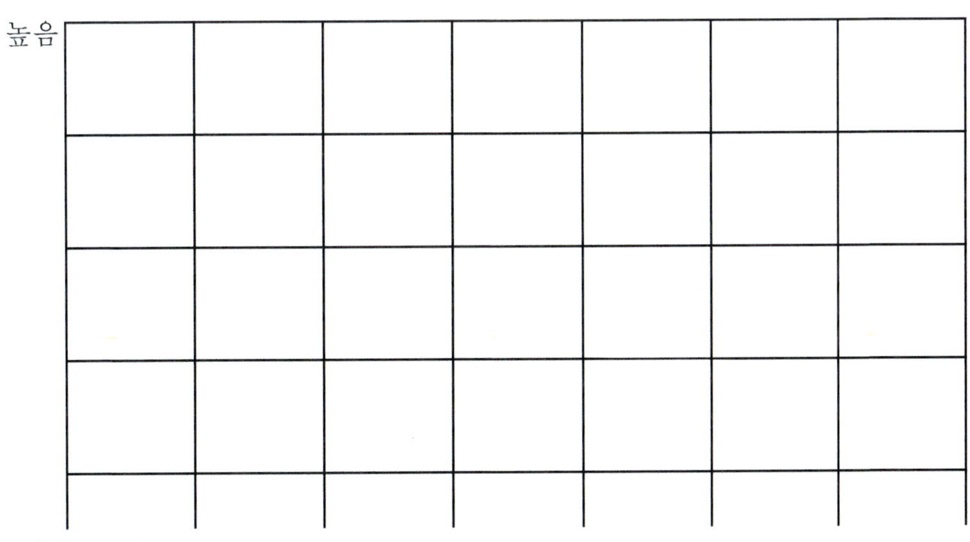

2. 기획의 프로세스

2.3. Taking-out Solution

산업스파이와 선수지식(Prior Knowledge)

삼성그룹 본관에 X-RAY 검색대가 등장했다. 삼성그룹은 태평로 사옥 본사 빌딩 1층에 사원증이 있어야 통과할 수 있는 스피드게이트(Speed Gate) 12대와 X레이 검색대 2대를 설치, 보안망을 한층 강화했다. 공항이나 국가기밀기관 등에서만 볼 수 있었던 X레이 검색대가 기업 본사 사옥에 등장하기는 이번이 처음이다. 이에 따라 삼성 임직원들은 부서장으로부터 전자결제를 받은 플로피디스켓, CD, USB드라이브 등 저장매체나 문서만을 들고 나갈 수 있으며 결제 없이는 외부 유출을 할 수 없게 됐다.

삼성이 X레이 검색대와 함께 설치한 스피드게이트는 지하철 카드인식기와 유사한 것으로 사원증이나 임시출입증을 소지한 사람 외에 출입을 통제할 수 있도록 만들어졌다. 에스원 직원이 육안으로 사원증을 일일이 확인, 출입 가능여부를 확인하던 기존 방식과 달리 새롭게 발급된 스마트카드 내장 사원증을 인식기에 대기만 하면 출입 가능여부가 확인된다.

스피드게이트와 X레이 검색대는 삼성전자 수원 사업장의 정보통신연구소와 기흥 반도체 사업장에는 이미 설치돼 있고 앞으로 삼성SDI, 삼성생명 빌딩 등에도 확대, 설치될 예정이다. 삼성 임직원에게 발급된 신사원증은 신용카드 기능을 내장, 출입증과 신용카드로 함께 사용이 가능하다. 사원증의 개별정보는 그룹 서버와 연결돼 카드만 소지하면 간단한 방문 절차를 거쳐 계열사나 협력사를 자유롭게 출입할 수 있고 에버랜드, 주차장, 자판기, 계열사 대리점 이용 시 직원 할인 혜택을 받을 수 있다.

삼성 관계자는 "삼성전자가 세계적인 IT 대표기업으로 성장함에 따라 보안검색의 필요성이 한층 커졌다"면서 "삼성전자의 비밀문서나 저장 매체가 국내외 경쟁기업으로 유출되는 것을 막고 산업스파이의 출입을 통제하기 위한 조치"라고 설명했다.

신기술에 대한 외부 정보 유출과 복제 가능성이 높아지면서 기업들의 R&D투자 의욕이 감소되어, 이에 따라 기업의 R&D 투자비율이 하향 조정되고 있다. 이에 대한 귀하의 의견은 어떠한가?

가. 실행계획 수립 프로세스

Process	계획수립을 위한 기준 설정	실행계획안 수립	잠재적 문제점 확인 후 계획 수정	평가전략 확정
Point	• 중점을 두어야 할 기대 효과와 평가기준에 대하여 명확히 함	• 해결안에 필요한 활동들, 소요시간, 담당자, 비용 및 부수적 활동들을 규명함	• 비판적 대안을 검토하고 리스크를 측정함	• 팀이 규명한 평가 활동들이 완전한지 점검함
활용기법	• 브레인스토밍 • 순위결정기법	• KJ법 • 간트 차트	• 리스크대책	• 컨센서스

계획을 수립할 때 주의해야 할 사항은 각 안을 실행함으로써 얻을 수 있는 기대효과(예: 매출증대, 수익률 향상, 시장점유율 향상 등)와 각 안이 가지고 있는 제약조건(예: 소요인력, 예산, 기간, 설비 등)을 고려하여 복수의 후보안 중 최적안을 선정하는 것이다.

- 실시 계획에는 일정, 인력(체제) 및 예산 계획이 반드시 포함되어야 한다.
- 예산 계획에는 총비용, 개별 기획 소요 비용, 작업 항목별 비용 등을 표시하되, 산출근거를 명시하는 것이 좋다.
- 각 안에서 발생할 수 있는 위험요인(RISK)에 대하여 발생가능성(Probability)과 발생시의 심각성(Seriousness)을 평가하여 이에 대한 대비책을 수립한다.
  - 예방대책: 리스크 발생가능성을 감소시키기 위한 대책
  - 비상대택: 리스크 발생시의 심각성을 감소시키기 위한 대책

나. 아이디어 발상 _ KJ법

KJ법은 개개인이 가지고 있는 다양한 의견을 수렴하여, 한가지도 빠짐 없이 전체를 파악함으로써 시너지 효과를 발생시키는 팀 작업의 기법이다.

스텝1. 카드 배포 및 의견 수렴

- ❑ 동일량의 카드를 팀원들에게 배포하여 테마에 대한 힌트나 데이터를 모은다.
- ❑ 1카드에는 아이디어를 1건씩 기입한다.
- ❑ 아이디어는 가급적 구체적으로 적는다.

스텝2. 그룹화

- ❑ 팀원들로부터 아이디어가 적힌 카드를 모아 섞은 후, 다시 동일량의 카드를 배포한다.
- ❑ 한 사람씩 돌아가면서 카드에 있는 내용을 읽은 후 내려 놓는다. 이때 같거나 유사한 내용의 카드는 같이 한군데로 정리한다. 마지막 카드가 내려질 때까지 이와 같은 과정을 되풀이한다.
- ❑ 공통의 본질을 파악하여 타이틀(요인명)을 부여한다.
- ❑ 어디에도 소속하지 않는 카드는 남긴다.

스텝3. 도해 및 문장화

- ❑ 그룹별 관계를 도식화해서 정리한다.
- ❑ 아이디어를 구체화한다.

다. Client의 관심사항

Client는 자신의 문제를 정확히 파악하고 있는지, 문제를 알고 있다면 그 문제를 어떻게 해결할 것인지, 해결 대안은 실행 가능할 것인지, 실행에 필요한 비용은 얼마나 소요될 것인지, 기획자가 프로젝트를 잘하기 위해 필요한 경험이나 역량이 있는지의 파악에 관심이 있다.

1. 나와 우리 자치도의 문제를 제대로 알고 있는가?

2. 문제를 제대로 파악했다면, 이 문제를 어떤 방법으로 풀어 갈 것인가?

3. 제시된 문제 해결 방안(solution)이 실행 가능할까?

4. 프로젝트를 추진하면 어떤 '효과'가 있을까?

5. 잘할 수 있나?(유사한 프로젝트를 해 봤나?, 누가 하나?)

라. 체크리스트

실행계획을 입안한 후 실행에 옮기기 전에 다음의 체크리스트를 이용하여 이를 평가해 본다. 15개 항목에 대한 점검을 통해 실행과정에서 나타날 수 있는 문제점을 사전에 방지토록 한다.

1. 미래 상황이 충분히 반영되었는가?
2. 조직의 전략, 방침(상위 목표)과 일치하는가? (목적지향성과 윤리성)
3. 목표, 기준 및 책임소재가 명확한가?
4. 필요사항이 빠짐없이 고려되었는가?(목표, 효과, 내용, 방법, 시간, 비용, 장소 등)
5. 실시 내용은 타당한가?
6. 실행과제 간의 우선순위는 정해져 있는가?
7. 실행계획 간에 연계성이 있는가?
8. 실행자 간의 합의가 있었는가? (수용성)
9. 현실성이 있는가? (가용자원 확인)
10. 일정에는 무리가 따르지 않는가?
11. 실행자에게 필요한 지식, 정보, 기술 등의 내용이 언급되었는가?
12. 일상적인 follow-up의 체크포인트는 구비되었는가?
13. 진척사항을 통제할 수 있는 시스템과 진행과정상에서의 문제를 논의할 수 있는 조정시스템이 있는가?
14. 변화에 대응할 수 있게 유연한가?
15. 상황 변화에 따른 비상대책은 있는가?

마. Action Plan 작성

기획 테마

기획 배경

기획 목적

목 표 1.

2.

3.

실행계획(주요 과업, 일정 및 인원계획)

- 읽을 거리

1. 친디아(Chindia)

친디아는 중국(China)과 인도(India)의 앞뒤 글자를 붙여 만든 합성어로 최근 주목할 만한 신흥시장을 일컫는 용어이다. 브라질·러시아·인도·중국의 머리글자를 합친 '브릭스(BRICs)' 국가 가운데 성장잠재력이 높은 중국과 인도를 뽑아 지은 이름이다.

친디아 지역이 신흥시장으로 주목받는 이유는 우선 거주 인구가 많다는 점이다. 이 지역 인구는 세계 인구의 5분의 2에 달한다. 더구나 두 나라의 경제성장률도 상당히 높다. 두 나라의 평균 경제성장률은 중국 9.5%, 인도 5.7%다.

중국은 사회간접자본 투자가 활발한 데다 외국기업의 투자유치에 적극 나서고 있어 글로벌 기업들이 벌써부터 눈독을 들이고 있다. 인도는 영어권인 데다 뛰어난 프로그래머가 엄청나게 포진해 있어 IT서비스 분야를 중심으로 높은 성장잠재력을 갖춘 것으로 평가받고 있다.

2. 자유무역협정 [自由貿易協定, free trade agreement]

국가 간 상품의 자유로운 이동을 위해 모든 무역 장벽을 제거시키는 협정으로 영문 머리글자를 따서 FTA로 약칭한다. 국가 간의 상호 무역증진을 위해 물자나 서비스 이동을 자유화시키는 협정으로, 나라와 나라 사이의 제반 무역장벽을 완화하거나 철폐하여 무역자유화를 실현하기 위한 양국 간 또는 지역 사이에 체결하는 특혜무역협정이다. 그러나 자유무역협정은 그동안 대개 유럽연합(EU)이나 북미자유무역협정(NAFTA) 등과 같이 인접국가나 일정한 지역을 중심으로 이루어졌기 때문에 흔히 지역무역협정(RTA: regional trade agreement)으로 부르기도 한다.
세계무역기구(WTO) 체제에서는 크게 두 가지 형태가 있는데, 하나는 모든 회원국이 자국의 고유한 관세와 수출입제도를 완전히 철폐하고 역내의 단일관세 및 수출입제도를 공동으로 유지해 가는 방식으로, 유럽연합이 대표적인 예이다.
다른 하나는 회원국이 역내의 단일관세 및 수출입제도를 공동으로 유지하지 않고 자국의 고유관세 및 수출입제도를 그대로 유지하면서 무역장벽을 완화하거나 철폐하는 방식으로, 북미자유무역협정이 대표적인 예이다.

세계무역기구 체제와 다른 점은, WTO가 모든 회원국에게 최혜국대우를 보장해 주는 다자주의를 원칙으로 하는 세계무역체제인 반면, FTA는 양자주의 및 지역주의적인 특혜무역체제로, 회원국에만 무관세나 낮은 관세를 적용한다. 시장이 크게 확대되어 비교우위에 있는 상품의 수출과 투자가 촉진되고, 동시에 무역전환효과를 거둘 수 있다는 장점이 있으나, 협정대상국에 비해 경쟁력이 낮은 산업은 문을 닫아야 하는 상황이 발생할 수도 있다는 점이 단점으로 지적된다.
2002년 현재 WTO 회원국 가운데 거의 모든 국가가 1개 이상의 FTA를 체결하고 있으며, 2000년까지 WTO에 통보된 기체결 또는 협상 중인 FTA의 수는 240개, 실제 효력을 유지하고 있는 협정만도 148개에 달했다. 한국은 1998년 11월 대외경제조정위원회에서 FTA 체결을 추진하기로 하고 첫 대상국으로 칠레를 선정한 이래, 총 6차에 걸친 협상 끝에 2002년 10월 24일 농축산물 분야의 협상을 타결하였다.

3. 유비쿼터스(Ubiquitous)

유비쿼터스란 라틴어로 '보편적으로 존재하다'라는 의미이다. 이는 언제 어디서나 어떤 것을 이용해서라도 온라인 네트워크 상에 있으면서 서비스를 받는 환경,공간을 의미한다.
모든 곳에 존재하는 네트워크라는 것은 지금처럼 책상 위 PC의 네트워크화뿐만 아니라 휴대전화, TV, 게임기, 휴대용 단말기, 네비게이터, 센서 등 PC가 아닌 모든 비 PC 기기가 네트워크화되어 언제, 어디서나, 누구나 대용량의 통신망을 사용할 수 있고, 저요금으로 커뮤니케이션 할 수 있는 것을 가리킨다.
1998년 유비쿼터스란 용어를 처음으로 사용한 미국 제록스 팰로앨토연구소의 마크 와이저(Mark Weiser) 소장은 유비쿼터스 컴퓨팅이 메인프레임, PC에 이은 제3의 정보혁명의 물결을 이끌 것이라고 주장하였다.

4. 황의 법칙 [黃-, Hwang's Law]

반도체 메모리의 용량이 1년마다 2배씩 증가한다는 이론이다. 1960년대에 반도체 시대가 시작되면서 인텔사(社)의 공동설립자인 고든 무어(Gordon Moore)는 마이크로칩에 저장할 수 있는 데이터 용량이 18개월마다 2배씩 증가하며 PC가 이를 주도한다는 이론을 제시하였다. 이를 '무어의 법칙'이라고 한다. 실제 인텔사의 반도체는 이러한 법칙에 따라 용량이 향상되었다.
그러나 2002년 국제반도체회로학술회의(International Solid Sate Circuits Conference)에서 삼성전자 반도체총괄 겸 메모리사업부장의 황창규(黃昌圭) 사장이 '메모리 신성장론'을 발표하였다.
그 내용은 반도체의 집적도가 2배로 증가하는 시간이 1년으로 단축되었으며 무어의 법칙을 뛰어 넘고 있다는 것이었다. 그리고 이를 주도하는 것은 모바일 기기와 디지털 가전제품 등 non-PC분야라고 하였다. 이 규칙을 황창규 사장의 성을 따서 '황의 법칙'이라고 한다. 실제 삼성전자는 1999년에 256M 낸드플래시메모리를 개발하고, 2000년 512M, 2001년 1GB, 2002년 2GB, 2003년 4GB, 2004년 8GB 제품을 개발하여 그 이론을 실증하였다.

5. 6T

국가의 성장동력 산업군이 조선, 철강, 중화학 등과 같은 중후장대(重厚長大)한 산업에서 생명공학이나 반도체 등과 같은 6T중심의 경박단소(輕薄短小) 산업으로 이행됨에 따라 산업의 소프트화가 급속히 진행되고 있다. 인류의 미래 산업을 주도할 6T에 대하여 좀 더 알아 보자.

(1) IT (정보기술)
Information Technology의 약자인 IT기술은 정보를 생성, 도출, 가공, 전송, 저장하는 모든 유통과정에서 필요한 기술을 말한다. 현재 우리나라의 IT기술 수준은 TFT-LCD, CDMA 등 국가 연구개발 사업을 통한 첨단분야에서 세계 최고의 국제경쟁력을 갖춘 기술을 다수 확보하고 있다.
IT기술은 21세기 정보화사회에 필수적인 기술일 뿐 아니라, 기술의 부가가치 및 사회·경제적 파급효과가 매우 커서 산업적으로 중요한 분야다. 10년간 신기술로서 세계시장을 주도할 것으로 전망되고 있다.

(2) BT (생명공학기술)
Biotechnology Technology의 약자인 BT기술은 생명현상을 일으키는 생체나 생체유래물질 또는 생물학적 시스템을 이용하여 산업적으로 유용한 제품을 제조하거나 공정을 개선하기 위한 기술이다.
현대사회가 급속도로 발전되면서 BT기술은 무병장수와 식량문제의 해결 등 삶의 질 향상에 필수적인 기술로 21세기에 고부가가치의 신 산업을 창출할 가능성이 높다.
현재보다는 미래에 더욱 각광 받을 것으로 기대되는 BT기술 분야는 2010년경부터는 IT에 이어 차세대 신 산업 창출의 원동력이 될 것으로 예측된다.

(3) NT (나노기술)
Nanotechnology Technology의 약자인 NT기술은 물질을 원자·분자 크기의 수준(10~9mm)에서 조작·분석하고 이를 제어할 수 있는 과학과 기술을 총칭하는 말이다. NT기술은 과학기술의 새로운 영역을 창출하거나 기존 제품의 고성능화에 필요한 기술로, IT와 BT와 함께 21세기의 신 산업혁명을 주도할 핵심기술로 인정받고 있다. IT, BT, ET 관련 신 산업 등 거의 모든 산업에 필요한 핵심요소기술인 NT기술은 국제적으로도 아직 개발초기 단계이고, IT와 BT의 기반이 되고 있는 등 기술적·산업적 파급효과가 클 것으로 전망되는 분야다.

(4) CT (문화기술)
Culture Technology의 약자인 CT기술은 디지털 미디어에 기반한 첨단 문화예술산업을 발전시키기 위한 기술을 총칭하는 말이다. 최근에는 인터넷의 활성화와 디지털 기술의 발전으로 디지털 컨텐츠의 수요가 급증하고 있다.
CT기술은 향후 고부가가치 산업으로 성장 가능성이 큰 디지털 미디어에 기반한 첨단 문화예술산업을 발전시키는 데 필수적인 기술로 기술·지식 집약적 산업 특성 때문에 우리 민족의 창의력을 극대화할 수 있는 기술로 전망 되고 있다.

(5) ET (환경기술)

Environment Technology의 약자인 ET기술은 환경오염을 저감·예방·복원하는 기술로 환경기술, 청정기술, 에너지 기술 및 해양환경기술을 포함한다. 과학문명이 고도로 발전하고 있는 현대사회에서 인류는 쾌적한 삶에 대한 욕구가 증대하고 있다.

또한 환경문제의 경우 개별 국가에 머무는 문제가 아니라 인접 국가에 미치는 영향 등을 고려할 때 환경기준의 설정을 통한 새로운 무역규제의 등장 등 환경관련 수요가 증대하고 있다.

(6) ST (우주항공기술)

Space Technology의 약자인 ST기술은 위성체, 발사체, 항공기 등의 개발과 관련된 복합기술이다. 전자, 반도체, 컴퓨터, 소재 등 관련 첨단기술을 요소로 하는 시스템 기술로 기술개발 결과가 타 분야에 미치는 파급효과가 매우 큰 종합기술로 인정받고 있다.

IT, NT 등 각 산업분야의 첨단기술을 주도해 나갈 미래유망 핵심기술 분야인 것이다. ST기술은 국내의 관련된 기술 분야의 수준을 높이는 데 기여할 수 있는 반면 선진국의 기술장벽이 높아 산업화와 관련된 신기술 개발을 육성할 필요성이 크다.

메모

(7) 웰빙 [well-being]

육체적·정신적 건강의 조화를 통해 행복하고 아름다운 삶을 추구하는 삶의 유형이나 문화를 통틀어 일컫는 개념이다. 산업 고도화는 인간에게 물질적 풍요를 가져다준 반면, 정신적 여유와 안정을 앗아간 면도 적지 않다.
현대 산업사회는 구조적으로 사람들에게 물질적 부(富)를 강요하는 시스템을 가지고 있어서, 사람들은 대부분의 시간을 부를 축적하는 데 소비한다. 따라서 물질적 부에 비해 정신 건강은 가볍게 여기는 경향이 있고, 심한 경우에는 정신적 공황으로 발전하기까지 한다.
웰빙은 이러한 현대 산업사회의 병폐를 인식하고, 육체적·정신적 건강의 조화를 통해 행복하고 아름다운 삶을 영위하려는 사람들이 늘어나면서 나타난 새로운 삶의 문화 또는 그러한 양식을 말한다. 1980년대 중반 유럽에서 시작된 슬로푸드(slow food) 운동, 1990년대 초 느리게 살자는 기치를 내걸고 등장한 슬로비족(slow but better working people), 부르주아의 물질적 실리와 보헤미안의 정신적 풍요를 동시에 추구하는 보보스(bobos) 등도 웰빙의 한 형태이다.
그러나 웰빙이라는 용어가 본격적으로 나타나기 시작한 것은 2000년 이후의 일이다. 이전에도 다양한 형태로 육체적·정신적 삶의 유기적 조화를 추구하는 움직임이 있기는 했지만, 이러한 움직임이나 삶의 문화가 포괄적 의미로서 웰빙이라는 이름을 얻은 것은 2000년 이후이다. 웰빙은 '복지·행복·안녕'을 뜻하는 말이다.
웰빙을 추구하는 사람들은 육체적으로 질병이 없는 건강한 상태뿐 아니라, 직장이나 공동체에서 느끼는 소속감이나 성취감의 정도, 여가생활이나 가족 간의 유대, 심리적 안정 등 다양한 요소들을 웰빙의 척도로 삼는다. 몸과 마음, 일과 휴식, 가정과 사회, 자신과 공동체 등 모든 것이 조화를 이루어 어느 한 쪽으로 치우치지 않은 상태가 웰빙이다.

(8) 프로슈머(prosumer)

생산자(producer)와 소비자(consumer)의 합성어인 프로슈머는 생산자인 동시에 소비자이고, 소비자이면서 생산을 하기도 하는 사람들을 일컫는 단어로 이 단어의 등장은 디지털 혁명이 수동적 소비자를 능동적 소비자로 변화시키고, 능동적 소비자를 다시 디지털 프로슈머로 진화시키고 있음을 의미한다.

원래 프로슈머란 용어는 미래학자 앨빈 토플러가 그의 저서 '제3의 물결'에서 사용한 단어로 소비는 물론 제품개발과 유통과정에도 직접 참여하는 생산적 소비자를 뜻한다.

프로슈머는 마케팅에 처음 도입되었다. 소비자가 단순히 물건을 구입하는 데 그치지 않고 다양한 방식으로 생산에 참여함으로써 소비자의 요구를 제품과 판매방식에 반영하도록 한 '프로슈머 마케팅'은 소비자와 생산자 모두에게 좋은 반응을 얻었다. 생산자로서는 소비자들의 신선한 의견이나 아이디어를 참고할 수 있어서 좋고, 소비자로서는 자신들이 요구하는 부분이 제품에 반영되어 좋았던 것. 기업이 소비자의 욕구를 파악한 뒤 신제품을 개발하던 방법에서 한발 더 나아가 소비자가 직접 아이디어를 제안하고, 기업이 이를 받아들여 신제품을 개발함으로써 고객만족을 극대화하는 효과를 얻을 수 있었다.

(9) 디지털 컨버전스(digital convergence)

디지털 컨버전스란 미디어와 콘텐츠, 기술이 통합·융합한다는 의미로, 기존에 서로 별개의 영역으로 구분되던 다양한 서비스와 제품들이 기능의 통합이나 가치사슬의 결합을 통해 하나의 서비스나 제품처럼 제공되고, 이로 인해 기존의 산업 영역 간 경계가 불분명해지는 현상을 말한다.
이러한 개념은 인터넷의 확산과 디지털화로 대변되는 정보기술의 눈부신 발전과 함께 폭넓게 확산돼 왔고, 정보통신업계의 장밋빛 미래를 그리는 모습으로 많이 인용돼 왔다.

(10) 블루오션(blue ocean)전략

'레드오션(red ocean)'은 이미 잘 알려져 있는 시장, 즉 현재 존재하는 모든 산업을 말한다. '레드오션'에서는 산업 경계가 이미 정의되어 있고 이를 수용하고 있어서 게임의 경쟁법칙이 잘 알려져 있다.
따라서 '레드오션'의 회사들은 존재하는 시장 수요의 점유율을 높이기 위해 경쟁사보다 우위에 서려고 노력한다. 그러므로 시장에 경쟁사들이 많아질수록, 수익과 성장에 대한 전망은 어두워진다. 결국 제품들은 일용품으로 전락하고, 무자비한 경쟁에 의해 시장은 핏물로 가득 찬 '레드오션'이 되어버리고 만다.
반면에 '블루오션(blue ocean)'은 알려져 있지 않은 시장, 즉 현재 존재하지 않아서 경쟁에 의해 더렵혀지지 않은 모든 산업을 말한다. '블루오션'에서 시장 수요는 경쟁에 의해 얻어지는 것이 아니라 창조에 의해서 얻어진다.
이곳에는 높은 수익과 빠른 성장을 가능케 하는 엄청난 기회가 존재한다.
그리고 게임의 법칙이 아직 정해지지 않았기 때문에 경쟁은 무의미하다. 따라서 '블루오션'은 아직 시도된 적이 없는 광범위하고 깊은 잠재력을 가진 시장을 비유하는 표현이다. 다시 말해 '블루오션'은 높은 수익과 무한한 성장이 존재하는 파워풀한 시장이다.

(11) 에인절지수 [angel coefficient]

가계 총지출에서 취학 전후의 어린이들을 위해 지출한 비용의 비율을 말한다. 에인절이란 보통 유아부터 초등학교 어린이까지를 가리키는 용어로, 에인절지수는 가계 총지출에서 이들을 위해 지출한 비용의 비율을 일컫는다. 에인절계수라고도 한다. 과외 교습비를 포함한 교육비, 장난감 구입비, 옷값, 용돈 등이 모두 에인절 비용에 들어간다.
특히 교육비가 많은 비중을 차지하는데, 불황일 때도 교육비가 차지하는 에인절지수는 올라가는 현상을 보이는 경우가 많다. 이는 부모들이 교육비를 미래에 대한 투자로 인식해 불황이 심할수록 교육비 지출을 늘리기 때문이다.
한 국가의 에인절지수가 높아진다는 것은 그 나라가 그만큼 선진화되었다는 것을 의미한다. 비록 저소득층 가정일수록 교육비나 옷값 등의 비용이 전체 소득에서 차지하는 비율은 높지만, 소득이 높아질수록 어린이들의 과외비나 옷값 등으로 지출하는 비용의 비율도 상대적으로 높아진다.

따라서 에인절지수가 높은 나라일수록 어린이들을 수요층으로 하는 신종 산업이 발달하는데, 취학 전의 유아를 주 고객으로 하는 각종 서비스 산업을 에인절비즈니스, 유아부터 초등학교 어린이를 주 수요층으로 하는 산업을 에인절산업이라고 한다.

(12) GIGO
GIGO는 'Garbage in Garbage Out'의 줄임말이다. 쓰레기가 입력되면 쓰레기가 출력된다는 뜻으로, 아무리 성능이 우수한 컴퓨터라고 하더라도 사람이 정확한 자료를 입력하지 않으면 정확한 결과를 보여줄 수 없다.

1. 트렌드 헌터(Trend Hunter)

기업들이 하루가 다르게 바뀌는 소비 트렌드를 한발 앞서 잡아내기 위해 '트렌드 헌터(Trend Hunter)'제를 잇따라 도입하고 있다. 트렌드 헌터제란 엄격히 선발된 소비자들을 활용해 소비 트렌드를 한발 앞서 파악한 뒤 이를 제품·서비스의 개발에 반영하는 쌍방향 마케팅 전략을 말한다. 이전의 '소비자 모니터'제도가 진화한 형태라고 볼 수 있다.
오리온그룹은 '쿨헌터(Cool Hunter)'제를 운영하고 있다. 판매 대상 소비자의 연령에 맞게 중·고생, 대학생, 직장인, 주부 등 9명으로 트렌드 헌터팀을 구성했다.
이들은 오리온 인트라넷에 마련된 사이트에 일주일간 자신의 행적을 사진일기 형식으로 올리게 돼 있다. 친구들과의 약속 장소가 어디였는지, 용돈을 어떻게 썼는지 등 자신의 소비행태는 물론 요즘 또래들 사이에서 '뜨는' 장소나 트렌드 등도 보고한다. 이들의 보고서를 통해 현장의 생생한 소비 트렌드를 접하게 되는 것이다.
태평양은 '라네즈 EO클럽'이란 트렌드 헌터팀을 구성했다. 화장품의 주 구매층인 20대 여성들의 소비 트렌드를 파악하기 위해 25세 전후의 특히 현직 스튜어디스 25명을 선발했다. 왜냐하면 스튜어디스가 직업 특성상 가장 빠르고 정확하게 전 세계 패션·미용 트렌드를 알 수 있기 때문이다. 이들 팀원들도 온라인 커뮤니티를 통해 25세 전후 여성들의 패션·뷰티·문화 등의 최신 트렌드를 전달한다.
CJ는 '글로벌 식문화 특파원' 제도를 만들어 사원 두 명을 1년간 해외에 보내 전 세계 식문화에 대한 지식과 트렌드를 파악하고 있다. 지난 8개월간 남미·유럽 등지에서 활동한 CJ 김형일 대리는 "세계 식문화를 체험해보니 글로벌 퓨전화가 추세라는 것을 느꼈다"며 "이를 잘 활용해 새로운 사업기회를 만들 계획"이라고 말하고 있다.
KTF의 경우는 '모바일 퓨처리스트'라는 이름의 '트렌드 헌터'팀을 운영하고 있다. 업종 특성상 IT부문의 얼리 어댑터(early adopter)가 적지 않은 대학생들을 트렌드 헌터로 하고 있다.

2. 이통사-음원 단체 갈등 증폭

MP3폰을 둘러싼 음원권리자단체와 휴대전화 제조업체, 이동통신회사 간의 저작권 논란이 가열되고 있는 가운데 9일 LG텔레콤이 LG전자의 MP3폰 단말기를 시중에 유통시키면서 양측의 갈등이 파국으로 치닫고 있다. 음원권리자단체와 휴대전화 제조업체, 이통사 등 이해 당사자들은 10일 오후 정보통신부에서 관련 협의를 가질 예정이지만 양측의 입장 차가 워낙 커 원만하게 해결을 볼 수 있을지는 미지수다.
10일 LG텔레콤에 따르면 지난 1월말부터 예약을 받은 MP3폰 단말기(LG전자 제품·모델명 LP3000) 가운데 5,000여대가 시중에 유통된 것으로 알려졌다. LG텔레콤 측은 "소비자들의 요구가 많아 일단 단말기를 출시한 것일 뿐 정통부의 중재안이 나올 때까지 PC로부터의 MP3파일 전송은 불가능하도록 조치했다"고 설명했다.
실제로 'LP3000'용 관리 프로그램인 '사이언플러스'로는 MP3 전송을 시도하면 '관련 협의를 완료한 후 서비스를 개시할 예정입니다'라는 안내문이 나온다. 하지만 문제는 편법이 존재한다는 것. 이전 버전의 관리 프로그램을 이용하면 PC로부터의 MP3 파일 전송이 가능하다는 사실이 알려지면서 PC로부터의 MP3파일 전송은 사실상 막을 수 없게 됐다.
음원권리자단체 측은 LG텔레콤이 MP3폰 관련 논쟁에서 주도권을 행사하기 위해 이같은 사실을 알면서도 적절한 조치를 취하지 않은 게 아니냐며 강하게 반발하고 있다. 현재 음원권리자단체 측이 휴대전화 제조업체와 이통사에 요구하고 있는 부분은 정당한 요금을 내고 구입한 유료 MP3 파일만을 재생할 수 있도록 해달라는 것. 현행 저작권법은 이용자들이 가지고 있는 MP3파일의 재생장치에까지 저작권 침해를 인정하고 있지는 않다. 하지만 휴대전화 단말기는 일반 MP3플레이어보다 보급률이 높고 파급효과가 큰 만큼 이같은 장치없이 단말기가 출시될 경우 이용자들의 불법 다운로드와 복제를 방조하는 결과를 초래할 것이라는 게 음원권리자단체 측의 주장이다. 음원제작자협회 윤성오 법무실장은 "미국, 일본 등 선진국에서는 저작권 침해에서 예외로 인정하는 사적복제(상업적인 목적이 아닌 복제행위)의 경우에도 하드웨어 업체에 보상금을 지불하도록 규정하고 있다"면서 "디지털저작권관리(DRM) 문제가 해결되지 않은 MP3폰의 유통은 음반산업과 음원권리자들의 생계를 위협하게 될 것"이라고 주장했다.

문화일보(2004.3.10)

Module 3

의사결정력

1) 의사결정의 개념
2) 의사결정 유형
3) 의사결정 모형
4) 의사결정 방법
5) 의사결정 도구

의사결정력

◆ 의사결정은 의사결정자가 문제를 인식하여 이를 체계화하고 문제해결에 필요한 정보를 수집하고, 편집하여 최종 대안을 찾아내는 일련의 과정이라고 말할 수 있음

- 문제인식 및 진단
- 대안의 개발/발견
- 대안의 평가와 선택
- 선택된 대안의 실행
- 유지 및 조정(후속조치 또는 사후관리)

◆ 개인의사결정에 영향을 주는 요인들로는 스키마, 창의력, 정보처리능력, 휴리스틱스, 개인의 속성 등 개인의 성품과 성향에 관계된 요소들로 나누어볼 수 있음

- 개인의 속성에 따라 다양한 정보처리의 오류가 나타날 수 있음

<표 3-1> 정보처리과정의 오류유형

오류의 유형	해 설
유용성 (availability)	· 자주 접하여 기억되기 쉬운 사건이 판단에 영향을 미친다. 자주 보도되는 사건은 과대평가되고 그렇지 않은 사건은 과소평가되는 경향이 있다. · 판단현장에서 존재하는 특정한 정보나 단서(cues)가 판단에 영향을 미칠 수 있다.

의사결정력

<표 3-1> 정보처리과정의 오류유형 (계속)

오류의 유형	해 설
대표성 (representativeness)	· 어떤 사건이나 사람이 특정 집단의 속성을 갖고 있다고 하여 진실을 확인하지 않고 그 집단의 일원으로 판별하는 성향. 예를 들어 A라는 사람이 법관티가 난다고 하여 그를 판사나 검사로 상상해 버리는 경우
고착과 조정 (anchoring & adjustment)	· 특정값이나 수치를 근거로 미래의 값을 예측하고 난 후, 현재의 상황을 고려하여 예측치에 약간의 수정을 가하는 방법. 최초에 선택되는 값에 따라 선택되는 결과에 큰 차이를 보이므로 오류의 소지가 크다. 내년도 매출 예측을 하면서 올해 매출을 앵커로 잡고 내년의 경제상황을 고려하여 +5% 정도로 잡는 경우가 예가 될 수 있다.

◆ 집단의사결정은 집단의 특수성(공동목표, 연대감, 상호작용)으로 인한 여러 가지 특성을 갖게 됨

집단의사결정의 특징

· 집단의사결정은 문제해결에 이르는 시간은 길지만 정확도가 높다.

· 어려운 문제해결 시 집단 내 구성원이 가지고 있는 모든 자원을 활용할 수 있다.

· 집단 내 구성원의 능력이 상당히 우수한 경우에 이들은 서로 자원을 공유하려 하지 않는 경향이 있다.

· 고능력을 가진 개인의 의사결정이 보통의 능력집단의 집단적 의사결정보다 나은 결과를 가져온다.

의사결정력

◆ 조직차원 의사결정이 갖는 중요성은 결정의 효과차원에서 설명이 가능함

- 의사결정에 관련되는 사람들의 수가 많음
- 결정관리자들은 종종 서로 상반되는 목표나 이해관계를 가짐
- 조직특성상 기능이 전문화, 분업화되어 있기 때문에, 조직 구성원들이 수행하는 의사결정 활동은 효과적인 커뮤니케이션을 전제로 함
- 조직의사 결정에서의 결정권자는 결정사항을 수행함에 있어 다른 사람들에게 의존하지 않을 수 없음

◆ 의사결정에는 다양한 기법들이 사용됨

- 브레인스토밍(Brainstorming)
- 명목집단법(Nominal Group Technique)
- 델파이(Delphi)법
- 지명반론자법 또는 악마의 주장법(Devil’s Advocate Method)

의사결정력

◆ 조직의 의사결정자들은 다음과 같은 윤리성 확보의 원칙들을 적용할 필요가 있음

- 공개의 원칙: 의사결정의 기준이 공개되더라도 떳떳할 수 있는가?
- 분배정의의 원칙: 개인에 대한 평가나 보상의 기준이 임의적이지 않은가?
- 불가피성의 원칙: 같은 상황에서 누가 결정을 하더라도 똑같은 선택을 할 수밖에 없었는가?
- 역지사지의 원칙: 자신의 결정에 영향을 받는 사람들의 입장에서 받아들일 수 있는 선택인가?

◆ 의사결정 유형(style) 진단

다음 질문을 읽고 본인의 평상시 근무 태도를 가장 잘 나타내는 답을 고르시오.

1. 일을 할 때 추구하는 것은?
a. 실질적인 결과　　b. 문제에 대한 최상의 답
c. 새로운 아이디어나 접근방식　　d. 편안한 근무조건

2. 문제에 봉착했을 때 어떠한 태도를 취하는가?
a. 과거에 유효했던 방식을 사용한다.　　b. 문제를 주의 깊게 분석한다.
c. 창의적인 해결방식을 찾아내고자 한다.　　d. 느낌에 의존한다.

3. 계획 수립 시 주안점을 두는 부분은?
a. 현재 봉착한 문제　　b. 목표 달성　　c. 미래의 목표　　d. 캐리어 개발

4. 주로 이용하는 정보는?
a. 구체적인 사실　　b. 완벽하고 정확한 데이터
c. 다양한 방안을 포괄하는 광범위한 정보　　d. 범위가 제한적이고 이해가 쉬운 데이터

5. 무슨 일을 해야 하는지 확실하지 않을 경우 어떠한 태도를 취하는가?
a. 직관에 의존한다.　　b. 사실을 찾아본다.
c. 타협안을 도출하려 한다.　　d. 기다렸다가 나중에 결정한다.

6. 함께 일하는 동료들은 어떠한가?
a. 야심만만하고 활동적이다.　　b. 자신감이 강하다.
c. 개방적이다.　　d. 믿을만하고 예의 바르다.

7. 나의 의사결정은 어떠한가?
a. 직접적이고 현실적이다.　　b. 고차원적이거나 체계적이다.
c. 광범위하고 융통성이 있다　　d. 타인의 니즈를 잘 반영한다.

✓ 답 (a)의 횟수 :
✓ 답 (b)의 횟수 :
✓ 답 (c)의 횟수 :
✓ 답 (d)의 횟수 :

Ⅱ. 의사결정 유형(style)

◆ 의사결정의 4가지 유형(style)

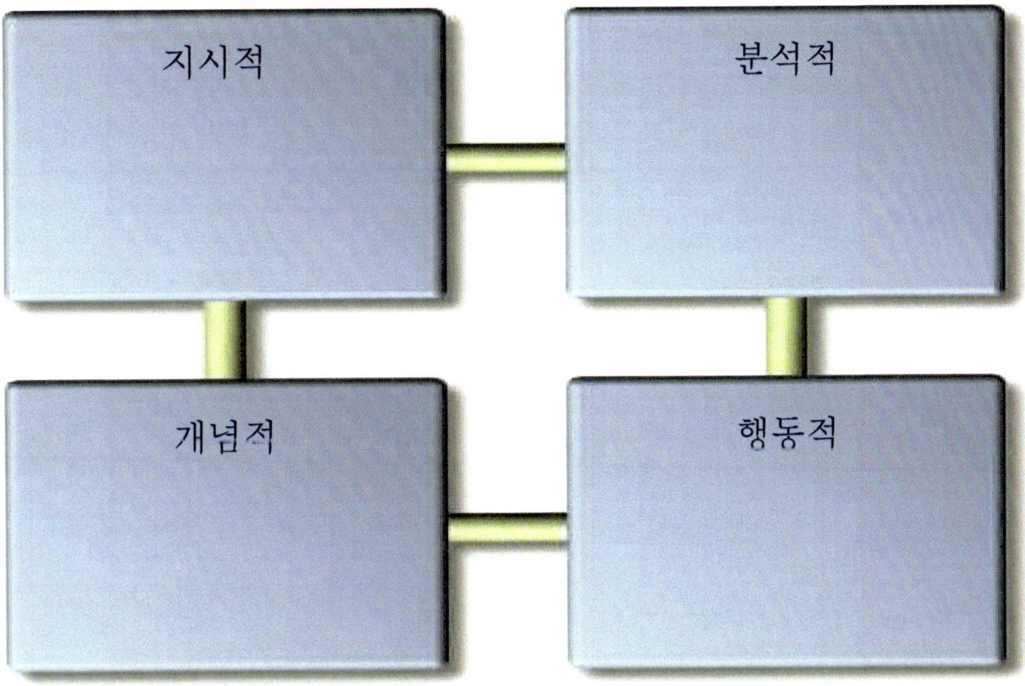

메모

Ⅱ. 의사결정 유형(style)

가. 의사결정 유형 파악

◆ 의사결정 유형 파악 방법

의사결정 유형파악	
	◎ 당신은 의사결정시 어느 쪽에 가장 가깝습니까? ◎ 당신의 해결책 중심은 : □ 단일 해결책 □ 복수해결책 ◎ 당신이 필요로 하는 정보의 양은 : □ 최소 정보 □ 최대 정보

해결책 중심 \ 정보 요구		
	단일 해결책 최소 정보 "유형 1"	단일 해결책 최대 정보 "유형 3"
	복수 해결책 최소 정보 "유형 2"	복수 해결책 최대 정보 "유형 4"

Ⅱ. 의사결정 유형(style)

요구 조건 과의 균형	(　　　) 에 근거한 결정	(　　　) 의사결정

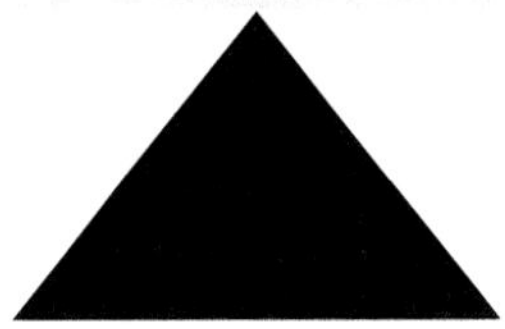

예: 빠른 의사결정과 함께 이를 지지할 결정적인 데이터가 요구된다

요점 정리	◎ 의사결정 유형 간의 차이점을 인정하고 활용한다 – 장점은 크게 하고, 단점은 최소화하라 – 의사결정시 두 유형의 균형을 위해 노력하라

◆ 메모

Ⅲ. 의사결정 모형

가. 의사결정 모형

◆ 의사결정 기본 모형

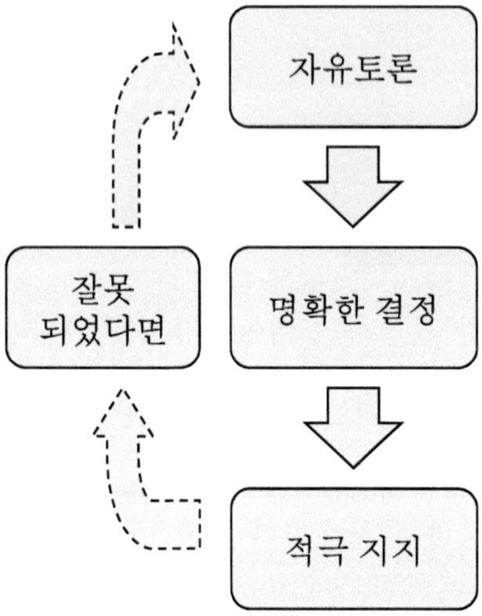

난항에 빠지지 않도록 하기 위해서는

<여섯 가지 질문>

1. 무엇을 결정해야 하는가?
2. 언제 결정해야 하는가?
3. 누가 결정해야 하는가?
4. 의사결정에 앞서 누구와 협의해야 하는가?
5. 결정을 승인 또는 거부할 사람은 누구인가?
6. 결정에 대해 누구에게 알려야 하는가?

자유토론	회의석상에서 모든 아이디어와 관련된 데이터를 얻고, 그룹 사고력을 높이기 위한 접근 단계
명확한 결정	자유토론 중 의견 차이가 있을 경우 결정사항을 공개하지 않음으로써 논란을 피하려는 경향이 있음 따라서 논란의 여지가 클수록 내려진 결정을 명확하게 표현하는 것이 중요함
적극 지지	다른 의견이 있다면 분명하게 자신의 의견과 반대이유를 밝혀야 함. 그러나 적절하게 내려진 결정에 대해 관련된 모든 사람들은 적극적인 지지를 보냄
잘못 되었다면	결정이 내려지고 난 후 결정을 재평가할 만한 새로운 데이터들이 수집된 경우 자유토론으로 돌아감. 그러나 이것이 이미 내려진 명확한 결정에 대해 계속해서 재검토해도 된다는 의미는 아님.

나. 명확한 결정

◆ 명확한 결정: 의사결정 / 역할 워크시트

바람직한 결과:		
내려야 할 결정: 의사결정 시한:		
의사결정자: 직원:	협의자 및 역할:	승인권자 및 제한조건:
수집할 정보 / 데이터 :		
통보대상:		

◆ 명확한 결정: 의사결정 / 역할 워크시트

협의자 (consultants)	주요 이해관계자나 그 결정과 관련된 주제에 대한 전문가를 말함. (의사결정 팀에 소속될 수도, 아닐 수도 있음)
승인자 (approver)	결정에 대해 최종적으로 책임이 있는 사람을 말함 (예산을 가진 사람일 수도 있으며, 반드시 리더일 필요는 없음. 협의적 결정에서는 보통 승인자가 최종 결정을 내린다)
통보대상 (informed)	결정에 직접 참여하지는 않았으나 그 결과에 대해 알아야 할 필요가 있는 사람을 말함.
책임자 (responsible)	결정과정에 대한 책임이 있는 사람을 말함. (예를 들어 인사평가 프로세스에 대해서는 인사부서가 책임이 있을 수 있지만 최종적으로는 팀장(본부장)이 인사평가에 대한 의사결정에 책임을 진다)
외부자 (out of the loop)	직접적 이해관계가 없는 사람을 말함. (사실상 많은 사람들이 외부자에 속하며, 사전에 이 사람들을 확실히 해두는 것이 시간과 노력을 줄일 수 있음)

◆ 여섯 가지 질문

1. (　　　　　)을 결정해야 하는가?

의사결정의 기초에는 항상 필요한 업무성과가 있어야 한다. 내려야 할 결정은 계속 변하는 반면, 업무성과는 일반적으로 안정적이므로 요구되는 업무성과 내에서 의사결정이 이루어져야 함을 명확히 이해한다.

2. (　　　　　) 결정해야 하는가?

결정을 내리고 전달하기 위한 목표일을 설정한다. 이때 너무 많은 시간을 배정해 '결정마비' 상태를 만들지 않도록 하고, 날짜를 너무 짧게 잡는 것은 의사결정을 반복해서 다시 하도록 만들 가능성 있다.

3. (　　　　　) 결정하는가?

의사결정을 할 단 한 명의 책임자를 정한다.(가능한) 그는 결정에 대해 책임이 있는 사람이고, 그 결정을 추진시켜 나갈 책임도 지고 있다. 또한 최저 역량수준 조직(상황과 가깝고 가장 많이 아는 사람)에서 내려져야 한다.

4. 결정에 앞서 누구와 (　　　　　)해야 하는가?

의사결정에 앞서 이해관계자 및 전문가와 협의한다. 이해관계자란 최종 결정 책임이 있는 사람, 결과에 의해 영향을 받을 사람, 결정사항이 실행되는 것을 막을 수 있는 위치에 있는 사람이다.

5. 결정을 승인 혹은 거부할 사람은 누구인가?

결정을 승인 혹은 부결할 사람이 누구이며, 승인을 위한 제한 조건들은 무엇인지를 확인한다.

6. 결정에 대해 누구에게 알려야 하는가?

결정이 내려지면 알려야 할 대상을 모두 파악한 후 그 결정에 영향을 받게 될 개인 혹은 팀에 결정사항을 전달한다.

◆ 의사결정 리모델링

본 모듈을 들어가면서 도출한 자신의 사례를 중심으로 '명확한 결정'과 관련된 6가지 질문을 중심으로 분석해본다.

프로세스	내 용
1. 무엇을 결정해야 하는가?	
2. 언제 결정을 해야 하는가?	
3. 누가 결정하는가?	
4. 의사결정에 앞서 누구와 협의해야 하는가?	
5. 결정을 승인 혹은 거부할 사람은 누구인가?	
6. 결정에 대해 누구에게 알려야 하는가?	

❖ 메모

◆ 의사결정의 예

홍길동 차장은 OO제품 개발을 담당하고 있는 OO제품팀의 A파트장이다.
최근 파트원 중 한 명이 자기 개발을 이유로 일요일 근무에서 제외해 달라고 요청했다.
이 회사는 월요일부터 금요일까지 근무하며 토요일에는 격주 휴무를 실시하고 있다.
OO제품팀은 격주 휴무 시 A, B 파트원 20명이 10명씩 교대로 근무를 한다.
한편 일요일을 포함한 공휴일에는 파트 구분 없이 2명씩 순번제로 근무를 한다.
일요일 근무에서 제외를 요청한 파트원의 제안은 일요일 근무 대신 토요일 및 일요일 이외의 공휴일 근무 빈도를 늘리겠다는 것이다.
OO제품팀은 OO제품 개발에 같이 참여하고 있는 OO공정팀과 매우 긴밀한 협조하에 일을 진행하고 있으며 OO공정팀도 동일한 형태로 격주 휴무 및 휴일 근무를 실시하고 있다. 격주 휴무는 월차를 소모하는 것이며 휴일 근무 시 수당은 평일의 150%에 상응한다

구 분	내 용
1. 무슨 결정을 내려야 하는가?	직원의 요청을 승인 혹은 거부한다.
2. 언제 결정을 해야 하는가?	
3. 누가 결정하는가?	
4. 결정에 앞서 누구와 협의해야 하는가?	
5. 결정을 승인 혹은 부결할 사람은 누구인가?	
6. 결정에 대해 누구에게 알려야 하는가?	

다. 요점 정리

◆ 의사결정 모형 요점정리

요점 정리

◎ 역할의 명확성을 강조하라
- CAIRO 모형이나 의사결정/역할 워크시트를 사용하라

◎ 이해관계자와 의사결정자들 사이에 분명한 의사소통 연계를 확립하라
- 이해관계자들은 누구와 어떻게 대화해야 하는지 알아야 한다

◎ '끝없는 결재절차'를 막기 위해 제한 조건들을 이용하라
- 후원자들에게 제한조건들을 미리 정해두도록 한다
예를 들어: 예산 얼마 대비+/-10% 혹은 예정기간 +/- 3개월 등 제한조건 범주 내의 결정사항은 별도의 허가 필요 없음

◎ 의사결정자의 수를 최적화하라
- 7 ~ 8명이 넘지 않아야 이상적임

Ⅳ. 의사결정 방법

가. 의사결정 실습

◆ 의사결정 규칙

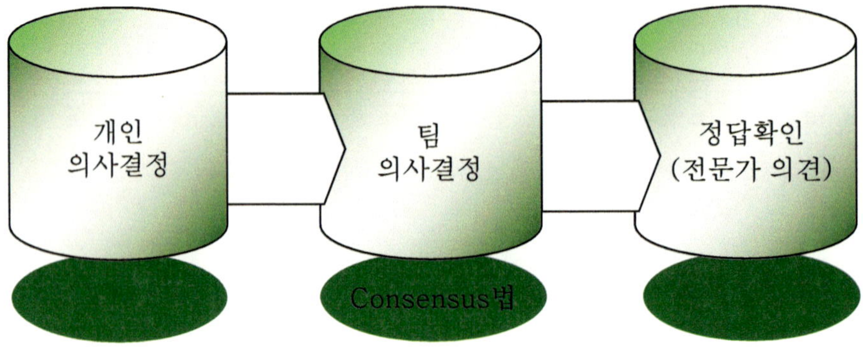

해서는 안될 일	해야 할 일
1. 다수결에 의한 결정 → 집단을 승자와 패자로 나눈다. 2. 합의와 타협을 너무 서둘러 쉽게 결정하는 것 → 잘못된 가정에 의하기 쉽다. 3. 내부적 경쟁 → 남에게 이기기 위한 논쟁	1. 적극적 경청 2. 모호한 가정들을 공개하여 토의 3. 전원 참여(전원 발언유도) → 모든 정보가 유용 ↑ 내가 바라던 것과 동일하지는 않지만, 적어도 나는 그 결정과 공존할 수 있으며 그 결정을 지지할 수 있어야 한다.

◆ 바다에서의 표류

당신은 지금 남태평양을 표류하고 있다.

원인을 알 수 없는 화재가 일어나서 당신이 타고 있는 배가 대부분 파손되었고, 현재 서서히 가라앉고 있다.

대부분의 항해장비와 통신장비가 완전히 파손되었으며, 현재 위치는 정확하게 알 수 없지만, 가장 가까운 육지는 남남서 방향으로 약 1,600킬로미터 떨어져 있다고 추측된다.

다음의 목록이 화재에 파손되지 않고 제대로 보존되어 있는 물품 15가지이다. 그리고 당신과 동료들, 제대로 보존된 15가지의 물품을 다 실을 수 있는 고무보트와 노가 있을 뿐이다. 생존자의 주머니를 톡톡 털어봐도 담배 몇 갑, 담뱃불을 붙이는데 사용하던 라이터, 그리고 만원 짜리 5장이 전부이다.

이제 당신이 할 일은 아래의 목록을 보면서 생존에 필수적이라고 생각하는 물품에 순서대로 번호를 매기는 것이다.

가장 중요하다고 생각되는 물품 옆에 1번을, 그다음으로 중요하다고 생각되면 2번 … 이런 식으로 15번까지의 번호를 매기도록 한다.

개인별 결과 작성이 끝나면 조(생존보트) 단위로 생존리스트를 앞의 방식과 같이 작성하도록 한다.

메모

◆ 생존리스트 작성

물품 목록	나의 선택	오차	팀의 선택	오차	정답
육분의					
면도용 거울					
20리터의 물이 들어있는 물통					
모기장					
미 육군 야전 식량 한 상자					
태평양 지도					
의자형 방석 (물위에 뜨는 장비, 해군승인품)					
가스오일 혼합 깡통 1개(8리터)					
작은 라디오					
상어를 쫓는 약					
2제곱 미터 넓이의 불투명한 플라스틱 상자					
푸에르토리코산 럼주 1리터(알코올 도수 80도)					
5미터 짜리 나일론 줄					
초콜릿 두 박스					
낚시 도구					
합계	오차의 합		오차의 합		

Ⅳ. 의사결정 방법

가. 의사결정 4가지 방법

아래는 의사결정의 4가지 기본 방법이다. 어떤 방법이 최선인지는 의사결정 속도와 바람직한 참여수준에 따라 달라진다.

다음 4가지 의사결정 방법의 장점과 단점에 대해서 작성하시오 (팀 워크숍)

방 법	정 의	장 점	단 점	사 용 시 기
협의에 의한 의사결정 consultative	소속원들에게 아이디어, 제안, 의견 토론 등을 자유롭게 내도록 장려함. 의사결정자가 결정을 내림.			시간: 다소 있음 중요도: 대
합의에 의한 의사결정 consensus	모든 사람이 관심과 이해가 검토되고 통합될 때까지 토론을 계속함. 그룹이 결정을 내리고 모든 소속원이 동의함			시간: 많음 중요도: 중
권위에 의한 의사결정 authoritative	그룹 리더가 결정을 내리고 그 결과를 발표함.			시간: 없음 중요도: 소
다수결에 의한 의사결정 voting	모든 사람이 투표하여 다수결로 결정함.			시간: 없음 중요도: 소

◆ 의사결정 방법 – 일반적 장단점

의사결정 방법	속 도	참여/헌신도
협의에 의한 의사결정		
합의에 의한 의사결정		
권위에 의한 의사결정		
다수결에 의한 의사결정		

요점정리

◎ 상황에 맞는 의사결정 방법을 선택
– 각 방법은 장단점이 있으므로 상황에 따라 적절히 선택한다.

◎ 결정방법에 대해 분명히 동의
– 어떻게 결정할 것인가에 동의하지 않는 것은 잘못된 의사소통 등의 주요 원인이 된다.

◎ 협의적으로 사고
– 의심스러울 때는 협의적 의사결정이 좋은 선택이다.
(빠르면서 참여와 헌신도가 높기 때문)

V. 의사결정 도구

가. 찬/반 분석법

이제 직원의 요청에 승인할 것인지 부결할 것인지를 결정할 시간입니다.
본 교재의 "의사결정 예"를 참고하여 아래 도구를 사용한 후, 선택한 의사결정 방법을 사용하여 최종 결정을 내리는 것이다

	이 익 / 보 상	결 점 / 위 험
승 인	@ (예) 직원만족도 제고 @ @ @ @	@ @ @ @ @
거 부	@ @ @ @ @	@ @ @ @ @

❖ 메모

제주에 여의도 1.3배 영어타운

'A씨는 제주도로 유학간 초등학교 3학년 아들과 부인을 만나기 위해 한 달에 두 번 제주도로 내려간다. 아들이 공부하고 있는 서귀포 근처 영어전용타운에 들어서자 아이들 간의 대화도, 보이는 간판도, 공부하는 책도 대부분 영어다. A씨는 아들이 5학년이 될 무렵 서울로 데려왔다가, 고등학생이 되면 다시 제주도로 보낼 생각이다. 외국대학 진학을 준비시키기 위해서다.'
정부는 14일 교육과 관광, 의료, 문화콘텐츠 등의 발전방안을 망라한 '서비스사업 경쟁력강화 종합대책'을 발표했다. 그중에서도 핵심은 이르면 2010년부터 문을 열려고 하는 '제주 영어전용타운'이다. 해외로 나가는 조기유학, 영어연수를 국내로 흡수해서 서비스 적자를 해소하자는 취지이다. 그러나 정부 구상대로 영어전용타운이 과연 건설이 될 수 있을지, 설령 건설된다 해도 효과를 거둘 수 있을지에 대해서는 벌써부터 물음표 투성이다.
우선 정부가 구상하는 영어전용타운의 규모(115만평)는 여의도 면적(89만평)의 1.3배이다. 수업과 생활이 모두 영어로 진행되는 초·중·고와 대학은 일반학교의 모든 과목을 가르치지는 않지만, 정식 학력으로 인정 받을 수 있다. 그래서 모두 자립형 사립학교로 운영된다. 현재 지자체가 운영중인 '영어마을'은 길어야 몇 주 정도 공부할 수 있지만, 이곳에서 초등학생들은 1년이나 2년 정도 이 곳에 살면서 영어몰입교육과정에 참여한다. 중·고생들을 대상으로는 외국대학 진학을 위한 교과과정도 운영된다. 물론 학원과 각종 영어교육센터도 생기고, 휴양형 아파트와 상가도 들어선다.
학비는 일반학교보다는 비싸지만, 적어도 호주나 싱가포르에 조기유학 보내는 것보다는 싸게 책정될 방침이다. 또 이 곳이 제주도 도유지이기 때문에, 장기 저리로 땅을 임대한 뒤 주택·상업지구 개발이익의 일부를 서민·중산층 자녀 장학금으로 돌리겠다는 구상이다. 정부는 이를 위해 국무조정실에 관계부처 합동 태스크포스를 구성해 내년 상반기중에 구체적인 방안을 마련할 계획이다.
그러나 당장 교육계의 반대여론이 뜨겁다. 서울에 자립형사립고를 2개 더 세우는 것도 교육계 반대로 진전을 보지 못하는 상황에서 115만평 전체를 자립형 초·중·고로 채우겠다는 구상이 실현될지는 불투명하다. 교육인적자원부도 당장 이날 자립형 사립학교 설립에 동의한 적이 없다며 서비스대책 총괄부처인 재정경제부에 항의했다. 설령 영어전용타운이 들어서도 '제주도에서 기본적인 공부를 시켜, 해외로 내보내 잘 적응시키겠다 ' 는 형태의 조기유학이 많아지면 서비스 적자 해소에 별 도움이 안될 수 있다.
여유 있는 계층은 자녀의 국제적 안목을 키워주기 위해 계속해서 해외로의 유학을 선택할 가능성도 높다. 더욱이 생활비까지 포함하면 제주도 유학이라도 시킬 수 있는 계층은 한정돼 있다는 점에서 계층간 교육격차가 확대될 가능성도 있다. 전국교직원노동조합 관계자는 "초·중·고의 공교육을 '서비스 산업'으로 간주하는 발상이나 국가의 공식교육과정과 배치되는 수업과정을 학력으로 인정한다는 자체가 위험한 발상이다"고 지적했다.
그럼에도 불구하고, 조기유학이 급증하고 있는 게 현실인 이상 '제대로 된' 영어타운만 만들 수 있다면 서비스 적자 해소와 청소년 경쟁력 향상에도 도움이 클 것이라는 반론도 팽팽하다. 국가경쟁력 관점에서 영어교육을 접근하는 경제계와 공교육 관점에서 접근하는 교육계의 충돌이 불가피할 전망이다.

출처: 한국일보 2006. 12. 14.

제주도 영어타운의 사례를 찬반 분석법으로 정리해 보자

구분	이익과 보상	결점과 위험
승인		
거부		

메모

나. 기준 매트릭스

◆ 기준 매트릭스 (사례)

특 성	가중치	승 인		거 부	
		가중치 반영X	가중치반영	가중치 반영X	가중치반영
인사정책과의 일치	–	가 능		가 능	
직원 만족	2 X	8	16	3	6
팀 사기 진작	1 X				
팀 성과 향상	1 X				
총 점	–				

[척도] 0 : 해당 사항 없음 10 : 매우 그렇다

생산업무를 위하여 어떤 기계를 선택할 것인지를 결정한 예

	특성	가중치	기계1	기계2		기계3	
				가중치 반영 X	가중치 반영	가중치 반영 X	가중치 반영
필수 특성	국내 품질 기준에 부합해야 함	–	OK	OK		OK	
필수 특성	시간당 1,200개를 생산해야 함	–	OK	OK		OK	
필수 특성	월 비용이 650,000원 이하여야 함	–	NO (필수 기준 미달)	OK		OK	
	작동 수명이 10년 이상일 것	2X		5	10	5	10
	유지 보수 필요성이 적은 것	2X		4	8	5	10
	가능한 operator time이 짧을 것	2X		2	4	3	6
	원료 효율이 높을 것	2X		5	10	4	8
	전력 소비 효율이 높을 것	1X		4	4	5	5
	향후 3년간 기술 수준을 대표할 것	1X		5	5	4	4
	총 점	--	0		41		43

[척도] 전혀 그렇지 않다:0 ~ 매우 그렇다:5

가중치 반영 점수의 합이
기계2 < 기계3 ∴ 기계3 선택.

◆ 필수 특성에 가중치 매기기

주의사항	• 가중치에 따라 결정이 달라질 수 있으므로, 가급적 객관적 입장에서 점수를 매기도록 신중을 기해야 함. • 그렇지 않으면 엉뚱한 결론이 나거나, 이해 관계인들의 반발을 초래할 염려가 있음. • 충분조건 항목이 많아서 비중을 매기기가 곤란할 때는 우선 A, B, C, 3 등급으로 평가해 봄. • 비중을 매기는 작업은 주관에 의지하는 경우가 많으나, 가능하면 관계자와 서로 협의해서 결정을 내리는 것이 무엇보다 중요함.
방법	가장 중시해야 할 항목을 10으로 하고, 그것과 상대비교를 하여 1~10점의 점수를 매겨 나감. (10점짜리 항목이 나올 수 있으며, 아무리 조건이 열악해도 0점은 주지 않음)

가중치를 매기거나 선택안에 대한 점수를 줄 때 유의해야 할 점

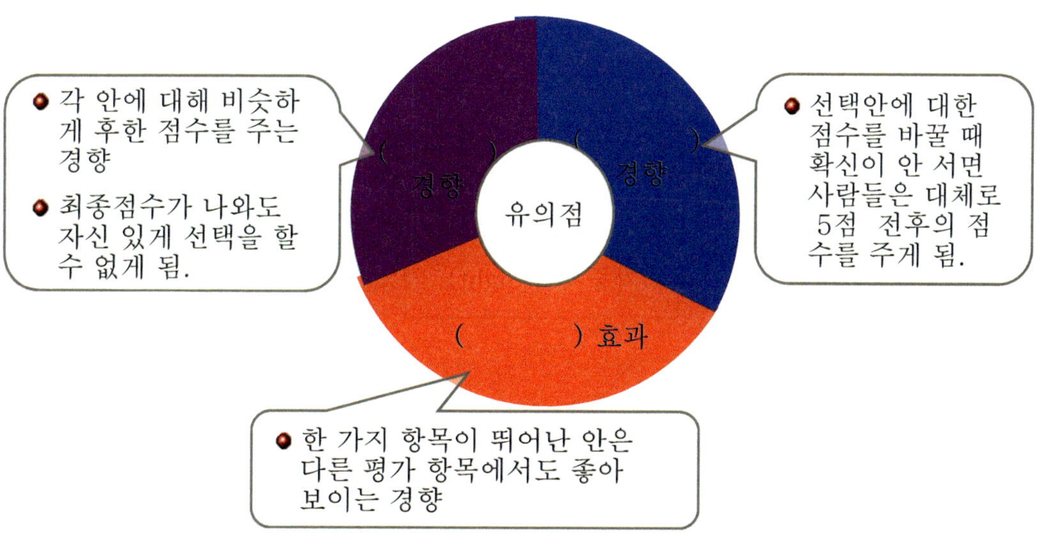

◆ 후보안 선정하여 객관적 정보 적기

후보안 작성 방법

1. 결정 목적, 목표, 조건에 맞게 구체적인 방법론을 몇 가지 생각해 봄.
2. 각각의 주요 목표에 대해 요구 항목을 될 수 있는 한 만족시킬 만한 방법을 생각해 낸 다음 그것들을 조합하여 후보안을 작성하는 것이 좋음.

후보안마다 점수 집계하기

후보안

- 절대조건 만족 시 후보안으로 채택
- 절대조건 불만족 시 원칙적으로 탈락시킴

충분 조건 점수 구하기

충분조건 점수 = 가중치(weight) x 비교점수(score)

충분조건을 후보안별로 비교하여 점수(score)를 1~10으로 줍니다.

◆ 마이너스 요소에 대해 검토하기

1. 구체적으로 안(案)의 마이너스 요소를 한번 더 철저히 조사해서 그 영향을 검토해 봄
2. 안의 원활한 진행을 방해하는 것과 실시했을 때 발생할 마이너스 영향을 사전에 예측하여 그것이 용인할 수 있는 것인지 아닌지를 평가하게 됨.

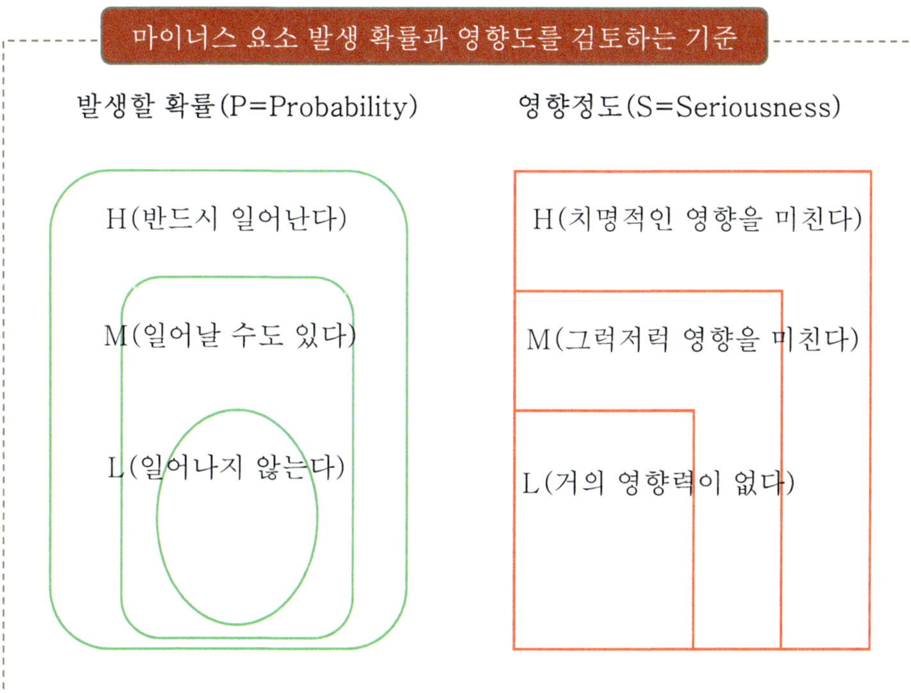

☞ 마이너스 요소와 플러스 요소 고려하여 최종 결정 내리기

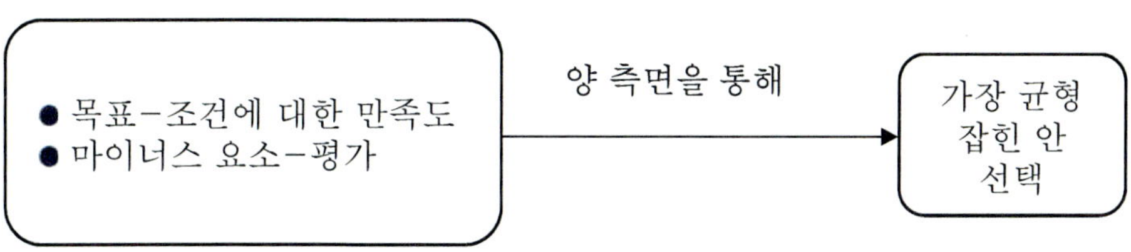

가. 의사결정 트리

◆ 의사결정 트리(Decision Tree) 란?

개 요	◎ 대안들을 평가하는 훌륭한 도구이며 또한 특정한 선택의 결과 발생할 위험과 보상에 대하여 정확하고 균형 잡힌 그림을 그릴 수 있도록 도와준다.
작성법	◎ 의사결정 트리는 요구되는 의사결정에서부터 시작하며 네모(■)로 표시. ◎ 상자로부터 오른쪽으로 선을 긋고 각각 가능한 해결방법들을 써 넣음. ◎ 그 결정을 택한 결과가 불명확하다면 각 해결방법 선 끝에 원(●)으로 표시. 결과가 또 다른 의사결정을 요구한다면 다시 네모를 표시. (네모는 결정을, 원은 가능한 결과를 나타냄) ◎ 네모나 원의 위에 고려해야 할 결정이나 요소들을 써 넣는다. ◎ 가능한 결과 및 의사결정들을 최대한 많이 그릴 때까지 이 작업을 계속해서 원래의 의사결정으로부터 어떻게 이어지는지를 볼 수 있도록 한다.(아래 예 참조)

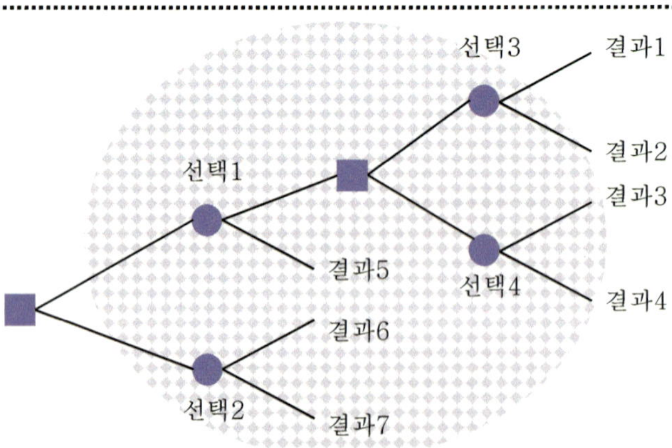

트리 분석하기

- 이제 의사결정 트리를 평가할 차례이다. 여기서는 각 가능한 결과에 대해 얼마나 가치 있다고 생각하는지 현금 혹은 수적 가치를 부여하는 것으로 시작한다. 각 결과의 가능성을 추정한다.
- 백분율을 이용한다면 각 원의 합은 100%가 되어야 하며, 분수라면 합계는 1이 되어야 한다.
- 과거 상황에 대한 데이터를 가지고 있다면 그 가능성에 대해 보다 정확한 추정을 할 수 있을 것이다.
- 그렇지 않다면 최대한 추측한 값을 써 넣는다.

의사결정 가치계산

- 결과의 가치를 추정하고, 예상되는 결과의 가능성을 평가하고 나면 이제 그 가치를 계산하여 의사결정에 도움이 되도록 할 차례이다. 의사결정 트리의 오른쪽부터 시작하여 왼쪽으로 작업한다. 결과의 가치에 가능성을 곱하여 예상되는 결과의 가치를 계산한다. 트리 마디 각각의 총계는 이 값들을 더하여 구한다.

비용계산

- 의사결정 마디를 평가할 때, 각 선택 라인을 따라 선택에 따른 비용을 기록한다.
- 그리고 이미 산정한 결과의 가치에서 이 비용을 제외한다.
- 이것이 해당 결정의 이익 값이다. 이 분석에서 투입된 비용 즉, 이미 사용한 금액은 고려하지 않는다.
- 각 결정의 이익을 계산하고 나면, 이익이 가장 큰 결정을 선택하고 이를 최종 의사결정 및 그 마디의 가치로 택한다.

◆ 의사결정 트리 (Decision Tree) 예

TV생산업체인 이 회사는 LCD와 PDP 중 어느 것을 생산할 것인지 검토하고 있다. 회사가 선택할 수 있는 방법은 아래 도표와 같이 세 가지(LCD만/PDP만/둘 다 생산)가 있으며 각각의 경우 시장의 수요에 따라 예상되는 매출액은 아래와 같다. 과거의 시장수요 경향을 분석한 결과 향후 시장수요가 증가, 보통, 감소할 확률은 각각 0.3, 0.5, 0.2로 나타났다. 이때, 당신은 어떤 결정을 해야 합리적인 의사결정을 한 것인가?

<수요에 따른 예상 매출액>

시장상황	수요증가	보통	수요감소
확률	0.3	0.5	0.2
LCD만 생산	$500,000	$260,000	$120,000
PDP만 생산	$420,000	$230,000	$110,000
LCD과 PDP 둘 다 생산	$820,000	$390,000	$200,000

※ 각 제품별 비용은 LCD: $50,000 / PDP: $60,000 / 둘 다 생산할 경우 $80,000

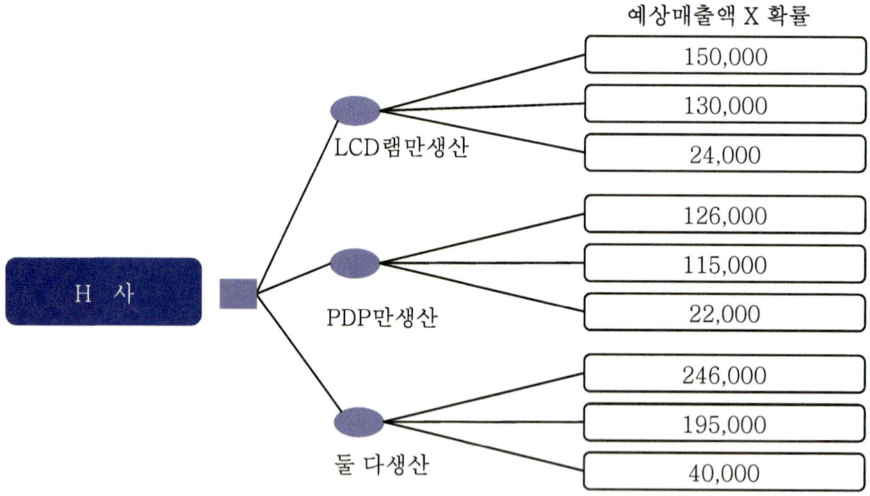

- 의사결정 트리의 가능한 결과와 그 가능성 및 선택별 비용을 반영하여 의사결정의 가치를 평가한 결과
- LCD와 PDP 둘 다 생산하는 것이 총 기대수익을 극대화하는 결정인 것을 알 수 있다

Module 4

창의적 문제해결

1) PSA 기본 모형
2) 문제해결 스킬
3) 프로그램
4) 사례
5) 문제해결 프로세스

변화하는 기업 환경 속에서 문제해결력이 지향하고 있는 것은 기업이 처한 문제의 근본 원인을 찾아내어 그것을 해결할 수 있는 방법을 생각해 내는 것이다.

그러나 본질적인 문제를 발견하지 못한다면 아무리 문제해결을 시도해도 성공할 수 없다.

따라서 불확실성의 시대, 새로운 성장 모델을 찾아낼 수 없는 시대야말로 본질적인 문제를 발견하고 해결할 수 있는 인재, 즉, 문제해결자(problem solver)가 반드시 필요하다.

- '맥킨지 문제 해결의 기술' 에서

❖ PSA (Problem Solving Approach)

Logical thinking은 ( )의 조건이고,

문제해결력은 ( )의 조건이다.

자신을 강하게 만드는
"Business Weapon"은
문제 ( )이다.

지금 이 시대는
문제해결 능력이 있는 사람을 원하며

문제해결 능력을
습득하는 사람은 ( )이 될 수 있다!

문제를 두려워 하는 것은
문제에 ( )이 없다고
생각하기 때문이다.

1. ❖ 먼저 '무엇이 문제인가?'를 발견해야 한다.

2. ❖ 문제해결자가 되기 위한 5단계 과정을 습득해야 한다.

3. ❖ 지금까지 사용해 온 업무 처리 방식은 바꿔야 한다.

본질적인 문제를 발견하지 못한다면 아무리 문제해결을 시도해도 성공할 수 없다.

'문제해결'이라는 말을 들었을 때 생각되는 말의 느낌은?

1)

2)

3)

4)

1) 문제해결의 (　　)을 이해한다.

2) 둘러싸고 있는 (　　)을 이해한다.

3) 효과적인 (　　　　) 방법을 배운다.

4) 데이터를 (　　　) 한다.

5) (　　　　　)를 완벽하게 구사한다.

■ 채택전략 비중
86%
14%
■ 총 매출 비중
62%
38%
■ 총 수익 비율
31%
69%
레드오션 전략
블루오션 전략

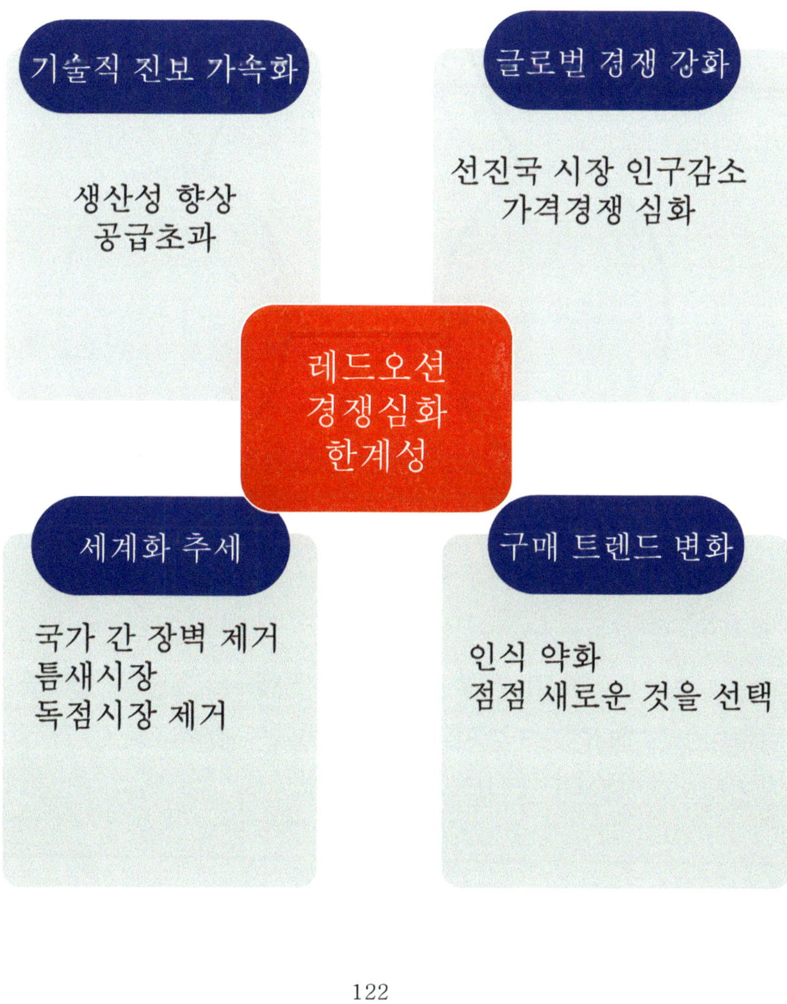
기술적 진보 가속화
생산성 향상
공급초과
글로벌 경쟁 강화
선진국 시장 인구감소
가격경쟁 심화
레드오션
경쟁심화
한계성
세계화 추세
국가 간 장벽 제거
틈새시장
독점시장 제거
구매 트렌드 변화
인식 약화
점점 새로운 것을 선택

❖프레임워크

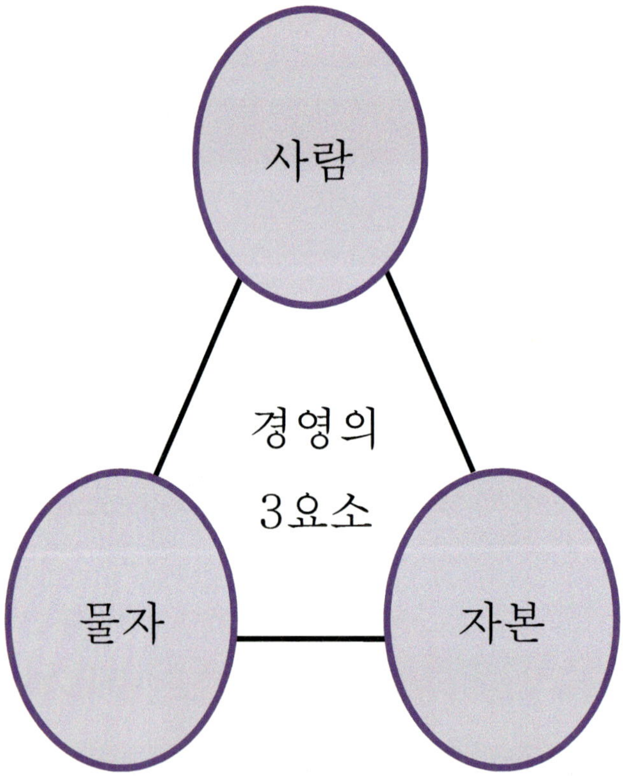

프레임워크를 사용하여 '핵심은 무엇인가?'라는 사고의 방법을 알아야 하며, 많은 정보 중에서 그것들을 묶어서 한마디로 말하면 무엇이 되는가 하는 것이다.

1) 일상적인 업무를 처리할 때에도 적극적인 문제에 (　　)하는 자세를 가져라.

2) 정보를 알고 목적에 따라 (　　　　) 사용할 수 있게 하라.

3) 수집된 정보로부터 메시지를 (　　)할 수 있도록 하라.

4) 기본적인 차트를 (　　)할 수 있도록 하라.

5) 정보를 프레임워크로 (　　)할 수 있고 상황과 문제점에 대한 이해를 보다 심화시킬 수 있도록 하라.

6) 스스로 학습하는 (　　)을 체득하고 일상적인 훈련이 가능하도록 하라.

❖ 다섯 가지 문제해결력(PSA)

1. 데이터의 수집과 분석
2. 본질적인 문제를 추출하는 기법
3.
4.
5.

❖ 문제해결에 필요한 스킬을 이해하기 위해서는…

1) 문제를 발견하여 방법을 생각하고 실행한다.

2) 프로세스로 생각하면 빈틈이 없다.

3) 스킬의 기본은 3가지

❖ 1. 문제를 발견하여 방법을 생각하고 실행한다.

본질적인 문제의 발견을 저해하는 요인이 있는데, 그것은 미리 예측하여 판단하거나 부분적인 것에 집착하여 전체를 볼 수 없다거나 객관적으로 판단하고 행동하지 못한다거나 하는 것이다.

'성과를 내기 위한 기본 사이클'

1) 문제를 발견한다.

2) 그것을 해결하기 위한 방안을 제시한다.

3) 그 방안을 실행한다.

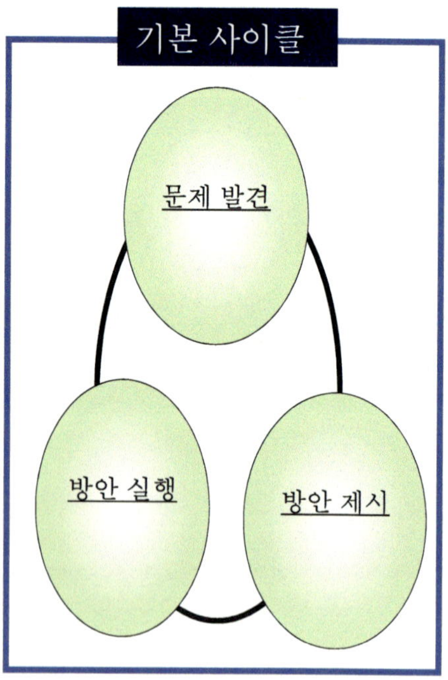

❖ 2. 프로세스(흐름)로 생각하면 빈틈이 없다.

• 문제해결의 프로세스

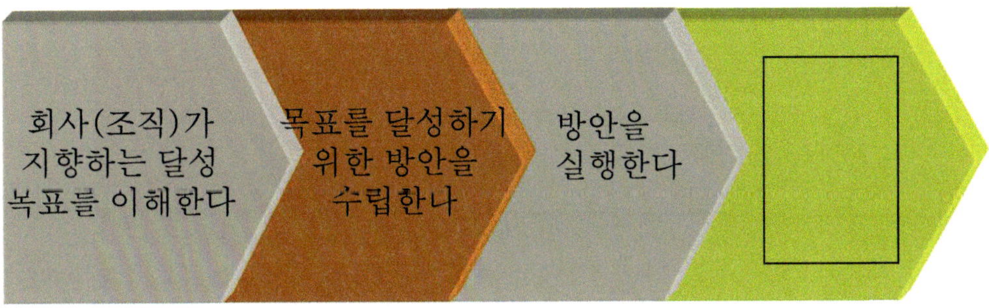

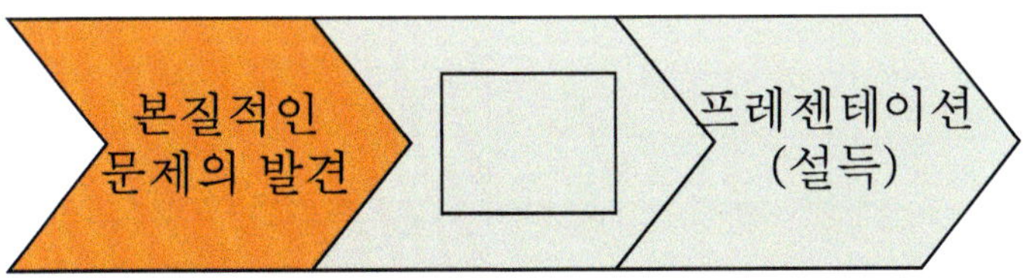

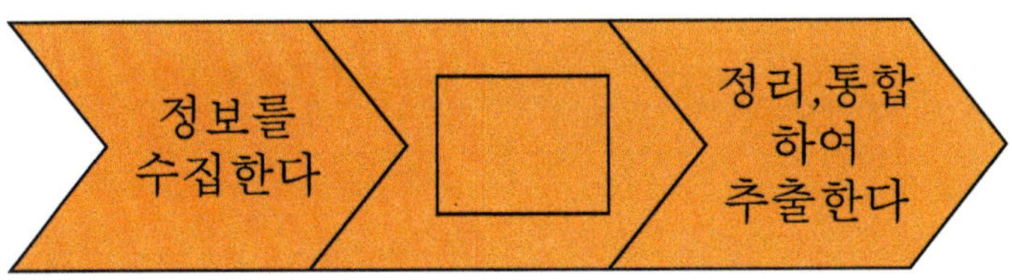

<자료: 포사이트&컴퍼니>

❖ 3. 스킬의 기본은 3가지

※ 삼중고의 비즈니스 환경

1) 어떤 정보를 수집할 것인가?

2)

3)

<자료: 포사이트&컴퍼니>

❖ 문제해결자가 되기 위한 4가지 프로그램

※ 본질적 문제의 발견으로 이해도를 높인다.

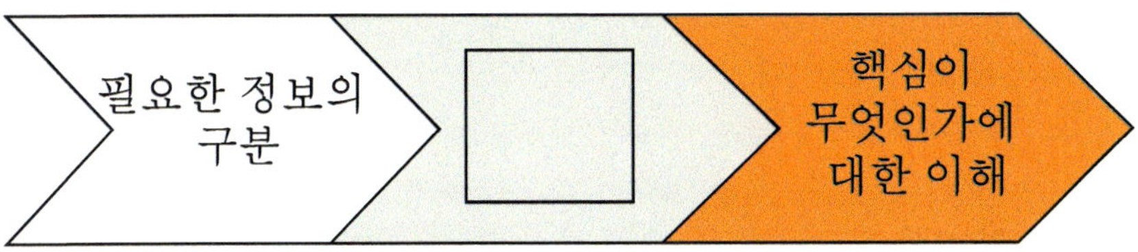

1) 문제를 둘러싸고 있는 주변환경을 이해하는 것이다.

2) 효과적인 정보수집 방법이다.

3) 데이터를 차트로 표현하는 것이다.

4) 프레임워크로 생각하는 것이다.

<자료: 포사이트&컴퍼니>

❖ 문제해결자가 되기 위한 4가지 프로그램

1) 문제를 둘러싸고 있는 주변환경을 이해하는 것이다.

첫째, 어떤 때 어떤 것을 알 필요가 있는가?

둘째, 무엇을 알았을 때 어떤 것을 이해할 수 있는가?

셋째, 가치를 높이려면 어떤 것을 연구하면 될 것인가?

<자료: 포사이트&컴퍼니>

❖ 문제해결자가 되기 위한 4가지 프로그램

2) 효과적인 정보수집 방법이다.

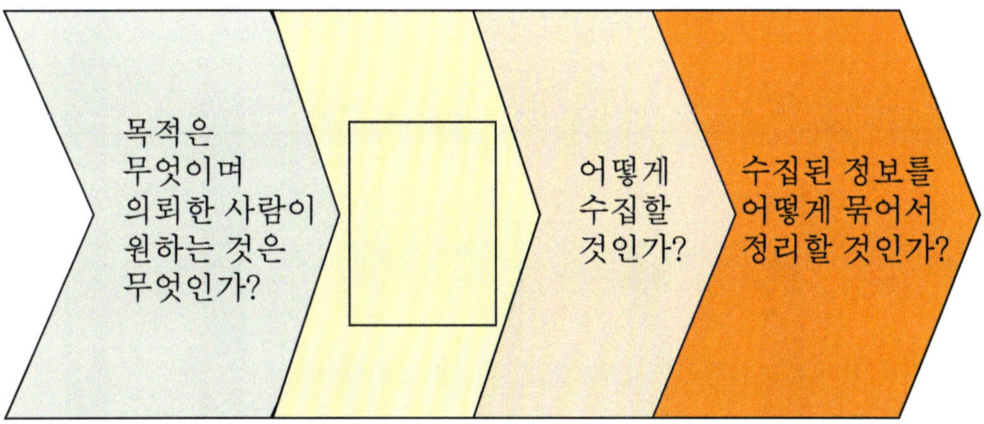

<자료: 포사이트&컴퍼니>

❖ 문제해결자가 되기 위한 4가지 프로그램

3) 데이터를 차트로 표현하는 것이다.

(단위: 억원,%)

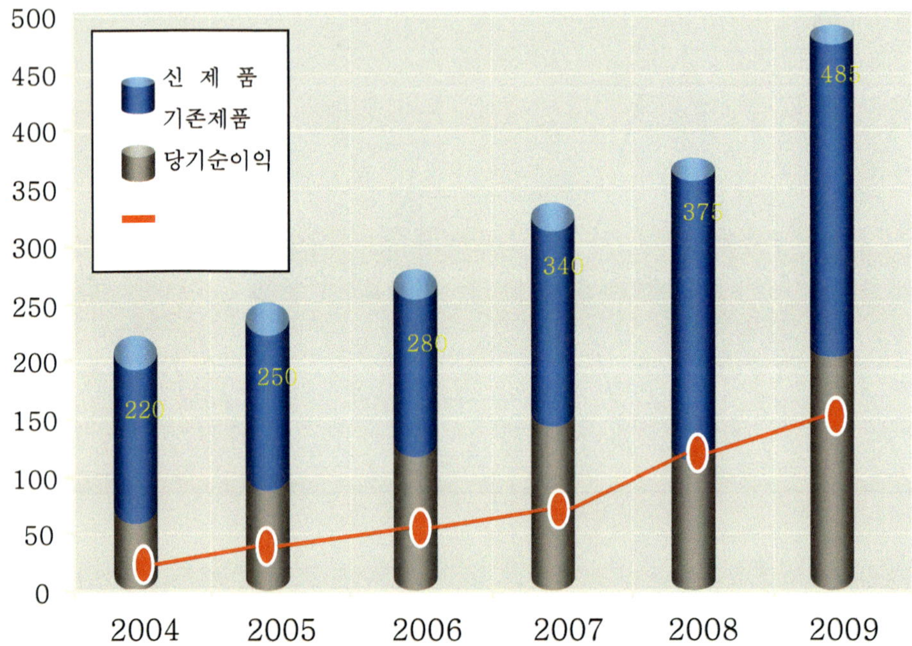

구 분	2004년	2005년	2006년	2007년	2008년	2009년
매출총액						
당기순이익						
순이익률						

❖ 문제해결자가 되기 위한 4가지 프로그램

4) 프레임워크로 생각하는 것이다.

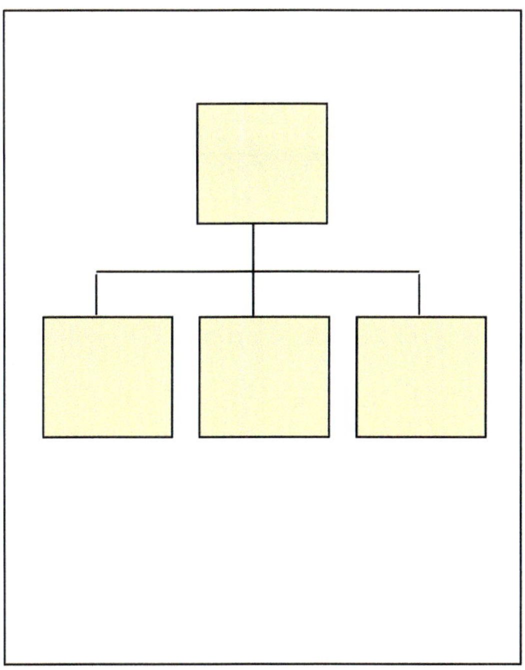

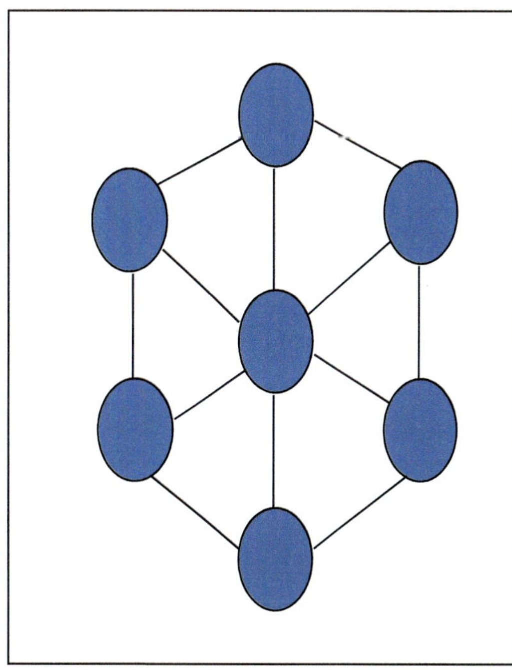

<자료: 포사이트&컴퍼니>

사례 – 강릉에 살고 계시는 어머니가 4인 가족을 구성하는 아들과 함께 살고 싶다고 합니다.

강릉에 거주하고 있는 김동원 씨의 어머니가 아들 가족과 함께 살고 싶어한다.

김동원 씨에게 어떤 어드바이스를 해주면 좋을까?

김동원 씨는 현재 4인 가족과 함께 서울의 아파트에 거주하고 있다. 최근 고민스러운 일 중의 하나는 고향인 강릉에서 혼자 살고 계시는 어머니로부터 서울에서 아들과 함께 살고 싶다는 말을 자주 듣는다는 것이다.

어머니는 비교적 사교적인 아버지가 돌아가시고 난 뒤 사람들과 만나는 횟수가 줄어들었다.
그 때문인지 아닌지는 알 수 없지만 훨씬 늙어버린 느낌이다.

그런 생각을 하면 마음이 아파서 함께 살려고 하지만 자신이 살고 있는 지금의 아파트는 조금 좁다.
게다가 아내는 좁은 곳에서 함께 살게 되면 불편하다는 점 때문에 동의할 생각이 없는 것 같다.

이런 상황은 우리 주변에서 실제로 자주 벌어지는 일이다. 그럼 여기에 대해 여러분들은 어떤 어드바이스를 해주면 좋을까?

사례 – 강릉에 살고 계시는 어머니가 4인 가족을 구성하는 아들과 함께 살고 싶다고 합니다.

※ 본질적인 문제 파악을 위해 다음과 같은 방식으로 구성해 주세요.

1. 문제해결을 위한 요소들을 나열할 것.

2. 대응책 마련을 위한 인식된 문제점과 해결책으로 분류할 것.

3. 본질적인 문제점의 이해를 위하여 프레임워크로 작성할 것.

IV. 사례

사례 – 강릉에 살고 계시는 어머니가 4인 가족을 구성하는 아들과 함께 살고 싶다고 합니다.

[Q] 강릉에 살고 계시는 어머니가 같이 살고 싶다고 합니다. 어머니는 여러 가지 이유를 들어 함께 살기를 요구하고 있습니다.

1. 문제해결을 위한 요소들을 나열하세요.

문제점 도출	원인분석 /핵심원인 선정	해결방안 선정	실행계획 수립/발표

(1단계)
- 현상분석 및 문제점 도출
  - Brain Writing
- 핵심문제점 선정
  - KJ,Story Boarding
- 핵심 문제점 공유
  - Dot Voting(1개)

(2단계)
- Fish bone
- 5 Why's
- 원인분석평가 (기회평정표)
- 핵심원인 선정

(3단계)
- 해결방안 모색
  - Brain Storming
- 해결방안 평가
- 해결방안 선정

(4단계)
- 실행계획서
  - 3W (What, Who,When)
- 발표준비
  - 자율선정
- 발 표

문제점 도출

● 현상분석

1단계: 주어진 주제에 대한 공감대 형성

전 조원들이 설정된 주제에 대해서 토의를 하여 주제를 명쾌하게 한다.

그리고 주제에 대한 범위를 토의한다.

※ 규칙: 1명 1분 발언, 1~2인 내용에 대한 의견 개진

2단계: 브레인 라이팅을 통해 부여된 주제에 대한 문제점들을 도출한다.

● 핵심 문제점 선정

- 브레인 라이팅에서 도출한 문제점들을 비슷한 것들끼리 묶는다.

- KJ 기법(Story Boarding 법)을 활용하여 4~5개 정도의 핵심 문제점으로 축약시킨다.

- 이 문제만 해결되면 주제가 해결될 수 있는 핵심 문제점(꼭 해결되어야 되며 큰 문제점)이 무엇인가를 각자 생각해야 한다.

- 참가자 전원이 조별 핵심 문제점들을 공유하며 Dot Voting 통해 조별로 1개의 핵심 문제점을 선정한다.

원인 분석

◆ 조별로 부여된 핵심 문제점을 해결하기 위해 원인분석을 실시한다.

■ Fish-bone 기법 등을 활용하여 4~5개 항목의 유형별로 문제의 원인을 파악한다.
(4P, 4M, 4S 등 활용)

- Post-it 1장에 1개의 원인/이유만 기입하여 해당 유형에 부착

■ 5Why's기법을 활용하여 원인을 새로운 각도에서 파악한다.

■ 여러 원인을 비슷한 유형끼리 모은 후 Opportunity Rating法에 의거 평가한 후 핵심원인을 도출한다.

- Grouping別로 원인 .요인을 Keyword화
(Negative 표현 : OO 부족, OO 미흡 등)

Fish-bone 기법(특성요인도법)

◆ 문제의 원인을 유형별로 묶고 많은 원인들을 상정할 수 있게 한다.

- 문제원인의 유형을 결정하고 큰 가지를 구성한다.

- 조원들이 유형에 따른 원인을 POST-IT에 적어 큰 가지 근처에 붙인다.

해결 방안 선정

◆ 다양한 해결방안 모색

- 핵심원인을 문제점에 연계시켜 문제점 범위와 해결방향을 명확히 한다.
- 브레인 스토밍을 통해 다양한 SOLUTION을 도출한다.
- 해결방안은 구체적이고 명확하게 기술(1 동사 + 1 목적어)

◆ 해결방안 평가

- 실행 가능성과 효과성을 기준으로 기회 평정표를 활용하여 해결안들을 평가한다.

◆ 해결방안 선정

- 평가한 해결방안 중에서 최종 해결안(task)을 선정한다.
- 최종 해결안 선정 시 안들에 SCOPE/SIZE를 고려한다.

브레인 스토밍 기법

다음의 원칙을 지키면서 아이디어를 말한다.

Brain Storming의 원칙

1. 자유분방
   - 어떤 아이디어라도 좋다. (기상천외한 아이디어도 제시)
   - 즐거움을 갖고 한다. 창의직으로 한다.

2. 결합편승
   - 이미 제시된 아이디어를 조합하거나 발전시키며 제시
   - 팀 구성원은 다른 사람들의 아이디어를 이용하든가 그에 착안하여 새로운 아이디어를 낸다.

3. 질보다 양
   - 평가한 해결방안 중에서 최종 해결안(task)을 선정한다.
   - 최종 해결안 선정 시 안들에 SCOPE/SIZE를 고려한다.

4. 비판엄금
   - 어떤 아이디어에 대해서도 비판할 수 없다. (아이디어 창출이 목적)
   - 제안된 아이디어에 대해 판단하지 않는다.

실행 계획 수립

- 토의를 통해 실행계획을 수립
  - 전원이 참가하여 Brain Storming에 의거 실행계획 수립
- 해결안을 3W(What, Who When)에 근거하여 일정별로 실행계획을 상세하게 작성
- 해결안 건별로 추진일정 및 관련부서를 명시하여 강평자가 관리할 수 있도록 함.
- 작성시 구체적인 실행계획 수립

Module 5

문제해결

1) 문제해결의 이해
2) 문제해결의 원칙
3) 문제해결의 3대 요소

문제해결

◆ 의사결정 문제를 찾는 방법은 다음과 같음

- 기업 및 조직 내부의 업무 프로세스에 관한 정보를 실시간으로 수집하고 모니터링 해야 함
- 기업 내부 활동과 함께 외부 환경변화에 관한 정보를 체계적으로 모니터링해야 함
- 기업 내부 활동 및 외부 환경변화에 숨어 있는 문제와 기회를 찾아낼 수 있는 지능형 문제 진단시스템이 필요
- 의사결정자는 능동적으로 문제를 찾아내야 함
- 기업의 조직문화가 새로운 변화를 받아들이고, 경영자 및 리더가 열린 마음을 가지고 있어야 함

◆ 정보 수집방법

- 일상적 정보수집 활동: 정보수집 활동은 문제가 될 수 있는 이슈를 찾는 활동과 병행
- 기본 정보수집 활동
- 심층적 정보수집 활동

문제해결

◆ 문제의 본질을 분석할 때 다음과 같은 항목들을 중심으로 분석해야 함

- 문제의 성과(목표, 성과지표, 실제 성과)
- 문제의 원인(원인, 징후)
- 문제의 구성요소(통제요인, 통제 불가능요인, 결과, 관계)
- 문제의 변화 패턴(동인, 과정, 속도, 기간, 장소)
- 문제의 영향(결과, 피해)
- 문제와 관련한 사례(과거 사례, 경험, 사람, 정보)
- 기업의 내부 프로세스 변화
- 외부 환경의 변화
- 산업 내 구조의 변화

◆ 문제를 분석할 때 문제와 관련한 제약조건을 분석해야 함

- 문화 제약조건(cultural constraints)
- 조직의 제약조건(organizational constraints)
- 개인의 제약조건(individual constraints)

문제해결

◆ 문제의 유형은 크게 세 가지 기준으로 분류할 수 있음

- 경영기능에 따른 유형(생산, 마케팅, 인사, 재무, 회계, 정보기술)
- 경영활동 수준에 따른 유형(운영통제, 관리통제, 전략계획)
- 의사결정의 구조도에 따른 유형(구조적, 반구조적, 비구조적)

생각해봅시다.

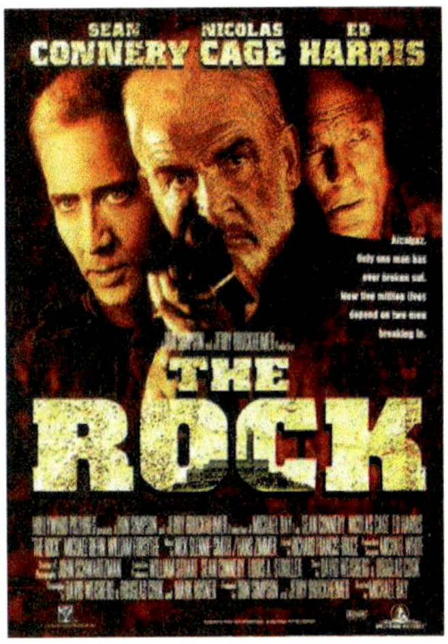

The Rock(1996년)

▪기본정보: 액션 | 미국 | 131 분 | 개봉 1996.07

▪감 독: 마이클 베이

▪주연배우: 숀 코네리(존 패트릭 메이슨), 니콜라스 케이지(닥터 스탠리 굿스피드), 에드 해리스(프란시스 X. 험멜 장군)

동영상을 보고 느낀 점이 있으십니까?

메모

문제란?

여러분이 생각하는 문제란 무엇입니까?

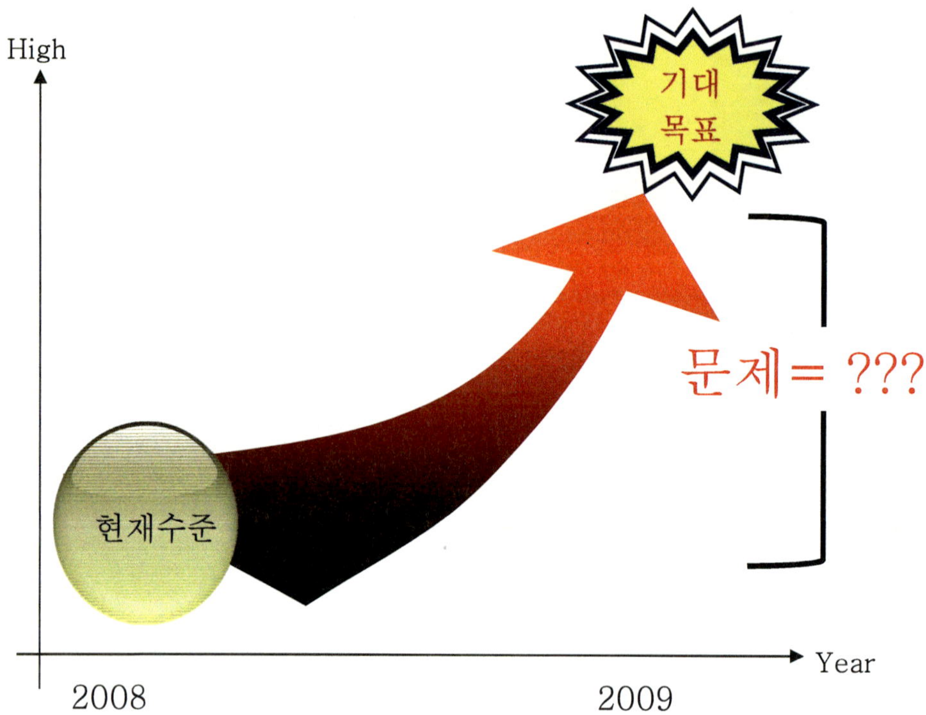

메모

문제의 유형

1) 유지 복원형

2) 개 선 형

3) 혁 신 형

메모

문제의 유형

4) 문제 유형의 특징

구 분	유지/복원형	개 선 형	혁 신 형
예 시			
특 징	• 원인 규명의 문제 • 눈에 보이는 문제 • 과거부터 현재에 이르는 문제	• 목표 형성 문제 • 문제 의식을 가지고 찾아내는 문제 • 문제 의식의 레벨에 의해 결정되는 문제	• 환경 성취형의 문제 • 장래 환경 변화의 예측과 당사자의 의지와의 문제 • 미래로부터 발상해서 지금 무엇을 할 것인가의 문제

메모

문제해결의 이해

1) 정의

- 목표와 현상의 차이(gap)를 줄이는 것을 말한다.
- 개인이나 조직은 이러한 문제해결을 통하여 품질, 서비스 및 효율을 높임으로써 개인 및 조직의 성과를 극대화해 나가는 활동이다.

2) 문제해결의 원칙

- 원칙 1 :
- 원칙 2 :
- 원칙 3 :

메모

문제해결의 원칙

1) Fact-base ; “사실”을 두려워하지 말라.

- Zero-base에서 (상식을 잊고) 고려해 봄
- “사실”이 존재하는 현장을 직시함
- 정보는 될 수 있는 대로 정량화하여 포착함

메모

문제해결의 원칙

2) Rigidly Structured ; 구조화하라

- [ ] : MECE의 사고방식에 따라 주요 항목을 Tree 형태로 분해한 것임

- [ ]
  - 중복되지 않고 각각의 합이 전체를 포함할 수 있는 요소의 집합
  - Mutually Exclusive and Collectively Exhaustive 전체를 Cover하며, 상호의 경계를 명확히 한 Group구분 (빠짐 없이, 중복 없이)

◆ 메모

문제해결의 원칙

3) 결과지향

- [ ] : 노력, 투입량, 원인의 작은 부분이 대부분의 성과, 산출량, 결과를 이루어낸다는 법칙.

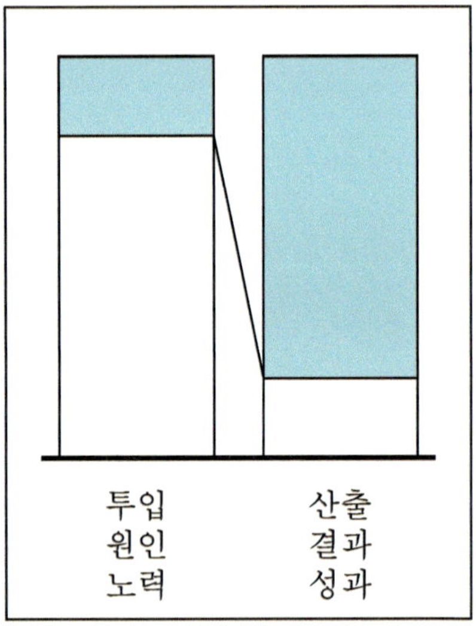

목적에 맞춰 최대의 효과를 얻도록 자원을 대체하는 과정이 중요

- 무조건 열심히 하기보다는 핵심을 찾아내라.
- 모든 기회를 다 추구하기보다는 80%의 가치를 가진 20%의 목적만을 추구하라.

메모

문제해결의 3대 요소

1) 문제해결방법 지식

2) 문제 관련 지식 가용성

3) 해결자의 열정

메모

Module 6

문제해결 방안

1) 방법이란

2) 체계적 문제해결

3) PDCA

방법이란 무엇인가?

1) 방법의 정의

- Method = Meta + Hodos

(from Greek) (target) (road)

- "방법이란 목표치를 추구하기 위한 길이다"
- PDCA는 방법이다!

체계적 문제해결 = 목표에 도달하기 위해 사용되는 방법

메모

체계적 문제해결

1) 문제해결 프로세스

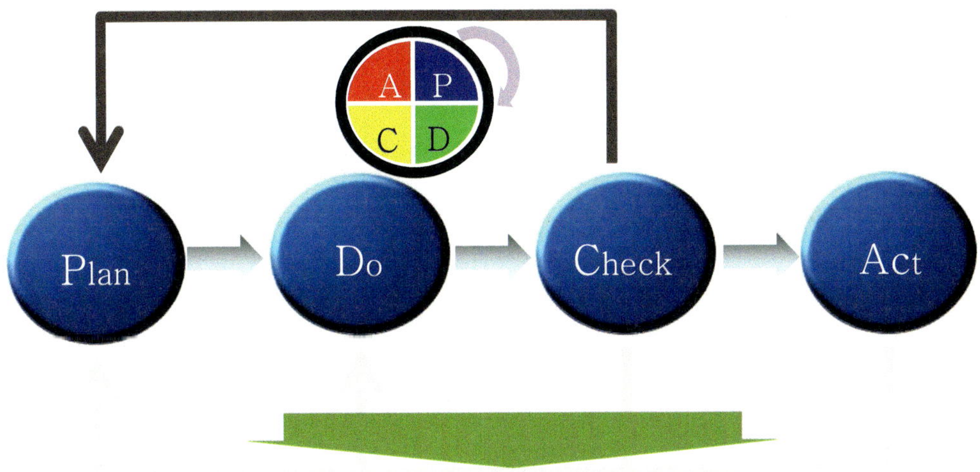

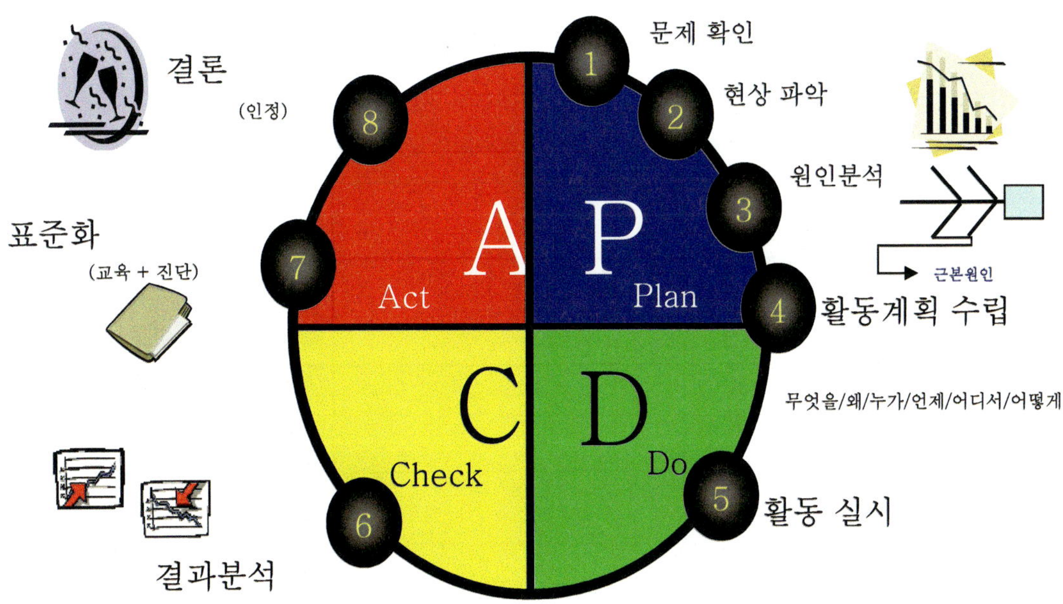

PDCA : Plan

1) 문제를 명확히 기술하라

- 변화되어야 할 증상에 대하여 객관적이고 계량적으로 기술한다.
- 증상의 영향 ('그래서?')에 대하여 기술한다.
- 정확하고 구체적이다.
- 측정 가능하다.
- 단일 문제를 기술한다. (복합적인 문제를 단일 문제들로 진술하고 한번에 하나씩 처리한다)
- 가정 및 이론 대신에 관찰 및 사실을 사용한다.
- '간단한 것이 좋은 것'이라는 원칙을 고수한다

2) 문제를 진술할 때 피해야 할 것

피해야 할 것	비효과적인 문제진술	효과적인 문제진술
질 문		
"부족(결여)"이라는 단어		
문제로서 해결안 가정		
프로세스가 아니라 사람을 탓함		

PDCA: Plan

3) 현상파악의 4단계

모든 자료와 정보 수집 → 특성별, 유형별 분류 → 분류 후 중요도 분석 → 중요 문제 집중 분석

4) 층별 도구

- 층별이란 집단을 구성하고 있는 많은 것을 어떤 특정에 따라 몇 개의 그룹으로 구분하는 것을 말한다.

1. 층별할 대상을 분명히 규정한다.
2. 전체의 품질 분포를 파악한다.
3. 산포의 원인을 살핀다.
4. 결과를 나타내는 데이터를 산포의 원인이라고 생각되는 것에 따라 여러 개의 작은 그룹으로 구분
5. 층별한 작은 그룹의 품질의 분포를 살핀다.
6. 층별한 작은 그룹의 품질의 분포를 서로 비교하여 또 전체의 품질 분포와 대비하여 본다.

층별의 대상이 되는 항목:

- 시간대별
- 작업자별
- 기계,설비별
- 작업방법과 작업 조건별
- 원재료별
- 측정별
- 검사별
- 환경,기후별
- 기 타

PDCA: Plan

4) 층별 도구: Logic Tree 활용

- 상호 반대되는 개념으로 양분하는 방식과 "이외," 기타"를 잘 이용하면 MECE를 충족시키는 데 도움이 됨

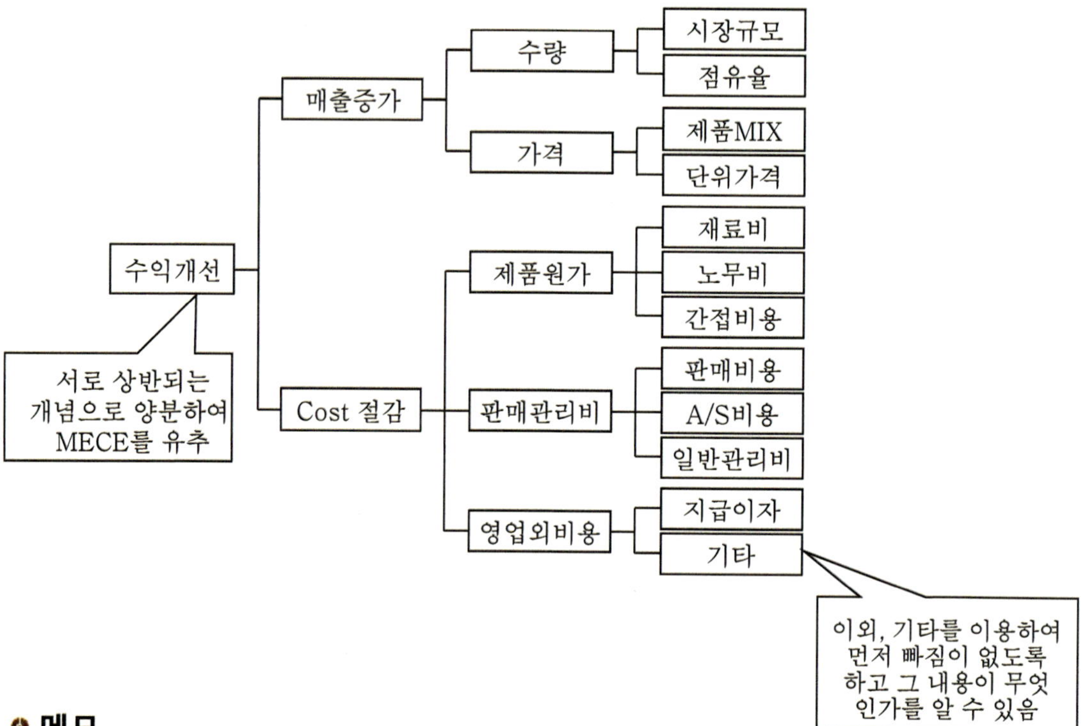

메모

PDCA: Plan

5) 파레토 분석

- "문제 등을 분류해 크기 순서로 배열하는 동시에 누적 수를 표시해 어떤 항목에 문제가 집중되는지 알 수 있게 확인할 수 있는 기법"

- <u>파레토도 개념</u>

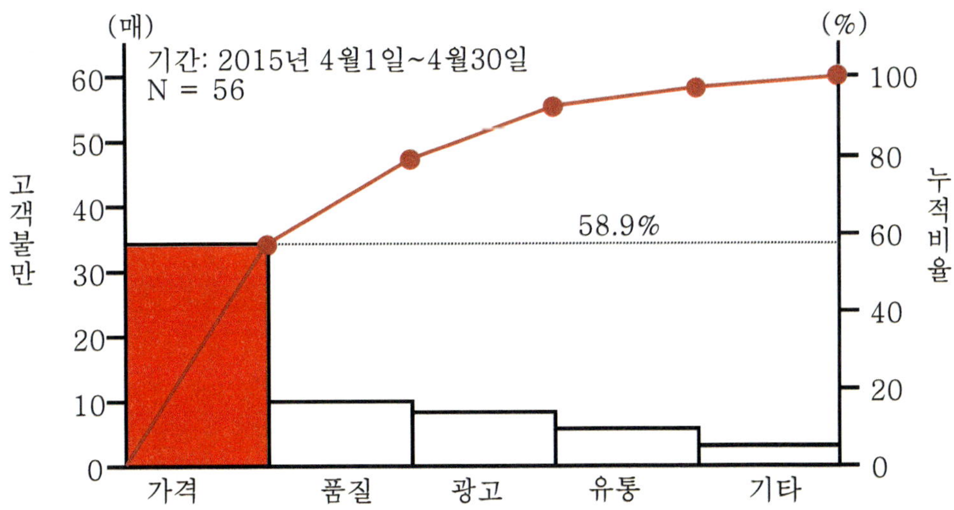

메모

PDCA: Plan

5) 파레토 분석

- <u>파레토도 작성 포인트</u>

① 주제를 정하고 data를 모은다

② 분류 항목별로 data를 집계한다

③ 계산표를 만든다

④ 누적수, 비율, 누적비율을 구한다

⑤ 필요사항을 기입한다

⑥ 세로축, 가로축 기입한다

⑦ 막대그래프 그린다

⑧ 누적 꺾은선을 그린다

⑨ 누적 비율의 눈금을 기입한다

메모

PDCA: Plan

5) 파레토 분석

- 파레토 사례 분석

➢ 아래의 표는 2015. 11월 서울지역 반품 현황이다. 파레토 분석을 실시하라

반품지역	반품개수	누적	누적비율
강남	90	90	35.3%
서초	68	158	62.0%
중구	51	209	82.0%
동대문	23	232	91.0%
강북	17	249	97.6%
강동	2	251	98.4%
기타	4	255	100.0%
합계	255		

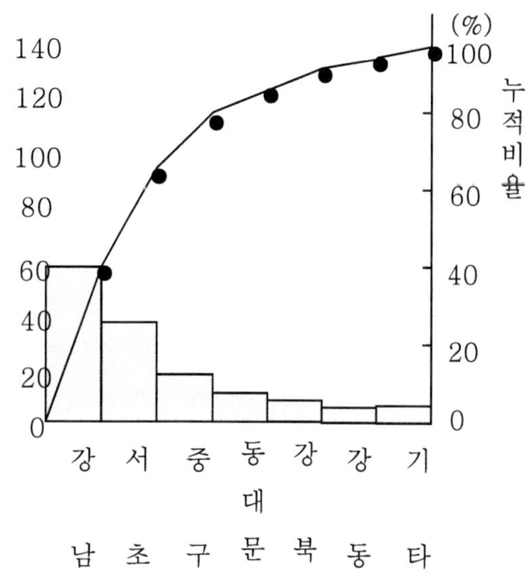

메모

PDCA: Plan

6) 원인 분석

- <u>원인분석의 정의</u>

  ➢ 특성(찾아낸 문제)에 영향을 미친다고 생각되는 원인을 브레인 스토밍, 3현(현장, 현물, 현실), 2원(원리, 원칙) 등에 의해 철저하게 파악하는 단계

- <u>분석도구</u>

  ➢ 특성요인도 (원인추구형)

  ➢ Logic Tree

  ➢ Why-Why분석

  ➢ 기타 data를 유용하게 분석할 수 있는 tool

◈ 메모

PDCA: Plan

7) 특성요인분석

- 특성요인도는 별명이 물고기 뼈
- 그 모양이 물고기 뼈와 가시를 닮았음
- 그래서 한가운데 굵은 화살표를 등뼈라 하고 각 요인의 화살표를 큰뼈, 중뼈, 잔뼈로 점차 작게 나누어서 부르고 있음
- 또 특성요인도를 수목에 비유하여 등뼈를 줄기, 요인을 큰가지, 중가지, 작은가지라 부르기도 함

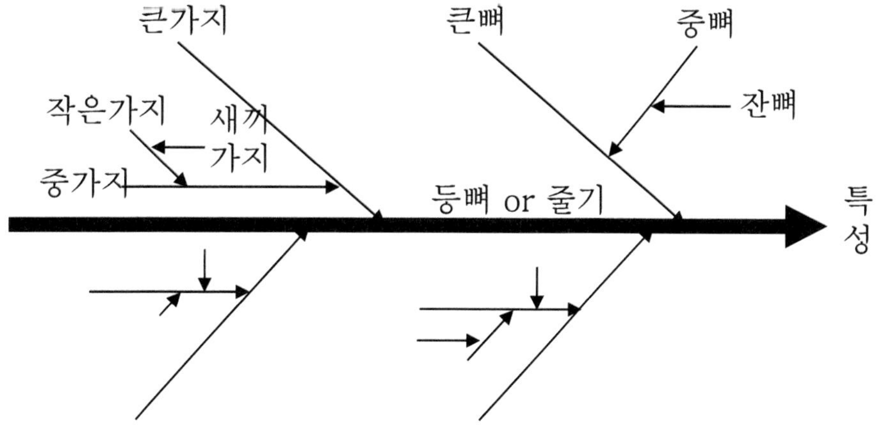

메모

PDCA: Plan

7) 특성요인분석

- <u>특성요인분석 프로세스</u>

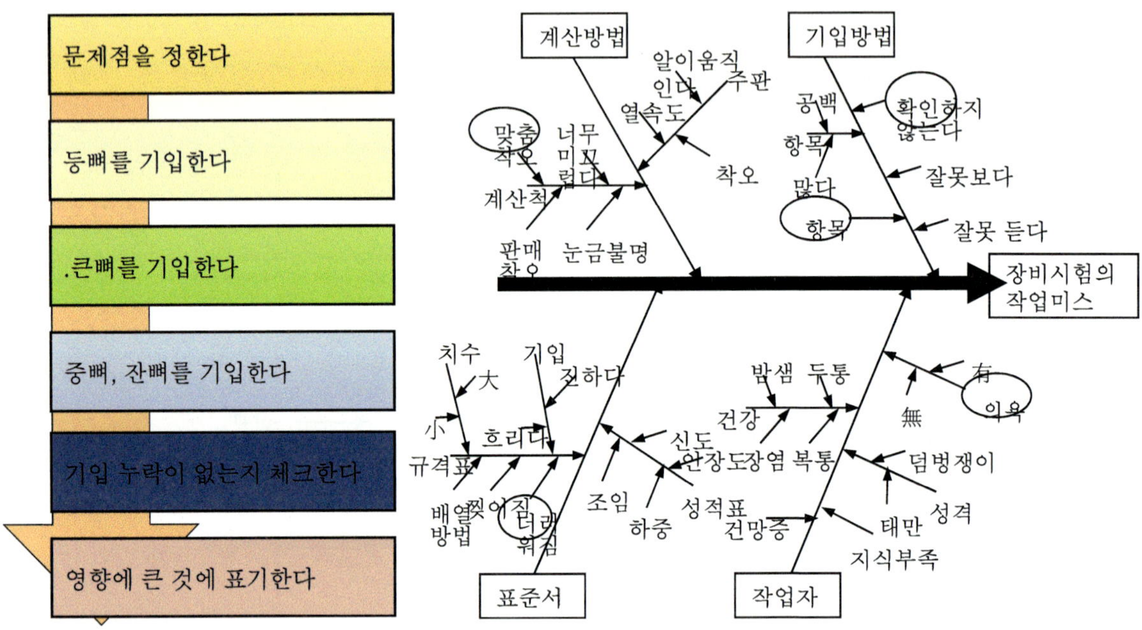

❖ 메모

PDCA: Plan

7) 특성요인분석

- <u>특성요인분석 사례</u>

- 판매 책임자는 최근 3개월 동안 판매 실적이 떨어지고 있는데 대해서 많은 고민을 하고 있다.
- 이에 대한 원인과 대책을 찾기 위해서 특성요인도분석을 사용하기로 하였다.

1. 각 부문의 책임자를 소집해서 함께 브레인 스토밍을 해서 문제를 석하기로 하였다.
2. 판매 부진에 대한 관련된 가능한 요소를 찾아보니 제품 다양성, 판매 인력, 광고, 시설, 경기 등 5가지 요소로 분류되었다.
3. 판매 부진 문제에 대한 전체적인 상황을 이해하고, 가능한 원인들을 찾아보아라.

메모

PDCA: Plan

8) 브레인 스토밍

- 진행요령

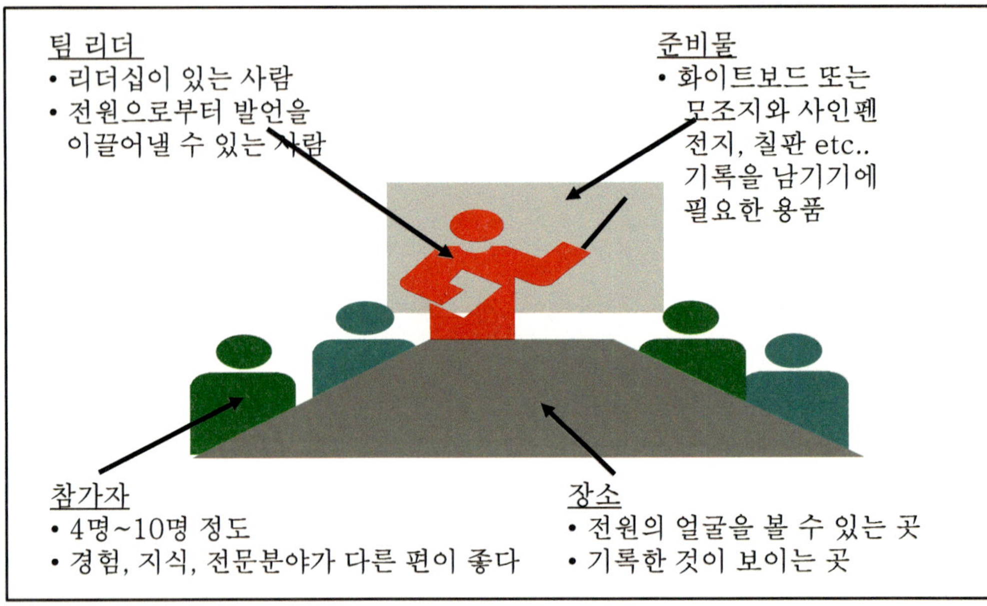

메모

PDCA: Plan

8) 브레인 스토밍

- <u>브레인 스토밍 프로세스</u>

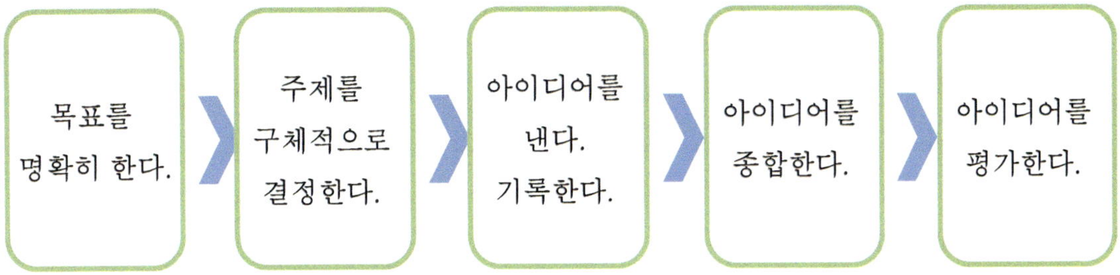

- <u>브레인 스토밍 4대 원칙</u>

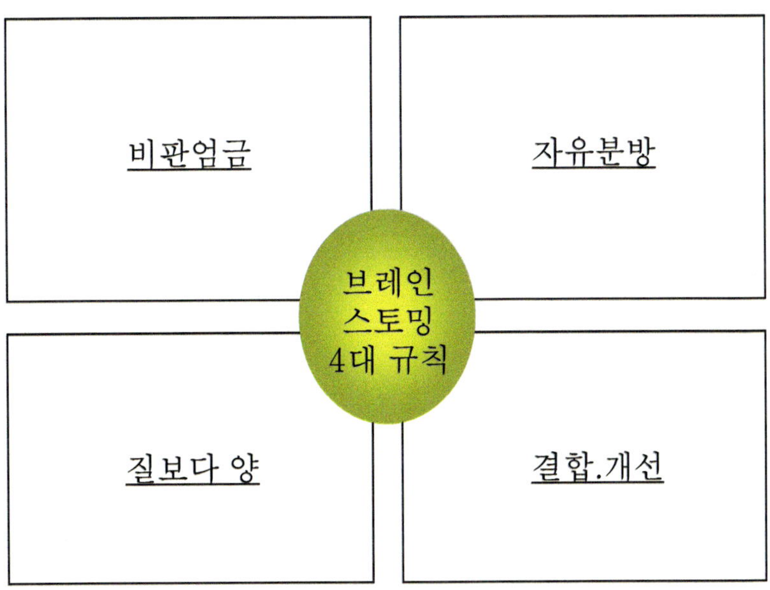

PDCA: Plan

9) 평가 기준 선정

- 대책안의 특성에 따라 필요 평가기준을 선정하고 가급적 정량화 함.
- 일반적으로 평가기준은 5~6개 정도 선정
- 대책안 평가에서는 문제해결자의 주관을 배제할 수 있도록 관계자/담당자와 함께 검토함

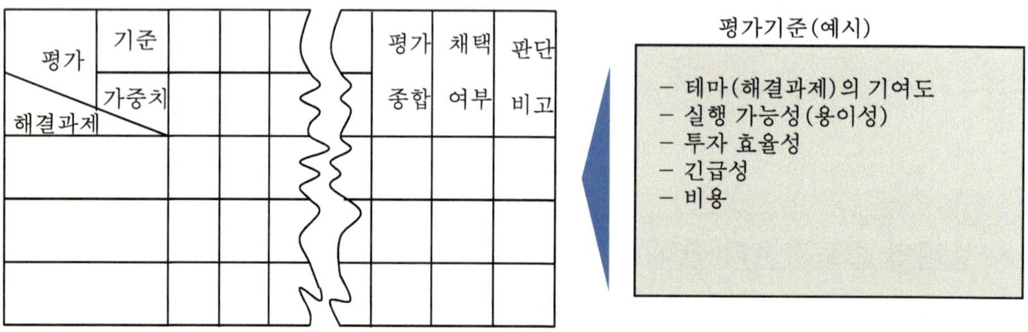

- 대책안 평가/선정: 사례

■범례: ⊙3점, ○2점, △1점
(13점 이상 채택한다)

해결과제 \ 평가	기준	실행가능		중요도		난이도		평가 종합	채택 여부	판단 비고
	가중치	3		1		2				
주말에 요리학원에 다니도록 함		⊙	9	⊙	3	⊙	6	18	채택	
모친에게 지도 받음		○	6	△	1	○	4	11	불채택	
회사 근처로 이사		⊙	9	○	2	○	4	15	채택	
보다 빠른 교통수단 이용		○	6	△	1	○	4	11	불채택	

※평가기준: 해결과제의 유형에 따라 팀원에 의해 기준을 설정한다
※평가방법: 팀원에 의해 객관적인 평가가 될 수 있도록 방법을 모색한다

PDCA: DO

1) 실행의 개념

- 실행계획을 통해 최종 선정된 대책안을 실제 현장에 적용하여 당초 장애가 되는 문제의 원인들을 제거하고, 실행 후 목표 값과 비교하여 효과를 파악하는 단계
- 초기에는 대상을 좁혀 가능한 것부터 실행하며 그 과정에서 온 문제점을 해결하면서 대책안의 완성도를 높이고 일정한 수준에 도달하면 전면적인 전개를 해 나간다.

- <u>프로세스</u>

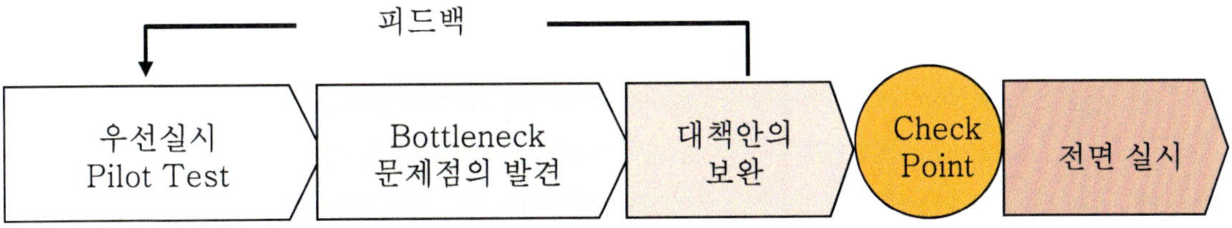

- <u>실행하기 전에 해야 할 질문</u>

- 목적은 명확히 인식하고 있는가
- Output Image는 가지고 있는가?
- 해결하고자 하는 의지는 가지고 있는가?
- 부족한 부분에 대한 보완책은 가지고 있는가?

PDCA: DO

2) 모니터링 시스템 구축

- 실행계획의 성능을 초기에 정착시키기 위해 실행과정에서 기 설정된 목표치의 달성과 일정관리상의 문제점을 체계적으로 파악할 방안들을 사전에 준비할 system을 확보

- <u>절차와 방법</u>

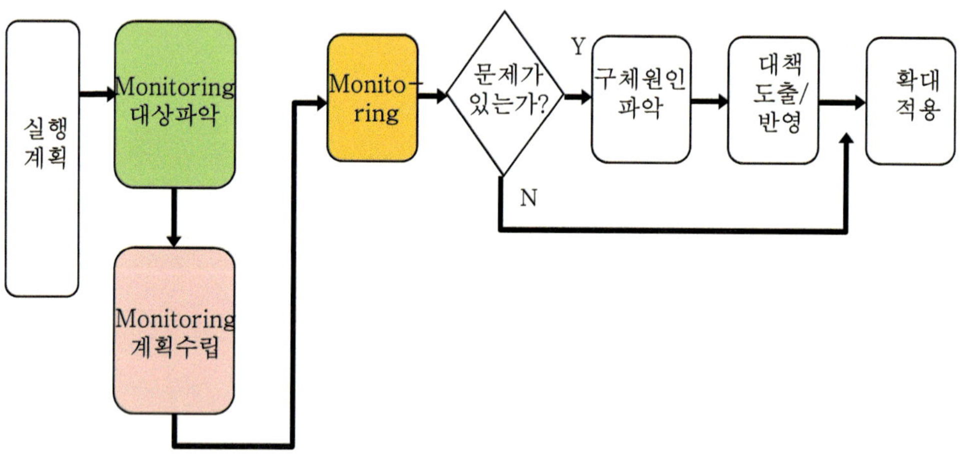

메모

PDCA: Check

1) 성과를 평가하라

성과검증

■ Data조사

조사기간: 2002.7.28~8.12 (조사자: 홍길동)

CHECK 항목	일별 조사현황															계
	7/28	7/29	7/30	8/1	8/2	8/3	8/4	8/5	8/6	8/7	8/8	8/9	8/10	8/11	8/12	
Hold이외 제품 Box대기중	6	7	4	8	10	9				11	10	8	7	7	7	94
선Flow품과 Hold품 구분 안됨	8			10	11			8	9	5			10	9		70
제품별 구분 보관 안됨	8	6		6		7	11			10	9			4	2	63
Hold Shelf가 1Bay에 있어 동선이 길	3	6				3	2	3	3		2	1		5	3	33
장기 정체대기 Run표기가 없음	7	6				5	5		7			8	8	7	9	62

■ Data비교 분석

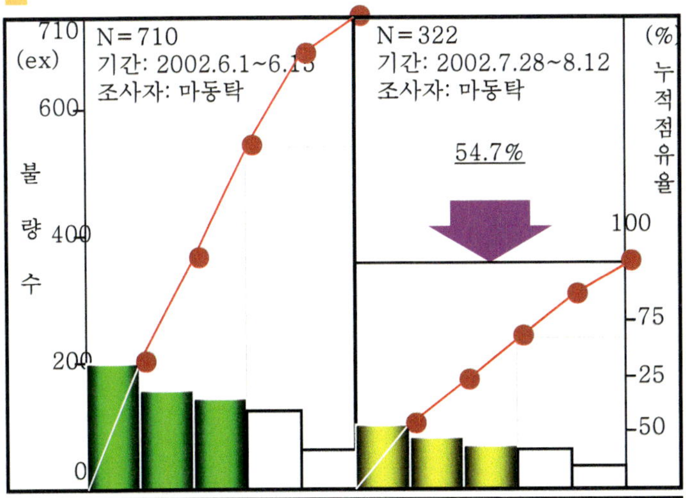

유형	①	②	③	④	⑤	①	②	③	④	⑤	계
불량수	200	167	163	126	54	94	70	63	62	33	322
점유율	28.2	23.5	22.9	17.8	7.6	29.1	21.7	19.5	19.2	10.5	

■ 목표비교 분석

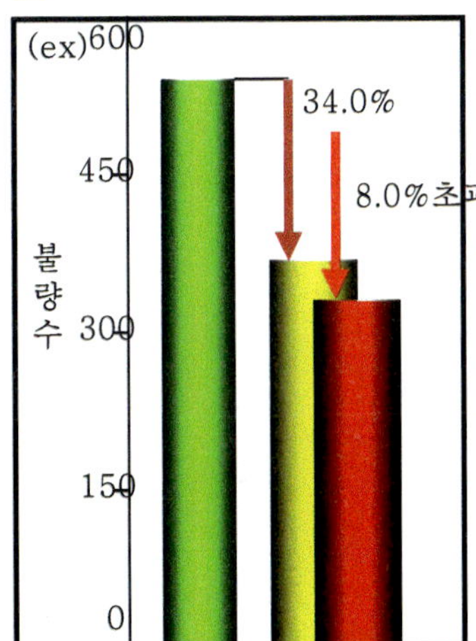

구 분	현상	목표달성
불량수	530	350
		322

PDCA: ACT

1) ACT의 정의

- 선택한 대책안이나 실행된 내용이 앞으로도 확실하게 유지될 수 있도록 계획을 세우고, 실행 성과에 대한 조직 내 공유를 하는 단계

- <u>유지관리 기준서 작성목적</u>

- 개선된 내용 중 관리가 필요한 항목에 대한 유지관리 기준을 설정하고 기준에 의해 관리하고
- 유지관리 항목에 대한 재발방지 등을 기록하여 지속적으로 유지를 하기 위함

- <u>Check Sheet 작성목적</u>

- 개선내용 중 지속적 유지관리를 필요로 하는 항목을 도출하고 개선된 내용이 결함으로 되돌아 가지 않도록 하기 위함

메모

PDCA: ACT

2) 유지관리가 중요하다.

- <u>행동의 Know-How분석</u>

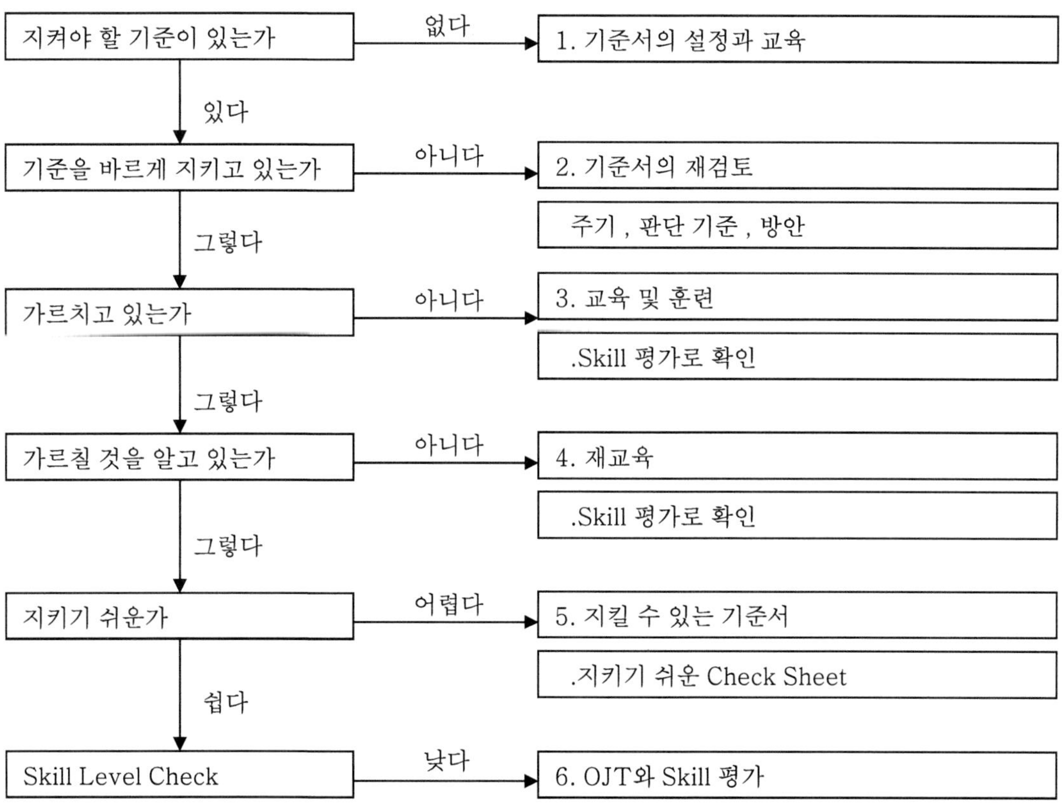

메모

PDCA: ACT

3) 성과의 공유

- 문제해결 성과물 중 매뉴얼로 작성하여 관리할 부분은 없는가?
- 파급효과 측면을 고려할 때 제도화하여야 할 부분은 없는가?
- 전 구성원들에게 시급히 확산시키기 위하여 교육으로 할 부분은 없는가?

메모

Module 7

의사소통력

1) 인간 행동 이해를 통한 사람 파악 방법
2) 효과적인 의사소통력
3) 칭찬의 기술
4) 조화로운 관계 만들기

의사소통력

◆ 의사소통은 집단, 조직, 사회의 기능 수행에 있어서 필수적인 과정이며, 사회체제나 조직을 이해하는 데 가장 중요한 것임

- 조정 및 통제를 위한 수단 규정
- 합리적 의사결정의 수단 결정
- 조직 통솔과 리더십의 발휘
- 사기양양 및 동기 유발

◆ Redfield 의사소통의 원칙 8가지

- 명료성의 원칙
- 일관성 또는 일치성의 원칙
- 적시성의 원칙
- 분포성의 원칙
- 적량성의 원칙
- 적응성(융통성)
- 통일성
- 관심과 수용의 원칙

의사소통력

◆ 의사소통의 구성개념과 기본 모형

- 메시지(Message)
- 경로(Channel)
- 발신자(Sender)
- 수신자(Receiver)
- 전달(Transmission)
- 코드화(Encoding)와 코드해독(Decoding)
- 피드백(Feedback)
- 의사소통의 효과는 메시지 교환과정과 결과, 혹은 새로운 지식, 상이한 태도와 문화, 그리고 만족과 같은 일반적인 결과로써 의사소통자에게 일어나는 변화

◆ 의사소통의 교류에 따른 구분

- 일방적 의사소통: 즉각적인 업무 효율성과 목적달성을 강력히 강조
- 쌍방적 의사소통
- 수직적 의사소통 vs. 수평적 의사소통

의사소통력

◆ 쌍방적 의사소통의 3원칙과 4개 유형

– 3원칙

① 참여의 원칙

② 실행의 원칙

③ 호혜성의 원칙

– 4개 유형: 대화, 질의, 토론, 대화에서의 가르침

◆ 의사소통의 형식에 따른 구분

<공식적 의사소통과 비공식적 의사소통>

구 분	공식적 의사소통	비공식적 의사소통
개 념	공식조직 내에서 공식적인 계층제적 경로와 과정을 거쳐 공식적으로 행하는 의사소통방식, 고전적 조직론에서 강조	계층제나 공식적인 직책을 떠나 조직구성원간의 친분. 상호 신뢰와 현실적인 인간관계 등을 통하여 이루어지는 의사소통방식
수 단	공문서를 수단으로 함(명령, 지시와 보고, 품의)	개별적인 인간적 만남. 각종 친목회에서의 의견교환. 조직 내 소문

의사소통력

<공식적 의사소통과 비공식적 의사소통>

구 분	공식적 의사소통	비공식적 의사소통
장 점	① 상관의 권위가 유지 ② 의사전달이 확실하고 편리 ③ 전달자와 피전달자가 분명하고 책임 소재가 명확 ④ 정보의 사전 입수로 의사결정이 용이 ⑤ 의사결정에의 활용 가능성이 큼 ⑥ 정보나 근거의 보존이 용이	① 전달이 신속 ② 외적으로 나타나지 않는 배후 사정을 소상히 전달 ③ 긴장과 소외감을 극복하고 개인적 욕구를 충족할 수 있음 ④ 행동의 통일성을 확보할 수 있음 ⑤ 관리자에 대한 조언의 역할이 가능 ⑥ 의견 교환의 융통성이 높음 ⑦ 공식적 전달을 보완할 수 있음
단 점	① 의사전달이 융통성이 없고 형식화되기 쉬움 ② 배후 사정을 소상히 전달하기 곤란 ③ 변동하는 사태에 신속히 적응하기가 어려움 ④ 기밀 유지가 곤란함	① 책임 소재가 불분명함 ② 개인 목적에 역이용될 수 있음 ③ 공식적 의사소통 기능을 마비시킬 수 있음 ④ 수직적 계층 하에서 상관의 권위가 손상 ⑤ 조정. 통제가 곤란함

의사소통력

◆ Johari의 창은 대인관계의 유형을 설명하는 대표적 이론임

<Johari의 창>

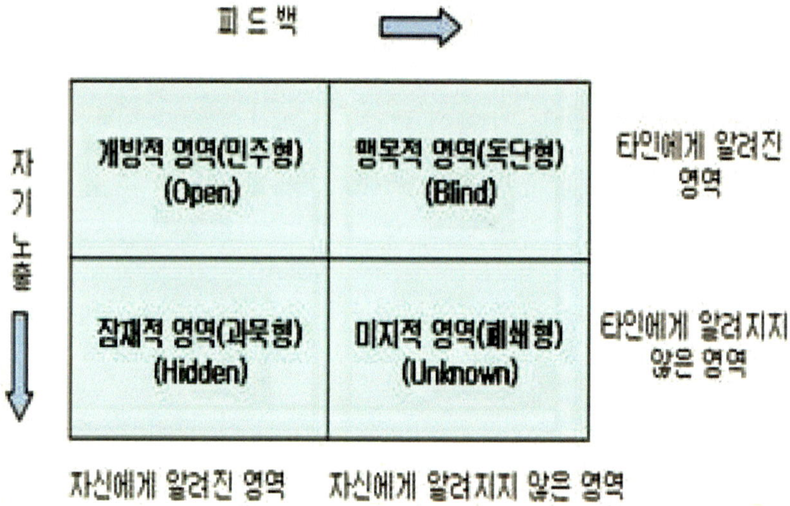

◆ 대인 간의 의사소통 유형

- 감정형 / 지휘형 / 사려형 /지원형
- 자기거부형 / 자기보호형 / 자기노출형 / 자기실현형 / 자기협상형

◆ 대인 간 의사소통의 개선방안

- 감상(感想)형(appreciative style), 공감형(Empathetic style), 종합형(Comprehensive style), 식별형(discerning style), 평가형(evaluative style)

의사소통력

◆ 하향식 의사소통의 개선방안

- 하급자에게 직무에 대해서 충분히 알려주어야 함
- 직무의 배경을 설명해 줌
- 업적과 관련된 피드백을 계속적으로 제공해줌으로써 목표 추구의 효과를 높여야 함
- 커뮤니케이션 경로 다양화
- 중요한 내용 반복 전달
- 공식적인 경로를 이용하고, 수신자에게 직접 전달

◆ 상향식 의사소통의 개선방안

- 감별법(Screening)
  ① 예외에 의한 관리(management by exception)
  ② 공급충족의 법칙(principle of sufficiency)
  ③ 대기행렬 법칙(queuing)
- 조직 내 분위기를 조정하는 방법
- 정보의 조직화

의사소통력

◆ 수평적 의사소통의 개선방안

- 작업집단 내에 상급자에 대한 신뢰가 있어야 함
- 부서 간 형평의 원리가 적용되어야 함
- 부서 간 정보의 원활한 교환이 이루어져야 함
- 조직구조의 변화가 신축성을 지녀야 함

다르다와 틀리다

▶ '어~' vs. '앗!'

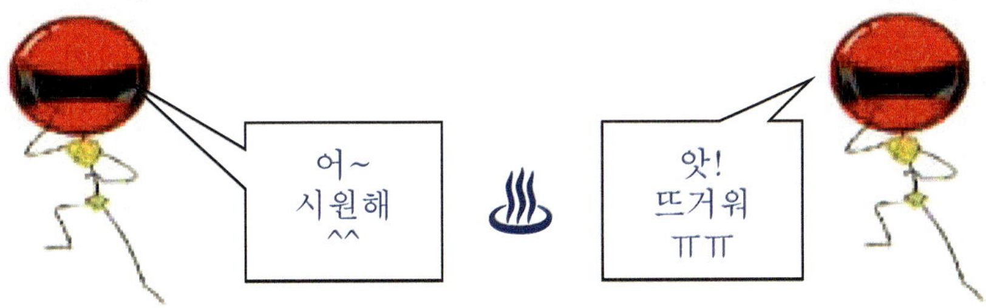

다름에 대하여

"두 손을 활짝 펴고 양손가락을 서로 사이사이에 끼워 보십시오."
저는 강의를 할 때마다 교육생들에게 이렇게 말하고 확인해 봅니다.
저 자신은 오른손 엄지손가락이 위로 올라가게 됩니다. 이 세상 모든 사람들이 모두 다 저와 같이 오른손 엄지손가락이 위로 올라가는 줄로만 알았습니다. 그런데 실제로는 거의 반반입니다. 왼손 엄지가 위로 올라가는 경우도 50%나 됩니다. 참으로 놀라운 사실입니다. '내가 이러하니 남도 이러하겠지'라는 발상의 한계, 그 '다르다'는 것을 안정할 때 우리는 개혁도, 변화도, 구습타파도, 혁신도 이룰 수 있다는 것을 가르쳐 주는 좋은 교훈이 아닌가 생각합니다.
우리말에 "역지사지"라는 말이 있습니다.
상대방의 입장에 서서 생각해 보는 것입니다. 영어에 'understand'라는 말이 있습니다. 상대방을 이해하려면 상대방 아래(under)에서 보라(stand)는 뜻입니다. 이 모두가 다름을 인정하는 데서부터 이해가 시작된다는 뜻일 것입니다.
우리가 서로 이 '다름'을 인정하게 되면 오해나 편견도 줄게 되고 갈등도 줄어들고 미움도 원망도 훨씬 줄어듭니다. 상대방을 이해하는 마음, 아량도 넓어지고 용서하는 마음도 생기게 됩니다.

- 틀리다는 어찌 보면 대자연의 법칙에 따라 신이 하실 일이라 생각하면 훨씬 수양하기가 수월해 집니다. 성훈에 [내 착함도 자연이 알아주고, 내 원한도 자연이 풀어주며 만사이치는 사필귀정이라] 하셨습니다.
우리는 맞다 틀리다 사시비시를 따지기 이전에 서로의 '다르다'는 것을 먼저 인정하는 수양자세가 필요하지 않나 생각되어 집니다.

저절로 생기게 됩니다.

나와 부모님의 '다름'을 아는 데서 참된 효가 나오고 나와 자식의 다름을 아는 데서 참된 사랑이 나오고, 나와 아내의 다름을 이해하는 데서 참된 부화부순이 나옵니다. 나와 사해형제의 다름을 아는 데서 진정한 화이부동, 화이동락의 세계로 가는 것이 아닐까요?

가. LIFO 診斷을 통한　知彼知己

왜 하는가? Learning Goal

1. 자신의 LIFO 행동유형을 설명할 수 있다.
2. 나의 행동경향이 다른 사람에게 미치는 영향을 설명할 수 있다.
3. 사람들의 다양한 행동유형을 파악할 수 있다.
4. 사람들 간의 행동유형 차이를 인식하고, 그 가치를 인정하고 존중할 수 있다

1. LIFO 진단

나는 ( ) 가장 나 자신에 대한 기쁨을 느낀다.
1. 이상적인 행동을 하고 낙관적일 때
2. 리더십을 발휘할 기회를 찾아내고 그것을 위해 노력할 때
3. 각기 서로의 관심사에 몰두할 때
4. 내가 속해 있는 그룹에 나 자신을 적응해 나갈 때

나는 타인을 ( )로 대하는 경우가 많다.
5. 존중하고 정중하며 찬미하는 태도
6. 활동적이고 정열적이며 자신 있는 태도
7. 주의 깊고 겸양하며 단정한 태도
8. 즐겁고 사교적이며 우호적인 태도

나는 타인으로 하여금 그 자신이 ( )으로(고) 느끼게 한다.
9. 존경받고 있으며 능력 있고, 조언을 요청받을 정도로 가치 있는 사람
10. 내가 하는 일에 흥미와 열정을 가지고 참여하고 싶어하는 사람
11. 정당한 대우와 존경을 받으며 나의 배려에 대해 고마워하는 사람
12. 즐겁고 감명을 받았으며 주위에 있기를 바라는 사람

타인과 불화를 겪을 때 나는 ( ) 더 많은 것을 얻을 수 있다.
13. 타인의 정의감에 호소함으로써
14. 선수를 치거나 의표를 찌르는 것으로써
15. 논쟁을 가라 앉히고 논리를 펼치며 확고부동하게 함으로써
16. 마음을 열고 타인에게 적응해 감으로써

타인과 관계를 맺을 때 나는 ( )
17. 터 놓고 지내며 특별한 기대를 하지 않는 사람에게도 신뢰를 준다.
18. 타인을 충분히 배려하기도 전에 공격적이며 적극적으로 그들을 이용한다.
19. 거리를 두고 의심을 품으며 지나친 겸손으로 그들을 다룬다.
20. 지나치게 우호적이며 나를 청하지 않은 경우에도 사람들과 잘 어울린다.

나는 타인에게 ( )의 인상을 준다.
21. 자신감이나 주도권을 갖지 않은 나약한 사람
22. 항상 최상의 것을 얻으며 '강경한 협상가'
23. 타인에게 냉정하고 완고한 사람
24. 거의 좀처럼 진실된 입장을 취하지 않는 일관성 없는 사람

1. LIFO 진단 (계속)

내가 느끼기에 나는 ( )로 사람들을 가장 잘 이길 수 있다.
25. 겸손하고 이상주의적인 자세
26. 설득적이고 저돌적인 자세
27. 참을성 있고 실제적인 자세
28. 재미있고 활달한 자세

타인과 관계를 맺을 때 나는 가장 ( )이기 쉽다.
29. 타인을 쉽게 믿고 신뢰하고 지지하는 사람
30. 기민하게 유용한 생각을 개발하고 이를 위해 사람을 조직하는 사람
31. 주의 깊고 논리적이며 실제적으로 상대를 관찰하는 사람
32. 그들에 관한 모든 것을 알고 싶어하고 그들이 기대하는 대로 맞추어 나아가고자 하는 사람

나는 타인이 나를 ( )(으)로 볼 때 가장 만족한다.
33. 충실하고 믿을만한 친구
34. 아이디어를 구상하고 행동으로 옮기는 사람
35. 현실적이며 자신을 위하여 생각하는 사람
36. 주목할 만하고 중요한 사람

만일 어떤 사람으로부터 원하는 것을 얻지 못한다면 나는
37. 미리 포기하고 그 사람의 무능력을 용인한다.
38. 나의 권리를 주장하고 어떻게 해서라도 그것을 하도록 그와 대화한다.
39. 무관심하고 다른 방도를 강구한다.
40. 웃어 넘기고 전체적으로 유연하게 대처한다.

실패에 직면했을 때 나는 ( )하는 것이 최상이라고 느낀다.
41. 타인에게 기대어 도움을 호소
42. 나의 권리를 위해 싸우고 내 몫을 차지
43. 이미 가지고 있는 것을 움켜쥐고 다른 것들에도 주의 깊게 관찰
44. 계속해서 좋은 태도를 유지하며 가능한 한 나 자신을 상대에게 잘 설득

나는 때때로 타인에게 ( )으로서 인상을 줄지도 모른다.
45. 순종적이고 감수성이 예민한 사람
46. 공격적이고 지배하는 사람
47. 냉정하고 완고한 사람
48. 피상적이고 주의를 끌려고 하는 사람

1. LIFO 진단 (계속)

내가 느끼기에 출세하기 위한 최선의 방법은 (　)이다.
49. 가치 있는 사람이 되고 그 가치를 인정해 주는 권위자에 의지하는 것
50. 출세할 수 있다는 능력을 보이고 나서 그것을 요구하는 것
51. 내가 가진 토대 위에서 쌓아 나아가는 것
52. 타인의 주목을 끌기 위해 매력적인 개성을 발휘하는 것

어려운 사람과 일해야 하는 문제에 직면할 때, 나는
53. 타인의 경험으로부터 그러한 문제를 어떻게 처리해왔는가를 알아보고 그들의 조언을 따른다.
54. 기지를 발휘하여 대처하고 최선을 다하여 그를 이겨낸다.
55. 어떠한 것이 올바른가를 스스로 결정한 후 나 자신의 확신을 밀고 나아간다.
56. 나 자신을 변화시켜 적응하며 그와의 관계를 더욱 조화시킨다.

나는 타인에게 (　)의 인상을 심어준다.
57. 조언과 상담에 대해 고마움도 갖는 믿을만한 사람
58. 사람들을 움직이게 하는 주도권을 쥔 자신만만한 사람
59. 타인을 조심스럽게 다루는 성실한 사람
60. 거의 모든 사람과 어울릴 수 있는 열정적인 사람

내가 느끼기에 결국 (　)이 좋다.
61. 패배를 순순히 받아들이고 내가 바라는 것을 다른 곳에서 찾는 것
62. 모든 것을 상실하는 것보다는 차라리 기지로써 승부를 겨루는 것
63. 가진 것을 포기하기보다는 의심을 품고 강한 소유욕을 가지는 것
64. 당분간은 수긍하고 타협하는 것

때로 나는 (　)이기 쉽다.
65. 쉽게 영향 받고 자신이 없는 사람
66. 공격적이고 욕심 많으며 자만에 빠지는 사람
67. 의심 많고 냉정하고 비판적인 사람
68. 유치하고 세인의 주목을 끌기 위한 일에 너무 몰두하는 사람

때로 나는 타인으로 하여금 (　) 느끼게 한다.
69. 나보다 우월하고 베푸는 기분을
70. 나에게 이용 당하고 나에 대해 분노를
71. 나에 대해서 무관심하고 냉정함을 갖도록
72. 나를 불신하고 의심함을

2. LIFO의 4가지 행동유형

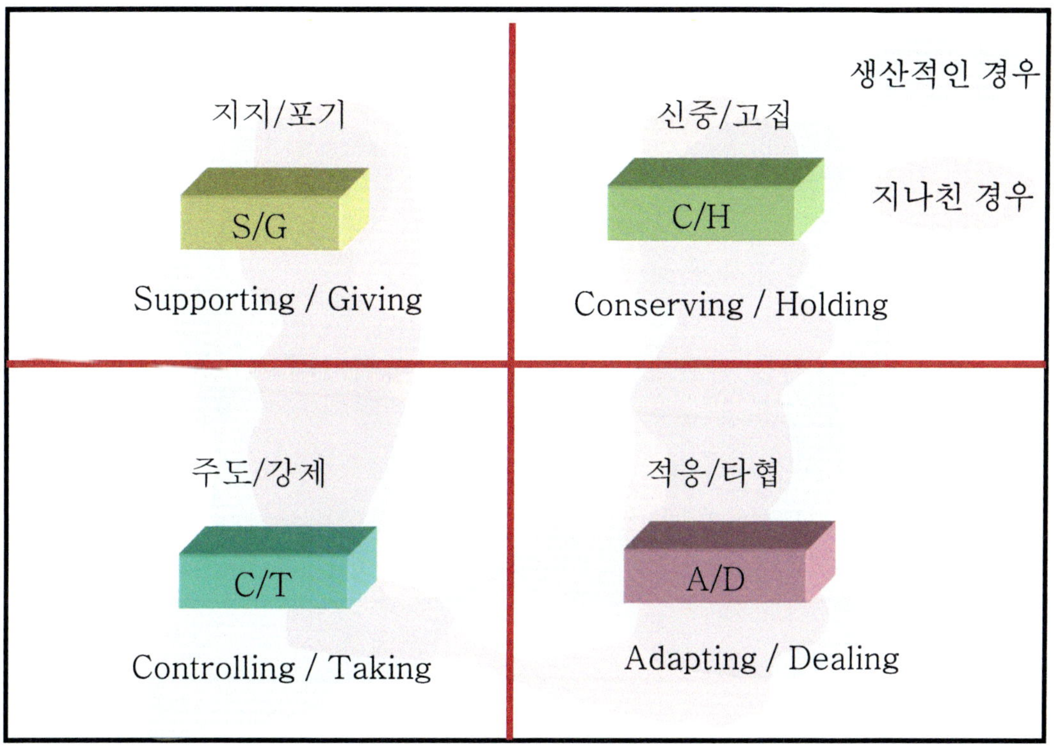

메모

나. 사람 파악하는 법

1. 유형별 추구가치 및 목표

1. 주도-강제형(CONTROLLING-TAKING)

✓ 기본 가치: 행동

✓ 개인적 목표 :
활동적이고 유능하게 보이는 것

✓ 기본 가정
일이 일어나기를 원한다면 내가 그 일이 일어나게 만들어야 한다

✓ 강점(생산적 사용): 주도

✓ 약점(과도한 사용): 강제

2. 적응-타협형(ADAPTING-DEALING)

✓ 기본 가치: 조화

✓ 개인적 목표:
호감주고 평판 좋게 보이는 것

✓ 기본 가정
타인들의 욕구와 감정을 먼저 만족시킴으로써 내가 원하는 것을 성취할 수 있다

✓ 강점(생산적 사용): 적응

✓ 약점(과도한 사용): 타협

나. 사람 파악하는 법

1. 유형별 추구가치 및 목표

3. 지지-포기형(SUPPORTING-GIVING)

- ✓ 기본 가치: 탁월성
- ✓ 개인적 목표:
  반응적이고 가치 있는 사람으로 보이는 것
- ✓ 기본 가정
  내가 성실하고 나의 가치를 입증시키면 분명히 보상 받을 것이다
- ✓ 강점(생산적 사용): 지지
- ✓ 약점(과도한 사용): 포기

4. 신중-고집형(CONSERVING-HOLDING)

- ✓ 기본 가치: 합리성
- ✓ 개인적 목표:
  객관적이고 합리적으로 보이는 것
- ✓ 기본 가정
  과거 위에 미래를 구축하기 위해서는 주의 깊고 합리적인 방법으로 내가 가지고 있는 것을 보존하고, 현존하는 자원을 사용해야 한다
- ✓강점(생산적 사용): 신중
- ✓약점(과도한 사용): 고집

나. 사람 파악하는 법

2. 행동유형 정의하기

높은 CT 행동경향

- 자아의식이 강하다
- 목표지향적이다
- 도전에 의해 동기부여된다
- 통제권을 상실하거나 이용당하는 것을 두려워한다
- 압력하에서 다른 사람의 견해, 감정을 별로 고려하지 않을 수 있다

높은 AD 행동경향

- 낙관적이다
- 사람지향적이다
- 사회적 인정에 의해 동기부여된다
- 사람들로부터 배척당하는 것을 두려워 한다.
- 압력하에서 일을 체계적으로 처리 못할 수도 있다

메모

나. 사람 파악하는 법

2. 행동유형 정의하기

높은 SG 행동경향

- 정해진 방식으로 업무수행
- 팀 지향적이다
- 현재의 상태를 안정적으로 유지하는 것에 의해 동기부여
- 안정되지 않은 것과 변화를 두려워한다
- 압력하에서 지나치게 남을 위해 자신을 양보한다.

높은 CH 행동경향

- 세부적인 사항에 주의를 기울이고 분석적이다
- 과업지향적이다
- 정확성과 품질을 요구하는 것에 의해 동기부여된다
- 자신이 수행하는 작업에 대해 비판당하는 것을 두려워한다
- 압력하에서 자기 자신과 다른 사람들에 대해 기대가 높고 지나치게 비판적일 수 있다

메모

3. 행동유형 특성

행동유형 특성

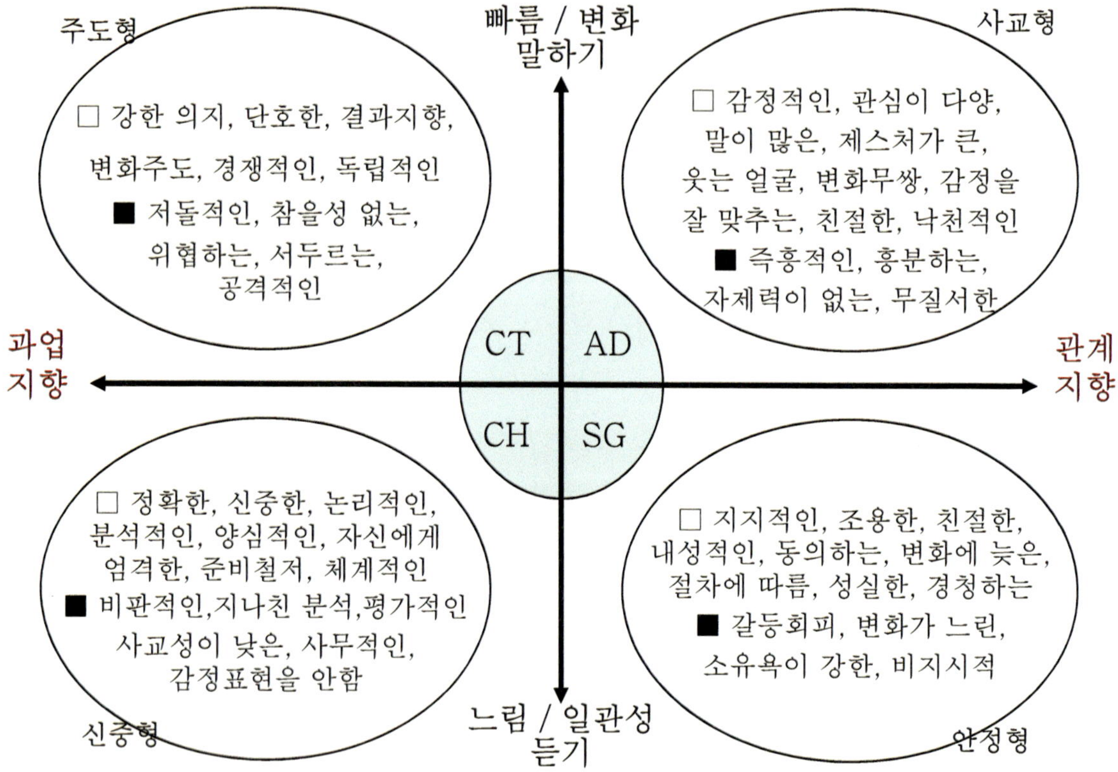

메모

4. 유형별 의사소통 방식

구 분	CT 형	AD 형	SG 형	CH 형
말할 때	ㅇ직선적 ㅇ자신의 목적 초점 ㅇ빨리 말함 ㅇ요구보다는 명령	ㅇ말이 많고 감정표현 ㅇ자기 말에 대한 반응을 요구	ㅇ천천히 말함 ㅇ먼저 나서지 말하지 않음	ㅇ처음에는 질문하는 경향 ㅇ조용히 관찰 ㅇ간접적으로 자신의 생각표현 ㅇ논리적으로 주장
들을 때	ㅇ선택적으로 듣는 경향 ㅇ핵심,결론만 듣기를 원함	ㅇ잘 안 들음 ㅇ말하기를 좋아함 ㅇ감정을 잘 catch	ㅇGood Listener ㅇ말하는 사람을 도와주려하면서 들음	ㅇ평가하면서 들음 ㅇ표정에 감정을 드러내지 않음 ㅇ말한 사실의 일부가 틀리면 믿지 않음
질문	무엇(what)	누구(who)	어떻게(how)	왜(why)

메모

5. 행동유형별 동기요인

C/T

- 업무환경에 통제권을 가짐
- 다른 사람의 행동을 지시함
- 새로운 도전 기회
- 과정보다 결과에 책임을 짐
- 발전 가능한 기회
- 목적달성에 대한 보상

A/D

- 다른 사람과 긍정적 상호교류
- 자유롭게 말할 수 있는 기회
- 상호 대화가 가능한 환경
- 열정적 표현의 인식
- 즉각적인 응대
- 자신의 감정을 인정받음

C/H

- 자신의 기준에 맞는 업무환경
- 정확한 일 처리와 품질 인정
- 정리 정돈된 상태 유지
- 논리적, 체계적 접근

S/G

- 상호 협력적인 업무환경
- 다른 사람에게 필요한 것 제공
- 권한과 책임이 명확하게 구분
- 질서 있고 예측 가능한 환경
- 조화롭고 우호적 업무환경
- 안정된 업무와 충실성 인정

메모

6. 행동유형별 선호환경

C/T

- 업무의 결정권 극대화
- 빠른 속도, 결과지향
- 결과에 대한 보상
- 사건을 통제할 기회

A/D

- 열정적이고 빠른 관계형성
- 사회적 인정과 긍정적 피드백
- 창의적이고 상상력 풍부한 아이디어 창출 기회

C/H

- 계획을 세워 구체적 피드백 제공
- 조용하고 사무적 업무환경
- 자신의 기준에 맞추어 과제 완수할 충분한 시간
- 과제지향적

S/G

- 예측 가능한 과제와 활동
- 상호 호의적, 비공식적, 협조관계
- 개인적 적대감 최소화
- 일 마무리의 일관성

메모

7. 행동유형별 회피상황

C/T

- 자신의 통제권이 없는 환경
- 부드럽거나 약하다는 인식
- 반복적이고 예측 가능한 환경
- 다른 사람의 감독을 받을 경우
- 잦은 보고 및 체크

A/D

- 상호 적대적인 분위기
- 인정 받지 못하는 환경
- 세밀하고 반복되는 일
- 사람과의 접촉이 적거나 없는 환경
- 시간제한이 엄격한 환경

C/H

- 비판 받는 일
- 통제를 못하여 책임지는 일
- 결과가 미흡할 때
- 빠른 분석과 결과가 요구될 때
- 고립된 상태나 감정적 표현을 해야 할 때

S/G

- 불확실하고 예측 불가능한 경우
- 무질서한 환경
- 상호 적대적이고 공격적일 때
- 불확실한 결과
- 과제를 수행하기 전에 해결책을 제공할 때

메모

8. 행동유형별 갈등 해결법

C/T

- 지시적이고 공격적으로 접근
- 승패 결과를 초래
- 다른 사람을 제압하려 함
- 자기 방어
- 독재적

A/D

- 공개적, 직접적 갈등을 피함
- 사적인 감정으로 공격함
- 부정적 정보의 최소화
- 나쁜 인상을 주는 것을 피함
- 충동에 사로잡힐 수 있음

C/H

- 대응전략을 위해 우선 양보
- 사실적, 논리적으로 압도
- 수동적으로 저항하도록
- 간접 공격방법 사용
- 정보공유를 보류함
- 논리적으로 따짐

S/G

- 상호 공격을 피함
- 해결책을 모색함
- 문제해결보다 소화를 위해 양보
- 평온하게 가라앉히려 함
- 말수가 적어지거나 침묵
- 무력감을 느낌

메모

9. 행동유형별 효과 증진법

C/T

- 결과에 심사숙고할 시간적 여유
- 다른 사람의 의견 존중하고 의사소통 시 예의를 지킴
- 상호 협상능력을 키움
- 결론보다 과정을 설명함
- 다른 사람의 노력을 인정

A/D

- 과제 완수할 때 과정을 구조화
- 단호하게 지시하는 능력 개발
- 부정적인 시각에 대한 배려
- 업무는 일관성 있게 마무리
- 자신의 시간관리를 평가

C/H

- 납기일과 높은 기준의 균형
- 자신의 업무 평가에 대한 수용
- 타인을 평가할 때 감정적인 면을 고려하여 온건한 비판
- 감정을 표현하고 정보공유

S/G

- 예측 불가능한 상황 대처 능력개발
- 주관적인 결단력을 키움
- 새로운 도전(변화)을 받아들임
- 반복된 일상업무에 융통성을 가지고 다른 다양한 방법을 찾아봄

메모

10. 상대유형별 파악법 – 언어–

상대 유형별 파악법 –언어–

▪ 외향적/직선적 ▪ 빠른 속도 ▪ 말을 많이 함 ▪ 큰 소리,억양	▪ 경쟁적/지시적(CT) ▪ 폐쇄적 태도 ▪ 무표정/차가운 표정 ▪ 공식적 ▪ What ▪ 목적과 결과	◀ OR ▶	▪ 말이 많고 사교적(AD) ▪ 개방적 태도 ▪ 생동감 있고 따뜻한 표정 ▪ 편안함 ▪ Who ▪ 사람과 인정에 우선순위
▲ OR ▼			
▪ 내향적/간접적 ▪ 늦은 속도 ▪ 물어 봄 ▪ 부드럽게 말함 ▪ 억양이 단조로움	▪ 수용적(SG) ▪ 개방적 태도 ▪ 편안함/따뜻한 얼굴 ▪ 편함 ▪ How ▪ 협력과 안정	◀ OR ▶	▪ 평가적/사고적(CH) ▪ 폐쇄적 태도 ▪ 무표정/차가운 얼굴 ▪ Why ▪ 품질과 분석

✪ 메모

11. 행동유형간 관계의 기본 개념

- 유사한 유형은 사회적 관계가 좋게 되는 경향이 있다.
- 업무효과성은 다른 유형에 의해 강화된다.
- 서로 다른 유형 간에는 대인관계에서의 갈등을 유발한다.

- 모든 유형의 사람들과 효과적으로 일하기 위해서는
  1) 상호존중
  2) 상호신뢰
  3) 차이에 대한 인정과 수용이 필요함

메모

가. 업무적인 대화에서

- BEST 5 

- WORST 5 

나. '나'로 시작되는 말이란 무엇인가

효과적으로 자기 주장을 펴는 기술은
◀ '당신'으로 시작되는 문장보다는 '나'로 시작되는 문장을 사용하는 것

"당신은 그 보고서 쓰는 일에 을이 나보다 낫다고 생각하는 것은 아닙니까?"

공격적인 말은 대개 상대편을 방어적으로 만든다. 그 말이 '당신'으로 시작되었기 때문이며 '당신'이란 말은 공격적으로 느껴질 수 있기 때문이다.
다음은 소신 있게 '나'로 말을 시작하는 경우이다.

"나는 당신이 을에게 그 연구보고서 작성을 요청한 데 대해 화가 났습니다. 다음에 연구 보고서가 필요할 때는 제가 말씀하시기 바랍니다. 그건 제 소관이니까요."

이번에는 갑이 '나'로 말을 시작하였다. 갑은 자기감정(분노)을 표현했으며, 문제로 느낀 행동
(당신이 을에게 보고서 연구를 맡긴 사실)을 이야기했고, 결론(다음 번에는 을 대신 자기에게 얘기할 것)을 밝혔으며, 그 이유(그것이 그녀가 책임 맡고 있는 일이기 때문)를 설명하였다.

다. I Message

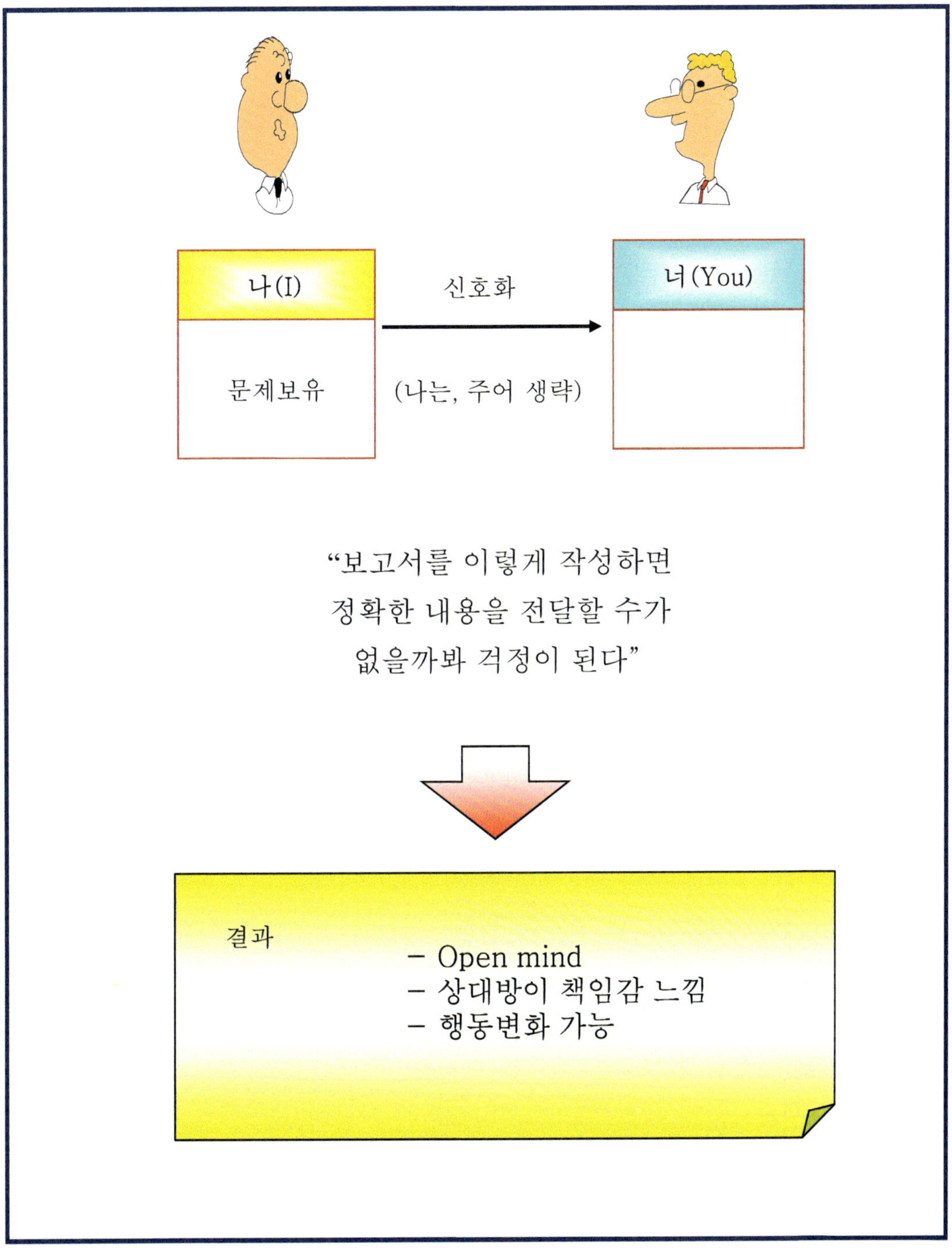
나(I)
신호화
너(You)
문제보유
(나는, 주어 생략)
“보고서를 이렇게 작성하면
정확한 내용을 전달할 수가
없을까봐 걱정이 된다”
결과
– Open mind
– 상대방이 책임감 느낌
– 행동변화 가능

라. You message

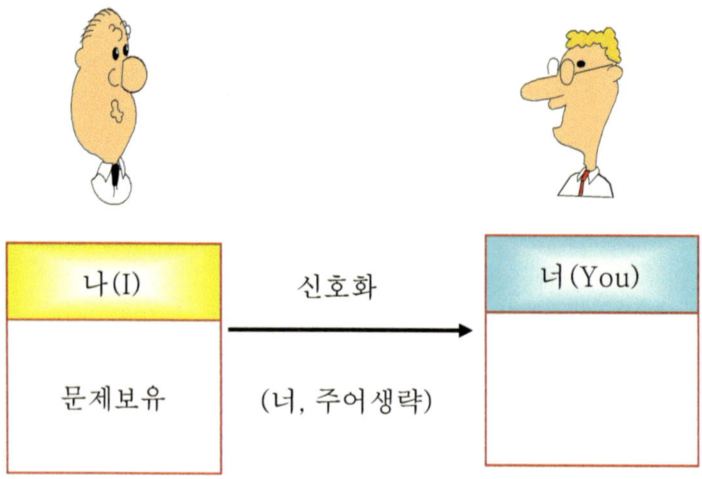

"이걸 보고서라고 만들었어!"
"시키는 대로 하란 말이야"
"좀 일찍 출근하지 못해"

결과

- 인간관계 악화
- 변화유도 실패
- 의사소통실패

마. '나'를 중시하는 말은 다음 4단계를 거쳐 만들어진다.

'나'를 중시하는 말은 다음 4단계를 거쳐 만들어진다.

단계 1. '나'란 말로 시작한다.

단계 2. 자신이 느끼고 생각하고 필요로 하는 것을 표현한다.
나는 화가 나...
내가 이렇게 생각하는 까닭은 ...
내겐 이 일이 필요해. 왜냐 하면 ...

단계 3. 상황이 이렇게 되도록 만든 상대편의 행동을 설명한다.

단계 4. 자신이 바라는 결과가 바뀌었으면 하는 점을 말하고 왜 그럴 필요가 있는지 설명한다.

메모

비공식적인 네트워크 구축

나는 <마음 편히 진지한 이야기를 하는 분위기> 만들기를 무의식적으로 계속해 온 회사가 토요타라고 생각한다. 우연히 토요타 그룹 출신인 사람과 함께 업무를 하는 일도 많아 거기에서 토요타 그룹의 풍토, 체질의 이야기를 여러 가지로 듣고 그렇게 느끼는 것이다. 토요타는, 출신대학이나 출신지, 입사동기 등의 유대관계를 중요시하여, 여러 비공식적인 네트워크가 회사 조직 구석구석까지 온통 퍼져 있다. 그것을 인사 부분이 장려하는 의미에서, 자금 지원까지 하고 있어 지금은 한 사람이 몇 개의 네트워크에 연관되어 있다. 어떤 의미에서는 전근대적인 색채도 강하다고 생각하지만, 시골 회사 같은 요소의 마이너스 적인 면이 돌출된 것이 아니라 오히려 플러스 쪽으로 바꾸어 온 부분이 있는 것 같다.

언젠가 토요타에 초청되어 강연을 간 일이 있는데, 입사 10년 차인 사람들의 모임이 강연 주최자였다. 그러니까 동기끼리 술 마시는 모임만 하고 있는 것이 아니라는 얘기였다.

게다가 생산 부분을 중심으로 자주연(自主研)이라 불리는 스티커 그룹 등도 번성하고 있다. 이것은, 타사의 경우처럼 "자주"라는 명칭이 부끄러운 활동이 아니라 진짜로 "자주적인 것"으로 하고 있다고 듣고 있다. 이곳에서는 한 사람 한 사람이 여러 루트로 의사소통력을 하고 있다. 한 팀에는 반드시 핵심 멤버가 있고, 그 핵심 멤버가 다른 팀의 핵심 멤버를 잘 알고 있어, 마음 편히 만나서 이야기를 할 수 있는 분위기가 조성되어 있다. 언제가 서로가 얼굴을 보고 이야기할 수 있는 관계를 만들고 있기 때문에, 뭔가 프로젝트가 생기면,비공식적인 루트를 통하여 "와아" 하고 정보가 흘러서 퍼져 간다.

이 부분이 상당히 재미있게 느껴진다.

– 시바타 마사하루 –

「어떻게든 회사를 바꿔보자」

• 칭찬 나누기

칭찬 부재와 칭찬 경험에서 학습한 내용을 근거하여 우리가 일상생활에서 고쳐 나가야 할 말들을 찾아봅시다

★ 회사에서... 상사
... 동료/ 부하직원

★ 가정에서... 부인
... 남편
... 아이

메모

가. 자존감을 업(up)하는 효과적인 칭찬의 4단계

(1단계) 칭찬 표현

"대단하군." "멋있어." "좋은 아이디어야."

"역시 당신이 최고야."

(2단계) 인정과 칭찬 표현

"자네가 이 일을 해내다니 정말 대단하군."

"우리 아들이 100점을 받아 오다니 정말 믿음이 가는 아들이야."

"당신 요리는 정말 일품이야."

(3단계) 인정과 칭찬 사이에 끼친 영향을 포함한 표현

"팀장님이 지난번 그 일을 처리해주어 저는 다시 한번 일할 의욕을 느꼈습니다. 정말 팀장은 존경 받을 만한 리더 이십니다."

(4단계) 인정과 끼친 영향 칭찬의 표현과 더불어 기대 효현

"자네의 계약으로 우리 부서가 일등하였네. 부서장으로서 기분도 좋고 덕분에 인센티브도 받게 되었어.

정말 자네는 일등공신이야.

앞으로 관리자로서 역량 발휘도 훌륭하게 해 가리라 믿네."

나. 기분 좋게 칭찬 받는 요령

- 칭찬하는 사람을 본다.
- 메시지에 경청한다.
- 칭찬하는 사람이 말을 끝 맺도록 한다.
- 미소 짓는다.
- 감사로 받아들인다. 진지하게 받아들인다.
  (다른 사람의 기여도 인정하며 나눈다)
- 잠시 쉰다. 다른 사람도 충분히 인식할 수 있도록 하며 그 순간을 즐긴다.

메모

다. 적극적인 경청의 8가지 법칙

1. 말하는 사람을 주시하라.
2. 상대방의 말에 관심을 가지고 있다는 사실을 태도로 나타내라.
3. 가끔 상대방 쪽으로 몸을 기울여라.
4. 질문을 하라.
5. 말허리에 끼어 들지 말라.
6. 상대방의 화제에 충실하라.
7. 당신의 의견을 말할 때 상대방의 표현을 활용하라.
8. 말의 속도나 생각의 속도가 다르다는 사실을 인지한다.

메모

라. 표정의 중요성

① 웃음의 중요성

건강 – 엔도르핀–정신적, 육체적 고통 20%까지 경감

심리학자 로즈메리, 박장대소–에어로빅 20분 효과

바이러스 효과–상대에게 전염

② 얼굴근육 운동

운동 필요성: 80여 개 근육 8,000여 가지 표정 가능

밝은 표정을 위해 연습 필요

입과 눈을 통해 밝은 표정이 전달됨

③ 표정+웃음

밝은 표정, 미소는 개인의 마인드까지 변화

타인에게 긍정적인 이미지 부각–개인의 경쟁력, 친근감

자신감으로 업무 능률을 높여 회사의 실적 향상에 도움

마. 상대방을 사로잡는 10가지 대화법

1. 30% 말하고 70% 들어라

2. 상대보다 1초 이상 길게 눈을 바라보라

3. 먼저 인사를 건네라 (상대방 이끌기)

4. 정직하게 자신을 내보여라

5. 상대가 마음을 열지 않으면 자신의 단점을 더 얘기하라

6. 누구나 흥미를 가질 만한 3가지 화제를 준비한다

7. 상대가 얘기할 때 적극적으로 맞장구 쳐라

8. 틈나는 대로 상대를 칭찬하라

9. 상대방과 적절한 거리를 유지하라

10. 때로는 선의의 거짓말이 대화에 생동감을 준다

나의 갈등관리 방법

당신의 의견이 다른 사람의 의견과 상충되는 상황을 생각해 보십시오. 그런 경우 당신은 주로 통상 어떤 반응을 보이십니까? 다음 항목은 당신이 보일 수 있는 반응 형태를 a, b 두 가지로 묘사했습니다. 각 항목마다 당신의 행동을 잘 나타내는 반응을 선택하여 ○표를 하여 주십시오. a, b 어느 항목도 귀하의 반응과 일치하지 않을 수 있습니다. 이런 경우는 더 가까운 답을 선택하여 주시기 바랍니다.

1. a. 나는 다른 사람이 책임을 지고 문제를 해결하도록 할 때가 많다.
   b. 나는 의견이 상충될 때 협상하는 것보다 일치하는 사항들을 강조한다.

2. a. 나는 절충안을 찾으려고 노력한다.
   b. 나는 상대방과 나의 관심사를 모두 처리하려고 노력한다.

3. a. 나는 목표를 추구하는데 확고한 편이다.
   b. 나는 상대의 감정을 진정시키고 좋은 관계를 계속 유지하려고 노력한다.

4. a. 나는 절충안을 찾으려고 노력한다.
   b. 나는 상대방의 의견을 존중하기 위해 나의 의견을 포기할 때가 종종 있다.

5. a. 나는 해결책을 모색할 때 항상 상대방에게 도움을 청한다.
   b. 나는 불필요한 긴장을 피하려고 한다.

6. a. 나는 불편한 상황의 조성을 피하려고 한다.
   b. 나는 나의 입장을 관철하려고 노력한다.

7. a. 나는 혼자 생각해 볼 여유를 가질 때까지 문제를 미룬다.
   b. 나는 상대방과의 교환조건으로 나의 의견을 포기한다.

8. a. 나는 목표를 추구하는데 확고한 편이다.
   b. 나는 모든 관심사와 문제를 즉각 공개하려고 한다.

나의 갈등관리 방법

9. a. 나의 의견 차이에 대해서 항상 신경 쓸 필요는 없다고 생각한다.
   b. 나는 나의 입장이 관철되도록 어느 정도 노력한다.

10. a. 나는 목표를 확고하게 추구한다.
    b. 나는 절충안을 찾으려고 노력한다.

11. a. 나는 모든 관심사와 문제를 즉각 공개하려고 한다.
    b. 나는 상대의 감정을 진정시키고 좋은 관계를 계속 유지하려고 노력한다.

12. a. 나는 가끔 논란을 불러일으킬 수 있는 입장을 피한다.
    b. 상대방이 나의 입장의 일부를 수용하면, 나도 상대방 입장의 일부를 수용한다.

13. a. 나는 절충안을 제안한다.
    b. 나는 나의 의견을 강력히 주장한다.

14. a. 나는 상대방에게 나의 생각을 말한 후, 상대방의 의견을 묻는다.
    b. 나는 상대방에게 나의 입장의 타당성과 유용성을 설명하려고 노력한다.

15. a. 나는 상대의 감정을 진정시키고, 좋은 관계로 계속 유지하려고 노력한다.
    b. 나는 긴장을 초래할 수 있는 사항은 가급적이면 피한다.

16. a. 나는 상대방의 기분을 상하지 않도록 노력한다.
    b. 나는 상대방에게 내 입장의 장점을 납득시키려고 노력한다.

17. a. 나는 목표를 추진하는데 확고한 편이다.
    b. 나는 불필요한 긴장을 피하려고 한다.

18. a. 나는 상대방의 기분을 좋게 하는 것이라면, 상대방의 견해를 받아들인다.
    b. 나는 상대방이 나의 입장의 일부를 수용하면, 상대방의 입장의 일부를 수용한다.

19. a. 나는 모든 관심사와 문제를 즉각 공개하려고 한다.
    b. 나는 혼자 생각해 볼 여유를 가질 때까지 문제를 미룬다.

20. a. 나는 의견의 차이가 생기면 즉각 해결하려고 노력한다.
    b. 나는 쌍방에게 이득과 손해를 공정하게 배분하려고 노력한다.

나의 갈등관리 방법

21. a. 나는 협상에 임할 때, 상대방의 의견을 존중하려고 노력한다.
 b. 나는 항상 문제를 단도직입적으로 논의하려는 경향이 있다.

22. a. 나는 상대방과 나의 입장의 중간 입장을 찾으려고 한다.
 b. 나는 나의 의견을 주장한다.

23. a. 나는 통상 모두가 만족할 수 있도록 한다.
 b. 나는 다른 사람이 책임지고 문제를 해결하도록 할 때가 많다.

24. a. 나는 상대의 입장이 매우 중요하다고 생각하면 그의 의견을 수용하려고 노력한다.
 b. 나는 상대방이 절충안에 동의할 수 있도록 노력한다.

25. a. 나는 상대방에게 내 입장의 타당성과 유용성을 설명하려고 노력한다.
 b. 나는 협상에 임할 때, 상대방의 의견을 존중하려고 노력한다.

26. a. 나는 절충안을 제의한다.
 b. 나는 대부분의 경우, 모두가 만족할 수 있도록 노력한다.

27. a. 나는 가끔 논란을 불러일으킬 수 있는 입장을 피한다.
 b. 나는 상대방의 기분을 좋게 하는 것이라면, 상대방의 견해를 받아들인다.

28. a. 나는 목표를 추구하는데 확고한 편이다.
 b. 나는 해결책을 모색할 때 흔히 상대방의 도움을 구한다.

29. a. 나는 절충안을 제안한다.
 b. 나는 의견 차이에 대해서 항상 신경을 쓸 필요는 없다고 생각한다.

30. a. 나는 상대방의 기분을 상하지 않도록 노력한다.
 b. 나는 문제가 있으면 항상 상대방과 의논하여 해결하려고 한다.

집계표

▶ 각 번호마다 ◯표하신 항목을 골라 다시 ◯표하여 주십시오.

	경쟁형	협력형	타협형	회피형	순응형
1				a	b
2		b	a		
3	a				b
4			a		b
5		a		b	
6	b			a	
7			b	a	
8	a	b			
9	b			a	
10	a		b		
11		a			b
12			b	a	
13	b		a		
14	b	a			
15				b	a
16	b				a
17	a			b	
18			b		a
19		a		b	
20		a	b		
21		b			a
22	b		a		
23		a		b	
24			b		a
25	a				b
26		b	a		
27				a	b
28	a	b			
29			a	b	
30		b			a

▶ 각 세로줄에 ◯표한 수를 합하여 아래에 적으십시오.

_____ 경쟁형 _____ 협력형 _____ 타협형 _____ 회피형 _____ 순응형

가. 갈등관리 유형

갈등을 회피하지 말고 직면하여 ( ) - ( ) 해결책을 모색하라

▶ 토마스 & 킬만(Thomas & Killmann)의 갈등관리 유형

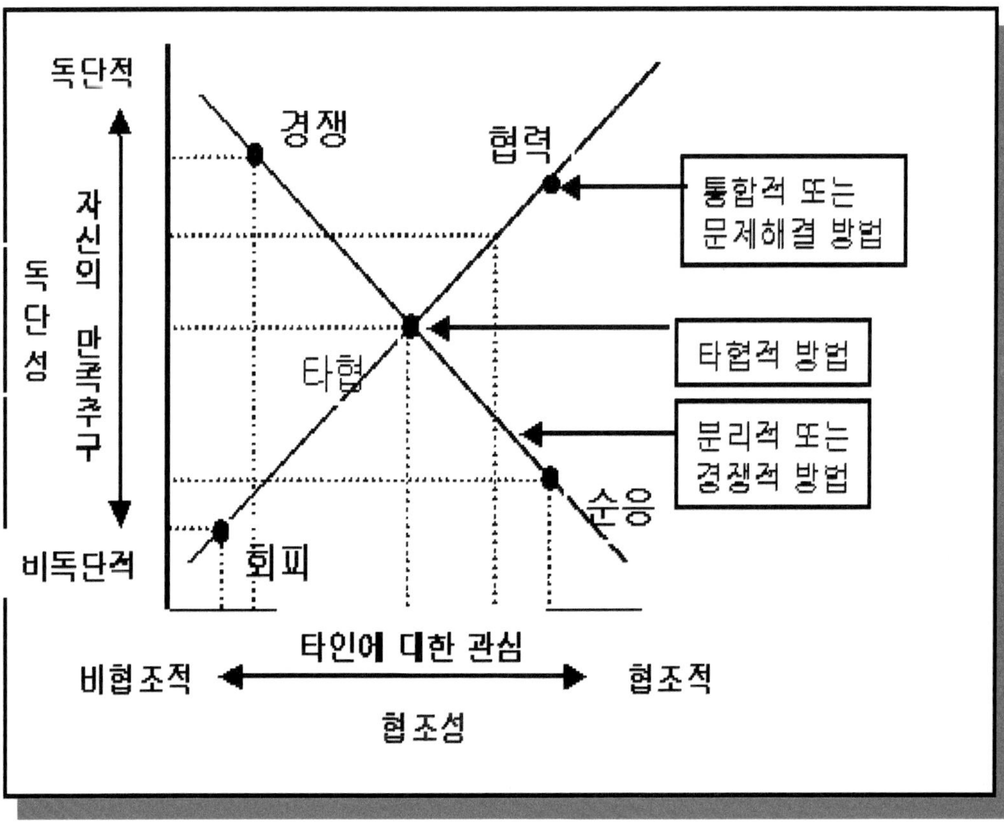

나. 갈등관리 상황

갈등관리	상 황
경쟁	▪ 신속하고 결단성 있는 행동이 요구될 때(비상사태) ▪ 인기 없는 조치의 시행이 요구될 때 ▪ 자기 방식을 취하는 것
순응	▪ 문제가 다른 상대방에게 더욱 중요할 때 ▪ 다른 문제에 대한 사회적 신뢰를 얻을 필요가 있을 때 ▪ 다른 사람을 화나게 하지 않는 것
협력	▪ 양측의 관심사가 너무 중요하며, 통합적 해결안을 발견해야 할 때 ▪ 양측의 관여를 확보하고자 할 때 ▪ 문제를 함께 해결하는 것
회피	▪ 문제가 사소하고 다른 문제가 더 긴급할 때 ▪ 사람들을 진정시키고 생각을 가다듬게 할 필요가 있을 때 ▪ 갈등을 회피하는 것
타협	▪ 복잡한 문제에 대해 잠정적 해결에 필요할 때 ▪ 임기응변적 해결이 요구할 때 ▪ 신속하게 합의에 이르는 것

Module 8

코칭(Coaching)

1) 코칭 체험학습
2) 코칭의 정의와 기능
3) 코칭 기본 스킬
4) 코칭 면담 모델
5) 감성 코칭 모델
6) 코칭 커뮤니케이션
7) 코칭 실행 계획

코칭

◆ 코칭이란 말 그대로 가르치고 훈련시키는 것을 일컬으며, 모든 직원의 잠재력을 개인적 발전단계에 부합되게 계발하여 능력을 극대화하는 것임

- 코칭은 주로 리더가 사용하는 인력 관리 수단
- 코칭은 문제해결을 도와주고 나아가서는 해결책을 제시해 주기도 함
- 코칭은 리더와 직원이 서로 신뢰하는 파트너 관계를 기반으로 직원의 발전을 위해 노력하는 과정
- 코칭은 리더와 직원의 공동목표가 달성되었을 때 종료됨
- 코치는 사회적 능력, 자아 능력, 코칭 대화를 효율적으로 이끌 수 있는 지식 그리고 어느 정도의 업무능력을 갖추고 있어야 함
- 코칭을 받은 직원은 수동적인 대상이 아니라 적극적인 참여자여야 함
- 코칭은 리더와 직원의 상호 작용
- 코칭은 당면한 문제를 해결하는 과정에서 이루어지는 지원의 일원

◆ 코칭의 단계와 과정은 다음과 같음

- 제1단계
  ① 관계 만들기
  ② 상황의 분석
  ③ 문제점 분석

코칭

- 제2단계
  ① 목표의 상상
  ② 목표의 설정
- 제3단계
  ① 문제점 해결
  ② 자원의 활용
- 제4단계
  ① 실 행: 리더와 직원은 목표달성을 위한 단계별 조치, 앞으로의 일정 등을 점검하며 보다 효율적인 방향으로 조정, 합의하고 이를 실천
  ② 목표달성과 점검: 리더가 수행할 수 있는 점검은 여러 가지가 있으며 가장 적절한 방법을 선택

◆ 코칭의 여러 가지 스킬

- 관계를 형성하라
- 상대방의 생각과 의견을 파악하기 위한 질문을 해라
- 상대방의 의견을 적극적으로 경청하라
- 정보를 공유하라
- 기대하는 바를 표현하라
- 피드백을 주고 받아라
- 칭찬을 아끼지 마라

Ⅰ. 코칭 체험학습

체험활동

◎ 강사의 요청사항에 따라서 활동을 합니다.
(준비물: 연필, 지우개, A4용지 1매)

활동정리

◎ 체험활동을 바탕으로 아래 질문에 대하여 자신의 생각을 정리해보고, 함께 이야기를 나누어봅니다.

1. 체험에서 볼 때, ○○이란 어떤 것이라고 생각하십니까?

2. ○○을 하는 사람과 받는 사람과의 관계는 어떤 관계라고 생각하십니까 ?

3. 효과적인 ○○을 위해서 무엇이 필요하다고 생각하십니까 ?
효과적인 ○○을 위해서 필요한 마음 상태, 즉 심리적인 전제 조건을 적어 주십시오.

Ⅱ. 코칭의 정의와 기능

1. the face to face meeting between the manager and the employee

2. 수행향상 스킬

3. 코칭은 부하직원이 기대하지 않는 행동을 멈추고 기대하는 행동을 행하도록 하는 관리자와 부하직원 사이의 면담
   - Fournies(2000)

4. 기대되는 과정을 따라가고, 뛰어난 업무수행을 유도하는 지속적인 향상과 긍정적인 상호관계에 전념하게 하는 상사와 부하 직원 사이의 의사 소통
   - A. Kinlaw(1987)

5. 상위 간부가 그들 스스로 수행문제를 인식하도록 그들이 이러한 문제들을 잘 다루도록 도움을 주는 것
   - Olsen(1996)

6. 코칭에 대한 나의 조작적 정의

메모

Ⅱ. 코칭의 정의와 기능

가. 코칭의 이점

다음 중 코칭을 통하여 얻을 수 있는 이점이라고 생각하는 곳에 V자로 표시를 하여 봅니다.

( ) 1. 팀원들이 적절한 기술 수준에 도달하게 함으로써 귀하의 업무 처리를 쉽게 해준다.

( ) 2. 더 많은 사람들이 당신의 일을 대신해 주기 때문에 어쩔 수 없이 해야 하는 일에서 탈피하여 의미 있는 일에 더 많은 시간을 할애할 수 있도록 해준다.

( ) 3. 귀하가 팀원들의 자질을 개발하는 사람이라는 평을 받을 수 있도록 해준다.

( ) 4. 팀원들이 목표가 무엇이고 어떻게 성취할 것인지를 이해함으로써 생산성을 향상시킬 수 있도록 해준다.

( ) 5. 리더로서의 책임을 서로 공유할 수 있도록 해준다.

( ) 6. 긍정적인 인정과 피드백을 통하여 팀원들의 동기와 창의력을 증대시킨다.

( ) 7. 업무의 유사성을 증가시켜 질적인 완성도를 증대시킨다.

( ) 8. 평가에 대한 악감정이나 방어적인 태도를 피하게 해준다.

( ) 9. 팀원들로 하여금 위험 감수에 대한 부담을 덜어줌으로써 의욕과 개선의지를 증진시킨다.

( ) 10. 목표와 역할을 명시함으로써 팀의 단결력을 증가시킨다.

나. 코칭 스킬 자기 진단

전혀 그렇지 않다 매우 그렇다
1-----2-----3-----4-----5

코치로서 나는......

( ) 1. 팀원들의 힘을 결집시킨다.
( ) 2. 팀원들에게 상황을 판단하는 능력을 키워준다.
( ) 3. 업무 수행에 대한 자율권을 준다.
( ) 4. 우수성의 기준을 확립한다.
( ) 5. 팀원들이 조직의 가치관과 전략을 중요시하도록 유도한다.
( ) 6. 팀원들에게 책임감을 부여한다.
( ) 7. 팀원들을 불필요한 스트레스로부터 보호한다.
( ) 8. 팀원들이 용기를 잃을 때, 그리고 새롭거나 어려운 업무를 떠맡으려 할 때 격려한다.
( ) 9. 회사의 목표를 달성하기 위하여 회사에 관하여 그리고 팀원들의 역할에 관하여 알려준다.
( ) 10. 업무의 수행 기대치나 우선순위를 공개적으로 결정한다.
( ) 11. 신뢰를 구축할 시간을 갖는다.
( ) 12. 적절한 훈련과 도움을 필요로 할 때 이를 제공한다.
( ) 13. 아이디어를 장려하고 그들의 아이디어에 귀를 기울인다.
( ) 14. 팀원들을 파트너로 간주하고 조직의 중요한 일원으로 생각한다.
( ) 15. 좋은 행동의 모델로 본을 보인다.
( ) 16. 팀원들로 하여금 포기하지 않게 한다.
( ) 17. 신념을 버리지 않는다.
( ) 18. 의사결정과 업무 프로세스의 진행절차에 대하여 이유를 설명하고 변동사항이 발생하면 알려준다.
( ) 19. 팀원들에게 그들의 업무수행에 대한 정기적인 피드백을 해준다.
( ) 20. 팀원들이 신뢰를 요구할 때 그렇게 해준다.

합계 : _____점

코치로서 나의 장애요인은?

명확한 기대 전달	책임감 부여
효과적인 피드백 제공	동기부여

가. 명확한 기대전달

1. 당신이 무엇을 기대하는지 팀원들이 알고 있다고 생각 마라.
2. 주도적인 사람이 되라 – 사전의 기대사항을 기술하라.
3. 당신의 기대사항을 분명히 하고 문서화하라.
4. 구체적으로 해라.
5. 필요하다면 이해도를 체크하고 명료화하라.

◈ 메모

나. 효과적인 피드백 제공

1. 직업적 또는 직무적 존중이 합의에 기초한 의사소통에 필수적이다.
2. 상호 간에 직무행동에 대해서 명확하고 정직하게 말해야 한다.
3. 숨겨진 안건이란 없다. - 모든 사람은 그의 입장을 안다.
4. 칭찬과 적극적인 피드백을 하면서 상호 간의 의사소통을 하나의 습관으로 만들어라.

메모

◆ 명확한 기대 전달 연습

1. 과업/프로젝트의 위임에 대한 기대
2. 중요한 직무 기술 또는 능력 향상에 대한 기대
3. 새로운 팀원의 직무에 대한 기대

메모

다. 책임감 전달

1. "왜"를 설명함으로써 주인정신(ownership)을 창조하라.
2. 팀원 각각에게 어느 정도의 지원과 코칭이 필요한지를 결정하라.
3. 시작에서부터 사후관리와 체크 포인트를 설정하라.
4. 필요로 하는 결과를 명확히 하라.
5. 이해도와 주인정신을 체크하라.
6. 일관성 있게 성공과 성장에 대한 기회를 인식시켜라.

메모

라. 효과적인 피드백 제공

1. 직업적 또는 직무적 존중이 합의에 기초한 의사소통에 필수적이다.
2. 상호 간에 직무행동에 대해서 명확하고 정직하게 말해야 한다.
3. 숨겨진 안건이란 없다. – 모든 사람은 그의 입장을 안다.
4. 칭찬과 적극적인 피드백을 하면서 상호 간의 의사소통을 하나의 습관으로 만들어라. 일관성 있게 성공과 성장에 대한 기회를 인식시켜라.

◆ 메모

◆ 효과적 피드백을 위한 7단계

1. (   )적인 코멘트(comment)로 시작하라.

2. 개개인의 (   )에 대해 말을 하라.

3. 정직하고 (   )적으로 하라.

4. 상호 간의 (   ) 또는 이슈를 확실히 이해하라.

5. 가능한 한 당신의 (   )과 함께 효과적인 해결책을 개발하라.

6. 행동계획에 대한 (   )를 얻어라.

7. 긍정적인 (   )로 끝마쳐라.

◆ 피드백 역할연기 – Feedback Sheet

일반 상호작용

1. 바디 랭귀지가 개방적이고 편안한가? 두 사람은 어떻게 앉아 있나?
2. 코치가 중립적이며 협력적 환경을 어떻게 조성하는가?
3. 코치의 음성 톤은 그 상황에 긍정적인 영향을 미치는가?
4. 아니면 부정적인 영향을 미치는가?

Step 1 긍정적인 코멘트(comment)로 시작하라

코치가 긍정적인 코멘트로 시작을 했나?
코치가 적절하고 진심 어린 경의를 표하였나?
견해(comments):

Step 2 개개인의 행동에 대해 말을 하라

대화를 할 때 "너"라는 단어의 지나친 사용을 주의하라.
사적으로 개개인을 공격하는 일이 없이 메시지를 전달할 수 있는 다른 방법은 없는가?
코치가 개개인을 다른 사람과 비교하며 말을 하고 있는가?
그 후의 분위기는 부정적인가? 코치의 발언이 개개인에게 피드백에 대해 개방적이 되도록 고무시키는가?
견해(comments):

Step 3 정직하고 구체적으로 하라

코치가 더 정직하고 더 구체적으로 할 수 있는가?
어떻게 해야 하나?
어떤 점에서 코치가 잘했는가?
견해(comments):

Step 4 상호 간의 문제 또는 이슈를 확실히 하라
코치가 해결책을 찾기 전에 문제를 확실히 이해했는가?
코치가 개방질문을 사용함으로써 그 문제를 확실히 이해했는가?
(이것은 진심 어리고 신중한 응답을 받을 수 있는 가장 효과적인 방법이다.)
견해(comments):

Step 5 가능한 한 당신의 팀원과 함께 효과적인 해결책을 개발하라
코치가 현실적인 해결책을 제안하였나?
코치가 해결책과 아이디어를 물어 보았는가?
견해(comments):

Step 6 행동계획에 대한 동의를 구하라
얼마나 효과적으로 코치가 개개인에게 계획의 동의를 확인하였나?
견해(comments):

Step 7 긍정적인 코멘트로 끝마쳐라
코치가 개개인의 열린 마음, 긍정적인 태도, 변화의 의지, 노력, 시간 등에 감사하였나?
그 미팅이 정직하고 긍정적인 기록과 말로 마무리 되었나?
어떠한 것이 잘 마무리 되었나?
어떠한 것들이 달리 마무리 될 수 있었나?
견해(comments):

추가 견해(additional comments):

마. 동기부여

1. 사람들은 제일 먼저 그들을 위해 일을 한다는 것을 항상 명심하라
2. 팀원들의 목표와 현실을 인식시키기 위해 그들의 "언어(language)"로 말하는 것을 배워라
3. 각 팀원과 회사 간에 부합이 이루어지도록 하라
4. 팀원들은 그들 자신과 그들의 미래를 위해 일을 한다는 것을 알았을 때 최선을 다 한다
5. 팀원들에게 어떻게 그들의 일이 그들의 꿈을 성취하는 데 도움을 줄 수 있는지 보여줘라

메모

◆ 동기 부여하기 – 연습

Case: 당신은 이런 멤버에 대해서 무엇을 알고 있는가요?

Alison P.

그녀는 굉장히 결과 지향적이고 아침에 최고로 활기가 넘치며,

그녀의 동료들과 지식 공유하는 것을 좋아한다.

세 소년의 어머니로 가족들은 야구를 좋아하고,

현재 집을 늘리기 원한다.

◆ 자료를 얻기 위한 질문

1. 무엇이 팀원을 자랑스럽고 행복하게 만드는가?

2. 이들은 어떻게 인정되기를 원하는가?

3. 당신이 알고 있는 그들의 개인적/직업적/직무적 목표가 무엇인가?

4. 그들이 즐기는 취미생활이나 스포츠는 무엇인가?

5. 그들에게 어떤 방법의 커뮤니케이션이 효과적인가?

◆ 동기부여 실습

<u>여러분의 경우는?</u>

귀하의 팀원들 중 세 사람의 이름을 쓰시오. 그 이름 아래 당신이 그들에 대해 알고 있는 것들을 서술하시오. 그 다음 당신이 확인한 자료를 활용하여 동기부여 할 수 있는 코칭 전략을 서술하시오.

내가 알고 있는 자료	자료를 활용한 동기부여 코칭 전략
이름 : ________________ ________________	➡
이름 : ________________ ________________	➡
이름 : ________________ ________________	➡

Ⅳ. 코칭 면담 모델

이 모델의 기본 가정은 직원이 현재 어떤 상황에 있는지 하는 점과 그가 앞으로 어느 방향으로 가고 싶은가 하는 점이다. 즉 본인이 현재 가지고 있는 문제나 과제를 파악하고 금후 어떻게 대응하고 개선해갈까 하는 두 가지 점에 초점을 맞추어 대화하고 행동변화에 연결하여 구체적인 방법을 생각해 나가는 것이 중요하다.
코칭은 직원이 중심이 되어서 지금부터 어떻게 할 것인지를 생각하지 않으면 안 된다. 즉 현재 자신이 어디에 있고, 지금부터 목표로 하는 목적지는 어디에 있는지를 명확히 알 필요가 있다. 동시에 이 목적지에 도달하기 위해서는 어떠한 방법을 취하면 좋을지를 생각하여야 한다.
코칭에서 직원이 주체가 되어 생각해야 하지만, 직원의 생각이나 의견을 효과적으로 끄집어 내어 코칭과정 전체를 관리하는 것은 코치의 역할이다. 다시 말해 코치는 직원이 목적지에 잘 도달할 수 있도록 지원해야 한다.

1 단계: 목표 설정 및 공유 (G)

2 단계: 현상 인식 (R)

3 단계: 현상 개선 대안 (O)

4 단계: 행동 계획 (W)

Ⅳ. 코칭 면담 모델

가. The GROW Model

◆ 의사결정 기본 모형

메모

◆ 인간관계의 중요성

우리가 가진 가장 가치 있는 자원은 oo !
모든 판매에서의 oo %가 고객이 물건을 파는 사람을 좋아하는지의 여부에 달림

인간관계를 형성하는 3단계

1. 서로가 만족할 만한 OO 를 정하라.

2. 비언어적 OO를 형성하고 유지하라.

3. 다른 사람이 내게 긍정적인 OO을 갖게 만들어라.

◉ 메모

◆ 인간관계 형성의 3단계

1단계: 서로가 만족할 수 있을만한 목표를 정하라

다른 사람들을 목표의 일부로 만든다.

1) 목표선택

달성하고자 하는 구체적인 목표를 하나 선택하라

2) 목표관련 이미지 찾기

상상을 통해 목표가 어떻게 보이는지 떠올려 보라

3) 관련된 인물 결정

목표 달성에 필요한 역할을 수행할 사람들을 상기하라

4) 나의 목표와 그 사람 간의 관계 설정

5) 관계 발전 계획 수립

실 습 (exercise) ________________________________

성 찰 (reflection) ________________________________

2단계: 비언어적인 Rapport를 형성하고 유지하라

Rapport 형성 요인

신체적 반응(55%): 자세, 제스처, 얼굴표정, 눈 깜박임.
음성 (38%): 음성의 크기, 빠르기, 질, 높낮이
말 (7%): 술어, 핵심 단어, 공동의 경험과 연합

Rapport 형성 기법

일치 (matching)
맞추기 (pacing)
눈동자 접근 단서 (eye-accessing cues)

Rapport

"다리를 놓다"의 프랑스어
최면술 분야에서 최초로 사용되었음
사람과 사람의 마음이 연결된 상태

3단계:

◆ Rapport 형성 실습

페이싱 (pacing)

-
-
-

일치와 거울 반응 (matching & mirroring)

-
-
-

백트래킹 (backtracking)

-
-
-

실습소감

....

....

....

VAK 검사

1. 나는 중요한 결정을 내릴 때 다음과 같은 것에 영향을 받는다.
   __ 직관적인 느낌이다.
   __ 다른 사람들이 하는 말
   __ 전체적인 일의 모습과 조화

2. 나는 사람과 논쟁을 할 때 다음과 같은 것에 민감하게 반응한다.
   __ 상대방의 목소리 톤
   __ 상대방이 논쟁하는 모습
   __ 상대방이 진실된 감정

3. 나는 평소와 다른 심리상태가 될 때 다음과 같은 것이 바뀌는 경향이 있다.
   __ 옷 차림새나 화장
   __ 감정의 표현
   __ 목소리 상태

4. 나는 다음과 같은 것을 하기가 가장 쉽다.
   __ 음질 좋은 오디오를 켜놓고 음악듣기
   __ 가장 안락하게 느껴지는 가구 고르기
   __ 색상이 잘 어울리는 디자인 고르기

5. 나를 가장 잘 나타내는 것은 다음과 같다.
   __ 나는 주변의 소음에 민감하다.
   __ 나는 옷에 촉감에 매우 민감한 편이다.
   __ 나는 실내의 가구 배치나 색상에 민감한 편이다.

6. 사람들이 다음과 같이 했을 때 나는 가장 잘 알 수 있다.
   __ 내가 느끼는 것을 함께 느낄 때
   __ 내가 보는 것을 함께 볼 때
   __ 내가 말하는 것을 주의 깊게 들을 때

7. 나는 다음과 같이 하는 것을 좋아한다.
   __ 다른 사람이 말하는 것을 듣기
   __ 계획을 세울 때 전체적인 모습을 먼저 그려보기
   __ 사람을 처음 만날 때 그에 대한 느낌을 중시하기

8. 나로 말할 것 같으면...
   __ 나는 눈으로 보고 확인하기 전에는 잘 믿지 않는 경향이 있다.
   __ 상대방이 애절한 목소리로 부탁을 해오면 거절하지 못한다.
   __ 나의 느낌으로 옳다고 여겨지면 이유를 따지지 않고 믿고 받아들인다.

9. 나는 스트레스를 받으면...
   __ 음악을 듣는다.
   __ 편안하게 누워서 휴식을 취한다.
   __ 영화나 그림을 본다.

10. 나는 처음 본 사람이라도 다음과 같은 것으로 그를 기억해낼 수 있다.
    __ 얼굴 모습이나 옷 차림새
    __ 목소리
    __ 그에 대한 느낌

VAK 채점

1. 문제의 답들을 아래의 빈칸에 옮겨 쓰시오.

1	2	3	4	5	6	7	8	9	10
K ( )	A ( )	V ( )	A ( )	A ( )	K ( )	A ( )	V ( )	A ( )	V ( )
A ( )	V ( )	K ( )	K ( )	K ( )	V ( )	V ( )	A ( )	K ( )	A ( )
V ( )	K ( )	A ( )	V ( )	V ( )	A ( )	K ( )	K ( )	V ( )	K ( )

2. 각 기호에 해당하는 숫자를 각 문항별로 합하시오.

	1	2	3	4	5	6	7	8	9	10	계
V											
A											
K											

☞ 검산 V+A+K=60

Ⅵ. 코칭 커뮤니케이션

가. 나/너 전달법

◆ 나 전달법

◆ 너 전달법

나. 인정과 칭찬

◆ 칭찬 요령

◆ 칭찬은 고래도 춤추게 한다.

◆ 피그말리온 효과

Ⅶ. 코치 실행 계획

나는 2023년 월 일 "리더십역량 향상" 과정을 통하여 부하들을 효과적으로 코칭하여 직무상에서 발생하는 수행문제를 즉각적으로 해결하여 성과를 향상시키는 방법을 학습했다.
나는 코치로서의 역할을 보다 효율적으로 수행하기 위해 다음과 같은 행동규범을 개발하여 준수하고자 한다.

▣ 그만두어야 할 행동(stop doing)

____

▣ 계속해야 할 행동(continue doing)

____

▣ 새롭게 해야 할 행동(begin doing)

____

2023년 월 일 ____________ (인)

Module 9

건설적 갈등관리

1) 갈등의 기본 개념
2) 갈등의 발생 원인
3) 갈등 해결 방법

건설적 갈등관리

◆ 갈등의 정의

<갈등의 정의>

리터러(J. Litterer) (1970)	어떤 개인이나 집단이 다른 사람이나 집단과의 상호 작용이나 활동으로 상대적 손실을 지각한 결과 대립. 다툼. 적대감이 발생하는 행동의 한 형태
토마스(K. Thomas) (1976)	조직의 한 단위가 다른 단위로 인해 자기의 관심사가 좌절되었거나 좌절될 것을 지각할 때 생기는 과정
로빈스(S. Robbins) (1974)	목적을 달성하고 이익을 계속 추구하는 데 있어서 A가 의도적으로 B에게 좌절을 초래하기 위한 방해행동을 하는 과정
마일즈(R. Miles) (1980)	조직의 한 단위나 전체 구성원들의 목표지향적 행동이 다른 조직단의 구성원들의 목표지향적 행동과 기대로부터 방해를 받을 때 표현되는 조건
그린버그&배런 (Greenberg & Baron) (1998)	상대방이 자신의 이해관계에 부정적인 영향을 미치는 행동을 하리라고 개인이나 집단이 지각할 때 발생하는 조직행동의 과정

건설적 갈등관리

◆ 갈등이 별로 없는 조직은 구성원들 간에 무관심, 창의력의 결핍, 우유부단 그리고 업무에 대한 불감증 등의 문제들을 안고 있는 경우가 많음

<갈등이 조직에 미치는 영향>

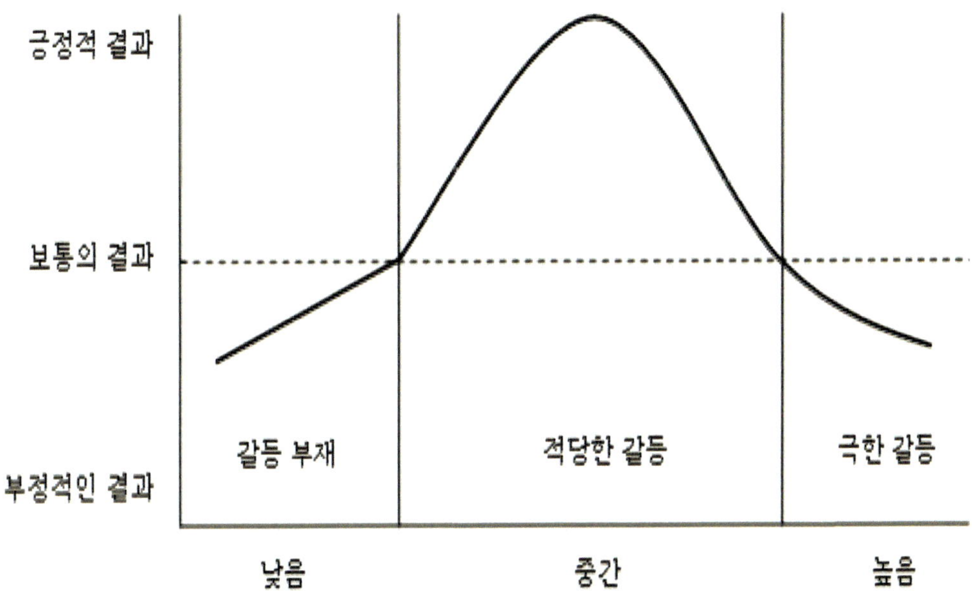

건설적 갈등관리

◆ 관리자나 경영자는 건설적인 갈등 또는 발전적인 대결이라고 일컬어지고 있는 기능적 갈등을 활용할 줄 알아야 함

<건설적 비판과 파괴적 비판>

건설적 비판	파괴적 비판
A. 상대방의 자존심을 보호해가면서 사려 깊게 판단함	a. 빈정거리며 신랄하고 가혹하게 비판함
B. 위협적 요소가 없음	b. 위협적 요소를 포함한
C. 비판 받을 일이 발생한 후 가능하면 빠른 시간 내에 비판이 가해짐	c. 이유도 없이 한참 뒤에 비판이 시작됨
D. 잘못을 내적 요인에 귀인하지 않음	d. 잘못을 상대방의 내적 원인으로 돌림
E. 구체적으로 잘못된 부분에 대해서만 비판함	e. 모든 것을 싸잡아 비판함
F. 사람 자체가 아니라 그의 행동에 초점	f. 사람 자체에 대한 비판
G. 상대방이 개선할 수 있도록 돕는 것이 목적	g. 상대방에 대한 지배와 복수심리를 충족시킬 목적
H. 개선을 위한 구체적 제안을 함	h. 개선을 위한 제안이 없음

건설적 갈등관리

◆ 개인 차원의 갈등 원인

<개인 간 갈등의 원인들>

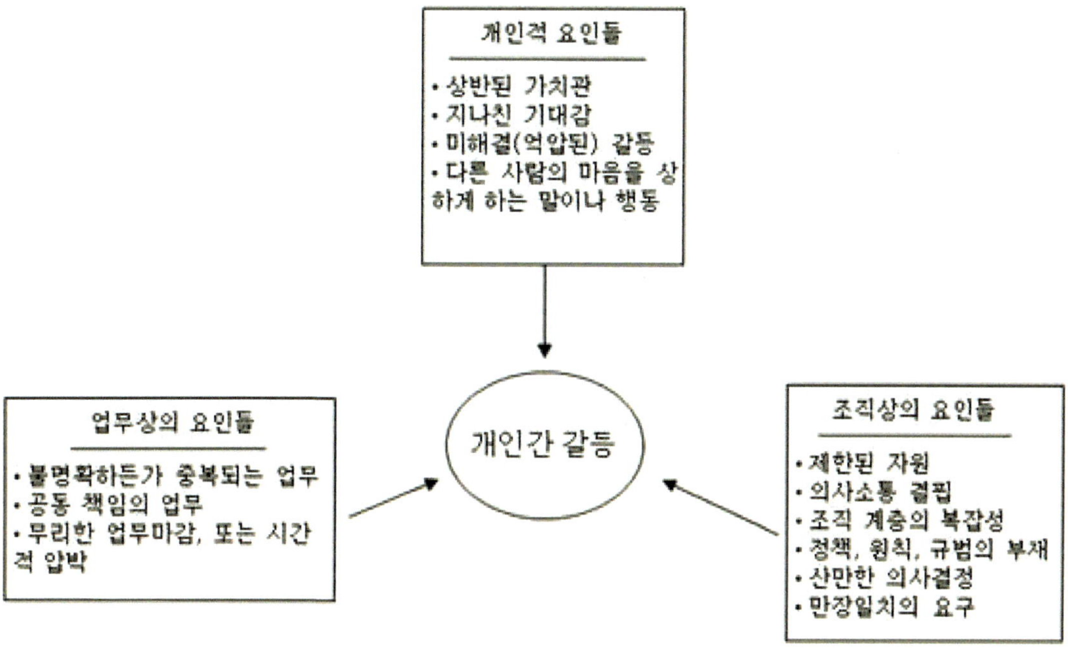

◆ 갈등관리의 다섯 가지 유형은 종합형, 배려형, 지배형, 회피형 그리고 타협형으로 나누어짐

건설적 갈등관리

◆ 집단 간 갈등의 원인: 집단 간 이해관계 차이

<집단 간 이해 차이의 원인>

제한된 자원	자원이 제한적일수록 집단 간의 의존성은 높아지고 경쟁이 심화된다. 자금, 공간, 노동력 그리고 자재 등이 무제한으로 공급될 수 있다면 조직 내 모든 집단은 아무런 갈등 없이 각 집단의 목표에 따라 순조롭게 업무의 처리가 이루어질 것이다. 그러나 자원이 제한적이기 때문에 자원 확보를 위한 집단 간의 역기능적인 갈등이 초래될 수 있다.
보상제도	조직 내 보상제도가 전체 조직 차원에서보다는 각 집단별로 이루어질 때 집단 간의 갈등이 발생할 수 있다. 집단보상제도를 실시하게 되면 경쟁이 발생하기 때문에 경쟁으로 인한 역기능적인 갈등이 초래될 우려가 있다. 그러나 집단별 성과에 근거한 성과배분제도는 창조적이고 건설적인 갈등관계로 발전시킬 수 있으므로 운영의 묘를 살릴 경우 좋은 결과를 가져올 수도 있다.

건설적 갈등관리

◆ 집단 간 갈등의 원인: 인식의 차이(differences in perceptions)

<인식 차이의 원인>

목표의 차이	목표가 다르면 인식의 방향과 내용도 달라진다. 예를 들어 판매부서의 목표는 판매량의 극대화일 것이다. 그러려면 싸고 질 좋은 상품을 생산해야 한다. 판매부서는 생산부서에 싸고 질 좋은 상품의 생산을 요구하지만 생산부서로서는 질을 높이면서 동시에 비용을 줄인다는 것은 보통 어려운 일이 아니다. 생산부서의 입장은 조금 비싸고 질이 떨어지더라도 판매부서가 소위 영업력을 발휘하여 판매실적을 올려주기를 바라게 된다. 즉, 싸고 질 좋은 상품을 못 팔 사람은 없다는 관점이다.
시간인식의 차이	시간인식의 차이는 집단이 현실을 인식하는 데 영향을 미친다. 정해진 시간에 따라 집단은 다양한 계획을 세우고 일을 추진해 나간다. 예를 들어 조직 내 연구개발 부서는 몇 년간의 시간적인 여유를 갖고서 할당된 생산량을 채워야 한다. 이처럼 집단별로 다른 시간적 인식 때문에 갈등이 발생하게 된다.
지위의 차이	집단 간에 존재하는 지위의 차이는 언제나 갈등의 대상이 된다. 인사부서와 영업부서 간의 갈등이 예가 될 수 있을 것이다. 지위 갈등은 종종 업무상의 관계 때문에 생성된다.
부정확한 지각	부정확한 지각은 때때로 한 집단으로 하여금 다른 집단에 대한 편견을 갖게 한다. 실제로 집단 간의 차이는 작은데 반해 각 집단은 서로의 차이를 과장하는 경향이 있다. 집단 간의 차이가 강조될수록 편견은 커지고 집단 간의 관계는 악화되며 갈등의 정도 또한 심해진다.

건설적 갈등관리

◆ 집단 갈등의 역기능적 결과

- 집단 내의 변화
  - ① 응집력의 증가
  - ② 독재적인 리더의 출현
  - ③ 활동력의 증가
  - ④ 집단에 대한 충성심의 증가
- 집단 간의 변화
  - ① 지나친 집단의식
  - ② 부정적인 편견과 적대감
  - ③ 커뮤니케이션의 감소

◆ 집단 갈등의 기능적 결과

- 문제 인식의 기회
- 해결방안의 모색
- 긍정적인 변화
- 대안선택

건설적 갈등관리

◆ 집단 갈등과 조직성과 간의 관계

<집단 갈등과 조직성과 간의 관계>

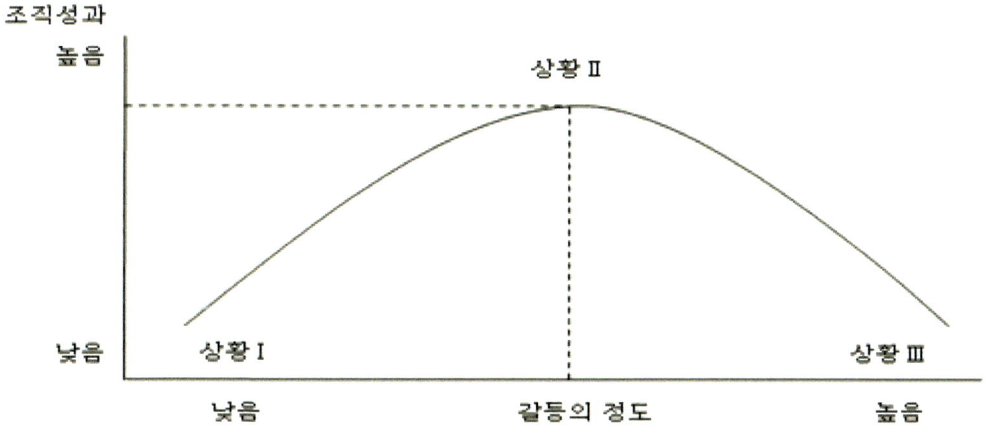

<집단 갈등의 관리>

구 분	갈등의 정도	갈등의 기능	조직의 특성	조직성과
상황 Ⅰ	낮거나 없음	역기능적	1. 환경, 변화에 대한 느린 적응 2. 변화의 부재 3. 창의적인 아이디어 결핍 4. 무관심 5. 지지부진	낮 음
상황 Ⅱ	이상적	기능적	1. 목표를 향한 적극적인 도약 2. 혁신과 변화 3. 문제해결 탐색 4. 창의력 5. 환경변화에 대한 신속한 적응	높 음
상황 Ⅲ	높음	역기능적	1. 혼란 2. 활동간섭 3. 카오스(혼돈)	낮 음

I. 갈등의 기본 개념

1. 갈등이란?

▶ 두 사람 또는 그 이상의 사람들이 목표, 인식, 가치 등의 상충으로 인해 강한 불일치를 느끼는 것

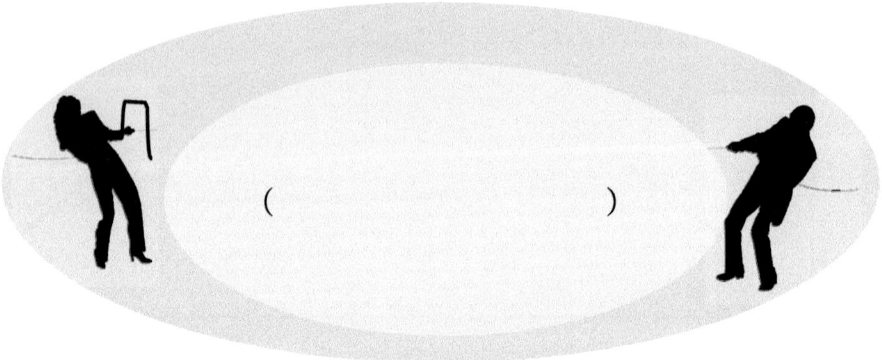

2. 갈등의 순기능

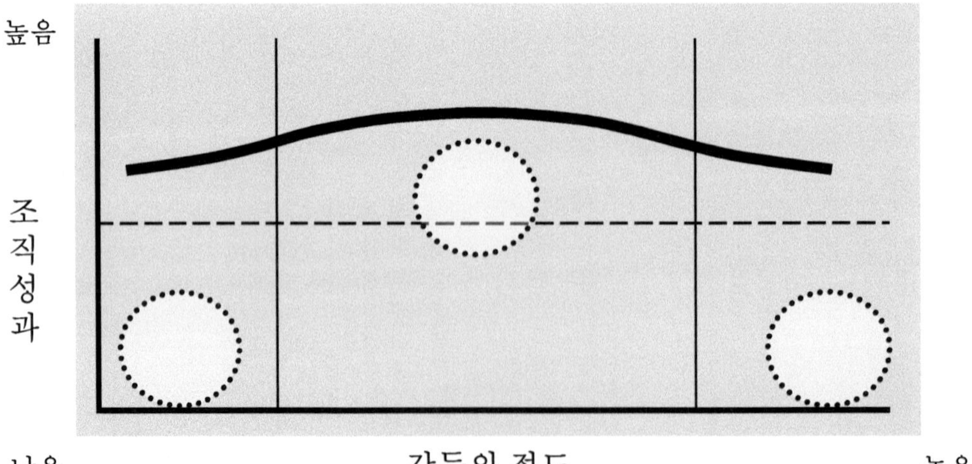

3. 갈등에 적절히 대응하지 않는다면

1) 인간관계 손상
2) 목표 미달성
3) 자원의 낭비
4) 문제의 반복 발생
5) 집단의식 고조

갈등의 발생 원인

그룹활동: 누구의 방일까요?

1. '셜록의 방' 설명문을 읽고, 방의 구조도를 자세히 살펴본다.

2. 개인별로 이 방의 주인이 어떤 사람일까를 추론하고, 다음의 표를 완성한다. 각자 추론한 사항들을 서로 비교하며 토론한다.

- 이 방 주인이 어떤 사람일까를 추리해 내는데 중요한 단서가 된다고 생각하는 데이터를 '관찰'란에 되도록 자세히 기록한다.
- 당신이 결론을 내리는 데 영향을 미친 지식이나 경험을 '지식'란에 쓴다.
- 이 방의 주인이 어떤 사람일 것이라고 추론한 결론을 '종합 결론'란에 쓴다.

관 찰	지 식	종합 결론

3. 방 주인의 성별과 성격(성향)에 대한 팀 차원의 의견을 정리, 발표한다.

- 방의 주인은 여자일까요? 남자일까요?
- 그 사람은 어떤 성격(성향)을 가진 사람일까요?
- 왜 그렇게 생각했나요?
- 어떤 과정(방법)을 거쳐 팀 내 의견을 정리했나요?

팀 의견 정리	
성 별	
성 격 (성향)	
이 유	

II. 갈등의 발생 원인

셜록의 방

당신은 이제 막 ABC 회사에 입사 면접을 하기 위해 왔다. 지금 지원한 자리는 당신이 오랫동안 찾고 있었던 당신에게 아주 좋은 일자리이다. 사장을 보좌하는 스태프로서 채용된다면 사장을 직접 보좌하는 수석 비서의 역할을 하게 된다.

만약 채용된다면, 지금 면접을 하게 될 이 회사의 사장과 함께 일을 하게 된다.
당신은 정시에 도착했고 회사 직원이 나와서 공손히 당신을 맞아들이면서 사장이 약간 늦을 것이라고 말했다. 비서는 사장이 예기치 못했던 회의 때문에 적어도 15분 이상이 지난 후에야 여기에 올 수 있다고 말하면서 몹시 미안해했다. 그 직원은 그동안 당신이 사장의 집무실 안에서 기다려도 좋다고 말했다.

당신은 이제 사장의 집무실에 들어갔다. 앞으로 15분 동안은 아무도 들어오지 않을 것을 당신은 알고 있다. 당신은 방을 한 번 둘러본다. 자연스럽게 당신이 함께 일하게 될 사람에 대한 호기심을 가지면서…

사장의 방은 올리브색, 갈색, 오렌지색이 섞인 카페트로 깔려있었다. 당신은 문의 왼쪽에 있는 두 개의 오렌지색 안락의자 중, 문에 가까운 쪽 의자에
앉았다. 두 개의 의자 사이에는 나지막한 나무로 된 차 탁자가 있고 그 위에는 비어있는 녹색의 유리 재떨이가 있었다. 재떨이 옆에는 두 갑의 성냥이 있었는데 하나는 플레이보이 클럽 것이고, 또 하나는 그 지역 레스토랑의 것이었다. 당신이 앉은 뒤의 벽에는 푸른색과 갈색을 많이 사용한 고풍스런 항해하는 배의 그림이 있었다. 다른 의자의 옆에는 벽면에 가까이 고무나무 화분이 갈색과 노색으로 짜인 바구니 속에 들어 있었다.

당신이 앉아 있는 곳에서부터 맞은 편에 커다란 나무로 만든 책상이 까만 가죽으로 된 의자와 함께 있었다. 그 회사를 선전하는 포스터가 액자에 끼워 그 가죽의자 뒤 벽에 걸려 있었고 그 액자 아래에는 닫혀 있는 서류 가방이 하나 있었다. 벽 옆 의자 가까운 곳의 쓰레기통에는 종이가 수북이 들어있었다.

당신은 책상 위에 놓인 대부분의 물건들을 볼 수가 있었다. 책상에는 펜과 연필을 꽂을 수 있는 연필꽂이가 있었고 그 앞에는 편지 봉투를 개봉하는 종이칼이 놓여 있었다. 이것들의 한쪽 편에는 계산기가, 그 옆에는 놋쇠로 된 탁상용 램프 가 있었다. 한쪽 편에는 매력적인 삼십대의 여인이 여덟 살쯤 들어 보이는 소년과 함께 웃고 있는 사진이 있었고 다른 쪽 면에는 영리해 보이는 커다란 까만 개가 잔디밭에 서있는 사진이 있었다. 그 사진틀 앞에는 녹색의 파일 홀더들이 쌓여 있었다. 의자에서 가까운 책상 위에는 몇 장의 종이와 펠트펜(felt-tipped pen)이 놓여 있었다.

다른 쪽 책상 위에는 노랑색의 돌로 만든 두툼한 잔이 놓여 있었다. 그 잔 앞에 가죽으로 싼 책 한 권과 보통 종이보다 긴 형태의, 줄을 친 노랑색 연습용 노트패드가 놓여 있었다. 그 노랑 패드 옆에는 아직 뜯지 않은 편지들이 한 뭉치 놓여 있었다. 봉투들은 여러 가지 사이즈로 되어 있었다. 그 편지들을 약간 가리면서 반으로 접힌 두 가지 신문이 놓여 있었다. 경제 전문지인 월 스트리트 저널과 뉴욕 타임즈였다.

의자 뒤 한 쪽은 책을 올려 놓은 대가 있었는데 일곱 권의 책이 꽂혀 있었다: 위인 명언집, 영어 사전, 관리의 기초, 현재의 마케팅, 부자와 빈자, 직장에서의 인간관계, 체중조절 식이요법, 정부 통계집.
그 대의 끝 쪽에는 브론즈로 만든 상이 앉아 있었는데 그 상은 다리를 꼬고 요가 형태로 앉아 있는 사람의 모습처럼 보이는 약간 추상적인 형태였다. 그 대의 옆에는 화초가 갈색바구니에 담긴 채 놓여 있었다.

당신이 앉아 있는 곳에서 오른쪽에는 창문이 있었다. 당신은 일어서서 그 곳으로 간다. 그리고 창 밖을 내다본다. 창문의 바로 앞에는 오렌지색, 초코 올리브색, 베이지색의 무늬가 있는 소파가 있었다. 손으로 짠 두 개의 소파용 쿠션이 소파 팔길이 쪽에 하나씩 있었다. 소파 뒤의 창문 커튼은 옅은 베이지색의 바탕에 초록 올리브 줄무늬가 있는 것이었다. 창문에서 내다 본 바깥 풍경은 편안한 느낌을 주었다. 자그마한 공원 부근의 말쑥한 가게들이 보였다.

당신의 시선은 소파 옆의 정사각형의 나무 탁자에 쏠린다. 잡지들이 베이지색 무늬가 있는 갈색의 사기로 된 램프의 앞에 흩어져 있었다. 잡지는 여러 종류였다. 두 권의 타임지 최근호, 스포츠 잡지, 현대 심리학, 패션 잡지, 그 탁자 옆에는 화초가 있었다.

당신이 뒤돌아서 안락의자로 돌아갈 때, 당신은 사장 의자 앞의 책상 위에 놓여 있는 종이들이 당신의 이력서라는 것을 알 수 있었다. 또한 그 이력서에 당신의 성별을 기록한 난에 펠트펜으로 동그라미가 쳐져 있음을 볼 수 있었다. 사장이 곧 돌아올지도 모르기 때문에 당신은 다시 오렌지색 안락의자로 돌아왔다.

II. 갈등의 발생 원인

1. 갈등은 왜 발생하는가?

1) 책임의 수준

2) 제한된 자원

3) 목표의 차이

4)

5)

- ❑ 정보의 차이
- ❑ 해석의 차이
- ❑ 이기심의 반영
- ❑ 커뮤니케이션 장벽

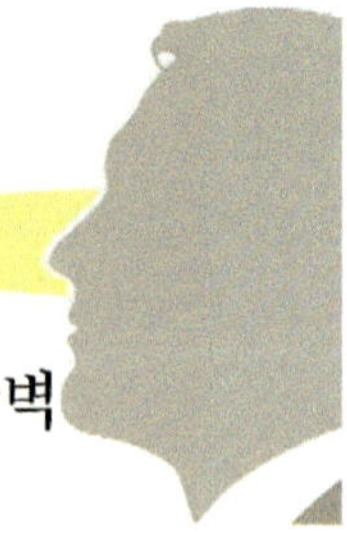

갈등의 심화

2. 갈등 해결은 어려워

▶ 갈등 해결이란?

서로의 견해를 설명하고 느낌을 나누고, 입장을 이해하며, 문제 해결을 위해 함께 노력하는 것

자신이 원하는 방향으로 상대를 설득하기 급급

- 갈등 대화
- 감정 대화
- 정체성 대화

1. 갈등을 피하는 이유

1) 상처 받으면 어쩌지?

2) 거절 당하면 어쩌지?

3) 관계가 깨지면 어쩌지?

4) 화를 내면 어쩌지?

5) 이기적으로 보이면 어쩌지?

6) 말을 잘못하면 어쩌지?

7) 실패하면 어쩌지?

8) 남에게 상처 주면 어쩌지?

9) 원하는 것을 얻게 되면 어쩌지?

10) 친해지면 어쩌지?

2. 갈등의 4 단계

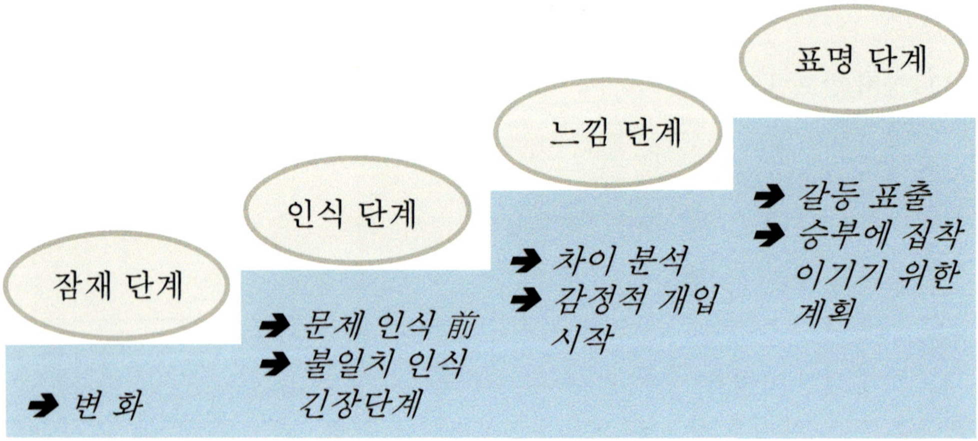

3. 건설적 갈등 해결을 위한 인식과 Tool

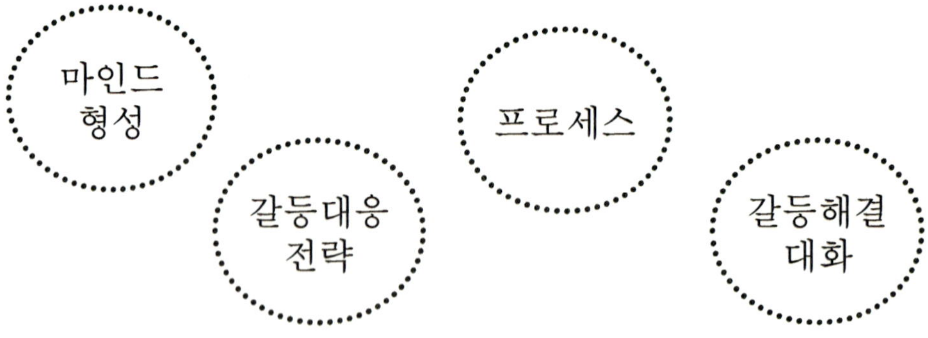

4. 갈등 해결을 위한 마음가짐

▶ 각자의 의견을 존중

▶ 승패의 대화 대신 Win-Win 대화 추구

상대방이 문제다	서로 다를 수 있다는 것을 이해한다. 모든 의견은 나름대로 일리가 있다고 생각한다
의도가 불순하다	의도를 추측하지 말고, 파악하라. 자기 자신에게만 너그럽지 말라.
비난에 열중한다	과거의 잘못 보다는 원인과 해결책에 집중하여 미래를 준비하라.

5. 갈등 대응 전략

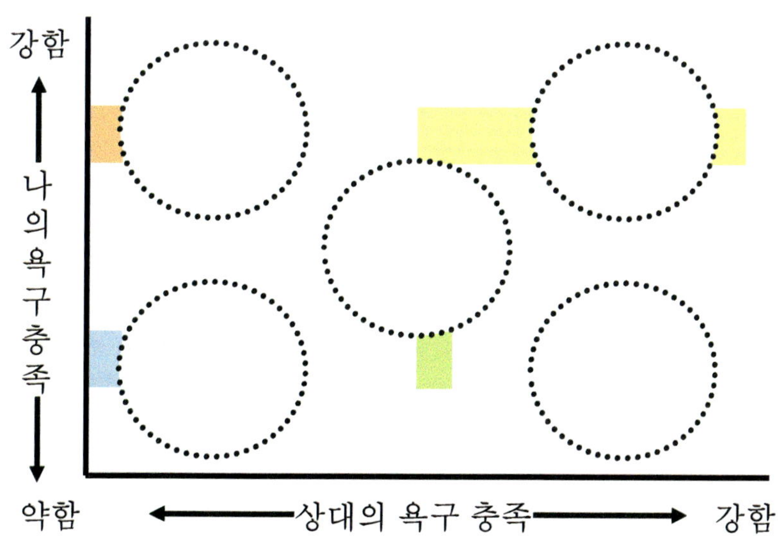

갈등관리 유형 진단

- 당신의 의견이 다른 사람의 의견과 상충되는 상황을 생각해 보시오. 그런 경우 당신은 보통 어떤 반응을 하는가?
- 다음 설문은 당신이 보일 수 있는 반응형태를 A, B 두 가지로 묘사하고 있다. 두 반응 중 귀하의 행동을 더 잘 나타내는 반응을 선택하여 ○표 하여주십시오.
- A, B 어는 항목도 귀하의 반응과 일치하지 않을 수도 있습니다. 이런 경우에도 더 가까운 것을 골라 ○표하여 주시기 바랍니다.

1.	A	나는 다른 사람이 책임을 지고 문제를 해결하도록 할 때가 많다.
	B	나는 의견이 상충될 때, 협상하는 것보다 일치하는 사항들을 강조한다.
2.	A	나는 절충안을 모색하려고 노력한다.
	B	나는 상대방과 나의 모든 마음에 걸리는 관심사를 처리하려고 노력한다.
3.	A	나는 나의 목표를 추구하는 데 확고한 편이다.
	B	나는 상대의 감정을 진정시키고, 좋은 관계를 계속 유지하려고 노력한다.
4.	A	나는 절충안을 모색하려고 노력한다.
	B	나는 상대방의 의견을 존중하기 위해 나의 의견을 포기할 때가 종종 있다.
5.	A	나는 해결책을 모색하기 위해 항상 상대방에게 도움을 청한다.
	B	나는 불필요한 긴장을 초래하는 사항은 가급적이면 피한다.
6.	A	나는 불편한 상황의 조성을 피하려고 한다.
	B	나의 입장을 관철시키려고 노력한다.
7.	A	나는 혼자 생각해 볼 여유를 가질 때까지 문제를 미룬다.
	B	나는 상대방과의 교환조건으로 나의 의견을 포기한다.
8.	A	나는 나의 목표를 추구하는 데 확고한 편이다.
	B	나는 모든 마음에 걸리는 관심사와 문제를 즉각 공개하려고 한다.
9.	A	나는 의견 차이에 대해서 신경쓸 필요가 없다고 생각한다.
	B	나의 입장이 관철되도록 노력한다.

10.	A	나는 나의 목표를 확고하게 추구한다.
	B	나는 절충안을 모색하려고 노력한다.
11.	A	나는 모든 마음에 걸리는 관심사와 문제를 즉각 공개하려고 한다.
	B	나는 상대의 감정을 진정시키고, 좋은 관계를 유지하려고 노력한다.
12.	A	나는 가끔 논란을 불러일으킬 수 있는 입장을 피한다.
	B	상대방이 나의 입장의 일부를 수용하면, 나도 상대의 입장의 일부를 수용한다.
13.	A	나는 절충안을 제안한다.
	B	나는 나의 의견을 강력히 주장한다.
14.	A	나는 상대방에게 나의 생각을 말한 후, 상대방의 의견을 묻는다.
	B	나는 상대방에게 나의 입장의 타당성과 유용성을 납득시키려고 노력한다.
15.	A	나는 상대의 감정을 진정시키고, 좋은 관계를 계속 유지하려고 노력한다.
	B	나는 긴장을 초래할 수 있는 사항은 가급적 피한다.
16.	A	나는 상대방의 기분을 상하지 않도록 노력한다.
	B	나는 상대방에게 내 입장의 장점을 납득시키려고 노력한다.
17.	A	나는 나의 목표를 추진하는 데 확고한 편이다.
	B	나는 불필요한 긴장을 초래하는 사항은 가급적이면 피한다.
18.	A	나는 상대방의 기분을 좋게 하는 것이라면, 상대방의 견해를 받아들인다.
	B	나의 상대방이 나의 입장의 일부를 수용하면, 상대방의 입장의 일부를 수용한다.
19.	A	나는 모든 관심사와 마음에 걸리는 문제를 즉각 공개하려고 한다.
	B	나는 혼자 생각해 볼 여유를 가질 때까지 문제를 미룬다.
20.	A	나는 의견의 차이가 생기면 즉각 타결하려고 노력한다.
	B	나는 쌍방에게 이득과 손해를 공정하게 배분하려고 노력한다.

21.	A	나는 협상에 임할 때, 상대방이 원하는 것이 무엇인지에 대하여 고려한다.
	B	나는 항상 문제의 핵심에 대하여 단도직입적으로 논의하려는 경향이 있다.
22.	A	나는 상대방과 나의 입장의 중간입장을 찾으려고 한다.
	B	나의 의견을 강하게 주장한다.
23.	A	나는 통상 모두가 만족할 수 있도록 한다.
	B	나는 다른 사람이 책임지고 문제를 해결하도록 할 때가 많다.
24.	A	나는 상대의 입장이 매우 중요하다고 생각하면 그의 의견을 수용하려고 노력한다.
	B	나는 상대방이 절충안에 동의할 수 있도록 노력한다.
25.	A	나는 상대방에게 내 입장의 타당성과 유용성을 납득시키려고 노력한다.
	B	나는 협상에 임할 때, 상대방의 의견을 존중하려고 노력한다.
26.	A	나는 절충안을 제의한다.
	B	나는 대부분의 경우, 모두가 만족할 수 있도록 노력한다.
27.	A	나는 가끔 논란을 불러일으킬 수 있는 입장을 피한다.
	B	나는 상대방의 기분을 좋게 하는 것이라면, 상대방의 견해를 받아들인다.
28.	A	나는 나의 목표를 추구하는 데 확고한 편이다.
	B	나는 해결책을 모색하기 위해 다른 상대방에게 도움을 청한다.
29.	A	나는 절충안을 제의한다.
	B	나는 의견 차이에 대해서 신경 쓸 필요가 없다고 생각한다.
30.	A	나는 상대방의 기분을 상하지 않도록 노력한다.
	B	나는 문제 있으면 항상 상대방과 의논하여 해결하려고 한다.

구분	1. 경쟁	2. 협력	3. 타협	4. 회피	5. 순응
1				A	B
2		B	A		
3	A				B
4			A		B
5		A		B	
6	B			A	
7			B	A	
8	A	B			
9	B			A	
10	A		B		
11		A			B
12			B	A	
13	B		A		
14	B	A			
15				B	A
16	B				A
17	A			B	
18			B		A
19		A		B	
20		A	B		
21		B			A
22	B		A		
23		A		B	
24			B		A
25	A				B
26		B	A		
27				A	B
28	A	B			
29			A	B	
30		B			A
계	개	개	개	개	개

		경 쟁	협 력	타 협	회 피	순 응
HIGH 25%	100% 90%	12 11 10	12 11	12 11 10	12 11 10 9	12 11 10 9
	80%	9 8	10	9	8	8 7
	75%		9			6
MIDDLE 50%	70%	7		8	7	
	60%	6				
	50%		8	7	6	5
	40%	5	7			4
	30%	4		6	5	
	25%		6	5		3
LOW 25%	20%	3	5		4	
	10%	2		4	3	
			4 3 2	3 2	2	2

■ 회피형이 적합할 때

1. 다른 일보다 덜 중요할 때
2. 맞서는 피해가 이득보다 클 때
3. 추가적 정보가 필요할 때
4. 연루되고 싶지 않을 때

▶ 주의 !! : 갈등 단계가 심각한 방향으로 발전할 수 있음

■ 순응형이 적합할 때

1. 내가 관련성이 적은 문제일 때
2. 상대 말대로 해도 별로 잃을 게 없을 때
3. 협조적 관계를 유지하고 싶을 때
4. 상대도 나의 의견을 지지하도록 하고 싶을 때
5. 그룹의 분열을 막는 것이 특별히 중요할 때

▶ 주의 !! : 근본적 문제는 여전히 남아 있음, 일시적 해결방안

■ 타협형이 적합할 때

1. 동등한 권한을 가진 상대와 서로 배타적인 입장일 때
2. 복잡한 문제의 잠정적 해결이 필요할 때
3. 제한된 시간 내에 결론지어야 할 때

▶ 주의 !! : 부분적으로 이기고, 부분적으로 지는 상황
어느 누구도 완전히 만족하기 힘듦

■ 경쟁형이 적합할 때

1. 신속한 결정이 필요할 때
2. 지지받지 못하는 조치를 취해야 할 때
3. 남들보다 옳은 의사결정을 할 수 있다고 확신할 때

▶ 주의 !! : 패자 양성, 개방적 커뮤니케이션 위기,
일시적 해결에 그칠 수 있음

■ 협력형이 적합할 때

1. 양쪽의 의견이 모두 매우 중요할 때
2. 서로 다른 관점을 활용하고 싶을 때
3. 참여의식을 조성하고자 할 때
4. 개인적 갈등을 해결해야 할 때

▶ 건설적 대립 !!

■ 협력형의 구성 요소

1. 당사자 각자의 의견을 이해하고 존중
2. 주장
3. 창조적 문제 해결
4. 대면

6. 갈등해결 프로세스: PINE 모형

Preparation 계획하기

- **문제확인** → 문제는 무엇인가? (나 & 상대)
- **목표설정** → 내가 얻고자 하는 것은 무엇인가?
- **전략결정** → 이 문제에 대립할 가치가 있는가?
  어떤 대응 전략을 사용할 것인가?
  장소, 시간, Message 정리

Initiation 착수하기

- **계획실행** → 약속된 시간과 장소에서 대면한다
- **문제설명** → I-진술문, 문제의 중요성 강조,
  현재의 문제에 집중, Win-Win 중요
- **경 청** → 상대의 견해 경청, 내용과 감정에 집중
  (반응하기, 확인하기, 질문하기)

6. 갈등해결 프로세스: PINE 모형

Negotiation 교섭하기

해결책 찾기 ▶

案 검토/확정 ▶

- Win-Win 해결책 교섭하기
- 해결책을 찾는다.
- 경청한다.
- 다른 선택 사항을 검토한다.
- 해결책을 골라서 기록한다.

Evaluation 실행 현황 평가

案 실행 현황 검토 약속 ▶

결과 확인 ▶

- 평가 전략 및 비상계획 수립
  (해결책을 잘 실행할 전략)
  - 피드백 계획 수립하기
  - 비상계획 수립하기
- 새로운 문제 발생시 다시 2, 3 단계로 돌아가기

그룹 활동 : 건설적 대립의 경험 공유

- 팀 내에서 건설적 대립을 통해 업무와 인간관계에 있어 효과를 거두었던 경험을 공유한다.
- 당시 상황, 갈등 전략 선택 이유, 프로세스, 결과에 대해 이야기하고 그중 우수한 사례를 한 가지씩을 팀별로 발표한다.

당시 상황	
갈등전략 선택 이유	
프로세스	
결 과	

그룹 활동: 감정 읽기 연습

- 각 상황에서 상대방이 어떤 느낌일지를 파악하여 기록해봅시다.
- 팀 토의를 거쳐 팀 의견을 정리, 발표합시다.

상황 1.

당신은 김 대리와 함께 팀의 자료를 효과적으로 관리하기 위한 방안을 준비하고 있다. 팀장님께 중간 보고를 해야 하는 날짜가 이제 일주일 남짓 남았는데 김 대리가 담당하기로 한 업무가 제대로 진행되지 않고 있다. 다른 일 때문에 바빠서 그런가 하고 살펴보면 항상 다른 팀 직원들과 잡담을 하거나 사적인 전화에 몰입하고 있기 일쑤이다.

상황 2.

오늘은 그동안 준비했던 사업부 성과 지표에 대해 팀장 미팅에서 설명회를 하는 날이다. 한 달 가까이 TFT Member들이 열심히 준비한 내용을 평가 받는 날이라 생각하니 조금은 부담스럽기까지 했다. 이제 발표장으로 가기 1시간 전, 전체 발표 내용을 다시 한번 검토하고 있는데 옆자리 정 대리는 벌써 30분째 앞 자리의 박 과장과 잡담을 하며 떠들고 있다.

상황 3.

요즘 팀장님께 업무 보고만 들어가면 깨지기 일쑤이다. 내용이 크게 잘못됐거나 실행상에서 큰 실수를 했다면 모르겠지만 사소한 오타 정도 가지고 화를 불같이 내니 정말 일할 맛이 안 난다.

상황 4.

최근에 우리 팀에 신입사원이 한 명 입사했다. 그런데 출퇴근 할 때는 물론이고 복도에서 마주쳐도 인사를 하지 않는다.

상황 5.

최근에 인사평가를 실시하였다. 김 대리는 우리 파트에서 가장 비중 있는 일을 담당하고 있을 뿐 아니라 항상 성실한 자세로 열심히 일하는 직원이다. 박 대리는 그런 김 대리에 비하면 담당하는 일의 수준이나 태도 면에서 턱없이 부족하다고 생각한다. 실제로 중간에 피드백을 자주 하더라도 업무 목표를 제대로 달성하지 못하는 경우가 허다하다. 해서 박 대리는 작년 과장 진급에서도 떨어졌었다. 이번 인사평가가 박 대리에게 매우 중요하다는 것을 알긴 알지만 나는 업무 실적을 공정하게 평가하여 김 대리를 A, 박 대리를 B로 평가하였다. 그런데 팀장이 박 대리를 A+, 김 대리를 B−로 재평가했다는 것을 알게 되었다. 김 대리는 열심히 해도 팀장이 알아주지 않는다며 요즘 매우 침체되어 있다. 나는 팀장에게 면담을 요청해 놓은 상태이다.

8. 갈등 해결에서 피해야 하는 방법

축 소	• 농담이나 빈정거림으로 사안을 가볍게 다루려고 함
비 난	• 문제의 원인이나 해결안보다는 발생 자체를 비난함
해 소	• 그동안 쌓인 모든 불만을 한번에 해소하는 것

Action Plan 수립

다음 4가지 항목들에 대해 여러분이 현업에서 중점적으로 실천하고 개선하기 위한 Action Plan을 수립하세요. (SMART 기준을 활용하여 목표를 수립)

■ 구체적 목표 작성 예시

1. 나는 향후 10주 동안 팀원들에게 긍정적인 피드백을 줌*으로써* 그들의 행동을 강화*하겠다.* 이러한 결과는 직원 만족도 4.5점 이상을 획득을 *통해서 보여주겠다.*

2. 나는 향후 10주 동안 2/4분기 팀의 실적향상을 위하여, 성과 부진자에게 개인별로 상세한 피드백을 *주겠다.* 이러한 결과는 전 분기 대비 팀 실적 130% 향상을 *통해서 보여주겠다.*

■ Action Item 작성 예시 : 목표달성을 위한 구체적 실천사항

	언제	무엇을	어떻게 하겠다
1-1	매월 1회,	정기적이고 구체적 칭찬의 방법으로	팀원 1명을 선정하여 칭찬 카드를 써서 전달하겠다.
1-2	다른 사람과 대화할 때마다,	상대방의 긍정적인 관심을 집중시키도록	적어도 1가지 이상의 레이블링 기법을 활용하겠다.
2-1	매주 1번씩	실적 부진자의 성과 개선을 위한 피드백을 위해	정기적인 면담을 실시하겠다.

■ SMART 기준

- Specific: 달성하려는 목표의 구체적 표현
- Measurable: 목표 달성 여부를 측정할 수 있는 핵심성공지표(KPI) 규정
- Attainable: 도전적이나 달성 가능한 합리적 수준의 목표
- Relevant: 사업부, 팀, 개인 목표 간의 연계성
- Time-Bound: 명확한 완수 기한 명시

■ 목표 작성

: 본 모듈에서 학습한 사항을 현업에서 적용할 구체적인 목표를 작성하세요.

구체적 목표 (Goal)	나는 향후 10주 동안 ______________________ (수단) 하여, ______________________(목표) 를 하겠다. 이러한 결과는 ______________________(지표)을 통해서 보여주겠다.

■ Action Item 작성

: 위 목표를 달성하기 위해 구체적으로 실천할 사항들을 아래 4가지 주제를 중심으로 작성하세요.

1 마인드 형성

Action Item	언제	무엇을	어떻게 하겠다
1			
2			
3			

2 갈등대응전략

Action Item	언제	무엇을	어떻게 하겠다
1			
2			
3			

3 갈등해결 프로세스

Action Item	언제	무엇을	어떻게 하겠다
1			
2			
3			

4 갈등해결 대화

Action Item	언제	무엇을	어떻게 하겠다
1			
2			
3			

Module 10

효과적 회의

1) 비효율적 회의의 원인
2) 효과적 회의란
3) 효과적 회의의 중요성
4) 효과적 회의를 위한 6Rule
5) 우리 회사의 TOR
6) 효과적 회의의 측정
7) Ground Rule을 정하자
8) 효과적 회의를 위한 기본

Ⅰ. 비효율적 회의의 원인

우리 회사의 회의는?

회사에서 일어나는 회의를 주별 평균으로 적어봅시다.

요일	회 의 내 용	회 의 시 간	효 과 성
월			
화			
수			
목			
금			

메모

Ⅰ. 비효율적 회의의 원인

우리 회사의 회의는?

1) 회의의 시간적 비용

- 주 5일 근무시간 중 회의에 소요되는 총 시간은?
- 효과적이지 못했던 회의의 시간은?

2) 회의의 경제적 비용

평균 회의 참석인원	명
× 인원당 평균 시간당 임금	원
= 시간당 비용	원
× 회의 시간(비효과적 회의)	시간
+ 시간/준비하는 데 드는 비용	원
+ 회의용 물품	원
+ 다과 비용	원
= 총액	원

메모

Ⅰ. 비효율적 회의의 원인

Ⅰ. 비효율적 회의의 7 Factor

효과적 회의가 되지 않았던 이유

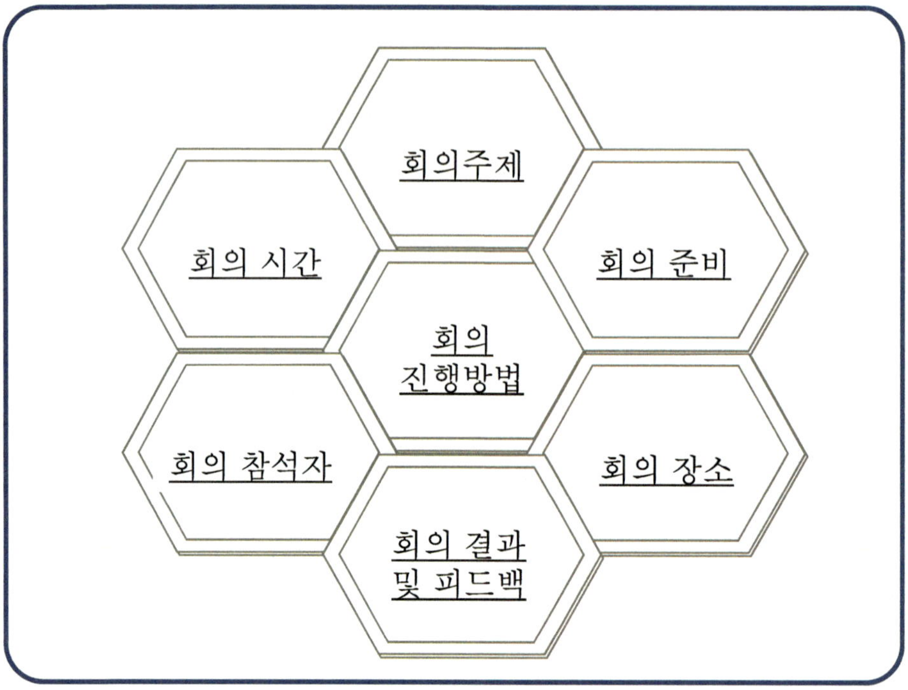

메모

효과적 회의란?

1) 정의

- 적절한 시간과 적절한 방법으로 최상의 결과를 얻는 것

2) 회의의 유형

- 우리 팀은 어떤 유형에 속할까요? 생각해봅시다.

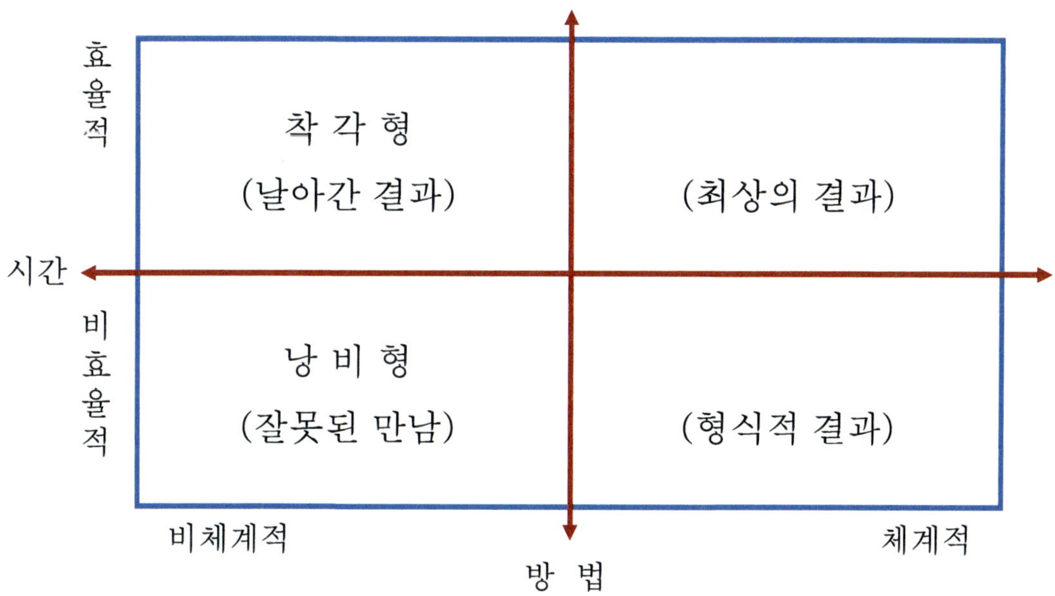

메모

효과적 회의의 중요성

1) 효과적 회의의 기초

- 회의의 목적을 알고 있는가?
- Agenda를 갖고 있는가?
- 당신의 역할을 알고 있으며, 준비된 상태인가?
- 결과에 대해 어떻게, 누구와 이야기 할 것인지 알고 있는가?

2) 좋은 회의가 우리에게 주는 것

- 교류를 허용하고 장려하는 분위기 속에서 정보를 공유할 수 있다.
- 질문하고 답할 수 있다.
- 그룹으로 중요한 이슈들을 토론하고 의사결정을 할 수 있다.
- 직원 개개인을 지도하고 업무 조정을 할 수 있으며, 구성원의 성과를 결합시킨다.
- 구성원들 간의 경험을 공유할 수 있다.
- 구성원 간 업무에 도움을 줄 수 있다.
- 공동체 의식을 함양할 수 있다.

효과적 회의를 위한 6 Rule

- 회의 주제 및 목적을 명확히 한다.
- 효과적 회의를 위한 시간을 정한다.
- 참석자 규명 및 역할을 명확히 한다.
- 사전에 회의 Agenda를 작성 배포한다.
- 의사결정 방법을 명확히 한다.
- 기대 결과물을 분명하게 한다.

메모

Ⅳ. 효과적 회의를 위한 6Rule

1) 회의 주제 및 목적의 명확화

(1) 정의

- 다양한 종류의 회의 업무들을 분류합니다.
- 최소한 mission / process section을 구분합니다.
- 각 section 안에서 다시 의제 항목들을 분리하고 참가자 및 그 주제를 처리할 프로세스를 함께 기록합니다.

(2) 중요성

- mission / process 항목들을 혼동하지 않게 하고, 참가자들이 회의에서 어떤 역할을 해야 하는지 알 수 있게 해줍니다.

메모

Ⅳ. 효과적 회의를 위한 6Rule

1) 회의 주제 및 목적의 명확화

(3) 회의의 목적을 명확히 하기

- 난항에 빠진 듯한 혹은 주제에서 벗어난 듯한 회의에 참석해본 경험이 있습니까?
- 주제를 벗어나는 공통적인 원인을 알아 본다.

: 자신들이 어떤 종류의 회의에 참석하고 있는지를 명확히 이해하지 못하기 때문이다.

(4) 회의의 유형

	Process Meeting	Mission Meeting
일 정	정기적	필요 시
목 적	조직의 구조 및 프로세스 유지	특정 성과를 달성하기 위한 그룹 사고력 증대
결과물	제안의 승인 혹은 거부 의사 결정 정보의 공유 및 업데이트 자원의 분배	문제 해결 대안 제시 업무 성과 프로젝트 계획 수립
구성원	조직을 반영함 - 알아야 할 필요가 있는 모든 사람	과업의 달성에 관련된, 혹은 필요한 5 - 6명
예	판매회의 Staff 회의 주간업무회의	Task team (과업수행팀) Project team (프로젝트팀) Development team (개발팀)

1) 회의 주제 및 목적의 명확화

(5) 사례 연구: 언제 어떻게 주제를 벗어났는가?

오 팀장 (리더)	여러분, 다음 주제로 넘어가겠습니다. 다음 의제는 강 팀원이 앞으로 있을 행사의 준비상황에 대해 보고해 주기 바랍니다.
강 팀원	안녕하십니까. 오늘의 주제는 사내 추계 체육대회 건입니다. 이 팀원과 제가 초기 계획을 시작했는데 다음 1 – 2주 후에는 각 본부에서 구체적인 지원이 필요할 것 같습니다.
김 팀원	강 팀원, 올해는 주차 문제에 대해 조치를 했으면 좋겠어요. 작년에는 가족들을 데리고 오다 보니 주차가 힘들었어요. 송 팀원도 불편을 느끼셨죠?
송 팀원	그렇습니다. 그리고 아이들이 할 만한 것도 충분하지 않아서 우리 아이들은 지루해 했어요. 올해는 아이들을 위한 활동준비를 제안해도 될까요?
이 팀원	좋은 생각입니다. 저는 작년에 행사 일정을 듣지 못해서 하마터면 행사를 놓칠 뻔 했습니다. 홍보에 좀더 신경을 써야 합니다.
차 팀원	저의 가족은 행사에 와서 회사 내부를 구경할 수 없어 불만이었습니다. 제가 회사에서 무슨 일을 하는지 궁금해 하거든요.
서 팀원	손님들을 모시기 위한 초대장을 준비하는 게 좋겠어요. 가족과 멀리 떨어져 있는 직원도 있으니까요.
강 팀원	회의가 본 주제를 벗어나는 듯 하네요.
여 팀원	맞아요, 강 팀원님. 작년에는 정말 주차 공간이 부족했어요.
이 팀원	아마도 길 건너 백화점 주차장에 세울 수 있을 거예요.
서 팀원	제가 그 백화점의 매니저를 아는데, 주차장을 사용할 수 있는지 확인해 보겠습니다.
오 팀장	우리는 지금 완전히 주제를 벗어났습니다. 본 회의의 목적을 미리 얘기하지 않은 점, 미안합니다. 여러분의 의견을 필요로 합니다만, 지금은 다만 행사준비 상황을 점검하기 위한 목적입니다. 행사준비와 관련된 문제해결 단계로 들어가긴 하겠지만 이번 회의의 목적은 아닙니다. 강 팀원, 이번 행사의 문제점 및 실행 계획을 검토해 주겠어요? 그 결과를 다시 검토하도록 합시다.
강 팀원	그렇게 하겠습니다. 감사합니다

Ⅳ. 효과적 회의를 위한 6Rule

1) 회의 주제 및 목적의 명확화

(5) 사례 연구: 언제 어떻게 주제를 벗어났는가?

- 언제 어떻게 주제를 벗어났습니까?
- 팀별로 사례를 읽고, 토의하여 답을 찾아보세요.

메모

2) 효과적 회의시간

(1) 정의

- 각 항목별 시간계획을 세운다.
- 종료 시간은 정시로부터 10분 전으로 정한다.

(2) 중요성

- 참가자들에게 모든 Agenda 항목들의 중요도 및 각각에 어느 정도의 시간을 투입하는지에 대한 정보를 제공한다.
- 회의가 주제에 따라 진행될 수 있도록 한다.

(3) 회의 시간의 효율성

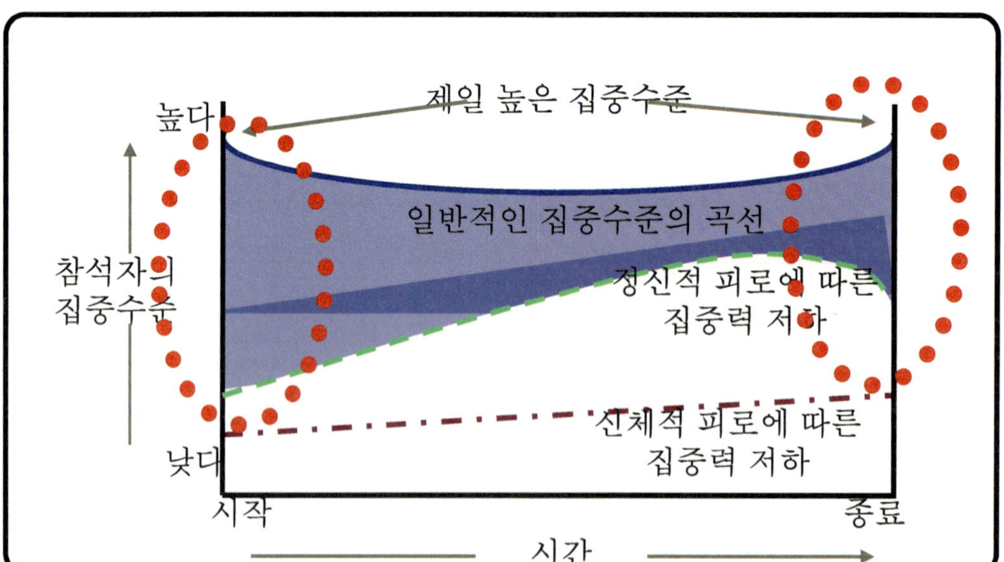

2) 효과적 회의시간

(4) 휴식 시간 정하기

- 매 시간마다 휴식 시간을 두는 것이 효과적이다.
- 한번에 15분 ~ 20분보다는 10분씩 두 번 쉬는 것이 더 바람직하다.
- 스트레칭 시간을 갖는 것도 효과적이다.
- 팀원이 정해진 휴식 시간을 지킬 수 있도록 회의장에 비치된 시계나 손목 시계 기준으로 휴식시간을 정해준다.

메모

3) 참석자 규명 및 역할 명확화

(1) 정의

- 회의에 참석할 예정인 사람을 명시한다.
- 회의 참석에 관한 원칙: '해당 안건과 관련된 사람만 참석한다'

(2) 중요성

- 특정한 주제가 맡겨졌을 때 참가자들이 준비할 수 있도록 도와준다.
- 회의의 원활한 진행을 위해 중요한 사람이 누구인지 분명히 알려주도록 한다.

(3) 참가자의 역할 결정

- (   ): 회의를 진행하며, 그룹 활동의 효율성에 집중하여 회의 목표에 도달할 수 있도록 한다.
- (   ): 의제별로 배정된 시간의 경과를 그룹에 알림으로써 참가자들이 예정된 회의시간을 벗어나지 않게 한다.
- (   ): 회의 내용을 모두가 확인할 수 있도록 기록한다.
- (   ): 조용한 참가자들이 말하도록 유도하거나, 너무 많이 말하는 사람을 자제시킨다.

3) 참석자 규명 및 역할 명확화

(4) 역할의 중요성

- 회의에서의 역할들이 중요한 이유는?

– 시간 계획을 지키기 위해

– 모두가 참여하도록 하기 위해

– 책임 있는 누군가가 성공적인 회의를 이끌 수 있도록

– 중요한 요소들이 간과되지 않도록 확인하기 위해

- 회의 역할이 배정되지 않을 경우 생길 수 있는 결과는?

– 시간 계획에서 어긋날 위험 있음

– 일부가 토론을 장악해버릴 우려

– 주제의 다양한 측면을 고려하지 못할 수 있음

메모

4) Agenda 작성

(1) 정의

- Agenda는 타인의 업무일정을 고려하여 1-5일 전에 미리 작성하여 배포한다.
- 필요한 문서들을 첨부하거나 위치(웹사이트 주소 등)를 알려준다.

(2) 중요성

- 참가자들이 사전에 준비할 시간을 주고, 모든 것이 완벽하게 준비된다면, 최대 80% 정도의 일을 회의 전에 완료할 수 있다.

메모

Ⅳ. 효과적 회의를 위한 6Rule

4) 회의 Agenda 작성

(3) 회의 Agenda 예시 (Mission)

Rule #3 : 참가자를 명확히 하라. Agenda에 모든 참가자의 이름과 장소를 기록하는 것이 좋습니다.

Rule #1 : 참가자들이 회의에서의 활동 내용을 알 수 있도록 항목을 분리합니다.

Rule #4 : 1~5일 전에 Agenda를 작성합니다.

Rule #5 : 의사결정방법을 명확하게 해서 참가자들이 자신의 역할을 이해하고 제대로 준비 할 수 있도록 합니다.

AGENDA

Task force 미팅
김00 팀장, 황00팀원, 박00 팀원, 강00팀원

일시 : 2009년 2월 25일 시간 : 09 a.m. ~ 11:50 a.m. 장소 : 3층 회의실	Tel : 4783	의사결정방법 - 협의(Consultative)

시 간	제 목	담당자	과정	기대 결과물
09:00 ~09:10	인사 Agenda검토	김00 팀장	프리젠테이션	참석 목적 명료화 및 참자가 확인
09:10 ~ 10:00	기존 교육과정의 현상 파악 및 문제점 보완	황00 팀원	프리젠테이션, Brain storming Q&A	- 기존 교육에 대한 SWOT 분석 자료 review - 분석 내용을 통한 문제점 해결방안 논의
10:00 ~ 11:50	교육 과정 보강 주요 일정 및 역할 선정	김00 팀장	Pro-Con 준거 평정법 Q&A	-각 해결 방안에 대한 Priority 결정 -추진 대상 확정 -교육 과정 개선 프로젝트의 주요 Task와 일정/책임자 확정

Rule #2 : 시간 계획을 세워서 참가자들이 각 항목들의 상대적 중요성 및 배정된 시간을 알 수 있게 하라. 종료 시간은 정시로 부 터 10분 전으로 정합니다.

Rule #6 : 기대 결과물을 명확히 합니다. (예,의사결정,합의,다수의 이해 등)

(3) 회의 Agenda 예시 (Process)

Rule #3 : 참가자를 명확히 하라. Agenda에 모든 참가자의 이름과 장소를 기록하는 것이 좋습니다.

Rule #1 : 참가자들이 회의에서의 활동 내용을 알 수 있도록 항목을 분리합니다.

Rule #4 : 1~5일 전에 Agenda를 작성합니다.

Rule #5 : 의사결정방법을 명확하게 해서 참가자들이 자신의 역할을 이해하고 제대로 준비 할 수 있도록 합니다.

AGENDA

Sales team 월요 회의
팀원 전원

일시 : 2009년 2월 25일 시간 : 09 a.m. ~ 10:50 a.m. 장소 : 팀회의실	Tel : 2386	의사결정방법 - 협의(Consultative)

시 간	제 목	담당자	과정	기대 결과물
09:00 ~09:10	인사 기대 결과물 Agenda검토	김00 팀장	프리젠테이션	참석 목적 명료화
09:10 ~ 09:25	전주 매출목표 Review	황00 팀원	프리젠테이션	현황 공유
09:25 ~ 10:00	전주 활동 상황 보고	각 팀원	보고	정보공유
10:00 ~ 10:20	이번 주 활동 계획	각 팀원	보고	정보공유
10:00 ~ 10:20	고객의견 접수 상황	각 팀원	보고	정보공유 및 대책 안 제시
10:20 ~ 10:30	혁신 활동 추진 결과	각 팀원	보고	진행 사항 확인
10:30 ~ 10:50	회사 지침 사항 전달	김00 팀장	프리젠테이션	회사 정책 공유 및 실천 결의

Rule #2 : 시간 계획을 세워서 참가자들이 각 항목들의 상대적 중요성 및 배정된 시간을 알 수 있게 하라. 종료 시간은 정시로 부 터 10분 전으로 정합니다.

Rule #6 : 기대 결과물을 명확히 합니다. (예,의사결정,합의,다수의 이해 등)

4) 회의 Agenda 작성

(4) 사례 연구: 활동 1

- 다음의 Agenda는 어떤 규칙들을 지키고 있는가?
- 다음의 Agenda는 어떤 규칙들에 어긋나는가?

(8월 23일, 9:00 a.m 발송)

일 시 : 2003. 9월 2일(화) 4:00 p.m. - 6:00 p.m.

장 소 : 청주 R동 대회의실 제 목 : 공장 부지 선정

Agenda

시 간	주 제	담당자	
4:00 - 4:30 4:30 - 5:00 5:00 - 5:45 5:45 - 6:00	제안서 검토 법률문제 검토 후보지 정보 업데이트 Q&A / 공개토론	김길동 (시설관리팀) 홍을동 (총무팀) 이호동 (총무팀)	

• 협의적 의사결정 방법 사용

메모

4) 회의 Agenda 작성

(4) 사례 연구: 활동 2

- 다음의 Agenda는 어떤 규칙들을 지키고 있는가?
- 다음의 Agenda는 어떤 규칙들에 어긋나는가?

(10월31일 수요일, 14:00 발송)

일 시 : 11월 1일(목) 11:30

대 상 : 경영혁신 TFT Members　　Tel. 2663

Agenda

시간	주제	담당자	기대 결과물
11:30-11:50	Action item 점검	○○○팀장	완료/미결사항 리스트
11:50-12:15	현황 보고 업데이트	○○○00	다수의 이해
12:15-12:30	향후 전망	○○○00	최종 디자인 결정
12:30-12:55	분야별 토론	전체	아이디어 리스트
12:55-13:00	공개토론	전체	마무리

· 협의적 의사결정 방법 사용

메모

4) 회의 Agenda 작성

(4) 사례 연구: 활동 3

- 다음의 Agenda는 어떤 규칙들을 지키고 있는가?
- 다음의 Agenda는 어떤 규칙들에 어긋나는가?

[9월 18일, 11:00 발송]

총무팀 미팅

일 시 : 9월 21일(목) 14:30 - 15:50 Tel. 356-2663

Agenda

시간	주제	담당자
14:30 – 15:00	현황 보고	○○○00
15:00 – 15:30	신규 양식 검토 및 토론	전체
15:30-15:40	양식 변경 일정 논의	전체
15:40-15:50	공개 토론	전체

메모

4) 회의 Agenda 작성

(4) 사례 연구: 활동 4

- 다음의 Agenda는 어떤 규칙들을 지키고 있는가?
- 다음의 Agenda는 어떤 규칙들에 어긋나는가?

(7월 18일 08:00 발송)

경영혁신 TFT 미팅 ○○○ 팀장, ○○○ 00, ○○○ 00, ○○○ 00

일 시 : 7월 21일 13:00 – 14:30 Tel. 2663

Agenda

시간	주제	담당자
13:00 – 13:10	참석 확인, 도입	○○○ 팀장
13:10 – 13:30	전달 사항	○○○ 00
13:30 – 13:50	8월 일정 검토	전체
13:50 – 14:30	공개 토론	전체

◆ 메모

5) 의사결정 방법의 명확화

(1) 정의

- 회의가 시작되기 전에 의사결정 방법(협의, 합의, 권위, 다수결)을 분명히 정한다.

(2) 중요성

- 참가자들이 의사결정 시 자신들의 역할을 보다 잘 이해하는데 도움이 된다.
- 회의가 교착상태에 빠지거나 과도한 논쟁을 방지할 수 있도록 한다.

(3) 의사결정 방법의 유형

- (　　　): 하급자들과 개별적 문제를 공유하며 해결책에 대한 아이디어나 제안을 얻되, 하급자들을 한번에 모아 놓고 그룹으로 접촉하지는 않으며, 최종 결정은 리더가 내린다.
- (　　　): 리더가 현재 가지고 있는 정보를 이용하여 스스로 문제를 풀고 의사결정을 내리며, 하급자들로부터 단편적 정보를 얻지만, 문제를 정의, 대안, 평가 과정에는 참여시키지 않는다.
- (　　　): 리더가 직면한 문제를 하급자들과 '그룹미팅'을 통하여 공유하고, 아이디어나 제안을 얻지만, 최종 결정은 리더가 내린다.
- (　　　): 하급자 그룹에게 결정권한을 위임하는 경우이며, 직면한 문제에 대해 공유하며, 그 과정에서 압력을 가하지 않으며 그룹에서 결정된 사항을 받아들이고 실행한다.

6) 기대 결과물 분명히

(1) 회의 결과물 확인하기

- 이 회의에서 어떤 중요한 점을 다루었는가?
- 어떤 일이 누구에게 언제까지 맡겨졌는가?
- 궁극적으로 우리가 얻은 것은 무엇인가?
- 회의의 목적을 달성했는가?

(2) 회의록 양식

<table>
<tr><th colspan="4">회 의 록</th></tr>
<tr><td colspan="4"></td></tr>
<tr><td colspan="4">회 의 명</td></tr>
<tr><td colspan="4"></td></tr>
<tr><td>일 시</td><td colspan="3"></td></tr>
<tr><td>수 신</td><td></td><td>발 신</td><td></td></tr>
<tr><td>참 가 자</td><td></td><td>불 참 자</td><td></td></tr>
<tr><td colspan="4">Summary</td></tr>
<tr><td colspan="4"></td></tr>
<tr><td colspan="4">결 정 [달 성] 사 항</td></tr>
<tr><td colspan="4"></td></tr>
<tr><td colspan="4">실 천 사 항</td></tr>
<tr><td colspan="2">Action Item</td><td>담 당 자</td><td>기 한</td></tr>
<tr><td colspan="2">1</td><td></td><td></td></tr>
<tr><td colspan="2">2</td><td></td><td></td></tr>
<tr><td colspan="2">3</td><td></td><td></td></tr>
<tr><td colspan="2">4</td><td></td><td></td></tr>
<tr><td colspan="2">5</td><td></td><td></td></tr>
<tr><td colspan="4">다 음 단 계 업 무</td></tr>
<tr><td colspan="4"></td></tr>
<tr><td colspan="4">비 고</td></tr>
<tr><td colspan="4"></td></tr>
</table>

6) 기대 결과물 분명히

(3) 회의록 양식: Action Log 예시

ACTION LOG InBev

VOYAGER PLANT OPTIMISATION

Packaging Daily Meeting

Meeting:	Packaging Daily Meeting
Meeting Date:	9-Dec-08
Next Meeting:	10-Dec-08

Attendees: 김범준;우일진;이종섭;박영호; 이관우;박수민

Distribution: 김범준;우일진;이종섭;박영호;이관우;박수민;이수용 ;김형수;김진호;김영구;심상현;김성용;김홍란

	Date	Topic	Action	Comments	Accountab	Due Da	Status
1	22-Aug-06	2동 파스틀	보수 및 페인트 작업	리스트 제출 (8/22) 박수민 실장,2008년초 실시	주영	25-Aug-06	Complete
2	7-Mar-07	preform 이송	디젤지게차 사용금지	전동지게차 운영독려	용균	7-Mar-07	Complete
3	23-Jul-07	Maintenance	5동,CAN 레벨체커 구매.교체	수입구매(2대)	승호	30-Aug-07	Complete
4	23-Jul-07	QC	수출용 목팔레트 바닥 6줄을 5줄로 보완제작		용균	31-Jul-07	Complete
5	29-Oct-07	보전(Maintenance)	5동 Filler 진공펌프모터 spare 확보 필요		수민,범준,승호	31-Mar-08	Complete
6	6-Dec-07	E8	폐기물관리(1,2월) 홍보,교육	2개월간의 안전점검 주제	전원	28-Feb-08	Complete
7	31-Dec-07	CAPEX	Keg D/P, P/L 개조 검토		범준	20-Jan-08	Complete
8	3-Jan-08	QC	Q-Pack 0.7L 둘레적단 (27PT)	바닥설할 불량	종섭	20-Jan-08	Complete

메모

V. 우리 회사의 TOR

우리 회사의 TOR은 잘 이해하고 활용하고 있습니까?

TOR (TERMS of REFERENCE)			
[APAC/Region, Korea]			
1 회의(MEETING)			
WPM(주간계획회의) - M3, M2			
2 목적(OBJECTIVE)			
지점장과 중간관리자 간에 회사의 전략적 방향을 공유하고, 중간관리자의 주간 목표를 달성하기 위한 실행 계획 수립 (Assure the sales team is aligned to the company's strategy and that the targets are correctly deployed to the field team.)			
3 회의주관(OWNER)	**4 참석자(PARTICIPANTS)**	**5 회의장소(LOCATION)**	
지점장	지점장, 판매팀원, On/Off-AM	지점 회의실	
6 시간	**7 회의주기**		
50분	주 1회		
8 기본규칙(GROUND RULES)			
- 시간에 대한 준수 (Punctuality): 정해진 시간에 시작해서 정해진 시간에 마칠 것 - 주제의 효율성 (Efficiency): 준비 없이 회의에 참석하지 않을 것. 한 번에 한 가지 주제에 대해서 논의할 것. 계획 대비 실적이 저조한 사항을 중점적으로 다룰 것. - 위계 질서에 얽매이지 않는 논의 분위기 (Informality): 대안있는 비판에 대해 열린 태도로 경청할 것			
9 사전 준비물(INPUT)	**10결과물(OUTPUT)**	**11 KPI**	
- 지난 주 실행 계획 및 실적 (Action Log) - 주간 KPI 실적 (판매,채권,사입,전향 등) - 지점장회의결과 /전달사항 /action plan	- 이번 주 실행 계획 (Updated action Log)	지점별, 과별 판매 실적 주간채권(연채) 실적 주간사입 실적 주간전향 실적	
12회의안건(AGENDA)		**Duration**	**담당자(WHO)**
1 지난주 Action Log Review		5 min.	지점장
2 주간 KPI 실적 협의 (지점 및 과의 판매, 채권, 사입, 전향등의 KPI 중심)		20 min.	참석자
3 지점장회의결과 /전달사항 /action plan 협의		10 min.	참석자
4 Open forum		10 min.	참석자
5 Wrap up (Action Log Review)		5 min.	지점장

효과적 회의의 측정

1) 효과적 회의 평가 요소

회의 평가

회의 방법

- 회의 시간을 준수했는가?
- 필수 안건에 대해 다루었는가?
- 회의 참석자들의 참여 및 집중은 잘 되었는가?

회의 효율성

- 회의 전 준비는 되었는가?
- 회의진행은 효과적이었는가?
- 회의 후 활동 계획 수립 하였는가?

메모

효과적 회의 측정

2) 효과적 회의 평가

회의 방법	비중	점수
1. 회의가 정시에 시작되었는가?	10	
2. 회의참석 예정자가 모두 그리고 정시에 도착하였는가?	10	
3. 모든 사람이 회의에 기여(contribute)하였는가?	10	
4. 지난 회의 action log가 재검토(review)되었는가?	10	
5. 회의안건이 순서대로 모두 다루어졌는가?	10	
6. KPI, 스케줄, 계획 등이 재검토(review)되었는가?	10	
7. 활동계획(actions)에 대한 담당자와 마감기간이 모두 정해졌는가?	10	
8. 회의 마지막에 action log가 재검토(review)되었는가?	10	
9. 회의가 정시에 종료되었는가?	10	
10. 진행자의 회의운영 및 시간관리 - 회의참석자들이 회의 주제에 집중하도록 하고, 주제를 벗어난 토론이 배제되었는가?	10	
	100	
회의 효율성	비중	점수
1. 회의에 필요한 사전 준비물(inputs)이 회의에 앞서 사전 배포 및 검토 되었는가?	10	
2. 모든 활동계획(actions)이 제시간에 충분히 완료되었는가? (>95%)	10	
3. 기준, 목표, 실적 등은 지속적인 개선이 이루어지도록 하기 위하여 세심하게 검토 및 토론(challenged)되어야 합니다	20	
4. 제기된 문제를 해결하기 위하여 새로운 활동계획(actions)이 합의되었는가?	10	
5. 필요 시 회의를 효과적으로 진행할 부의장 등이 임명되었는가?	5	
6. 좀 더 세부적인 논의, 자료, 의사결정을 필요로 하는 주제는 회의시간 외에서 처리되도록 합니다.(parking lot)	10	
7. 계획 대비 실적의 차이 및 특성요인분석(root cause)은 회의에 앞서 이미 일상 업무과정을 통해 수행되어진다.	20	
8. 참석자들은 회의준비가 되어있는가 - 점수표, 스케줄 등	5	
9. 참석자들은 회의의 활동계획(actions)을 따르고, 지속적인 개선을 위해 추가적인 방안을 모색합니다.	10	
소계	100	
전체점수	200	

Ground Rule을 정하자

1) Ground Rule의 정의

- 회의나 토의, 토론, 팀 미팅 등의 진행 시 모든 구성원들이 반드시 지켜야 할 기본규칙
- 기본 규칙의 제정은 회의 진행자의 필수적 의무
- 기본 규칙에 대한 이해와 실천은 토론의 생산성을 획기적으로 제고

2) Ground Rule의 필요성

- 회의 진행의 혼선을 막기 위해
- 표현의 자유 보장
- 참가자의 적극적 참여 유도
- 순서상의 혼란, 이탈현상, 발언권 경쟁이 일어나지 않도록 회의장의 질서유지

3) Ground Rule의 예시

- 타인 비판 절대금지
- 적극적으로 경청하기
- 논의된 내용은 절대 비밀 유지
- 회의 진행자에 집중
- 토론실 내 절대 금연
- 토론 중 휴대폰 사용금지
- 개인에게 배정된 발언시간 엄수하기
- 한 사람씩 돌아가며 발언하기

효과적 회의를 위한 기본

1) Agenda 및 회의록 공유

구　분	작성시기	공유시기
Agenda		
4 Role		
회의록		

◈ 메모

Module 11

협상

1) 협상에 대한 잘못된 견해
2) 협상의 정의
3) 협상의 구성요소
4) 협상의 기본유형
5) 협상의 기본원리
6) 협상 프로세스

협상에 대한 잘못된 견해

많은 사람들이 가지고 있는 협상에 대한 잘못된 인식을 통해 협상의 긍정적인 요소가 많이 가려져 있다. 협상에 대한 잘못된 견해로 대표적인 것은 다음과 같다.

(1) 강한 자는 협상하지 않는다.

협상에 나서는 것 자체를 권력 또는 힘이 약해졌거나 상황에 굴복했기 때문으로 인식하는 경우에는 결코 협상에 나설 수가 없다.

(2) 협상을 하려면 어느 정도 힘의 균형이 있어야 한다.

협상력의 차이가 그대로 협상결과에서의 차이로 이어지는 것은 아니다. 오히려 적은 협상력을 어떻게 활용하느냐에 따라 협상결과가 크게 달라진다.

(3) 협상은 우는 애에게 떡 하나 더 주는 것이다.

파트너 십 관계가 아닌 온정주의적 태도로 협상에 임하는 것은 협상결과에 관계없이 바람직스럽지 않다.

(4) 상대방은 절대 양보 안 할 것이다.

상대방은 결코 양보할 사람이 아니라는 생각을 지레 가져버릴 경우에 원활한 협상이 이뤄지기 어렵다.

특히, 공공갈등의 경우에는 협상과정이 공개적으로 투명하게 이뤄질 때 협상결과가 갖는 정당성이 더욱 높아질 수 있다.

(5) 협상은 야합과 같아 도덕적, 윤리적이지 않다.

협상이 당사자 간의 필요에 따라 비공개적으로 진행되기도 하고 때로는 협상에서 논의된 내용을 비밀에 붙인다는 점 때문에 그런 선입견을 가질 수도 있다.

(6) 설득과 협상은 마찬가지다.

협상이란 특정한 조건에 대한 동의를 얻어내는 기술이다. 이에 비해 설득은 상대방이 나와 같은 관점을 가져서 내가 원하는 대로 행동하도록 만드는 것이다.

학자들이 말한 협상의 정의

Carnevale & Pruitt

개인-집단 상관관계에서 '둘 또는 그 이상의 당사자들이 각자의 이익과 상반된다고 생각하는 문제에 관하여 합의에 도달하기 위해 서로 이야기를 주고받는 집합적 의사결정과정

Herb Cohen

공동의 이익 교환이나 실천에서 이해 충돌이 있을 경우 의사의 일치를 볼 목적으로 분명하게 자신의 의사를 개진하는 과정

긴장이 가득한 상황 속에서 정보와 힘을 사용하여 어떤 바람직한 결과를 가져오는 것

Thompson

타인과 상호작용을 통해 목적을 성취해야 할 경우 협상은 필수적 과정으로 특히 표면화된 갈등을 해소하는 데 도움이 될 만한 규칙이나 절차가 없을 때, 그리고 갈등에 관련된 당사자들이 공격적 행위나 다툼에 의존하지 않고 합의점을 찾길 원할 때 필요한 것

협상의 구성요소

일반적으로 협상을 이루는 요소에는 어떤 것들이 있을까? 협상의 구성요소에 대한 대표적인 학자들의 의견을 살펴보도록 하자.

(1) James Ware

협상의 구성요소에 대한 다양한 연구결과 가운데, 하버드대학 교수인 James Ware는 협상은 다음과 같은 다섯 가지의 구성요소로 되어있다고 정리하였다.

▪ 둘 혹은 그 이상의 구별되는 당사자(parties)

당사자란 협상의 결과에 직접적인 이해관계를 가진 개인이나 집단을 일컫는다.

▪ 쟁점(issues)

당사자들은 하나 혹은 그 이상의 쟁점에 대해 서로 다른 이해관계를 갖고 있다.

▪ 이해관계(interests)

당사자들은 공통된 이해관계를 갖고 있고 합의를 이루어야 한다는 점에서 의견을 같이 하고 있다. 상호 간에 공통된 이해관계와 상충하는 이해관계가 상존한다는 점이 협상을 보다 중요하고 흥미롭게 한다.

▪ 자원의 공유나 교환(sharing or exchange of resources)

협상을 통해 당사자들은 하나 혹은 그 이상의 자원에 대해 자발적으로 공유하거나 교환을 하며 무형적인 성격의 쟁점에 대해서도 해결방안을 모색한다.

▪ 순차적인 과정(a sequential process)

협상은 일반적으로 타결에 이르기까지 협상당사자들이 자신의 요구를 제안하고 제안받는 순차적인 과정의 연속이다. 협상은 역동적이고 발전적인 성격의 것으로 광범위한 정보의 교환이 필요하고 상대방 발언의 정확성과 신뢰여부를 계속적으로 평가하는 작업이 요구된다.

(2) Lax & Senenius

Lax와 Senenius는 협상은 다음과 같은 네 가지의 구성요소로 되어있다고 정리하였다.

- 상호의존**(Interdependence)**

상호의존은 양측이 상호작용을 통해 만들어내는 가치가 혼자 힘으로 만들어내는 가치보다 크다는 것을 말하고 이는 상호필요성을 의미한다. 만일에 혼자 힘으로 어떤 일을 해낼 수 있다면 결코 협상의 필요성을 느끼지 않을 것이다.

- 갈등의 인지**(Some Perceived Conflict)**

이는 가치배분(claiming the value)과 관련되어 고려되는 요건이다. 창조된 가치(예를 들면 파이)를 나눔에 있어 그것을 어떻게 나누어야 하는가에 대해서는 서로 다른 선호를 가지고 있기 마련이고 이는 곧바로 갈등으로 발전된다. 만일 어느 쪽도 양보를 하지 않는다면 어떻게 파이를 나누는 것이 공정(fair)한지 협상이 필요하게 된다.

- 기회추구적인 상호작용**(Opportunistic Interaction)**

이는 협상 전후와 협상테이블에서 전개되는 다양한 협상전략의 차원에서 고려되는 요건으로 협상을 자신에게 유리한 쪽으로 이끌려는 모든 조작이나 행위 혹은 전술 전략은 모두 이에 속한다.

- 타결의 가능성**(The Possibility of Agreement)**

이는 협상의 결과와 협상 이후를 예측하는 요건으로 만일에 타결이 이루어졌을 때는 어떠한 형태로 협상을 끝낼 것인가 하는 점과 협상결과가 향후 협상당사자의 행위를 구속하느냐 여부 그리고 타결된 협상안이 얼마 동안이나 유효한가 하는 점 등이 모두 이에 속한다.

협상의 기본 유형

협상은 크게 두 가지 유형이 있다. 하나는 서로 간의 경쟁의 원리에 입각한 협상이고, 다른 하나는 연대의 원리에 입각한 협상이다. 이 장에서는 협상의 기본 유형 가운데 Ware의 구분과 Fisher & Ury의 구분을 살펴본다.

(1) Ware의 구분

▪ 배분적인 협상(distributive bargaining)

배분적인 협상이란 희소한 자원을 어떻게 배분할 것인가를 놓고 협상하는 상황으로 주로 경쟁적인 전략이 요구된다. 이는 제로섬 게임이라 할 수 있으며 win-lose게임이라고도 일컫는다.

▪ 통합적인 협상(integrative bargaining)

통합적인 협상이란 협상당사자들이 모두 이익을 얻을 수 있는 협상안을 만들어내기 위해 당사자들이 힘을 모아 공동의 문제를 해결하고자 하는 상황으로 주로 협조적인 전략이 요구된다. 이는 넌제로섬 게임이라 할 수 있으며 win-win게임이라고도 일컫는다.

(2) Fisher & Ury의 구분

▪ 입장에 입각한 협상(positional bargaining)

입장에 입각한 협상은 타협을 위해 양보하는 것을 수치로 여기며 때로는 상대방의 일방적인 양보만을 요구해 설사 협상이 타결되더라도 결코 현명한 결과는 아니기 쉽다.

▪ 원칙에 입각한 협상(principled bargaining)

원칙에 입각한 협상은 입장보다는 양측의 이해관계를 조화시켜 양측이 만족할 만한 결과를 만들어내는 데 중점을 두고 있고 협상 시 불필요한 행위나 자원 낭비적인 소모전을 피함으로써 효율성을 기할 수 있다.

협상의 기본 원리

앞장에서 살펴본 바와 같이 협상은 경쟁적으로 이익을 뺏고 뺏기는가와 서로간에 협력적인 모습으로 좀 더 많은 이익을 나눠가지는가의 두 유형으로 나눠볼 수 있다. 이런 측면에서 협상의 두 축은 경쟁과 협력이다. 협상은 전적으로 경쟁이나 협력의 어느 한 축으로만 구성되어 움직이는 것이 아니라, 두 개의 축이 모두 활용된다.

협상에서의 경쟁과 협력은 별개로 이루어지는 것이 아니라, 동시에 이루어지며 두 행위가 상호 긴밀히 연계되어 있음을 알 수 있다. 유능한 협상가는 경쟁과 협력을 적절히 조합하여 어느 한쪽도 소홀히 다루지 않고 두 개의 행위를 잘 조화시킨다.

<협상의 기본원리>

경쟁	협력
➢개별이익 추구 ➢파이 나누기 ➢제로섬 게임이라는 전제 ➢관계지향적보다는 성과지향적 ➢단기적 관점 ➢상대에 대한 불신 ➢입장에 입각한 협상 ➢협상과정에 공방이 심함 ➢Win−lose game	➢공동이익 추구 ➢파이 키우기 ➢넌제로섬 게임이라는 전제 ➢성과지향적이고 문제해결적 ➢장기적 관점 ➢상호 신뢰가 바탕 ➢원칙에 입각한 협상 ➢상호 의사소통이 원활 ➢Win−win game
가치요구	가치창출

협상 프로세스

협상은 어떠한 협상 프로세스를 거치며 진행되는 것일까? 협상은 아래 그림에서 보다시피 크게 4단계로 구분되어 있다. 이번 장에서는 협상의 프로세스에 대해 살펴보고, 협상 프로세스의 각 단계별 특징에 대해서 살펴보도록 하겠다.

<협상 프로세스>

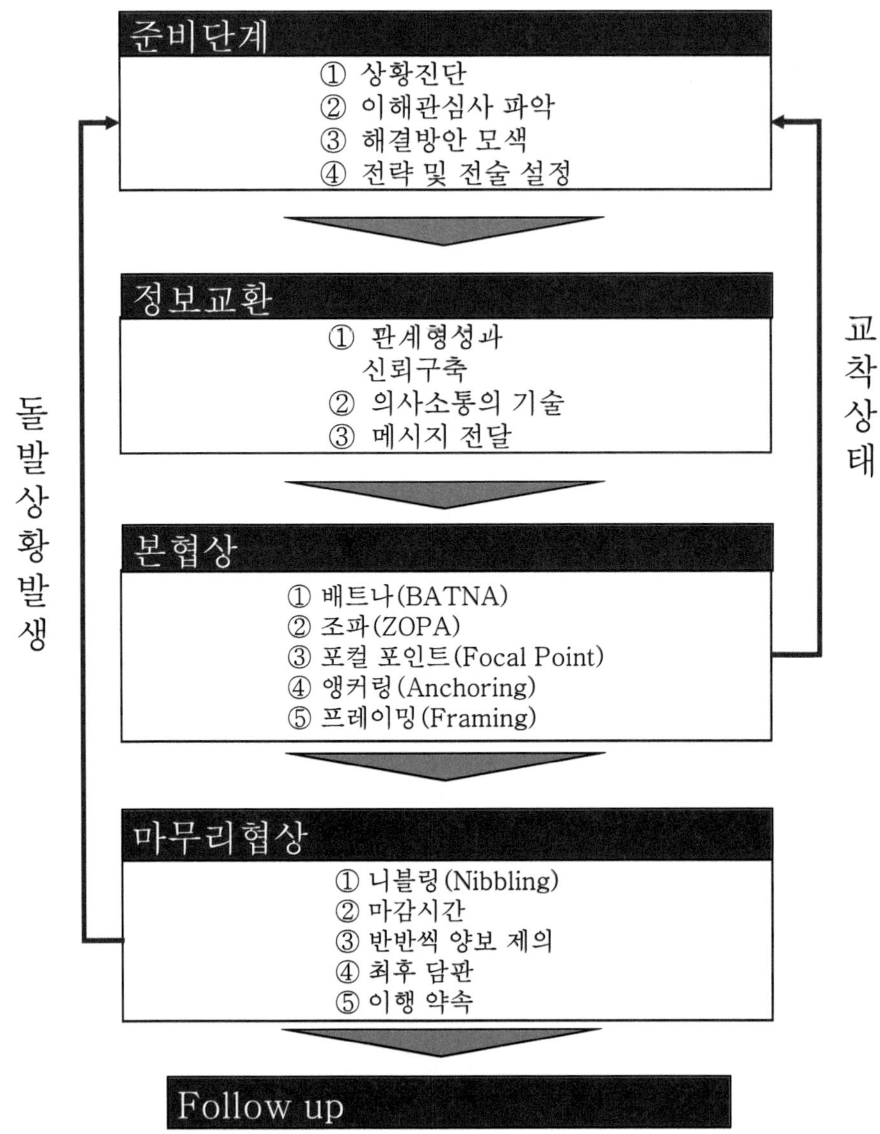

(1) 준비단계

협상의 준비단계는 실제 협상이 진행되기 이전까지의 단계로 실제로 협상이 필요한지 여부, 협상 상대자의 이해관심사 파악, 해결방안 모색, 전략 및 전술 설정의 단계로 세분화할 수 있겠다.

▪ 상황진단

현재의 갈등이 협상으로 해결할 수 있는지 여부를 가늠하는 단계로 앞서 살펴보았던 협상의 구성요소들을 원활하게 갖추고 있는지 여부를 통해 판단하게 된다. 이 단계에서 협상이 필요하다는 결론이 날 경우 다음 단계로 넘어간다.

▪ 이해관심사 파악

협상이 필요한 상황이라는 것이 파악되었다면 협상 상대자가 무엇을 원하는지 확인해야 한다. 최대한 많은 정보를 수집하여 상대자가 원하는 것을 파악한다. 상대의 정보와 내가 원하는 부분과의 공통점과 차이점을 도출한다.

▪ 해결방안 모색

상대방과 나의 차이를 파악했다면, 그 거리를 어떻게 좁히느냐가 관건이다. Win-win 협상을 위해서는 한정되어 있는 파이를 가지고 내가 양보할 부분을 과감히 양보하며, 양보를 받을 수 있는 부분을 얻어내는 것보다, 둘 다 더욱 이익을 볼 수 있는 방법으로의 시각 전환이 필요하다.

▪ 전략 및 전술 설정

협상의 해결방안을 마련한 다음 단계는 협상상황을 해결할 전략 및 전술을 만드는 과정이다. 일반적으로 협상의 5가지 전략을 사용한다.

(2) 정보교환

정보교환단계는 실제 협상에 들어가는 과정으로 협상자들 간의 관계, 협상자의 대화 기술, 메시지 전달방식 등을 고려해야 하는 단계이다. 이 단계를 통해 상대방이 협상 테이블에 앉은 동기, 상대방의 신뢰도, 상대방의 협상 스타일을 확인할 수 있으며, 앞으로의 협상과정에 대한 예측과 준비단계에서 설정한 과정을 확인해 볼 수 있다.

▪ 관계형성과 신뢰구축

◆ 관계형성: 공통점 찾기, 공동의 적 만들기, 접대 등의 의도적 관계형성 방법 사용

◆ 신뢰구축: 전문가 이미지, 지위와 권위를 이용하는 방법, 개인적인 이미지, 진지하고 차분한 태도, 상대방의 필요성에 대한 관심표명, 솔직함 등을 사용

▪ 의사소통 기술

◆ 듣는 기술: 적극적 경청과 적극적 표현을 통해 상대의 정보를 놓치지 않으며 호감을 형성함

◆ 질문 기술: 대화 중 질문을 통해 상대의 이야기를 잘 듣고 있음을 확인, 상대의 정보를 더욱 얻어낼 수 있는 기회 마련

▪ 메시지 전달

듣기 뿐만 아니라 중요한 부분이 나의 메시지를 어떻게 효과적으로 전달하는지 여부이다. 나의 협상력이나 상황에 따라 효과적인 메시지 전달방식을 선택해야 한다.

<메시지 전달 유형>

Hard: 협상력이 강함, 단호함

Bluffing: 협상력 약함, 단호함

Soft: 협상력 강함, 유연함

Blank Check: 협상력 약함, 유연함

(3) 본 협상

본 협상 단계는 실제 협상에 들어가서 서로의 카드를 내놓는 단계로 서로의 입장 차를 확인하여 협상상황을 파악한다. 협상의 상황이 파악이 되면 먼저 제안을 하거나 상황에 따른 양보의 과정을 진행할 수 있다. 양보를 할 때에는 ① 양보에 의미 있는 메시지를 담으며, ② 양보에 대한 반응이 없을 경우 더 이상 양보가 없을 것임을 알리며, ③ 지금 내가 하는 이 양보는 매우 힘든 결정이었음을 어필해야 한다. 협상은 내가 양보해야 할 것이 많을수록 유리하다.

일반적으로 협상상황에 대한 파악의 방법에는 배트나(BATNA), 조파(ZOPA), 포컬포인트(Focal Point)의 세 가지가 있다.

▪ 배트나(BATNA, best alternative to negotiated agreement)

배트나(BATNA, best alternative to negotiated agreement)는 협상이 결렬됐을 때 취할 수 있는 행동계획으로 "최후최선대안"이란 의미를 갖고 있다. 일반적인 배트나(BATNA)로 협상테이블에서 퇴장(walk away)이 있을 수 있는데 노사협상의 경우 퇴장은 파업을 의미하고 구매협상인 경우 협상결렬(퇴장)은 내부에서 조달하거나 다른 공급업자를 선택하는 것을 의미한다. 배트나(BATNA)를 알고자 할 때 맨 먼저 생각해야 하는 것이 임계값(threshold value)이다. 임계값이란 협상안이 지니고 있는 총체적 가치가 넘어야 할 최소한의 기준 값이다. 따라서 배트나란 협상이 타결되기 위한 필요조건이라 할 수 있다.

▪ 조파(ZOPA, zone of possible agreement)

조파(ZOPA)란 "합의가능영역"이란 의미를 말한다. 범위를 설정하기 위해서는 최소값, 최대값이 결정되어야 하는데 이를 구매협상의 예를 통해 설명하면 다음과 같다. 판매자와 구매자가 어떤 상품을 놓고 협상을 할 때 합의가 가능한 영역은 판매자의 최소값과 구매자의 최대값 사이의 영역이다.

<협상이 되는 경우와 안 되는 경우>

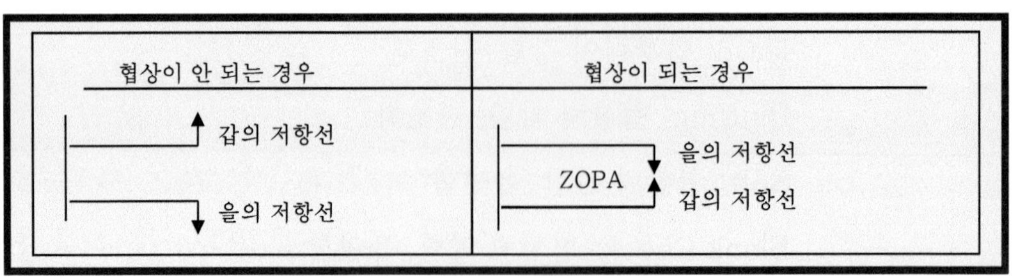

▪ 포컬 포인트(focal point)

"초점" 혹은 "집중점"이란 의미로 합의가 이루어질 가능성이 가장 많은 점을 말한다. 예를 들면 두 사람이 100원을 나눌 때 커다란 협상력의 차이가 있지 않는 한 50원씩 나누게 된다. 이때 50원이란 합의점이 focal point가 된다.

focal point가 중요한 이유는 첫째, 협상의 당사자들이 평균적으로 기대하는 기대치를 예측하는 데 도움이 된다. 협상결과를 사전에 예측함에 있어 기준점 역할을 한다. 둘째, 협상결과가 공정(fair)한가 라는 의문은 대부분 focal point와 관련해 제기된다. 만일에 협상결과가 focal point에서 크게 벗어나면 무엇인가 잘못된 협상이거나 불공정한 협상이란 의문이 제기될 가능성이 많다.

▪ 앵커링(anchoring)

효과적인 협상가는 일련의 예상되는 협상결과나 ZOPA에 관한 상대방의 인식에 영향을 미친다. 대부분의 경우 개시제의(opening offer) 혹은 첫 제의(first offer)가 앵커링의 역할을 하게 되며 당신의 유보가격과 ZOPA에 대한 상대방의 인식을 극적으로 바꾸게 된다. 앵커링에서 유의해야 할 점은 다음과 같다.

첫째, 앵커링은 매우 강력한 심리적 현상이다. 한번 앵커링에 걸리면 무의식적으로 앵커(초기값)를 기준으로 추정하게 된다.

둘째, 앵커는 외부적 혹은 내부적으로 결정된다. 외부적으로 결정된다 함은 예를 들면, 과거의 타결사례가 앵커가 된다는 것이고 내부적으로 결정된다 함은 협상당사자 가운데 한쪽의 행위, 즉 첫 제의와 같은 행위가 앵커가 되는 것을 말한다.

<누가 먼저 제안하는 것이 좋은가?>

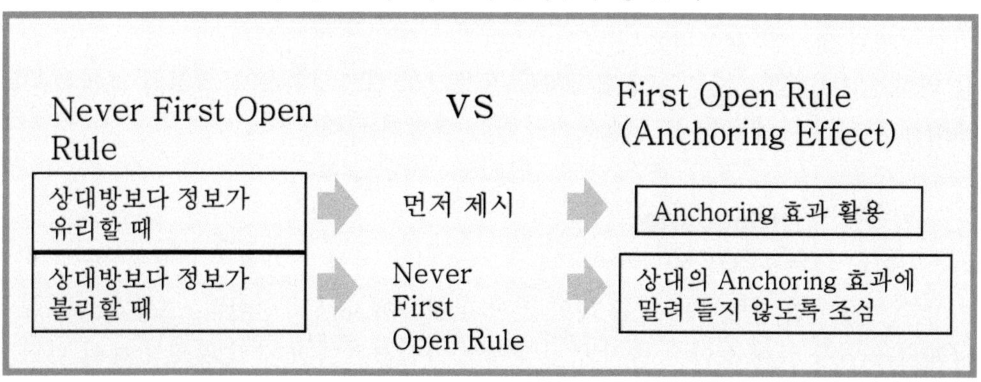

▪ 프레이밍(framing)

어떤 상황이나 대상 혹은 사건을 묘사하고 제시하려는 것을 프레이밍(framing, 상황묘사 혹은 상황규정)이라 한다. 협상은 프레이밍부터 시작된다. 왜냐하면 모든 협상의 당사자들은 협상상황을 나름대로 분석하고 이해하면서 대응 안을 마련하기 때문이다.

프레이밍이 협상에서 중요한 이유는 다음과 같다.

첫째, 상황이나 쟁점 혹은 이해관계를 어떻게 프레이밍하느냐에 따라 협상하고자 하는 것의 가치가 달라지기 때문이다.

둘째, 대부분의 사람들은 현재의 프레임(frame)을 당연한 것으로 받아들이기 때문에 상대방의 조작에 현혹되기가 쉽기 때문이다. 상대방이 만든 프레임을 다른 시각에서 리프레이밍(reframing)하려는 시도를 하지 않을 경우에 협상은 상대방의 의도대로 끌려갈 수밖에 없다.

프레이밍의 활용 목적

- ◆ 양보한 가치를 강조하기 위해
- ◆ 상대방이 양보해야 하는 이유를 제시하기 위해
- ◆ 협상에서 창출된 가치를 나눔에 있어 공정한 기준을 제시하기 위해

(4) 마무리 협상

이제 기나긴 협상의 프로세스를 마무리할 단계까지 왔다. 마무리 협상은 이제 서로의 제안을 적절히 절충하여 합의하고 합의 이후의 프로세스를 진행하는 과정이다. 이 단계에서 주목해야 할 부분은 니블링(nibbling), 마감시간, 반반씩 양보 제의, 최후 담판, 이행약속, 그리고, 협상에 대한 평가이다.

▪니블링(nibbling)

니블링이란 조금씩 갉아먹는다는 의미 그대로, 협상의 막바지에 조금씩 조금씩 더 양보를 권하는 기술이다. 대부분의 협상자들은 그간의 협상성과를 망치거나 관계훼손을 두려워해 상대의 니블링을 무조건 받아들이는 경향이 크다.

▪마감시간(deadline)

마감시간이 가까울수록 협상자가 서둘러 양보하는 경향이 강하기 때문에, 협상상대가 이를 역이용하면 협상자는 다른 대안 없이 말려들어가기 마련이다. 그렇기 때문에, 협상계획은 여유 있게 잡아서 마지막 단계에서 마감시간에 쫓기지 않도록 해야 한다.

▪반반씩 양보 제의

협상의 마무리 단계에서 가장 선호하는 해결책은 서로 반반씩 양보를 하자는 것이다. 대부분의 경우에서 이 방식은 바람직한 마무리지만 한가지 예외 상황이 있다. 구매자의 저항가격과 제시가격의 차이에 비해 판매자의 저항가격과 제시가격의 차이가 매우 클 경우 반반씩 양보를 하게 되면 구매자가 많은 손해를 입을 가능성이 있다.

▪ 최후 담판

최후 담판은 협상자가 선택할 수 있는 마지막 방법으로 매우 강경한 방법이다. 협상력이 상대보다 클 경우에는 상대방이 양보하겠지만 그렇지 않은 경우는 협상이 결렬될 가능성이 크다.

또한, 상대가 평소 협조적인 협상가인 경우 최후 담판을 사용했다면 그 제의는 진짜일 가능성이 크므로 협상자의 태도를 바꿔서라도 상대방을 협상테이블로 되돌아오게 해야 하며, 상대방이 평소 술책이 많은 협상가인 경우 동요하지 말고 상대와 나의 협상력의 차이를 계산해봐야 한다.

▪ 이행 약속

협상이 합의된 다음 실제 합의된 행동을 할 수 있도록 준비하는 것이 중요하다. 일반적으로 협상의 이행 약속은 명시된 서류를 작성하거나 합의내용을 공개, 이행 약속의 표시로 협상자 간의 물건이나 증표를 상호 교환하는 방법 등이 있다.

▪협상에 대한 평가

마무리 단계에서는 아래와 같은 질문을 통해 협상에 대한 평가를 진행하여, 다음 협상을 준비하는 것이 필요하다.

- ◆ 합의에 이르는 것이 얼마나 중요했나
- ◆ 나는 얼마나 더 양보할 수 있었는가?
- ◆ 상대방은 얼마나 더 양보할 가능성이 있었는가?
- ◆ 내가 먼저 양보를 했어도 되는가?

(5) 교착 상태

교착상태란 말 그대로 협상의 진행과정이 원활하게 이루어지지 못하고 진행되지 못하는 상태를 말한다.

교착상태를 극복할 수 있는 방안에는 다음과 같은 방안들이 있다.

<교착상태를 해결하기 위한 방안>

- ◆ 상대방이 원하는 것을 재점검
- ◆ 새로운 계기를 제시
- ◆ 협상 담당자를 교체
- ◆ 상대 조직의 협상담당자를 교체
- ◆ 비공식적 회동을 주선
- ◆ 위험도에 대한 변화
- ◆ 작전타임
- ◆ 약간의 양보

(6) Follow up

Follow up단계는 협상을 성공적으로 마무리한 후 협상내용을 충실하게 수행해 나가는 과정이다. 장기적인 협상의 성패는 협상의 협의내용을 얼마나 충실하게 이행해 나가느냐에 달려있다고 봐도 과언이 아니다.

또한 협상은 Follow up을 통해 종결이 되는 것이 아니라, 이후 다른 협상의 시작이 된다.

(7) 돌발 상황

성공적으로 협상이 끝난 이후 follow up과정에서 내/외부적인 환경변화로 인해 협상 당시와는 전혀 다른 상황으로 전환되는 경우가 있다. 이와 같은 내/외부적인 급격한 환경변화를 돌발상황이라고 한다.

돌발상황이 발생시에는 다시 협상의 준비단계로 돌아가서 변화된 상황 속에서 최선의 해결방법을 모색하고 재협상에 들어가는 것이 올바른 선택이다.

1) 중재의 정의

갈등 당사자들 스스로 문제를 해결할 수 없을 때,
제3자가 개입해 그 갈등을 평화적이고
모두 만족할 수 있는 문제해결 방법을
찾아가는 대화의 공간 혹은 대화의 과정

2) 중재자의 역할

◆ 대화 절차를 만들고 단절되었던 의사소통을 연결함

◆ 상대방에 대한 신뢰와 믿음을 회복

3) 중재의 원칙

중재과정에서 기본적으로 지켜져야 할 중재의 세 가지 원칙이 있다. 이 세 가지 원칙이 지켜질 때 갈등 당사자들이 자발적으로 중재과정에 참여하게 되고 모두 만족할 수 있는 문제의 해결책을 찾을 수 있다.

(1) 중립성

갈등 당사자들은 중재자가 어느 한쪽 편을 들지 않는 불편부당(不偏不黨)한 제3자라고 신뢰할 때만이 중재에 참여할 수 있다. 만일, 중재자가 어느 한쪽 당사자 편을 든다면 다른 당사자는 그 중재를 거부할 것이다.

(2) 자율성

중재자는 갈등 당사자들이 스스로 문제의 해결책을 찾도록 의사소통 과정을 도와주는 도우미의 역할을 할 뿐이며 문제의 해결책을 결정하는 것은 바로 갈등 당사자들 자신이다. 갈등 당사자들이 문제의 해결책을 스스로 결정할 때만이 그 결정내용을 더욱 만족스러워 하며, 합의한 내용도 자발적으로 실천할 수 있다.

(3) 비공개성

중재자는 중재과정에서 이루어진 모든 대화내용에 대해, 그 당사자의 허락이나 동의 없이 외부의 다른 사람 혹은 갈등의 다른 쪽 당사자에게 공개해서는 안 된다. 갈등 당사자는 자신이 한 말이 갈등의 상대방이나 다른 외부 사람들에게 알려지지 않는다는 믿음이 있을 때 허심탄회하게 자신의 속내를 털어놓을 수 있다.

3) 중재의 과정

중재의 과정은 크게 여섯 단계로 나눌 수 있다..

(1) 준비단계

준비단계는 중재를 준비하고 그에 필요한 정보수집과 전략을 구상하는 단계이다. 중재 참석자를 선정하며 중재 장소와 일정 등을 정한다.

(2) 도입단계

본격적인 중재는 도입단계에서 시작된다. 갈등 당사자들이 한 자리에 모이면 중재자는 참석자들과 인사를 나누고 자리를 배정한 뒤 중재 절차와 중재의 3원칙, 중재과정에 지켜야 그라운드 룰 등을 정하고 설명한다.

※ 그라운드 룰

중재과정에서 참석자들이 원활한 중재와 의사소통을 위해 지켜야 할 사항을 규칙으로 정한 것

(3) 양쪽의 의견교환

의견교환 단계는 중재자의 진행으로 갈등 당사자들이 차례로 갈등의 원인과 진행과정, 이에 대한 자신의 입장과 요구사항, 감정 등을 이야기하고 듣는 과정이다. 이를 통해 중재자뿐만 아니라 갈등 당사자들도 갈등의 원인과 진행과정, 갈등을 둘러싼 감정상태, 갈등 당사자들의 입장과 실제 관심사 그리고 근본적인 실익과 욕구를 이해할 수 있다.

(4) 쟁점 규명

두 번째 단계에서 갈등의 전반적인 내용이 파악되면 이를 기초로 하여 세 번째 단계에서는 쟁점을 구체적으로 탐색해 나갔다면, 이번에는 쟁점을 규명하는 단계이다.. 즉, 갈등의 근본적인 원인이 무엇인지, 갈등 당사자들이 진정으로 원하는 것이 무엇인지, 사실관계의 확인이나 이해관계의 조정 등 어떤 문제에 초점을 맞추어야 갈등을 해결할 수 있을 것인지를 함께 모색하는 단계이다.

(5) 문제해결

쟁점이 규명되면 이제 문제를 해결할 수 있는 방법과 대안을 찾는 단계로 들어가게 된다. 당사자들의 실익과 요구를 정리하고 그것에 기초하여 문제의 해결방법을 찾아야 한다는 것은 공통적인 전제다. 하지만 구체적인 문제해결 방법과 대안은 문제의 유형과 쟁점에 따라 다를 수 있다.

(6) 협의

중재의 마지막 단계는 갈등 당사자들이 찾은 문제해결 방법과 대안을 이행하고 실천할 수 있도록 서로 합의하는 단계이다. 기본적으로 합의서에는 서로 합의한 사항을 어떻게 이행할 것인가, 서로 합의사항을 이행하고 있음을 어떠한 기준으로 판정하고 측정할 것인가, 이행 정도가 만족스럽지 않을 경우 어떻게 할 것인가 등에 대한 구체적인 내용이 들어가야 한다. 합의는 갈등 당사자들 서로가 상대방에 대한 신뢰를 유지하며 한편으로는 문제해결 방법의 이행을 강력히 유도하는 효과를 갖게 된다.

●협상 스타일 진단

<1단계> 자기진단 및 점수 기록
아래 문항들은 귀하의 행동과 태도를 명료하게 이해하기 위한 것입니다. 각각의 문항들을 잘 읽고, 자신의 생각이나 느낌과 일치하는 번호를 보기에서 골라 점수란에 기입해 주십시오.

보기
0 = 전혀 그렇지 않다. 1 = 그렇지 않다. 2 = 약간 그렇지 않다. 3 보통이다
4 = 약간 그렇다. 5 = 그렇다. 6 = 매우 그렇다.

질문: 나는 이렇다.		
번호	점수	문 항
1		나는 어떤 상황이나 문제를 접할 때 전반적인 것에 초점을 맞춘다
2		나는 개인적 가치관에 따라 사실을 평가한다
3		나는 감정적인 편은 아니다
4		나는 다른 사람의 욕구와 감정에 민감하다
5		나는 대부분의 경우 진실은 분명히 밝혀진다고 생각한다
6		나는 무심코 상대방의 기분을 상하게 한다
7		나는 여가시간을 잘 활용한다
8		나는 토론 중에 논의된 이야기들을 잘 기억한다
9		나는 협상에 임할 때는 냉정하다
10		나는 참을성이 있다
11		나는 순간적인 착상에 잘 따른다
12		나는 화합을 좋아한다
13		나는 찬반양론을 저울질한다
14		내가 하는 제안은 사람의 주의를 끄는 편이다
15		나는 다른 사람의 아이디어에 의지한다
16		나는 현실주의적 방법으로 난관을 잘 극복한다
17		논쟁이 야기되면 합의점을 찾아낸다
18		나는 철저히 노력하여 결론에 도달한다
19		나는 핵심을 아주 정확히 지적한다
20		나는 원칙론을 강력히 주장한다
21		다른 사람을 설득할 때, 그들의 감각과 새로운 경험에 대한 욕구를 호소한다
22		나는 단계적 접근방법을 잘 이용한다
23		나는 다른 사람을 위해 명료하게 설명한다
24		나는 때때로 감정에 호소한다
25		나는 철저한 사람으로 알려져 있다
26		나는 다른 사람의 감정에 대해서는 관용과 이해를 보여준다
27		나는 현안문제에 대해 적절한 주장을 한다
28		나는 절망적이고 어려운 상황에 처하면 긍정적인 가능성을 제시한다

<2단계> 1단계에서 기록한 점수를 아래 유형 집계표에 옮겨 적고 점수 합계를 냅니다.

협상 스타일 집계표

사실적 유형		직관적 유형		분석적 유형		규범적 유형	
문항	점수	문항	점수	문항	점수	문항	점수
1		2		3		5	
7		4		6		8	
11		12		9		10	
19		15		13		16	
21		17		14		18	
24		20		22		23	
28		26		27		25	
합계		합계		합계		합계	

❖ 협상 실습 시트

판매자

가격 하한선:

최초 제안가격:

구매자

가격 상한선:

최초 제안가격:

1) 협상 상황에 따른 5가지 전략

일반적으로 협상상대와의 관계 중요성과 협상에서의 기대 성과에 따라 다음과 같은 5가지 유형의 전략을 도출할 수 있다.

<협상상황에 따른 5가지 전략>

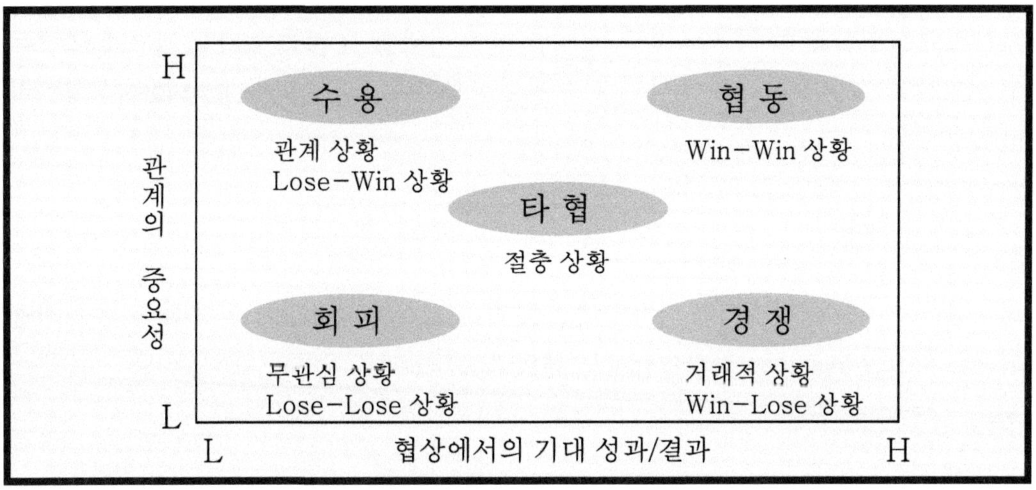

(1) 수용

수용전략은 상대방과의 관계가 높고, 협상에 대한 기대성과가 낮을수록 선택하는 전략으로, 일반적으로 내가 지고 상대방이 이기는 방법을 선택한다.

(2) 협동

협동전략은 상대방과의 관계도 높고, 협상에 대한 기대성과도 높을 경우 선택하는 전략으로, 일반적으로 가장 성공한 협상이라 볼 수 있는 win-win 방법이다.

(3) 타협

타협전략은 관계나 기대성과가 모두 보통 수준일 경우 선택하는 전략으로, 적절하게 절충안을 택하는 방법이다.

(4) 회피

회피전략은 협상을 할 필요도 없고, 협상을 하게 되면 좋지 않은 결과를 가져올 것이라고 판단되는 경우 사용하는 전략이다. 무관심상황이라고도 불리며, lose-lose 상황이라고도 불린다.

(5) 경쟁

경쟁전략의 경우 협상에서의 기대성과는 높지만 관계의 중요성이 높지 않을 경우 사용되는 전략으로 Win-lose 전략이라고도 불린다.

※협상전략별 사례

수용:

친한 친구와의 관계에서는 밥을 사줘도 내가 특별히 손해를 본다고 생각하지 않는다

협동:

단골손님에게는 내가 손해보지 않는 한도 내에서 물건값을 깎아주거나 서비스를 올려준다.

타협:

특별히 단골손님은 아니지만, 외지에서 온 뜨내기 손님도 아닌 경우는 적당히 값을 깎아준다.

회피:

별로 좋아하지 않는 손님이 오면 물건을 권하지도 않고 흥정조차 안 한다.

경쟁:

단골손님이 되지 않을 외지 손님들에게는 바가지를 씌운다.

❖ 협상 실습 시트

	김과장	황대리
목표		
입장		
불안요소		

❖ 협상 실습 시트

	김과장	황대리
해결방안		
협상전략		

❖ 협상 실습 시트

김과장 황대리

1	황 대리, 이번 휴가 신청한 게 나랑 이틀이 겹치네. 내가 사정이 있는데 조금 미루면 안 되겠어?
2	
3	
4	
5	
6	
7	
8	

❖ 중재 실습 시트

	고려사항	행동방침
준비		
도입단계		
의견교환		

❖ 중재 실습 시트

	고려사항	행동방침
쟁점규명		
문제해결		
합의		

Module 12

집단역학

1) 집단역학이란
2) 집단 성과의 향상 요인
3) 높은 수준의 집단 자율성
4) 높은 수준의 집단 응집성
5) 평가/보상제도 지원
6) 집단 성과의 저해 요인

집단역학(group dynamics)이란?

(1) 집단역학의 핵심 질문

집단역학의 학문 분야에서 핵심적으로 묻고자 하는 질문은 다음과 같다.

"왜 어떤 집단은 다른 집단에 비해 더 나은 성과를 내는가?"

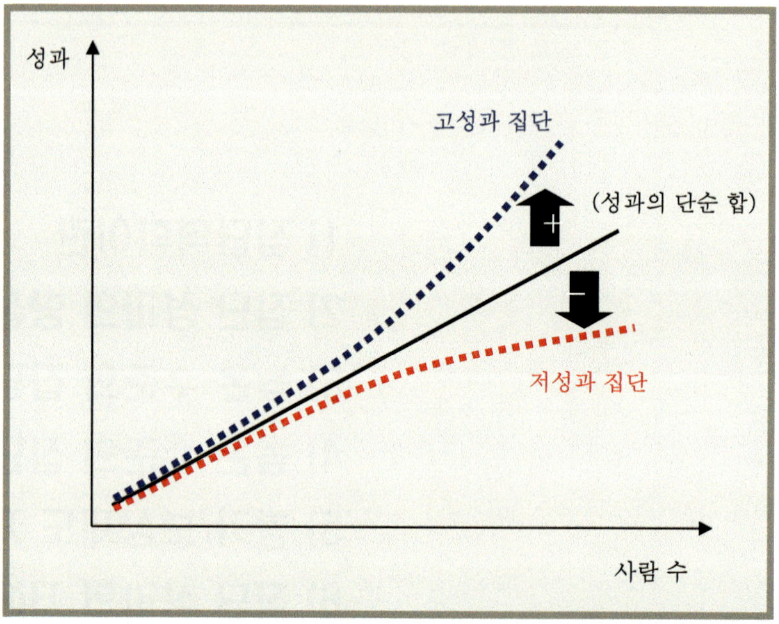

사람이 집단을 이루는 이유는, 집단으로만 가능한 일이 있기 때문이기도 하지만, 집단을 이루어 일함으로써 나타나는 팀워크와 협력 등의 시너지 효과를 기대하기 때문이다. 그런데, 왜 어떤 집단은 시너지가 발생하고 어떤 집단은 오히려 부작용이 나타나는지에 대한 질문이 바로 집단 역학 학문 분야의 핵심 질문이다.

(2) 집단역학의 특성

최근 국내 뿐만 아니라 전 세계적으로 조직의 모습이 분화된 모습으로 발전되고 있다. 즉, 작은 규모의 자율 집단(팀) 단위로 조직을 운영함으로써 의사결정의 속도를 높이고, 현장에서의 협동을 통한 시너지를 도모하고 있는 것이다. 이러한 집단 또는 팀의 성과를 향상시키기 위한 방안을 모색하는 것이 바로 집단역학(group dynamics)의 요체이다.

또한, 집단역학에서 다루고 있는 여러 주제 중 가장 핵심적인 내용이 바로 갈등(Conflict)관리이다. 갈등은 집단의 시너지와 부작용, 그리고 집단의 성과 도출 과정 상에서 가장 중요한 역할을 하는 변수로 지목되어오고 있는 것이다.

▪집단역학의 핵심은 구성원간 갈등이다.

실제로, 집단역학의 연구자들 중 많은 사람들이, 집단 내 다양성의 효과, 여러 가지 갈등특성에 따른 집단 성과에의 영향, 의사소통과 갈등의 긍정적 또는 부정적 효과 등을 핵심 주제로 꼽아 오고 있다.

▪집단역학은 종합 학문이다.

학문적 측면에서의 팀과 관련된 연구는 그 이론적 배경이 실로 다양하여서, 심리학, 사회학, 정치학, 경영학, 경제학 등과 모두 밀접한 관계를 맺고 있다. 따라서 한 사람의 연구자가 팀과 관련된 전체 현상에 대한 종합적인 결론을 제시하기는 거의 불가능에 가깝다고 할 수 있다.

그럼에도 불구하고 과거 30여 년간 집단에서의 개인 행동, 그리고 집단의 성과를 예측하기 위한 수 많은 노력들이 전개되어 왔는데, 이러한 노력들을 아울러 집단역학(group dynamics)이라는 범주에 포함시키고 있다.

따라서, 집단역학(group dynamics)란 집단의 행동과 결과에 영향을 미치는 요인을 연구하고, 각각의 요인들에 따른 결과 양태를 검토하는 학문 분야라고 요약할 수 있겠다.

(3) 집단의 발달

집단역학에서의 관점은 집단 자체의 지속적 성장과 구성원들의 태도, 정서적 만족의 향상에 있다. 이러한 현상들은 집단 자체의 모습을 점점 더 발전시켜 나가는 데에 기여한다. 이러한 관점에서 집단의 발달 단계를 정리한 기존의 연구 결과들이 존재한다.

팀의 발달 단계에 대한 논의는 아카데믹 관점보다는 컨설팅 또는 좀더 프랙티컬한 관점에서 많이 제시되어져 오고 있다. 가장 대표적인 것은 Tuckman의 4단계 팀 발달모형이다.

<Tuckman의 팀 발달 단계 모형>

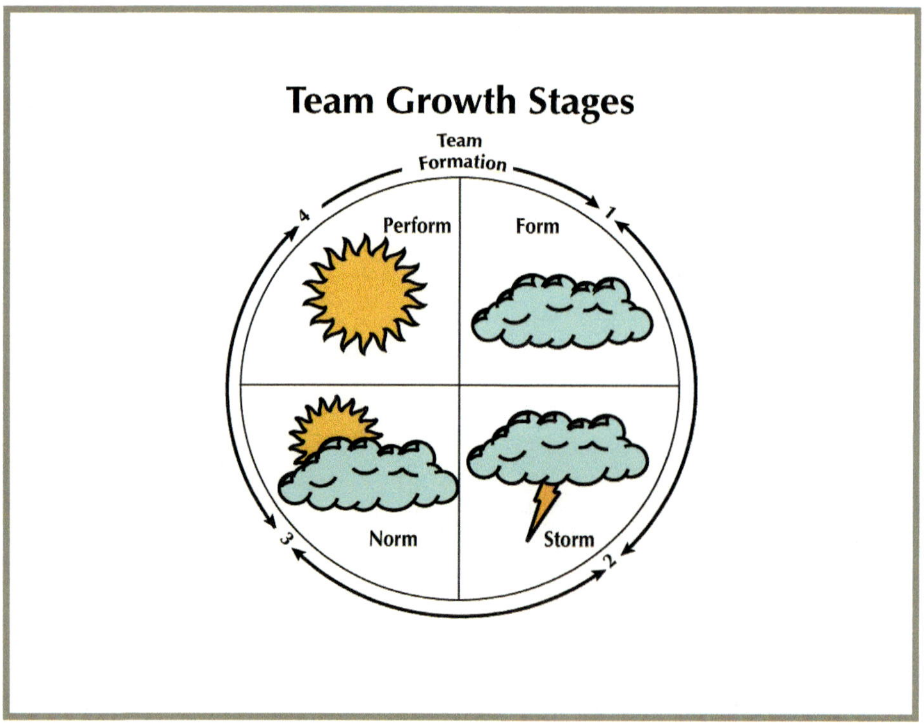

Tuckman의 4단계 팀의 발달모형은 팀의 형성 이후 높은 수준의 성과를 창출하는 Performing 팀에 이르기까지의 단계를 4단계로 구성하고 있다. 특히, 각 단계별 업무 진행 수준과 팀워크 수준이 달라지는 상황을 구체적으로 묘사하고 있다.

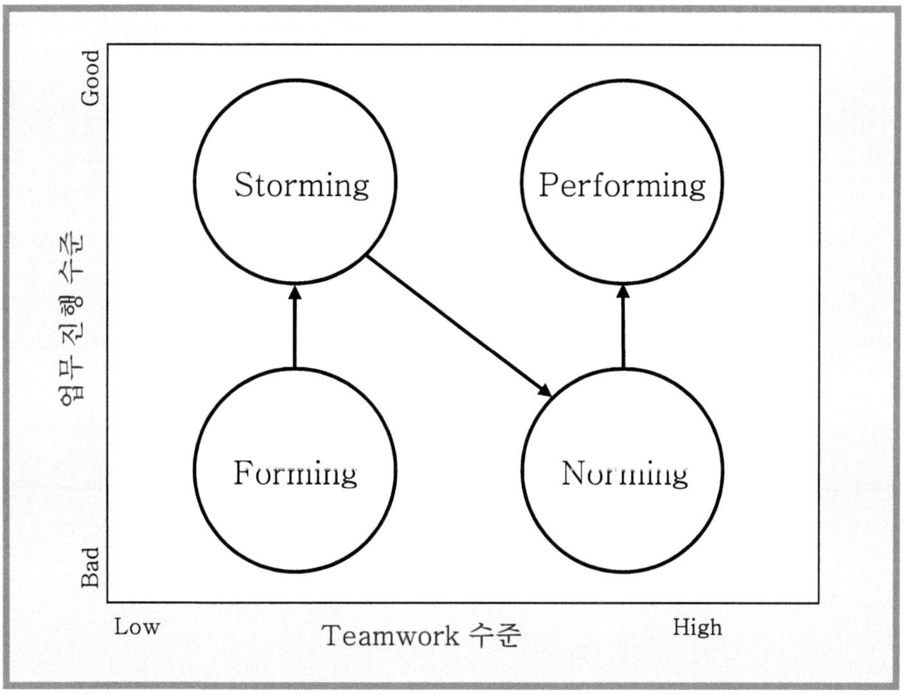

가장 높은 수준의 팀 발달 단계는 Performing 팀으로서, 해당 단계에 이르러서는 팀 리더의 역할이 관리자나 리더가 아니라 코치나 후원자의 역할을 수행하게 된다고 제시되고 있다.

이러한 발달 단계는 어떤 특정한 상황에서는 2단계, 또는 3단계로 축약되어 나타날 수도 있으며, 그러한 팀의 발달 속도는 주로 팀장의 리더십 발현 수준과 직접적인 연계를 가지게 된다.

Tuckman의 4단계 모형과 유사한 연구들이 사실 이외에도 많이 존재하며, 이에 대한 간단한 예를 들어보면 다음과 같다.

<다양한 팀 발달 단계 모형>

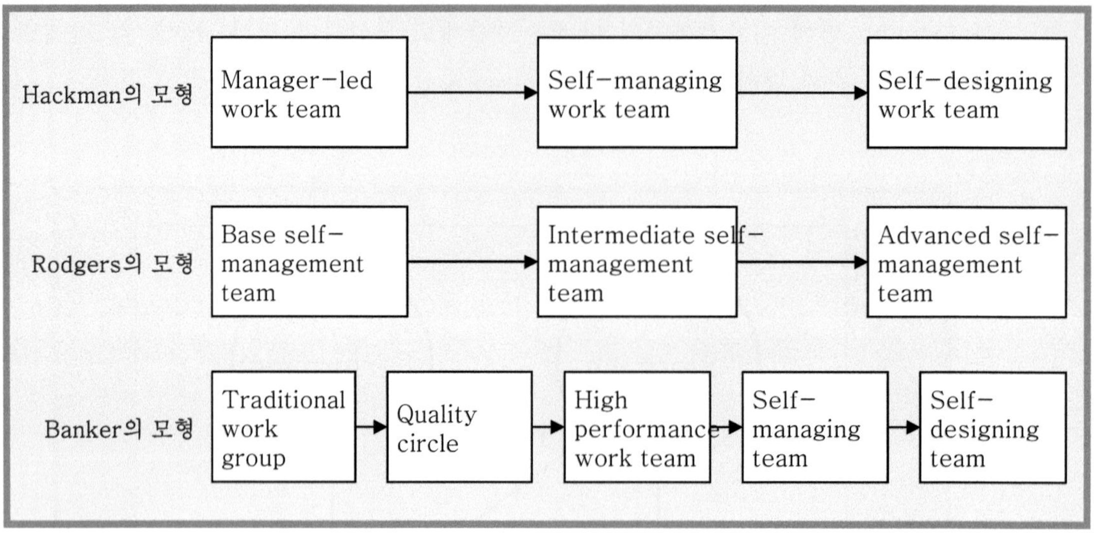

Tuckman의 4단계 팀의 발달 모형은 팀의 형성 이후 높은 수준의 성과를 창출하는 Performing 팀에 이르기까지의 단계를 4단계로 구성하고 있다. 특히, 각 단계별 업무 진행 수준과 팀워크 수준이 달라지는 상황을 구체적으로 묘사하고 있다.

이러한 팀의 발달 모형은 리더십의 발달 모습과 가장 밀접한 관계를 가진다. 다음은 팀의 발달 단계에 맞춘 팀 리더의 리더십 발달 단계이다.

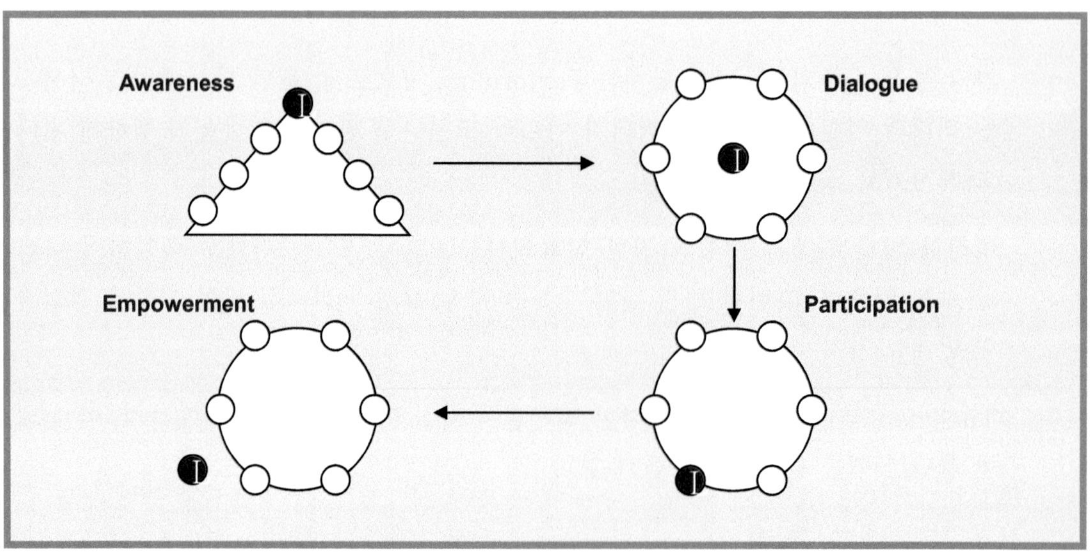

(4) 집단의 과업 유형

집단역학에서는 집단의 특성 발달뿐만 아니라 집단의 업무 프로세스 또는 과업의 특성에 따른 차이를 중요한 고려사항으로 다루고 있다. 아래는 가장 대표적인 집단 과업 유형 분류이다.

[1] Traditional Team

- 집단을 형성하여 업무를 수행하나, 팀 구성원들 간의 상호 관계나 업무 상의 상호 의존성이 매우 낮다.
- 따라서, 팀워크의 효과가 크게 나타나지 않는다.

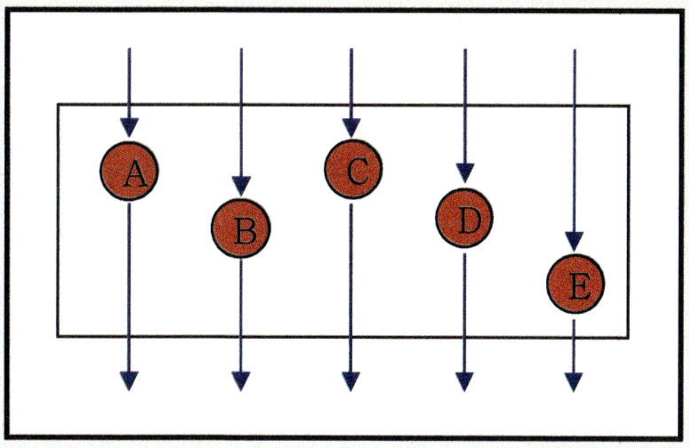

[2] Process Team

- 업무가 집단 내 구성원들 사이에서 흐름(flow)의 형태로 진행된다.
- 따라서, 어느 한 구성원의 업무 수준이 전체 성과에 큰 영향을 미치며, 이러한 영향이 확연히 나타난다.
- 팀워크의 효과가 팀 성과에 영향을 미치며, 개인의 기여도 또한 명확히 나타난다.

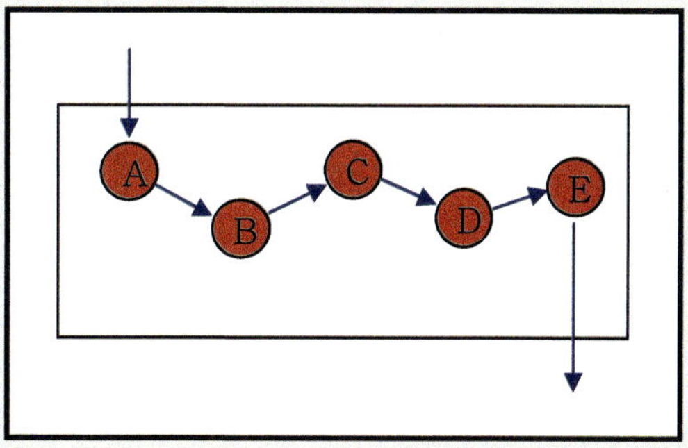

[3] Work/Project Team

- 팀의 업무가 구성원들의 상호 작용과 협력을 통해 진행되며, 어느 한 개인의 명확한 기여도를 구별하기 힘들다.
- 특히, 팀워크의 수준과 팀 성과 간의 관계가 매우 크게 나타나며, 주로 팀의 성과 영향 요인들에 대한 연구도 이러한 Work/Project Team에 초점을 맞추고 있다.

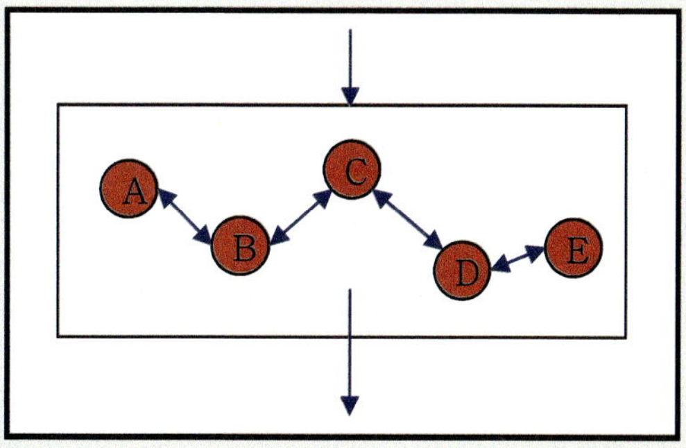

(5) 집단 성과 영향요인

가장 간단히 요약하자면, 집단 성과에 대한 영향요인은 집단 성과의 향상요인과 저해요인이 있다고 볼 수 있다.

흔히들 예상할 수 있는 팀 내에서의 무임승차 행위(free-riding)와 같은 것이 바로 대표적인 집단 성과 저하요인 또는 저해현상이라고 할 수 있다.

반대로 상호 협력과 팀워크와 같은 것들은 대표적으로 꼽을 수 있는 집단 성과 향상요인이라고 볼 수 있겠다.

▪집단 성과 향상요인: 사회적 활성화 (social facilitation)

집단 구성원이 집단 내에서 평소보다 더욱 노력을 쏟거나 힘을 다하게 되는 현상을 말한다.

▪집단 성과 저해요인: 사회적 매몰 (social loafing)

집단 구성원이 집단 내에서 평소보다 힘을 아끼거나 집단의 목표나 성과에 저해되는 행위를 하게 되는 현상을 말한다.

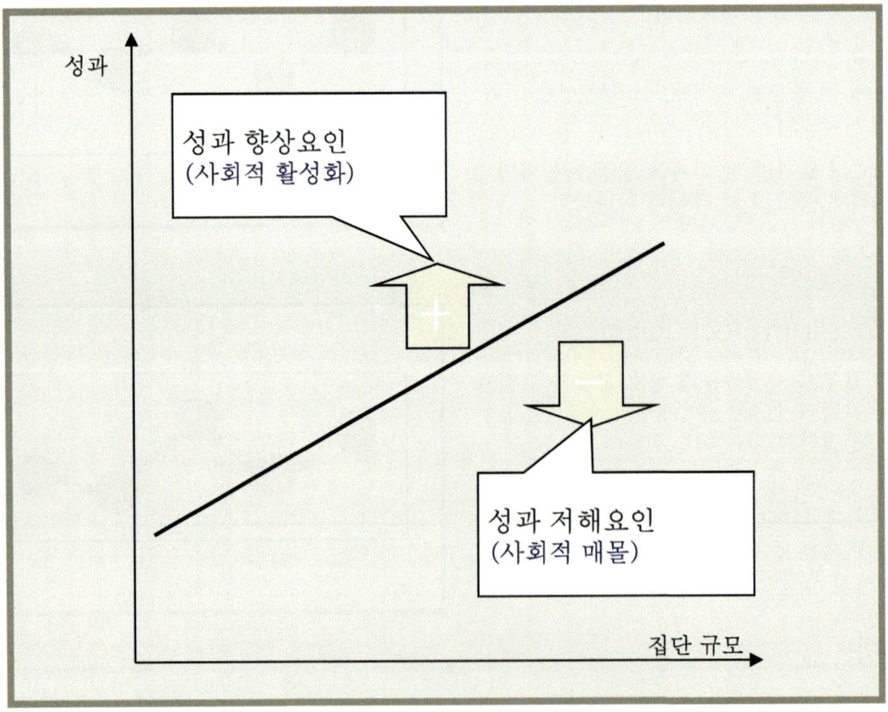

Ⅰ. 집단역학이란

지금까지 가장 일반적으로 제기되고 있는 집단 성과의 향상 및 저해 요인은 다음과 같이 정리될 수 있으며, 특히 갈등과 직무 특성 등은 상황에 따라 향상요인이 되기도 하고 저해요인이 되기도 하는 특성을 가지고 있음

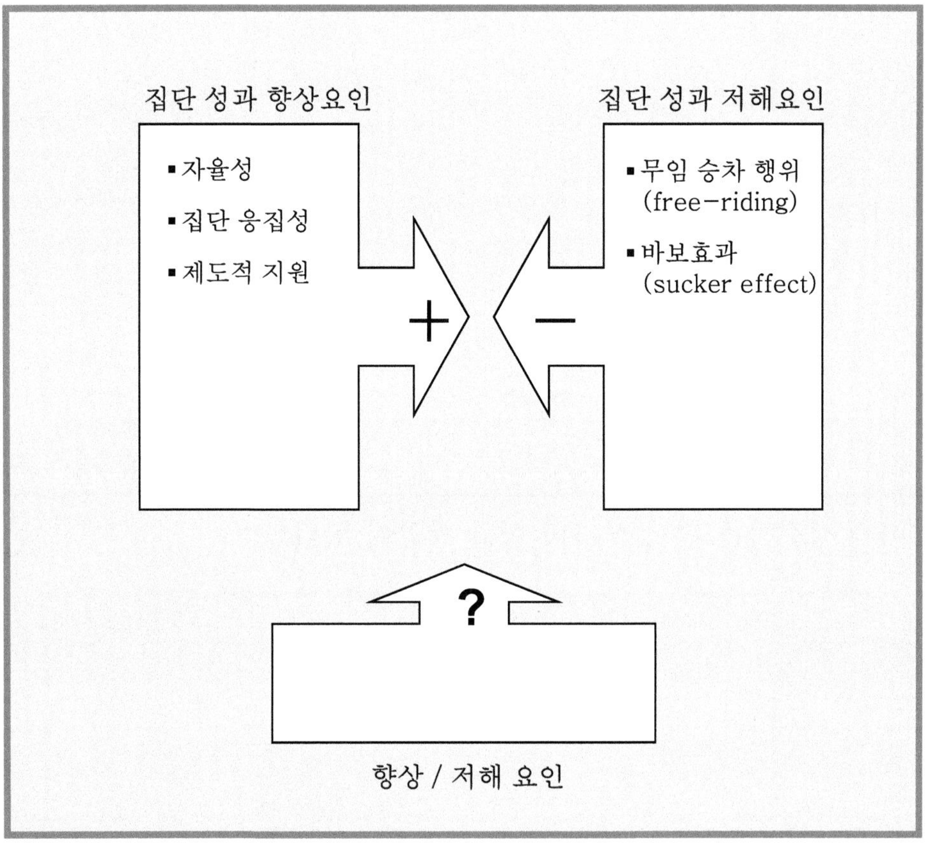

※ 사회적 매몰현상의 사례

줄다리기 시합을 가정해 보자.

이론대로라면, 줄다리기를 하는 사람들의 전체 힘은 개개인의 힘의 합과 일치해야 한다.

그러나, 그 어떠한 실험에서도 개인의 힘의 합과 전체의 힘이 일치하는 경우는 없었다.

특정 개인, 또는 모든 개인이 집단으로 일할 때는 일정부분 힘을 아끼는 현상이 바로 대표적인 사회적 매몰현상이다.

(6) 내가 생각하는 집단 성과의 저해요인이 있다면?

(7) 내가 생각하는 집단 성과의 향상 방안이 있다면?

2. 집단 성과의 향상요인

앞장에서도 제시되었듯이, 팀 성과를 향상하는 모든 현상들을 종합하여 사회적 활성화(social facilitation)이라고 정의한다.

사회적 활성화 현상이 나타나는 양상을 간단히 요약하면 다음과 같다.

- 평소보다 더 많은 노력을 집단을 위해 쏟는다.
- 이타적인 행동을 통해 집단의 동료를 지원한다.
- 업무를 쉽게 피해갈 수 있는 기회도 무시한다.
- 갈등의 건전한 해소를 위해 상호 노력한다.

이러한 사회적 활성화가 나타나기 위한 가장 일반적인 상황을 정리하면 다음과 같다.

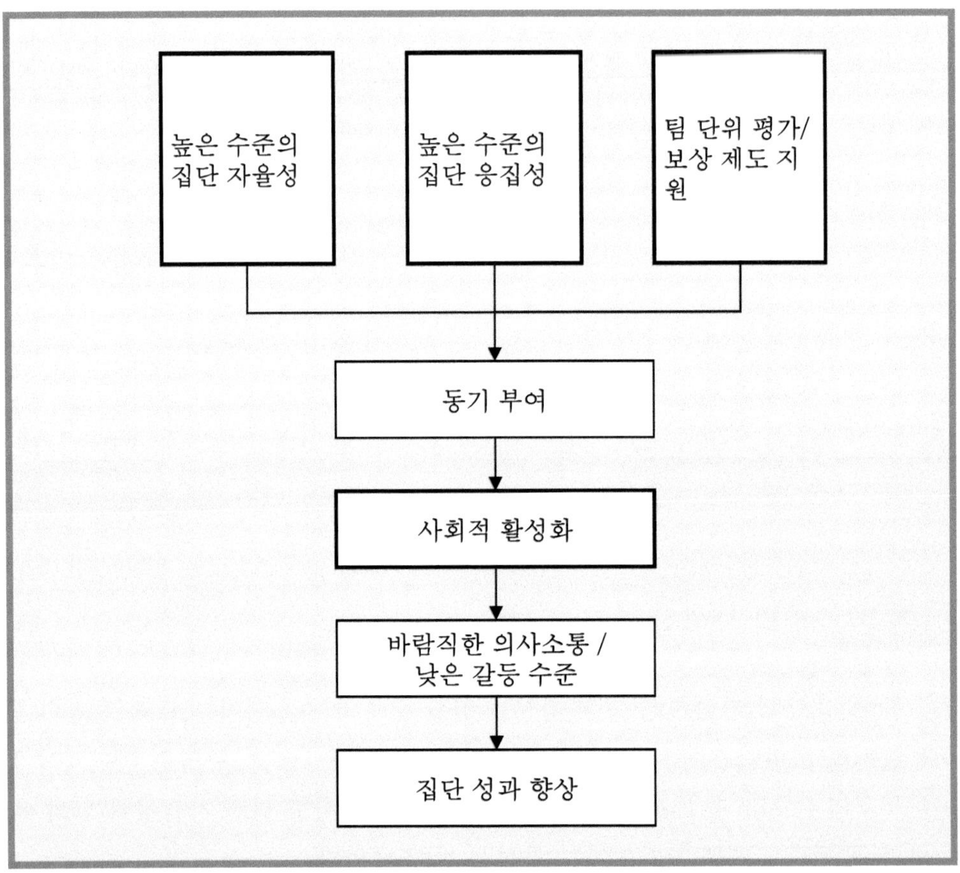

3. 높은 수준의 집단 자율성

(1) 자율성의 의의

팀에서의 자율성(autonomy)이 가지는 중요성은 지난 수십 년간 꾸준히 증가해 오고 있다. 특히 외적인 통제 및 감시가 아닌 스스로의 통제활동은 개인에게 직무에 대한 몰입을 가져올 수 있다는 논리를 바탕으로, 많은 연구자들은 자기 관리(self-management)가 기업의 지속적인 경쟁우위의 원천이 될 수 있다는 주장을 펼치고 있다.

이 분야의 가장 유명한 연구자들 중 하나인 Manz & Sims(1984)는 개인 수준에서, 자기 관리(self-management) 기술의 유형으로, ① self-problem assessment, ② self-goal setting, ③ self-rehearsal, ④ self-observation and evaluation, 그리고 ⑤ self-reinforcement and/or punishment를 제시하고 있다.

많은 학자들에 의해 자기 관리(self-management)의 중요성이 강조되고 있지만, 이러한 자기 관리 행동이 조직의 기능 향상에 어떠한 영향과정을 거치는가에 대해서는 아직 명확히 밝혀진 바가 없다. 또한, 개인 수준이 아닌 집단 수준에서의 집단 자율성(group autonomy)이 팀의 성과에 대한 영향요인이라는 연구 결과도 상당수 존재하고 있으나, 여기에도 나름대로의 문제점이 존재하고 있다.

<자기 관리 기술>

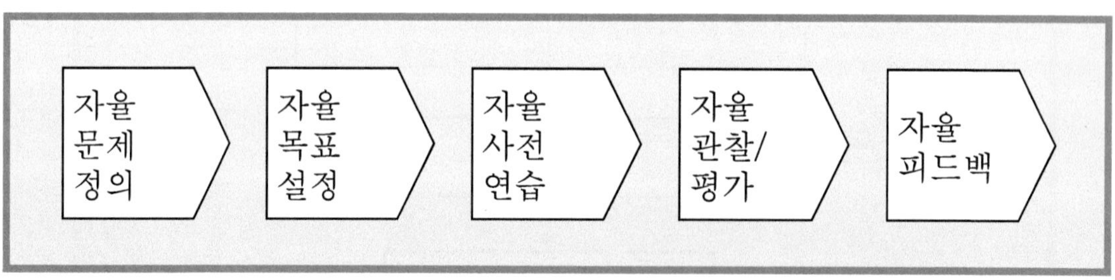

(2) 자율성의 상이한 연구 결과

예를 들어, 최근의 관련 연구 결과에서는 집단 수준의 자율성이 프로젝트 팀의 성과에 오히려 마이너스(-)의 영향을 미치는 것으로 나타났고, 유명한 집단역학 분야 연구자인 Cohen & Bailey(1997)의 연구 결과에서도 집단 자율성이 팀의 유형에 따라 혼재된 효과를 가져온다는 사실을 밝혀 내었다.

(3) 집단과 개인의 자율성 패러독스

개인 수준의 자율성에 대한 연구에서 Bailey(2000)는 개인의 자율성이 자신의 직무 만족에는 긍정적인 영향을 미치나, 다른 구체적인 성과로는 연결되지 않음을 밝혔다.

Cohen & Bailey(1997)은 이러한 혼재된 결과가 집단의 성격, 그리고 집단 과업의 성격을 고려하지 않았기 때문이라는 의견을 내어놓고 있으며, Uhl-Bien & Graen(1998)은 제조과정을 수행하는 작업 팀의 경우와 프로젝트 업무를 수행하는 팀의 경우에 자율성의 효과가 다르게 나타날 수 있음을 입증하였다.

실증 연구 결과들의 이러한 복합적 양상은, 개인 수준과 집단 수준에서의 자율성이 가지는 효과를 명확히 하지 못하는 데에 기인한다.

이러한 현상은 '집단 수준과 개인 수준 자율성 간의 패러독스라 불린다.

※ 집단과 개인의 자율성 패러독스

집단으로 일하는 팀에서, 개인의 자율성을 강조하는 것은 오히려 팀워크를 저해하고, 팀의 응집성을 깨뜨리는 요소가 될 수도 있다. 따라서, 팀워크가 요구되는 상황일수록 개인의 자율성보다는 집단 전체의 단합된 모습이 요구되며, 자율성 자체도 개인이 아닌 집단 전체의 수준에서 시행되어야 한다는 것이다.

따라서, 자율성의 개념에서는 개인의 자율성과 집단의 자율성이 구분되어 이해되어야 한다.

<개인 집단 자율성 Matrix>

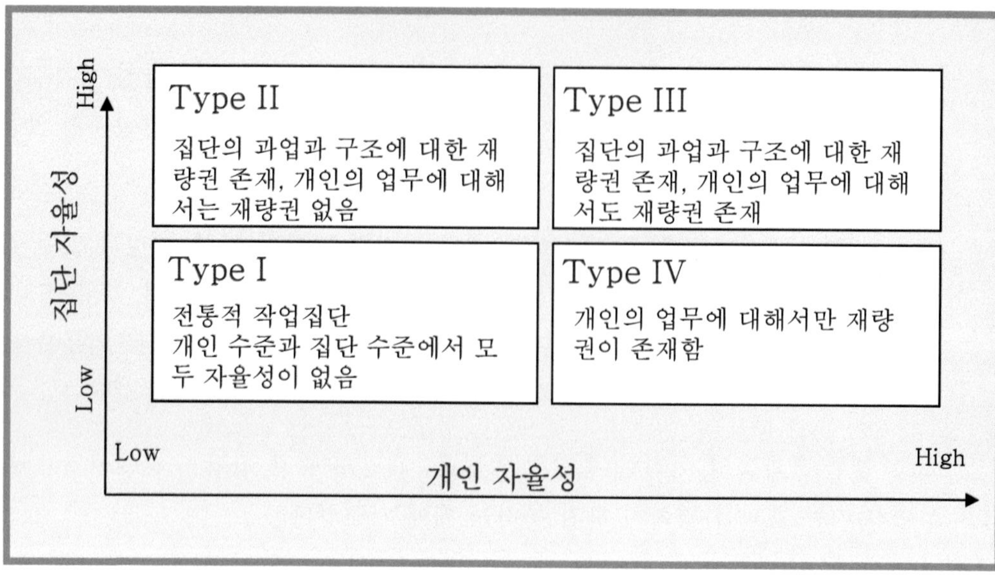

또한, 개인의 자율성과 집단의 자율성이 항상 어떠한 수준이 되어야 한다는 정의를 내리기는 어려우며, 팀의 업무 특성과 환경 등에 따라 달라질 수 있는 것이다.

예를 들어, 팀을 이루어 일하기는 하지만 팀원들 간 상호 의존성이나 상호관계가 많이 요구되지 않는 경우에는 개인의 자율성이 강조되어야 할 것이며, 축구팀이나 농구팀처럼 상호 의존성이 매우 높은 과업 환경에서는 개인의 자율성은 제한되어질 필요가 있다.

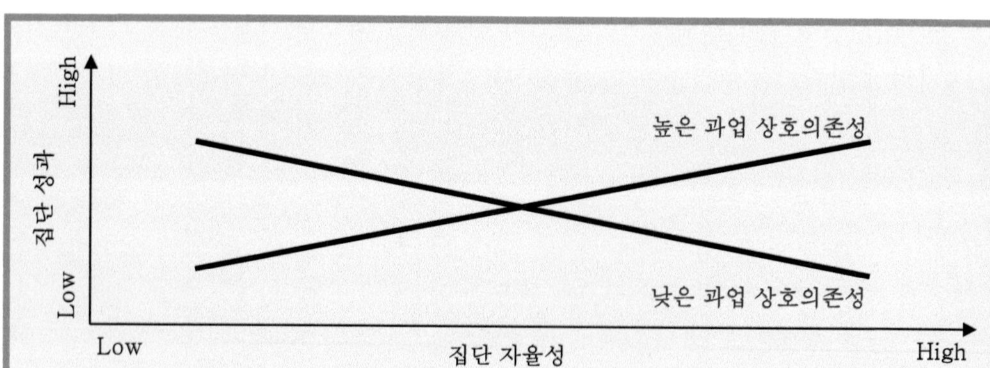

(4) 집단 자율성의 대표적 사례: GM Saturn

1. 미국 자동차 시장의 몰락

1980년대 미국 경제는 유가 파동과 이로 인한 전반적인 경기 침체 현상을 겪는다.

유가 파동의 충격을 가장 크게 겪은 산업은 바로 자동차 산업이다. Ford, Chevrolet, GM 등 미국의 자동차 기업들은 대부분 대형 승용차를 주요 상품으로 판매하고 있었는데, 유가 파동으로 인해 이러한 대형 승용차에 대한 수요가 급락했으며, 이러한 상황에서 일본은 Toyota의 코롤라, Honda의 Civic 등의 깔끔한 디자인의 소형차를 시장에 내어놓으면서 미국의 자동차 시장을 석권하기 시작한다.

당시 일본의 자동차 기업들은 미국에서는 상상하지도 못할 정도로 높은 생산성을 보였으며 이러한 일본 자동차 기업의 고능률 생산시스템을 벤치 마크하기 위해 Ford사는 일본의 Toyota와 합작 공장을 설립하여(NUMMI 프로젝트) 일본의 생산 시스템을 도입하려 하지만, 서로 다른 이질적인 기업 문화로 인해 특별한 성과를 거두지는 못한다.

미국의 대표적 자동차 기업인 GM은 1980년대 경제 불황으로 인해 상당히 심각한 노사분쟁을 겪게 되었고, 이에 대해 대량 해고, 공장 폐쇄 등의 초강경 자세를 보여 왔으나 상황은 점점 악화되었다.

이에 GM은 1983년 Group99 이라는 태스크 포스 팀을 결성하여서 새로운 조직 혁신을 위하여 77개 이상의 국내외 기업과 대학, 연구소 등을 중심으로 연구를 시작하고, 1985 년 드디어 테네시주의 Spring Hill 지역에 Saturn 공장 설립을 발표한다.

2. Saturn의 출범

Saturn 공장은 1990년 완공되었으며, 1990년 9월 첫 차를 출고한다. Saturn SL 시리즈로 불리는 첫 모델은 1,800cc 급 소형차였으며, 그 당시 미국에서는 거의 획기적이라 할 정도로 높은 수준의 품질로 인해 비약적인 매출 신장을 기록하게 됩니다. Saturn SL 시리즈는 당시 Motorweeks/PBS 지에 의해 2년 연속 '최고의 소형차'로 선정되기도 한다.

1992년 소비자 만족도 결과에서 1, 2위를 차지하고 있는 Lexus와 닛산의 Infinity는 3,200cc급 대형 고급 승용차였던 점을 감안한다면 새턴의 품질 만족도는 중형차와 소형차 중에서 거의 최고 수준이었다.

1990년 첫 출고 이후 1994년에는 단일 공장에서 280,000 대를 생산하게 되고, 이러한 새턴의 급속한 성장은 1990년대 미국 자동차계의 전설이 된다.

3. Saturn의 모토: "A Different Car from a Different Company"

Saturn 공장의 가장 큰 특징은 기존의 자동차 공장의 라인 시스템이 아닌 Work Team 단위의 작업 수행에 있다. 모든 종업원은 6-15명의 자율적 작업집단에 소속되어 있으면서, 출퇴근부터 작업 시간까지 전부 팀의 자율적인 의사결정을 통해 결정되었으며, 심지어 새로운 종업원의 고용까지도 팀이 자율적으로 결정할 수 있었다.

후에 Saturn을 연구한 여러 학자들에 의해 "미국식 팀 생산 모델"이라 불리게 된 이러한 생산방식은 미국에 "Team Syndrome"을 불러 일으키는 기폭제의 역할을 하게 된다.

Saturn 공장의 또 다른 독특한 특징은 이전에는 찾아 보기 힘든 "집단 성과 보상제도"에 있었다. 팀의 성과에 대해서 팀원이 모두 동일한 성과급을 받는 제도로써, 성과가 하락한 경우에는 최고 20%까지 급여를 삭감할 수 있었지만 실제 성과가 하락한 경우는 단 한 건도 없었다.

미국식 팀 생산방식의 이상적인 모델로 자리잡게 된 Saturn의 팀 생산제도의 또 다른 특징은 단 한 명의 감독자도 없으며, 또 자체 노동조합도 결성되지 않았다는 점이다.

4. 높은 수준의 집단 응집성

(1) 집단 응집성의 개념 및 의의

팀의 유효성과 관련하여 연구자들의 관심을 많이 받고 있는 요인은 바로 집단 응집성(group cohesiveness)이다.

역사적으로도, 집단역학과 관련된 변수에서 집단 응집성은 가장 중요한 변수로 지목되고 있다. 이러한 중요성으로 인해, 경영학뿐 아니라 심리학, 교육 심리학, 운동 심리학, 군사 심리학 등 다양한 분야에서 집단 응집성과 관련된 연구를 실시하고 있다.

따라서, 집단 응집성의 정의에도 연구자들마다 서로 다른 내용이 제시되고 있다. 일반적인 집단 응집성의 정의는 다음과 같다.

- 한 개인이 자신이 속한 집단 구성원으로 계속 남아있도록 만드는 힘
- 팀의 구성원에 대한 집단의 매력도
- 구성원들 간의 상호 매력도

(2) 집단 응집성의 효과

집단 응집성은 다음과 같은 과정을 통해 집단 성과를 향상시키는 데에 기여한다.

- 집단 응집성이 높은 경우, 집단 구성원들이 개인의 업무에 높은 몰입을 보여준다.
- 집단에 대한 동질감에 의해 타인에 대한 지원활동(조직 시민 행동)이 많아진다.
- 개인이 무임승차 행위를 하고자 하는 욕구와 동기를 최소화한다.

5. 평가/보상제도 지원

(1) 집단 평가/ 보상제도의 의의

집단의 성과를 향상시키기 위한 방안으로서 우리 기업들은 평가/보상제도 측면에서 많은 관심을 보여왔다.

쉽게 말해, 팀 단위로 업무를 부여하고, 팀 전체에 업무 수행의 책임을 주면서 동시에 팀 전체의 평가를 개인에게 귀속시키고 이에 따른 보상을 제공한다면 팀 전체의 성과 향상을 위해 개인이 열심히 노력할 것이라는 것이다.

그러나 이렇게 단순히 결론을 내리기에는 집단역학에서 예측하고 있는 개인의 행동이라는 변수가 너무나도 복잡하다.

(2) 집단 성과를 향상하기 위한 평가/보상 방안

평가/보상과 관련하여 지금까지 많은 관련 연구자들이 내어 놓은 연구 결과들을 종합하면 다음과 같다.

<평가/보상 제도 방향성>

집단성과 저해요인		해결 방안
개인의 기여에 대해 보상이 주어지지 않음	→	개인의 팀에 대한 기여도를 명확히 파악하고 이에 대한 인센티브를 제공함
개인의 기여가 필요치 않음	→	팀 업무에 대한 개인의 기여를 필수적인 요소로 만듦
개인의 기여에 많은 희생이 따름	→	개인적 노력에 대한 희생을 절감해 줌

▪ 개인의 기여에 대한 보상이 주어지지 않음
→ 개인의 팀에 대한 기여도를 명확히 하고 이를 보상함

개인은 단순히 집단 속에서 일한다는 이유만으로 태만 행동을 나타내는 것은 아니며, 개인의 업무가 집단의 상황 속에서 잘 구별되지 않음으로 인해, 집단의 성과가 나쁘더라도 이에 대한 자신의 책임이 직접적으로 확인되지 않으며, 반대로 성과가 좋더라도 자신의 기여로 인한 개인적 보상이 돌아오지 않는다는 판단에 따라 사회적 태만 행동을 나타낸다.

이러한 현상은 자신의 노력 혹은 기여에 대한 주관적 가치를 낮아지게 만든다.

따라서, 개인이 인지하는 과업의 가치를 높이기 위해서는, 집단 업무 속에서의 개인의 기여도에 대한 정확한 평가와 보상을 제시해야 한다.

이러한 논의는 '팀에 대해서는 개인이 아닌 집단 평가 및 보상 제도가 가장 필수적이다'라는 일반적인 견해와는 다소 상이한 부분이다.

▪ 개인의 기여가 필요치 않음
→ 팀 업무에 대한 개인의 기여를 필수 요소로 만듦

개인이 자신의 업무에 최선을 다하더라도 자신의 기여가 팀 전체의 성과에 별로 영향을 줄 수 없을 것이라는 생각이 든다면, 이러한 상황에서의 개인은 십중팔구 팀의 업무에 별다른 관심을 가지지 않게 될 것이다.

이러한 현상은 바로 대표적인 무임승차(free-riding) 행동의 한 예이다.

일련의 실험에 의하면, 팀의 구성원은 자신이 수행하는 업무가 남들의 업무에 비해 어려워질수록, '다른 동료들은 이러한 업무를 수행하지 못할 것'이라는 주관적인 판단을 하게 되고, 따라서 자신의 기여가 팀 전체의 성과에 중대한 영향을 미칠 것이라는 믿음을 갖게 된다.

따라서, 개인에게 팀의 목표와 일치되지 않거나 지나치게 쉽고 단순한 업무를 제공하는 것은 그 사람에게 무임승차 행위를 하도록 조장하는 것이나 마찬가지라는 것이다.

- 개인의 기여에 많은 희생이 따름
  → 개인의 노력에 수반되는 희생을 절감함

개인이 팀에서 일함에 있어 가장 억울하게 생각되는 경우가 어떠한 상황일까?

많은 사람들이 여러 가지 의견을 내겠지만, 대체적인 대표 사례는

"내가 열심히 수행한 일로 인해 전혀 노력을 하지 않았던 다른 사람들까지 덩달아 이득을 보게 되는 경우"라고 할 수 있다.

나의 업무에 대하여 다른 사람들이 무임승차하고 있다는 인식은 개인으로 하여금 매우 극심한 정신적 스트레스를 제공하게 된다.

이러한 현상을 바보효과(sucker effect)라고 한다. 이러한 바보효과는 개인이 결국 자신의 노력을 낮춤으로써 집단 전체의 성과를 저해하는 요소가 되는 것이다.

개인이 바보효과를 느끼지 않게 하기 위해서는 각 개개인의 업무에 대한 명확한 평가 및 피드백 체계가 팀 내부에 존재해야 한다.

6. 집단 성과의 저해요인

앞에서도 제시되었듯이 개인의 자신의 노력을 적절히 아끼거나 남의 노력에 편승하여 팀 전체의 성과를 저해하도록 야기하는 현상을 사회적 매몰(social loafing) 현상이라고 한다.

- 평소보다 노력을 쏟지 않는다..
- 이기적인 행동을 통해 집단의 성과와는 괴리가 되는 모습을 보인다.
- 될 수 있으면 업무와 책임을 피해가기 위해 노력한다.

집단 성과의 저해요인이라고 할 수 있는 대표적인 요인은 앞 장에서도 제시된 바 있듯이 다음과 같이 '무임승차'와 '바보효과'의 두 가지 요인이다.

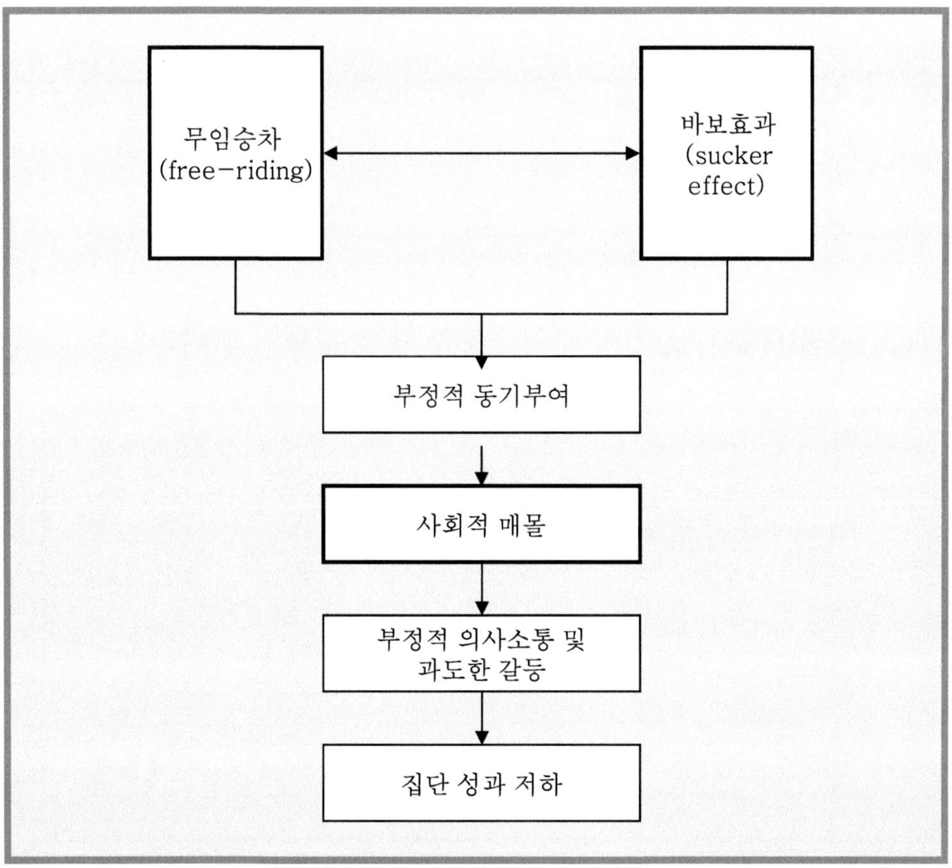

Ⅵ. 집단 성과의 저해요인

(1) 무임 승차 (free-riding)

무임승차 행위는 자신의 업무에 대한 명확한 평가 및 피드백 체계가 존재치 않거나, 개인의 기여가 팀에 그다지 큰 도움이 되지 않을 거라는 판단에 따라 개인이 다른 구성원의 노력에 편승하게 되는 현상을 일컫는다.

(1) 내가 무임승차를 했던 경험이 있다면?

(2) 팀의 다른 구성원이 무임승차를 했던 경험이 있다면?

(2) 바보효과 (sucker effect)

바보효과는 나를 제외한 다른 팀원이 나의 노력에 편승하거나 팀 전체의 노력에 무임승차를 하는 경우가 생길 때, 의욕 저하로 인해 나의 노력 수준 마저도 낮추게 되는 부정적인 동기부여 현상을 일컫는다.

(1) 바보효과를 느꼈던 경험이 있다면?

Module 13

갈등의 이해

1) 갈등의 기능

2) 갈등의 메커니즘

3) 갈등 다루기

갈등의 기능

1) 갈등과 성과에 관한 연구

(1) 다양성과 갈등

정보다양성은 조직이나 조직 구성원들이 얻을 수 있는 정보가 제한되어 있으며 서로 다름에 의해서 생기는 다양성을 말하며, 업무갈등과 프로세스 갈등에 영향을 미친다.

사회배경다양성은 인종, 나이, 성별, 근속년수, 출신지역 등 조직 구성원들이 변경할 수 없는 물리적인 차이에 의해 나타나는 다양성을 말하며, 크면 클수록 관계갈등에 영향을 미친다.

가치다양성은 조직이 가지고 있는 가치나 조직 구성원들이 공유하거나 개인적으로 가지고 있는 행동관, 사상 등의 차이에서 나타나는 것으로 정도의 차이는 있지만 세 가지 갈등유형에 모두 영향을 미친다

	관계갈등	업무갈등	프로세스갈등
사회배경다양성	O	-	-
정보다양성	-	O	O
가치다양성	O	O	O

(2) 갈등의 결과요인과 갈등의 시점

갈등과 결과요인과의 관계를 살펴보면, 관계갈등은 개인 또는 집단(group)의 성과, 조직 구성원들의 만족감 모두에 악영향을 미친다. 이에 비해 업무갈등은 그 수준이 적절할 경우 성과에 긍정적이며, 프로세스 갈등 역시 생산성과 조직 사기에 긍정적인 영향을 미친다.

갈등 발생 시점	초기	중기	말기
업무갈등	-	보통	-
감정갈등	낮음	낮음	낮음
프로세스갈등	보통	낮음	보통

위의 표에서 보다시피, 고성과 조직들은 초기에 적절한 프로세스 갈등을 수반한 구성원들 간의 업무분장과 업무방향에 대한 합의를 진행하며, 중기에는 이미 결정된 사항들에 대한 보통수준의 업무갈등을 수반한 업무에 대한 활발한 논의를 진행하며, 말기에는 다시금 새로운 조직의 업무분장과 방향성에 대한 논의를 통해 다시금 적절한 프로세스 갈등을 활용한다. 그리고 성과를 저해하는 관계갈등의 경우 항상 낮은 수준을 유지한다.

갈등의 메커니즘

1) 갈등에 대한 반응

갈등의 과정에서 자신의 노력이나 상대방의 도움, 환경의 도움 등으로 갈등이 해결되면 사람들은 자신감을 갖게 되고 다음의 유사한 갈등에 능동적으로 대처할 수 있는 능력을 갖추게 된다. 반대로 여러 가지 사정으로 인하여 욕구가 충족되지 못하면 사람들은 갈등해결에 실패하여 좌절에 빠지게 되고 이는 자신감의 상실과 대인기피, 현실인식의 왜곡, 분노의 표출 등을 낳게 된다.

이러한 일련의 과정을 "갈등에 대한 반응"이라 하고 도식으로 표현하면 다음과 같다.

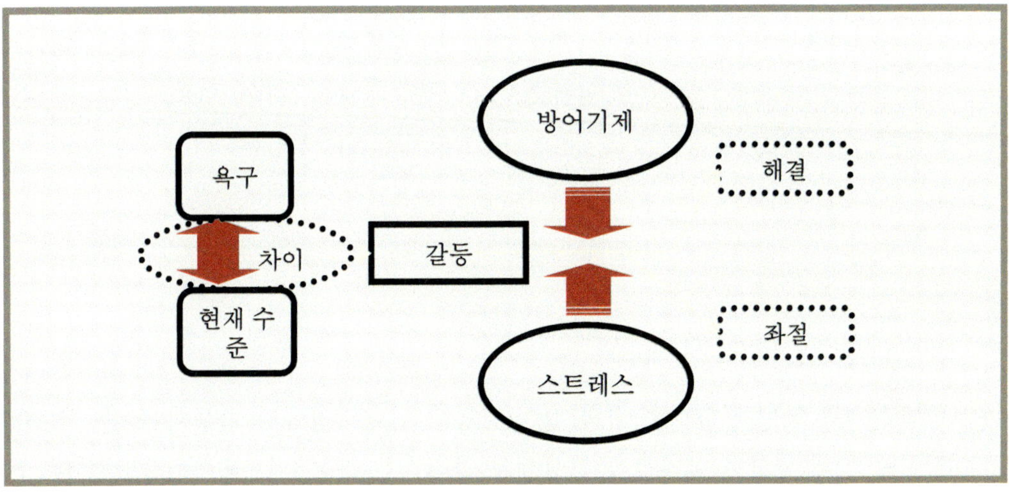

K. Jehn의 갈등 구분

관계갈등
개인들 간의 불협화음에 의한 구성원들간의 긴장과 불쾌감

업무갈등
조직의 업무에 대한 다른 관점과 의견들에 의해 발생하는 갈등

프로세스 갈등
업무 진행의 방향성에 대한 차이와 R&R에 대한 의견충돌

갈등의 메커니즘

2) 좌절의 표출방식

갈등의 메커니즘에 따라 갈등이 진행되는 과정에서 욕구의 좌절에 따른 갈등의 표출방식은 다음과 같다.

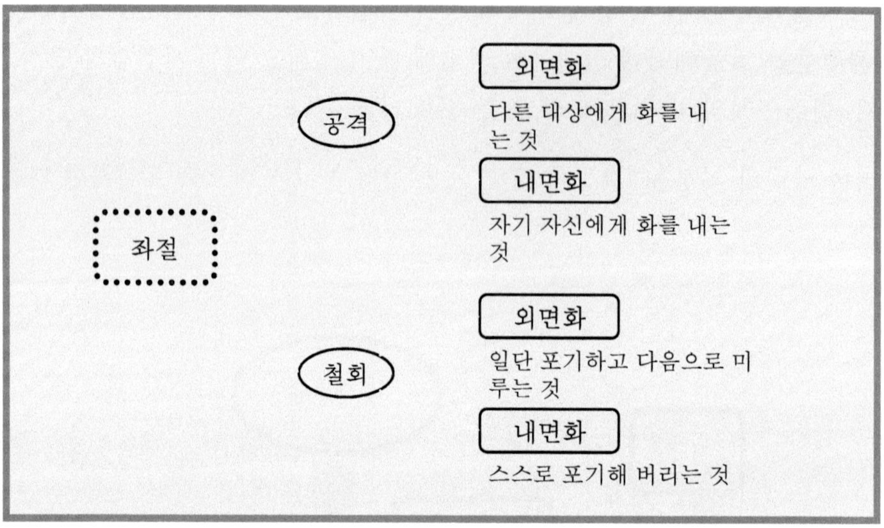

3) 갈등의 방어기제

방어기제란 앞에서 살펴본 바와 같이 갈등의 진행과정에서 발생하는 심리적 불안정으로 인해 불안한 심리를 균형상태로 돌리려는 본능적인 움직임을 말한다. 건강한 사람은 누구나 방어기제가 제대로 작동하지만 심리적으로 문제가 있는 사람은 제대로 작동하지 못한다. 이런 본능적인 방어기제에 대하여 사람들은 자신의 과거의 경험 중에서 가장 위안을 많이 받았던 몇 개만을 본능적으로 선택하게 되어 문제가 발생하기도 한다. 방어기제는 부정적, 중립적, 성공적인 것들로 나뉘어 진다.

※ 공격－외면화의 표출 대상
욕구좌절의 원인물에 저항

원인물이 아닌 다른 대상에 저항(대치) － 사람, 무생물

갈등 다루기

<갈등의 방어기제>

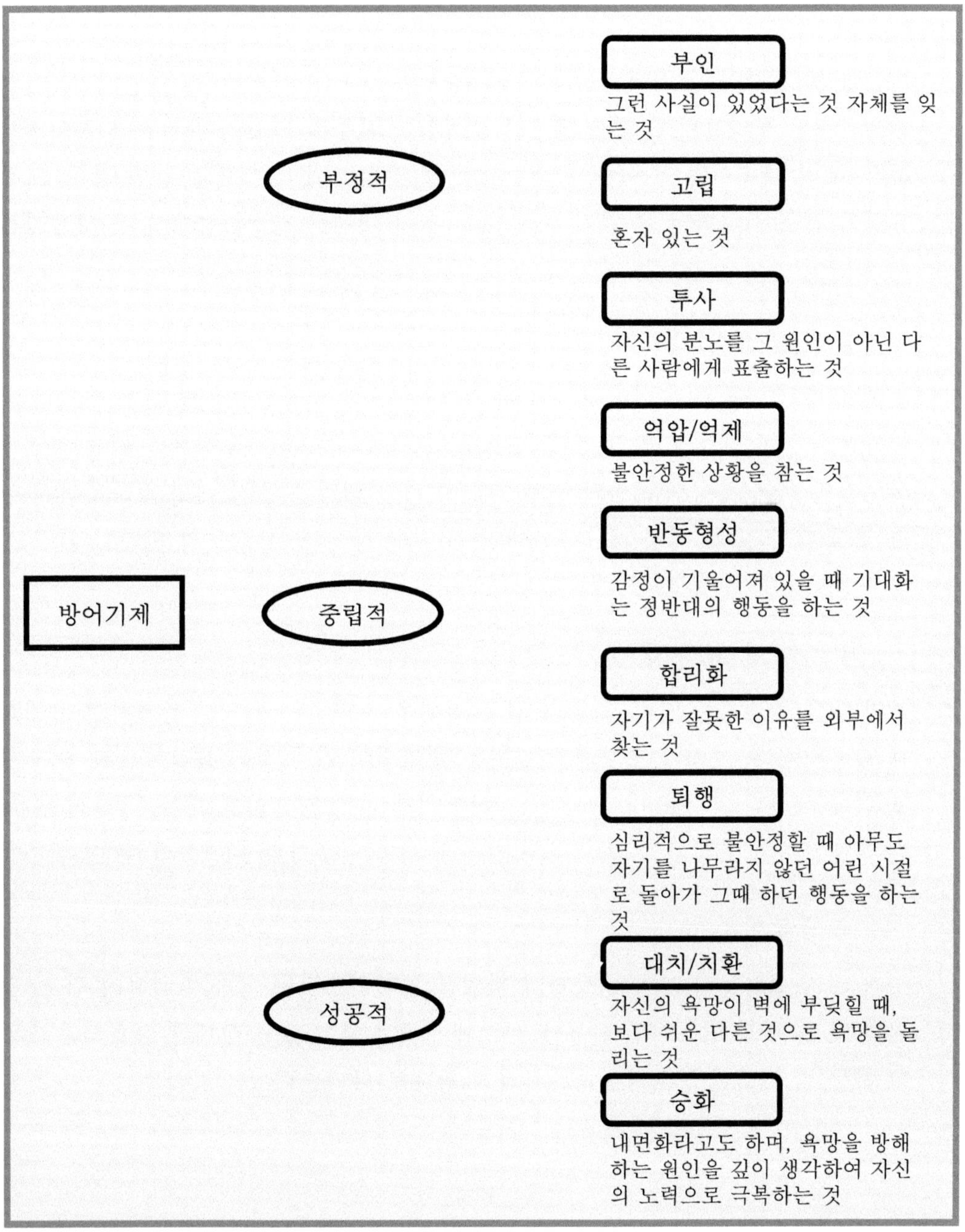

갈등 다루기

1) 조직 내 갈등의 발생원인

개인과 개인 사이, 조직과 조직의 사이에서 발생하는 갈등의 원인을 파악하는 것도 중요하지만 무엇보다도 조직 내에서 발생하는 갈등의 원인을 파악하는 것이 중요하다. 조직 내에서는 그 안에 포함된 조직들 간의 갈등과 개인들 간의 갈등, 모든 유형의 갈등이 나타날 수 있기 때문이다. 조직 내에서 발생하는 갈등은 다음과 같은 원인에 의해서 발생한다.

▪ 변화

변화란 항상 이득과 손실이 존재한다. 따라서 변화에 직면한 사람들이 서로간의 이해득실을 놓고 대결을 벌일 때 자신에게 이득이 되는 쪽으로 선택을 하는 과정에서 서로간의 이해 차이로 갈등이 발생한다. 이러한 변화는 조직 내의 갈등뿐만이 아니라 조직 간의 갈등, 개인 내 갈등, 개인 간 갈등 등의 모든 갈등의 원인이 되기도 한다.

▪ 자원의 제한성

조직 내에 존재하는 인력, 자금과 같은 자원은 지향하는 목표를 달성하고 유지하는데 필수적이다. 그러나 조직체의 자원은 제한되어 있는 것이 사실이므로 집단은 상호 간에 제한된 자원을 더 많이 확보하기 위해 서로 경쟁하게 되며, 극단의 경우에는 적대감까지 조성될 수 있으며 이것은 부서 이기주의로 표면화될 수 있다.

▪ 상호의존성

조직 내의 집단들이 각자의 목적과 과업을 효과적으로 수행하기 위하여 협조, 정보교환 및 그 밖의 협동적인 활동을 서로에게 의존하고 있는 상태를 상호의존성이라고 하는데, 이러한 상호의존성은 4가지 형태로 나타난다.

갈등 다루기

▪ 집단 간 행동특성의 차이

개인 간의 특성이 다양하듯이 조직 내의 집단들도 서로 다른 특성을 지니고 있다. 이러한 특성의 차이는 조직 내에서 갈등을 유발하는 원인이 되며 다음과 같이 3가지 형태의 차이가 있다.

◆ 행동경향의 차이
집단은 각기 업무를 수행하는 과정에서 업무의 성격과 목적, 기능, 환경에 맞추어 이에 적절한 행동경향을 형성한다. 예를 들어 생산부서는 목표가 분명하고 생산활동에 집중을 하는 반면 연구부서는 목표가 불분명하고 불확실한 성격을 띤다.

◆ 목표의 차이
집단은 같은 조직체의 한 부서로 소속되어 있지만 그 과정에서 집단마다 추구하는 목적이 일치되지 않고 이것이 집단 간의 갈등요인이 된다. 예를 들어 생산부서는 원가절감과 불량품 감소를 목표로 하는데 반하여 연구부서는 혁신적인 신제품을 개발하는 것을 목표로 한다.

◆ 지각의 차이
의견의 불일치를 촉진시키고 공동의사결정이나 협력을 어렵게 만드는 가장 대표적인 요인이다. 예를 들어 라인관리자들은 스텝관리자들이 전체적인 안목이 없고 자신들의 권한과 임무를 잠식하고 있다고 생각하고, 스텝관리자들은 라인관리자들보다 자신들이 더 젊고 고등교육을 받았으며 사회적인 지위가 높다고 생각한다.

▪ 책임영역의 모호성

두 부문 사이에 각 단위업무 및 책임영역의 모호성은 각 부문 간의 갈등의 가능성을 증가시킨다. 전통적인 조직의 수직적 관계에서와 달리 현대의 팀제 및 수평적인 관계에서 개인의 역할과 책임, 권한 등이 모호해짐으로 해서 생기는 이러한 갈등은 관리자 층에서 주로 겪게 된다. 이러한 책임영역의 모호성은 불만족한 조직단위가 다른 조직단위로 하여금 방어적 전략을 쓰게 하고 자기 부서는 공격적인 전략을 활용하는, 부서 이기주의로 인해 부문 간 불신과 대립을 조장시키게 된다.

▪ 그 밖의 원인

이외에도 부장급의 관리자가 자기보다 나이가 어린 팀장에게 지시를 받고 일을 수행하는 경우와 같은 상하직위가 엇갈린 문제와 의사소통과정에서 전반적인 이해가 수반되지 않아서 갈등을 야기하는 커뮤니케이션의 문제 등이 조직 내 갈등의 원인이 된다.

갈등 다루기

2) 갈등분석

효과적인 갈등관리를 위해서는 갈등에 대한 분석이 요구된다. '갈등의 이해' 단원의 갈등의 개념 및 원인, 유형, 기능에 대한 학습은 이러한 갈등의 분석을 위한 갈등의 인식과정으로 볼 수 있다. 갈등은 그 당사자들이 인식했을 때 비로소 갈등이 되는 것이며, 당사자들이 갈등을 인식하고 난 후에 다양한 분석방법을 통하여 갈등을 분석하고 이에 대한 적절한 관리방안을 탐색하는 것이 효과적으로 갈등을 관리하는 방법이다.

(1) 분석의 목적

▪ 갈등 해결의 시작점

갈등을 분석하는 것은 갈등관리의 시작점이다. 갈등분석을 위해 얻어지는 정보는 단순히 갈등분석만을 위한 것일 수는 없다. 갈등상황에 대해 좀더 객관적인 데이터를 얻는 과정은 갈등해결을 돕고자 하는 공정한 제3자뿐만 아니라 갈등당사자들에게도 서로와 자신의 문제를 다른 시각에서 바라보게 하는 계기가 된다.

▪ 갈등에 대한 통합적인 이해

또한 갈등분석은 갈등에 대한 통합적인 이해를 가능하게 한다. 갈등분석을 통해 일차적으로 갈등의 주체, 주요 현안, 갈등단계, 갈등당사자의 입장과 실익을 파악할 수 있으며, 파악된 정보를 바탕으로 갈등에 영향을 주는 다양한 요인들을 파악할 수 있다. 즉 갈등에 대하여 밖으로 드러난 분쟁에 초점을 맞춘 일차적인 이해 이상의 그림을 그릴 수 있고, 그만큼 갈등 자체 뿐만 아니라 해결에 대하여 객관적이고 통합적인 접근이 가능해진다.

▪ 갈등 예방을 위한 노력

뿐만 아니라 갈등분석은 갈등의 직접적 원인과 구조적 원인 파악에 도움을 준다. 문제 해결의 과정에서 우선적으로는 쟁점이 된 이슈에 초점이 맞추어지겠지만 갈등을 유발하는 구조적인 원인을 찾는 것은 잠재적 갈등요인을 파악한다는 측면에서 매우 중요하다.

갈등 다루기

(2) 양파 기법

갈등당사자의 입장과 실익, 욕구를 분리하여 이해함으로써 통합적인 갈등의 이해와 갈등해결의 시작점을 찾기 위한 분석기법으로서 각 당사자들이 표명하는 공적 입장을 넘어서서 당사자들의 실익과 욕구를 이해하기 위하여 사용한다. 또한 향후 토론을 진전시키기 위한 기초로서 당사자들 간의 공동기반을 발견하고자 하는 목적으로 사용된다. 양파 기법은 갈등상황의 역동성을 이해하기 위한 분석을 시도할 때나 갈등당사자들 간의 대화를 촉진하기 위해 준비할 때, 그리고 중재 또는 협상 과정에서 효과적으로 사용된다.

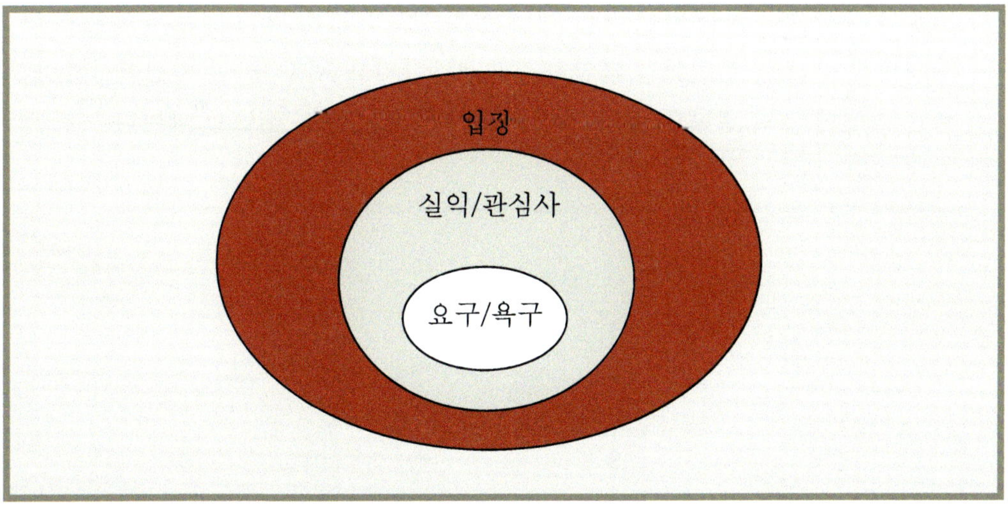

- ◆ 입장(positions): 어떤 문제에 대하여 당사자가 생각하고 있는 해결책으로 '원한다고 표명하는 것'
- ◆ 실익/관심사(interests): '입장' 아래에 놓여있는 것으로 목표, 이익 등 당사자가 '진정으로 원하는 것'
- ◆ 요구/욕구(needs): 당사자의 실존을 위해 반드시 필요하며 '반드시 가져야만 하는 것'

갈등 다루기

(3) ABC 삼각형

갈등이 태도(attitude), 행동(behavior), 상황/맥락(context)이라는 세 가지 차원으로 구성되면서 각 차원이 상호 영향을 미친다는 전제에 기반하여 주요 당사자들 각자의 ABC에 대해 파악하는 분석기법이다.

이 기법은 주요 당사자들 각자의 ABC를 파악하고자 할 때나 각자의 ABC가 갈등 상황에 어떤 영향을 미치는지를 분석할 때, 그리고 개입 지점을 파악하고자 하는 목적으로 사용된다. 이 기법이 효과적인 상황은 각 당사자들에게 영향을 미치는 요인들에 대한 통찰력을 얻고자 할 때나 이후 갈등해결을 위한 행동/개입을 통해 개선되어질 수 있는 지점들을 파악하려 할 때, 그리고 ABC 중 한 차원에서의 변화가 다른 차원에 어떤 영향을 줄 수 있는지를 예측하는 것이 필요할 때이다.

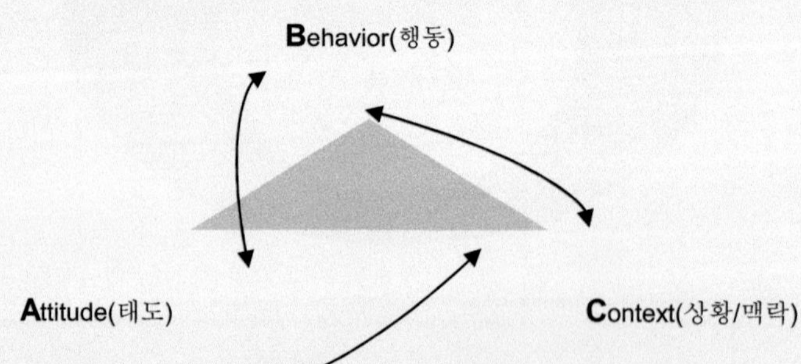

- 태도/자세(attitude): 갈등당사자의 성격, 심리 및 감정상태
- 행동(behavior): 갈등당사자의 구체적인 행위
- 상황/맥락(context): 갈등당사자가 처한 조건, 환경, 배경, 주변여건

Ⅲ. 갈등 다루기

(4) 갈등 나무

갈등나무기법은 나무의 뿌리, 줄기, 열매 등의 이미지를 통해 갈등의 원인, 쟁점, 결과를 시각적으로 파악해 나가는 분석기법이다.

기법의 목적은 갈등의 원인, 쟁점, 결과를 종합적으로 파악하는 것, 갈등 해결을 위해 다루어야 할 갈등에 대한 우선 순위를 정하는 것, 결과와 원인의 상관관계를 파악하여 예방을 위한 기초적 이해를 향상시키는 것이다. 또한 기법이 효과적인 상황은 갈등상황에 대한 이해가 다를 때, 갈등의 원인과 결과의 상관관계가 어떤지 알아보고자 할 때, 갈등해결을 위해 어느 문제부터 접근해야 할지 결정해야 할 때이다.

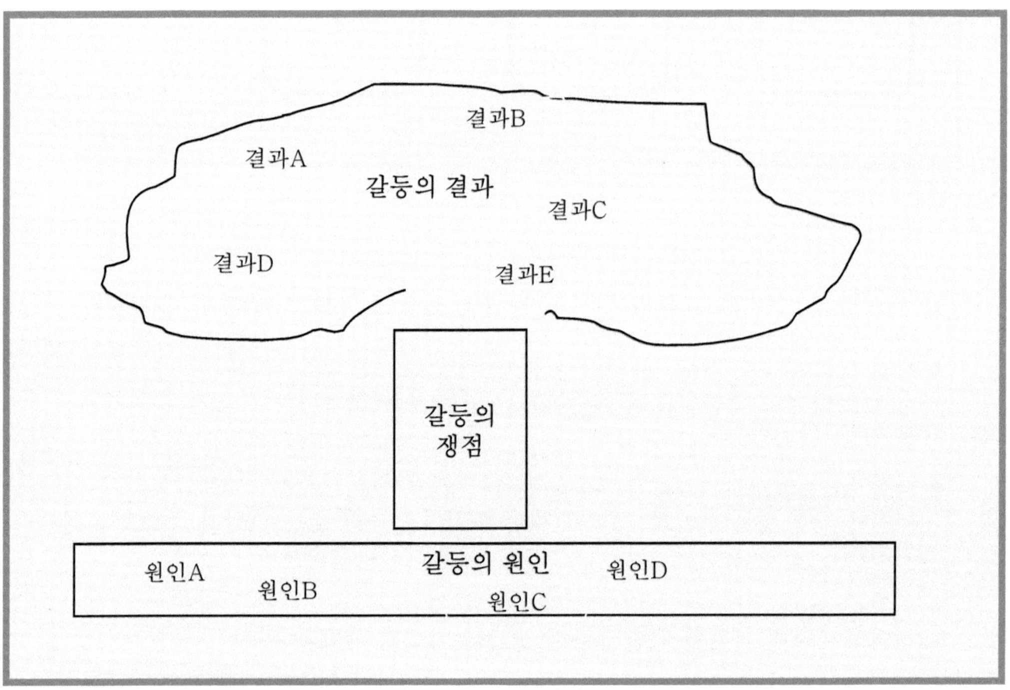

갈등 다루기

(5) 4단계 기법

갈등을 분석할 때 가장 많이 쓰이는 분석기법은 다음의 4단계 분석기법이다. 여러 분석기법 중에서 4단계 기법을 가장 나중에 설명하는 이유는 갈등에 대한 적절한 대처방안까지를 분석하는 가장 효과적이고 실용적인 기법이면서 다음에 학습할 갈등관리 전략과 밀접한 연관을 맺고 있기 때문이다. 또한 이 분석기법의 마지막 4단계에서의 적절한 대처방안을 고려하는 과정에서 갈등관리 전략 유형이 가장 널리 사용되고 있다.

갈등분석의 4단계는 갈등의 성격 규명, 갈등에 내재되어 있는 요인 확인, 갈등의 단계 확인, 적절한 대처방안 선정으로 구성된다.

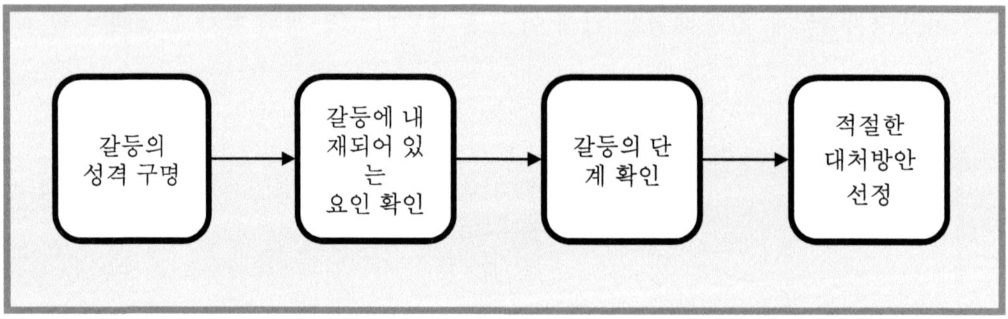

▪ 갈등의 성격 규명

먼저 갈등의 성격을 규명하여 보면 다음의 5가지 범주로 구분될 수 있다.

◆ 사실 (facts)
사실에 대한 견해차이로 갈등이 야기된다. 대부분 경우는 서로 접근하는 정보의 차이로 인하여 야기된다.

◆ 역할 (roles)
역할에 대한 잘못된 이해, 성과에 대한 부적절한 기대 또는 역할의 중복으로 인하여 야기된다.

◆ 목적 (goals)
성취하여야 할 목적에 대한 혼동과 잘못된 이해로 야기된다.

◆ 과정 (procedures)
원하는 목적을 달성하기 위해 필요한 방법, 규칙 또는 전략에 대한 불일치로 야기된다.

◆ 가치 (values)
사람들이 중요하게 생각하는 기본적인 믿음의 차이로 야기된다.

갈등 다루기

▪ 갈등에 내재되어 있는 요인 확인

이 단계에서는 왜 이견이 존재하는가를 판단하기 위하여 갈등에 내재되어 있는 요인을 분석하는 단계이다. 크게 3가지 차이점이 존재한다.

◆ 정보 (information)
서로 다른 정보에 노출되었기에 문제에 대한 이해와 어떠한 해결방안을 강구하느냐를 다르게 생각할 수 있다.

◆ 인식 (perception)
비록 동일한 정보에 노출되었더라도 과거의 경험으로 인하여 다른 식으로 해석할 수 있다. 또는 동일한 상황에 노출되었더라도 그 상황을 다른 형태로 경험하였기에 다른 식으로 해석할 수 있다.

◆ 조직 설정 (organizational setting)
조직에서 역할이 다르기에 다른 입장을 취할 수 있다. 이로 인하여, 동일한 상황에서도 다른 자료를 찾고자 하며, 자료를 다르게 해석하게 된다.

▪ 갈등의 단계 확인

갈등의 단계를 확인하는 것은 다음 그림과 같이 4가지 연속상의 단계에서 어디에 위치하느냐를 판단하는 것이다.

◆ 관심사 대두 (emerging concerns)
이 상황은 소문과 긴장강화로 특징짓는다. 문제가 예견되고, 급박한 상황이 전개된다고 느낀다.

◆ 토의 (discussion)
이 상황은 양쪽에서 정보를 수집하고, 상대의 의도를 파악하는 것으로 특징짓는다.

◆ 공개적 이견 (open disagreement)
이 상황은 명확한 차이점과 이러한 차이점에 대한 직접적인 대립으로 특징짓는다.

◆ 공개적 갈등 (open conflict)
이 상황은 양쪽 모두 입장을 확고히 하는 것으로 특징짓는다. 서로 자기편에서 상황을 통제할 수 있도록 노력한다.

▪ 적절한 대처방안 선정

갈등을 효과적으로 관리할 수 있는 적절한 대처방안으로는 Thomas-Kilmann의 갈등관리 유형과 Luthans의 갈등관리 전략이 있다. 다음 장에서 이들의 갈등관리 유형 및 전략을 학습한 후 이 중에서 자신에게 적절한 방안을 선정한다

갈등 다루기

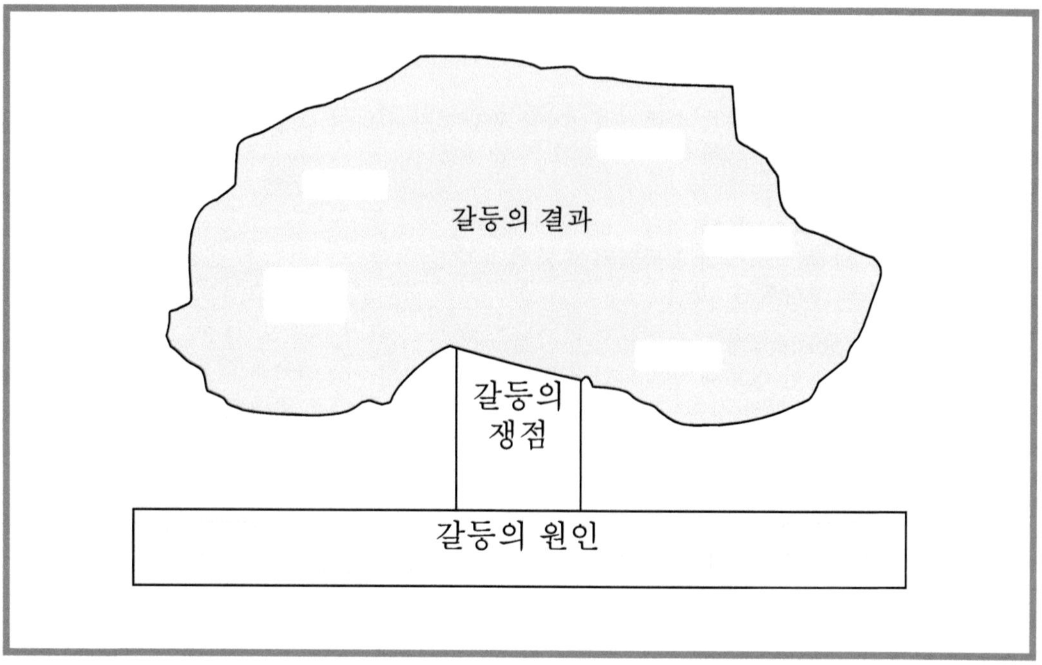

1) 갈등의 원인
◆
◆
◆

2) 갈등의 쟁점
◆
◆
◆

3) 갈등의 결과
◆
◆
◆

<1단계> 자기진단 및 점수 기록
아래 문항들은 귀하의 행동과 태도를 명료하게 이해하기 위한 것입니다. 각각의 문항들을 잘 읽고, 자신의 생각이나 느낌과 일치하는 번호를 보기에서 골라 점수 난에 기입해 주십시오.

보기
0 = 전혀 그렇지 않다. 1 = 그렇지 않다. 2 = 약간 그렇지 않다.
3 = 보통이다 4 = 약간 그렇다. 5 = 그렇다. 6 = 매우 그렇다.

질문 : 다른 사람과 갈등상황에 직면했을 때, 나는 이렇게 행동한다.		
번호	점수	문항
1		상대방을 피한다.
2		주제를 중립적인 화제로 바꾼다.
3		관점을 이해하려고 한다.
4		갈등상황을 가벼운 말로 슬쩍 넘기려 한다.
5		느낌을 경청한다.
6		비록 내가 틀리지 않았다고 해도, 내가 잘못했다고 인정한다.
7		상대방의 요구를 받아들인다.
8		내가 실제로 만족할 수 있는 이상을 요구한다.
9		권한을 이용하여 그가 목적을 이루지 못하게 한다.
10		우리가 동의하는 것, 동의하지 않는 것을 분명히 밝히려고 한다.
11		타협하려고 한다.
12		동의한 척 한다.
13		최선을 다해서 문제를 해결하도록 한다.
14		누가 옳은지 가려줄 제3자를 찾는다.
15		나와 상대방 둘 다 뭔가를 얻을 수 있는 방법을 제안한다.
16		상대방을 위협한다.
17		물리적으로 끝까지 싸운다.
18		상대가 무슨 목적을 갖고 있는지 분명히 알려고 한다.
19		내 뜻대로 될 때까지 불평한다.
20		내가 얼마나 많이 피해를 보고 있는지 그 사람이 알게 한다.
21		사과한다.
22		몇 가지를 얻는 대신에 일부를 포기한다.
23		어떻게 해서라도 가장 좋은 협정 안을 얻어낸다.
24		그 주제에 대한 토론을 한다.
25		절충안을 찾으려 한다.
26		상대방의 감정을 상하게 하는 것은 피한다.
27		마음속에 있는 관심사와 문제를 숨김없이 드러낸다.
28		상대방과의 관계를 위해서 나의 이익을 희생한다.
29		둘의 입장 간의 차이를 분명히 한다.
30		몇 가지를 얻는 대신에 일부는 포기한다.
31		상대방에게 해결책에 대한 책임을 떠넘긴다.
32		우리가 동의한 사항을 강조한다.
33		타협을 위해서 상대가 만족할 수 있도록 한다.
34		나의 주장이 논리적이라는 것을 상대방에게 납득시키려 애쓴다.
35		상대방이 원하는 바를 이루어주려고 한다.

<2단계> 1단계에서 기록한 점수를 아래 유형 집계표에 옮겨 적고 점수 합계를 냅니다.

경쟁		협력		타협		회피		양보	
문항	점수	문항	점수	문항	점수	문항	점수	문항	점수
8		3		11		1		6	
9		5		15		2		7	
16		10		22		4		20	
17		13		25		12		21	
19		18		29		14		26	
23		27		30		24		28	
34		32		33		31		35	
합계		합계		합계		합계		합계	

갈등관리 유형 집계표

<3단계> 2단계 점수를 프로파일 각 항목별 도표를 그립니다. 앞서 진단 결과를 토대로 다음의 갈등유형 분석도를 그려봅시다. 유형별 점수에 해당하는 지점까지 표시하십시오.

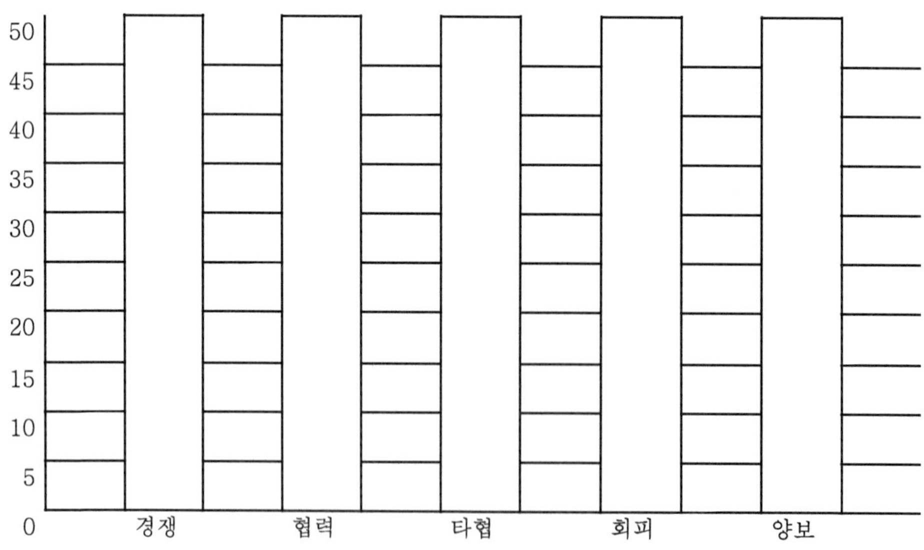

갈등 다루기

3) Thomas-Kilmann의 갈등관리 유형

가장 널리 알려진 갈등관리 유형은 Thomas-Kilmann의 갈등관리 유형이다. 킬만(R. H. Kilmann)과 토머스(K. W. Thomas)는 갈등하는 당사자의 자기 중심적인 태도의 강도의 차이와 타인을 중심으로 생각하는 태도의 강도 차이에 기초하여 다음과 같이 다섯 가지 갈등해결의 기본양식을 제시하였다.

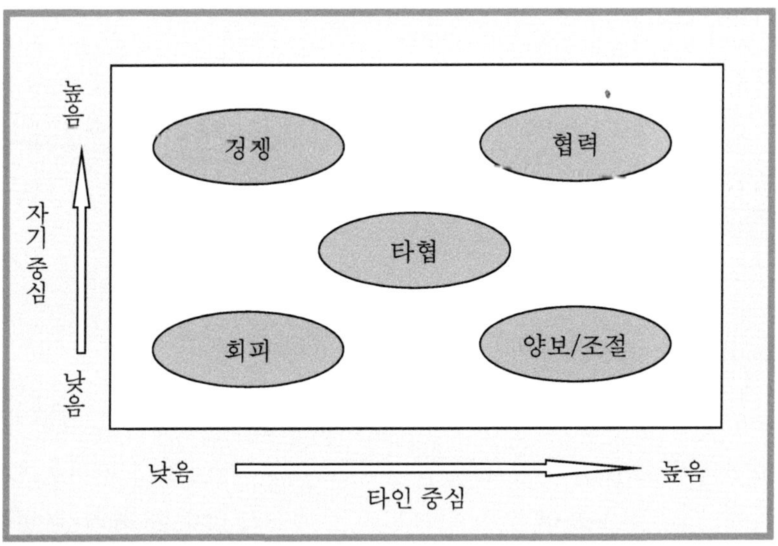

자기중심
자기 중심적인 태도의 강도

타인중심
타인 중심적인 태도의 강도

(1) 경쟁 (competing): 강압(forcing), 지배(dominating)

경쟁은 한 사람 또는 집단의 의견을 다른 사람 또는 집단의 의견보다 우선시하는 것이다. 시급을 다투는 상황이나, 비용삭감과 같이 중요하나 그다지 호응도가 높지 않은 경우에 주로 활용된다.

갈등 다루기

(2) 회피 (avoiding): 철수(withdrawing)

회피는 갈등상황을 더 이상 발전시키지 않는 것이다. 회피는 부정(denial)과는 다른 개념으로, 갈등상황이 존재하는 것을 인정하나 더 이상 관여하지 않기로 결정하거나 이를 해결하려는 시도를 연기하는 것이다. 상황 자체가 별로 중요하지 않거나, 이보다 더 중요한 상황이 존재하여 우선 순위에서 떨어지거나, 해결을 시도하려다가 더 큰 문제를 야기시킬 수 있는 상황에서 주로 활용된다.

(3) 타협 (compromising): 협상(bargaining)

타협은 양쪽 모두 조금씩 양보하여 합의된 결론에 도달하는 것이다. 목표가 굉장히 중요하지만 다른 대안을 강구할 경우 위험이 내재되어 있을 경우 많이 활용된다. 더불어, 양쪽 모두 비슷한 힘의 균형을 갖고 있을 때, 잠정적인 일치점을 구하는 것이 가능할 때, 시간적으로 급박할 때 활용된다.

(4) 협력 (collaborating): 직면(confrontation)

협력은 양쪽 모두의 요구사항을 만족하는 해결책을 찾았을 때 일어난다. 그러기에, 창의적인 문제 해결력이 요구된다. 양쪽 모두 협상하기에는 양보하기 어려운 중요한 입장이 존재하거나, 이를 통하여 조직 학습능력을 배양하고자 할 때 주로 활용된다.

(5) 양보/조절 (accommodating): 달램(appeasing), 회유(smoothing)

양보는 한쪽에서 자신의 요구나 관심사항을 포기하고 다른 쪽의 입장을 만족시켜주는 것이다. 주로 자신에게 보다는 다른 쪽에 더 중요한 사항이거나, 포기함으로써 신뢰를 형성하려 하거나, 조직의 조화가 가장 중요하다고 생각할 경우 활용된다.

Module 14

효과적 팀 만들기

1) Tuckman의 팀 발달모형
2) 효과적인 팀의 요소
3) Team Profile 작성

효과적 팀 만들기

◆ 팀과 팀워크 관리

◆ 팀제(Team제), 즉 팀이란 하나의 목표를 세우고 공동 작업을 통하여 보다 좋은 결과를 얻기 위한 개인집합체로 구성원들의 차이점을 존중하고 인정하며 경험을 공유하기 위해 모인 집합체

- 팀은 소수의 인원으로 구성되어야 함
- 팀은 상호보완적인 기능과 능력을 가진 사람들로 구성되어야 함
- 팀은 공동의 목적을 공유하고, 업무수행 목표에 몰입하는 사람들로 구성되어야 함
- 팀은 업무수행이나 문제 해결을 위해 공통의 접근방법을 사용하여야 함
- 팀의 구성원들은 팀의 업무수행 결과에 대해 상호 책임감을 공유해야 함

◆ 팀제의 도입배경

- 변화하는 환경에 신속하게 적응하기 위함
- 관료주의의 병리 현상을 타파하기 위함
- 업무수행에 요구되는 개인의 자질 및 행동의 변화를 요구받고 있음

효과적 팀 만들기

<전통적 부서(기능조직)와 팀제의 차이점>

요소	전통적 부서	팀제
조직구조	계층적 / 개인	수평적 / 팀
직무체계	단일업무	전체업무 / 다수업무
목표	상부에서 주어짐	스스로 찾아내는 데 시간투여
리더	강하고 명백한 지도자	리더십 역할 공유
지시/전달	상명하복 / 지시 / 품위	상호 고충전달 / 토론
정보흐름	폐쇄 / 독점	개방 / 공유
보상	개인주의 / 연공주의	팀 / 능력위주
책임	개인책임	공동책임
평가	상부조직에 대한 기여도로 평가	팀이 의도한 목표달성도로 평가
업무통제	관리자가 계획 / 통제 / 개선	팀 전체가 계획 / 통제 / 개선

◆ 팀제의 장점

- 의사결정을 신속하게 할 수 있음
- 부서를 융통성 있게 신설, 확장, 추가, 해체할 수 있어 인력의 효율적 활용
- 조직 내 정보교환이 원활함
- 수평적인 계층으로 구성원들의 창의적인 아이디어 발굴이 용이함
- 구성원들을 의사결정에 참여시키므로 동기부여가 용이함

효과적 팀 만들기

<전통적 부서(기능조직)와 팀제의 장단점 및 적합환경>

<table>
<tr><th>구분</th><th colspan="2">장/단점</th><th>경영환경</th></tr>
<tr><td rowspan="8">전통적 부서 (기능 조직)</td><td rowspan="3">장점</td><td>조직이 공식적/ 안정적</td><td rowspan="8">▶변화가 적고 안정적인 경영환경에 적합
▶Seller's Market에 적합
▶효율성이 성장 원동력
▶소품종 대량생산체제에 적합</td></tr>
<tr><td>신중한 의사결정</td></tr>
<tr><td>책임 및 권한의 소재가 분명</td></tr>
<tr><td rowspan="5">단점</td><td>환경변화에 신속한 대응 미흡</td></tr>
<tr><td>의사결정의 지연</td></tr>
<tr><td>구성원의 창의성 발휘에 부적합</td></tr>
<tr><td>위인설관식 조직 확대</td></tr>
<tr><td>부서 이기주의</td></tr>
<tr><td rowspan="8">팀제</td><td rowspan="5">장점</td><td>환경변화에 탄력적 대응이 용이</td><td rowspan="8">▶변화가 심하고 예측이 어려운 경영환경에 적합
▶Buyer's Market으로 고객요구의 변화에 신속한 대응이 필요한 경우 적합
▶창의성, Innovation이 성장 원동력으로 필요한 경우
▶다품종 소량생산체제에 적합</td></tr>
<tr><td>신속한 의사결정</td></tr>
<tr><td>인력의 소수정예화에 적합</td></tr>
<tr><td>다기능 전문 인력 양성에 적합</td></tr>
<tr><td>창의성 발휘 및 정보교류 활성화</td></tr>
<tr><td rowspan="3">단점</td><td>팀장에 대한 높은 팀 의존도</td></tr>
<tr><td>직급중심의 전통적 사고와의 괴리</td></tr>
<tr><td>Post 상실로 실무 간부의 의욕저하 가능성</td></tr>
</table>

효과적 팀 만들기

◆ 팀제의 유형은 각 기업이나 분류하는 유형에 따라 여러 가지 특성적인 모습들이 있겠지만 가장 보편적인 유형으로는 문제해결팀(problem-solving team), 자율관리업무팀(self-managed work team), 교차기능팀(cross-functional team), 가상팀(virtual team), 프로젝트팀(project team) 등이 있음

◆ 팀제의 기대효과

- 품질, 생산성 및 서비스의 개선을 이룰 수 있음
- 조직(기업)의 유연성의 증대를 이룰 수 있음
- 조직(기업)의 운영비의 절감이 가능함
- 외부환경 및 기술변화에 대한 신속한 대응이 가능함
- 조직(기업)의 직무분류의 축소 및 간소화
- 새로운 종업원/가치관에 대한 더 나은 대안
- 우수한 인재를 끌어들이고 유지하는 방법

◆ 조직차원의 활성화 방안

- 학습조직의 구축
- 미래지향적 인사고과
- 승진체계의 의식변화
- 팀 간의 교류확대
- 다기능조직의 활용

효과적 팀 만들기

◆ 팀워크의 정의는 과업 그 자체와 분리되어 독립적이면서 동시에 반응하는 단위임

- 팀워크는 개인이 가지고 있는 기술이나 경험보다 훨씬 월등한 상호보완적인 기술과 경험을 동원할 수 있음
- 구성원들로 하여금 명백한 목표와 접근방법을 공동으로 개발함으로써 문제를 해결하고 공동목표에 대한 의사소통 방법을 찾을 수 있게 함
- 상호신뢰와 팀 구성원 각자 자신감이 구축됨

◆ 팀워크의 질적 향상을 위한 구성요소

- 의사소통
- 상호협력
- 노력
- 업무배분
- 응집성
- 팀 기여도

1. 팀 발달 모형

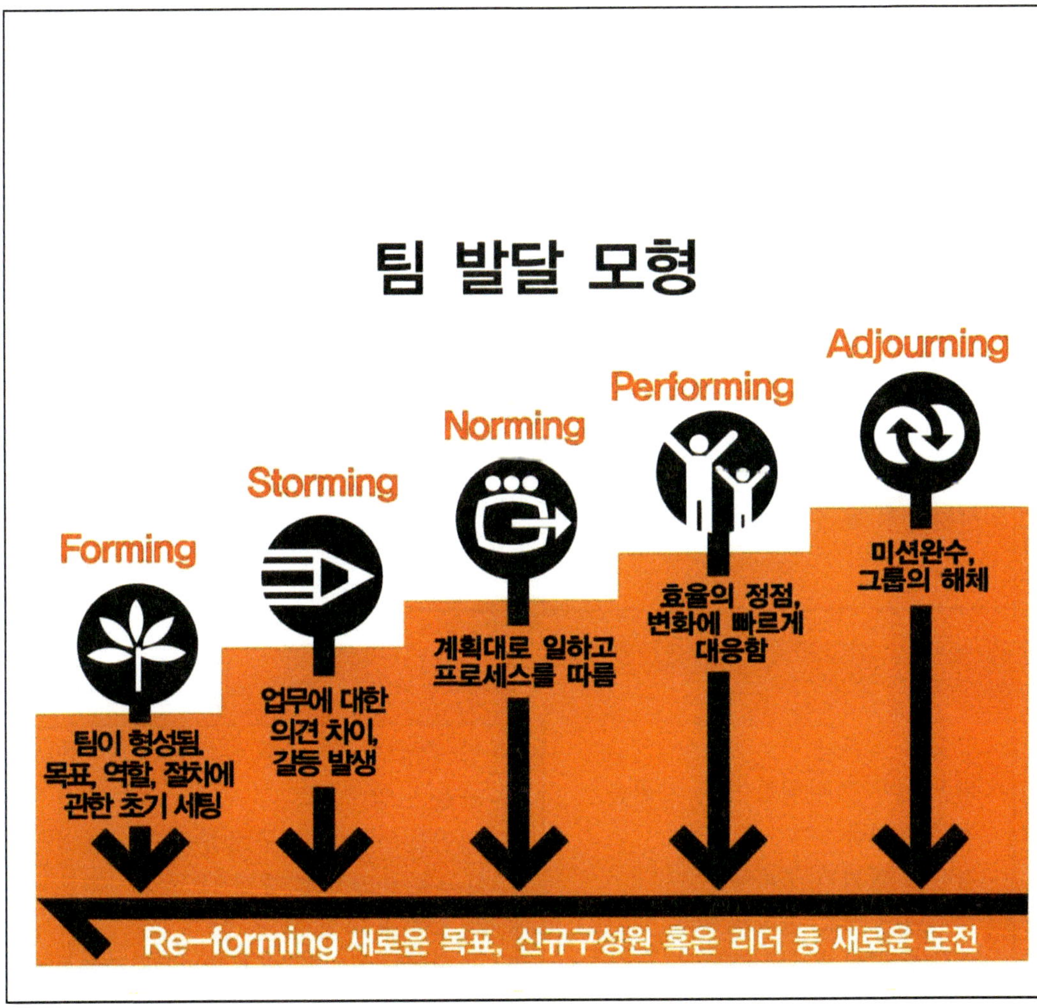
팀 발달 모형
Forming
팀이 형성됨.
목표, 역할, 절차에
관한 초기 세팅
Storming
업무에 대한
의견 차이,
갈등 발생
Norming
계획대로 일하고
프로세스를 따름
Performing
효율의 정점,
변화에 빠르게
대응함
Adjourning
미션완수,
그룹의 해체
Re-forming 새로운 목표, 신규구성원 혹은 리더 등 새로운 도전

2. 각 단계에서 일어나는 일

Forming	Storming
• 각자가 해야 할 일이 명확하지 않음 • 그룹은 미션을 지니고 있지 않음 • 어디로 향하고 있는지에 대해 궁금해 함 • 구성원들 간에 친밀하지 않고, 신뢰하지 않음 • 팀의 규칙이 정해지지 않음 • 사람들이 서로 견제함 • 사람들이 팀에 동참하지 않음	• 역할과 책임이 규명됨 • Agenda가 제시됨 • 문제해결이 원활하게 이루어지지 않음 • 사람들이 팀의 미션을 수정하길 원함 • 새로운 아이디어를 시도함 • 분파가 형성됨 • 사람들이 지위와 권력을 추구하고 경쟁이 높아짐 • 팀 정신이 부족, 개인적인 공격이 많음 • 구성원들의 참여도가 일부는 최고 수준이며 일부는 최저임

Norming	Performing
• 성공이 일어남 • 팀은 업무를 수행할 모든 자원을 지니고 있음 • 감사와 신뢰가 구축됨 • 목적이 제대로 정의되었음 • 피드백이 적절하게 주어짐 • 팀의 자신감이 높음 • 팀은 창의적이 되고 개인들은 더욱 동기부여 됨 • 팀의 모든 구성원들은 목표와 방향에 동참함.	• 팀 구성원들은 매우 동기부여 되어 있음을 느낌 • 개인들은 팀의 요구에 부응하고 팀의 성공을 즐김. '나' 중심 대 '우리' 중심 • 매우 효율적인 팀 운영 • 구성원들은 객관적 시각을 갖고 있음 • 팀에 대한 높은 긍지 • 공개적이고, 높은 지지를 보임 • 높은 공감. 상호 간의 높은 신뢰 • 뛰어난 팀 성과와 위기에 직면하는 힘

3. 링겔만 효과란?

동영상 시청: 리멤버 타이탄

영화 '리멤버 타이탄'을 시청하고 팀의 4단계 발단단계에 적합한 내용을 찾아서 논의해봅시다.

	장면	특성
Forming		
Storming		
Norming		
Performing		

4. 팀 발달 특성에 따른 매니저의 역할

	Forming	Storming	Norming	Performing
적합한 팀 리더십 유형				
바람직한 매니저의 역할		팀원 역량 개발을 위한 지속적 방향제시 팀의 목표에 몰입하도록 관계개선 노력		
매니저의 의사결정 행위	팀장의 독단적 의사결정 의사결정의 이유와 배경은 사후에 공유	팀장이 의사결정 팀원들에게 의사결정의 이유와 영향을 사전에 설명		팀장이 아닌 팀에서 의사결정 권한위임 받은 팀원의 탁월한 역량이 전제

Ⅱ. Tuckman의 팀 발달모형

※ Tuckman 모형의 다음 단계로 넘어가기 위한 실천사항

Forming 에서 Storming 으로	Storming 에서 Norming 으로	Norming 에서 Performing 으로
• 미션을 설정한다. • 목표를 수립한다. • 역할을 정한다. • Forming 단계를 벗어날 필요성을 인식한다. • 팀과 도구, 자원을 확인한다. • 리더는 방향을 제시해야 한다.	• 팀 리더/촉진자는 팀 활동을 적극적으로 지원 혹은 강화한다 • 그룹이 성공하고 창조적이고 긍정적인 환경에 있을 수 있도록 촉진한다. • 팀의 성공을 인정하고, 알린다. • 개인의 역할과 책임에 합의한다. • 목표와 활동에 참여한다.	• 팀을 승리하도록 한다. • 전통을 유지한다. • 서로를 칭찬한다. • 논쟁 없이 스스로를 평가한다. • 상승효과를 내는 팀 행동을 인정하고 강화한다. • 누가 무엇을 가장 잘하는가를 토대로 리더 역할을 공유한다.

Ⅲ. 효과적인 팀의 요소

1. 효과적 팀의 4요소

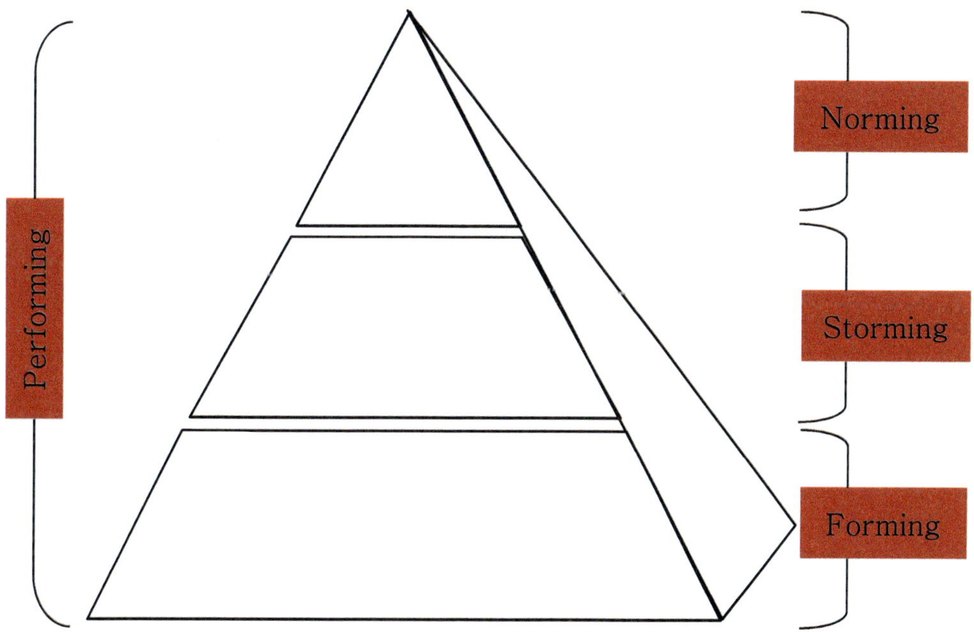

팀 수행 평가

- 팀 수행평가서의 각 항목별로 해당되는 점수 척도에 표시한다.
- 조별로 평가결과에 대해 서로 공유하고 개선항목에 관해 아이디어를 교환한다.

[1] 미션, 목표, 지표	매우 그렇지 않다 ⟷ 매우 그렇다				
1. 팀 구성원들은 팀의 미션과 비전 및 그 중요성을 이해한다.	1	2	3	4	5
2. 팀 구성원들은 팀의 목표와 그 중요성을 이해한다.	1	2	3	4	5
3. 팀 구성원들은 그들이 책임져야 할 실행 결과물이 무엇인지 안다.	1	2	3	4	5
4. 수립된 목표는 대부분 성취 가능한 것들이다.	1	2	3	4	5
5. 성공을 어떻게 측정할 것인지가 정해져 있으며 모든 구성원들이 이해하고 있다.	1	2	3	4	5
6. 예기치 못한 상황이 발생하면 목표는 그에 따라 바로 수정된다.	1	2	3	4	5
7. 명확한 기대치가 설정되어 있으며 팀 구성원들이 이해하고 있다.	1	2	3	4	5
8. 업무범위가 명확하게 정해져 있으며 이를 팀의 구성원 모두가 이해하고 있다.	1	2	3	4	5
9. 개별 목표들은 조직과 연관 지어 검토한다.	1	2	3	4	5
10. 목표에 관한 정보는 구성원들간에 공유된다.	1	2	3	4	5

[2] 역할과 책임	매우 그렇지않다 ⟷				매우 그렇다
1. 팀 구성원의 역할에 대해 문서형태로 작성된 직무 기술서가 있다.	1	2	3	4	5
2. 팀 구성원들은 각자의 책임을 잘 숙지하고 있으며 의문을 가지지 않는다.	1	2	3	4	5
3. 팀원들은 각자의 역할을 알고 그것을 수용하기 때문에 일을 배정하기가 쉽다.	1	2	3	4	5
4. 팀 구성원들은 다른 사람의 역할과 책임을 이해하고 있다.	1	2	3	4	5
5. 팀원 모두가 각자가 담당하는 역할을 존중한다.	1	2	3	4	5
6. 팀원들은 다음 직무를 위해 항상 앞장선다.	1	2	3	4	5
7. 개방적으로 역할을 논의한다.	1	2	3	4	5
8. 실무자 개발이 지속적으로 이루어진다.	1	2	3	4	5
9. 팀은 업무를 적절한 방법으로 해내는 훈련이 되어 있다.	1	2	3	4	5
10. 팀장(파트장)은 팀원들이 역할과 책임을 다하도록 이끌어준다.	1	2	3	4	5

[3] 업무 절차	매우 그렇지않다 ⟷				매우 그렇다
1. 명백하게 문서화된 정책과 업무절차가 활용된다.	1	2	3	4	5
2. 까다로운 의사결정을 위해 합의된 절차를 가지고 있다.	1	2	3	4	5
3. 갈등 해결을 위한 합의된 절차가 마련되어 있다.	1	2	3	4	5
4. 업무와 관련된 정보수집을 위한 적절한 대상과 방법을 알고 있다.	1	2	3	4	5
5. 공식적인 규정은 항상 준수된다.	1	2	3	4	5
6. 업무처리에 관한 절차와 방법을 개선하려는 노력을 기울인다.	1	2	3	4	5

7. 업무처리 절차는 최근의 방법이나 기술을 반영하고 있다.	1	2	3	4	5
8. 회의는 효과적인 회의 원칙에 의해 생산적이고 원활히 진행된다.	1	2	3	4	5
9. 팀은 효과적인 문제해결과정을 수행한다.	1	2	3	4	5
10. 업무 추진을 위해 사용하는 커뮤니케이션 도구의 사용방법과 규칙이 확립되어 있다. (그룹웨어, 이메일, 메신저, 전화 회의 등)	1	2	3	4	5

[4] 대인관계 및 커뮤니케이션	매우 그렇지않다 ←			→	매우 그렇다
1. 팀은 커뮤니케이션 프로세스와 절차를 정해두고 있으며, 각 팀원들에게 잘 통하는 혹은 잘 통하지 않는 방법을 이해하고 있다.	1	2	3	4	5
2. 팀원들 간의 커뮤니케이션 유형이 다름에 익숙하다.	1	2	3	4	5
3. 팀은 다양한 의견, 지식, 경험을 존중한다.	1	2	3	4	5
4. 팀은 정기적으로 칭찬 및 포상을 제공하고 팀 구성원들을 격려한다.	1	2	3	4	5
5. 팀 구성원 모두는 피드백을 즐겁게 받아들이고 행한다.	1	2	3	4	5
6. 팀 구성원들은 팀의 목표에 대한 이해를 함께 공유함으로써 서로 효과적으로 일한다.	1	2	3	4	5
7. 팀 구성원들은 동료애를 가지고 함께 잘 일하고 있다.	1	2	3	4	5
8. 팀 구성원들은 필요시 다른 팀원들에 대해 개인적 지원을 제공한다.	1	2	3	4	5
9. 누군가에게 문제가 생기면 팀원들은 서로 그 문제를 상의한다.	1	2	3	4	5
10. 팀 구성원들은 일이 잘 되도록 하는데 있어서 서로 신뢰하며 기대되는 바를 수행하는 데 능숙하다.	1	2	3	4	5

※ 점수 산출 및 해석

[1] 미션, 목표, 지표

합계 점수 : ____

45점 이상: 당신은 팀이 미션과 목표를 이해하고 있으며 적절한 사람들이 참여하고 있음에 만족하고 있습니다.

26-45점: 팀의 미션과 목표에 관해 다시 확인하거나, 팀 구성원들과 함께 상의하여 이것들을 확립하도록 합니다. 이 과정에서 팀의 모든 사람들이 의견을 제시하고, 합의해야 합니다.

25점 이하: 팀의 미션, 목표, 지표에 관하여 팀 구성원과 상의해야 할 분야가 많이 있습니다. 팀의 미션, 목표, 지표를 확립하는 작업을 진행하고, 여기에 더하여, 팀의 모든 사람들이 잘 되고 있는 것과 안 되는 것을 말할 수 있도록 하는 공개 대화에 참여하게 해야 합니다.

[2] 역할과 책임

합계 점수 ____

45점 이상: 당신은 팀이 자신들의 역할과 책임을 이해하고 있음에 만족하고 있습니다. 또한 당신의 역할과 당신에게 주어진 기대치를 이해하고 있습니다.

26-45점: 당신의 역할과 책임 혹은 팀원들의 역할과 책임과 관련하여 약간의 문제를 지니고 있습니다. 팀 구성원 혹은 리더와 가장 낮은 점수를 받은 부분에 대해 대화를 나누십시오. 팀 업무기술서(Team Profile)로 문서화된 역할과 책임을 다시 살펴보고 모두가 수행해야 하는 각자의 역할과 책임이 있음을 확실하게 하십시오. 합의된 결과는 문서로 업데이트하도록 합니다.

25점 이하: 역할과 책임에 관하여 팀 구성원 모두와 상의해야 할 분야가 많이 있습니다. 모든 구성원이 참여한 가운데 자신들의 주어진 역할과 책임에 합의하고, 그 결과는 팀 업무기술서로 문서화하십시오.

[3] 업무 절차

합계 점수: ____

45점 이상: 당신은 팀이 절차를 이해하고 있음에 만족하고 있습니다. 대부분의 팀 프로세스는 당신의 요구를 충족시켜주고 있습니다.

26-45점: 당신 팀의 프로세스에 대해 약간의 문제를 지니고 있습니다. 팀 구성원 혹은 리더 및 촉진자들과 가장 낮은 점수를 받은 부분에 대해 대화를 나누십시오. 모든 팀 구성원들이 실행될 프로세스에 합의하고 이를 완전히 이해해야 합니다.

25점 이하: 팀 프로세스에 관하여 팀 구성원과 상의해야 할 분야가 많이 있습니다. 팀 구성원들과 협의하여 모두가 업무를 수행하는 방식과 그 기대치에 대해 합의하면 업무기술서(Team Profile)로 문서화하십시오.

[4] 대인관계 및 커뮤니케이션

합계 점수 ____

45점 이상: 당신은 팀의 커뮤니케이션 프로세스에 만족하고 있으며 구성원들의 문화적인 차이점들에 대해 이해하고 있습니다. 또한 팀 구성원들이 업무를 성공적으로 완수할 것임에 신뢰하고 있습니다.

26-45점: 당신은 커뮤니케이션이나 존중과 신뢰 혹은 다양한 문화에 대한 이해의 측면에서 약간의 문제를 지니고 있습니다. 팀원들과 가장 낮은 점수를 받은 부분에 대해 대화를 나누십시오. 차이점에 대해 좀더 이해해 보고 공개적인 커뮤니케이션 분위기를 조성하는 법에 대해 토론해 보십시오.

25점 이하: 팀의 대인관계와 관련하여 팀 구성원들과 상의해야 할 분야가 많이 있습니다. 팀내 . 여기에 더하여, 친목 활동 또는 팀 구성원들 간의 보다 빈번한 1:1 면담 등을 통하여 즐겁게 서로를 더욱 잘 알아가는 시간을 갖습니다.

그룹 활동: 종이 가방 만들기

게임 방법 안내

1 각 조별로 종이 가방을 만들기 위해 필요한 역할을 개인별로 정하고 연습 게임을 실시한다.

* 우리가 만들 가방은?

- 전화기를 집어넣을 수 있도록 넙적한 바닥
- 모양, 형태는 무관.
- 단, 손잡이는 긴 끈의 형태로 체인식으로 연결하여 만듦.
  (손잡이가 짧은 손가방은 안됨)

3 연습시 만든 가방과 만들어 놓은 재료들을 모두 치운다.
본격 실전 게임 실시
- 평가기준: 견고성, 디자인, 색상, 최종 결과물

효과적 팀의 4요소에 비추어 우리 조를 평가하고,
플립챠트에 우리 조의 성공요인과 부족했던 면을 적어 발표한다.

우리 조 평가

Items	점수 (1~5점)
미션, 목표, 지표	
역할 및 책임	
업무 프로세스	
커뮤니케이션	

강 점	약 점

Ⅳ. Team Profile 작성

1. Team Profile이란?

Team Profile 작성방법 및 예시

<table>
<tr><th>약정 대상</th><th>후원자</th><th>팀리더</th><th>촉진자</th><th colspan="2">팀 승인일자</th><th>팀 발족일자</th></tr>
<tr><td></td><td></td><td></td><td></td><td colspan="2"></td><td></td></tr>
<tr><th colspan="7">기 본 요 소</th></tr>
<tr><td>미션 진술</td><td colspan="6">미션 진술은 문화와 행동에 긍정적인 영향을 미치는 방향을 설정하는 주요 도구이다. 12-18 개월의 기간 동안 조직이 집중해야 하는 바를 정의한다. 미션 진술은 다음과 같이 한다
• 주요한 생산물 및 서비스를 명시 (무엇을)
• 주요 고객이 누구인지를 명시 (누구)
• 어떤 기술, 마케팅 전략 혹은 전달 방법을 사용할 것인지 명시 (어떻게)
• 여러분의 미션은: 무엇을, 누가, 어떻게 를 포함하고 있는가?
방향을 정확하게 반영하고 있는가?
여러분 팀이 회사에 기여할 수 있는 특별한 사항들을 담고 있는가?
사례: 리더십팀 – 고성과의 원칙을 적용하여 (어떻게) hynix직원들을 위한 (누구) 훌륭한 리더십 프로그램을 설계하고 실행한다. (무엇)</td></tr>
<tr><td rowspan="2">목표 설정 및 성공 척도</td><td colspan="3">전략적 목표는 조직의 목표를 달성하기 위하여 환경과 상호 작용하는 계획을 설명한다.
각 목표는:
•하나의 주제에 집중한다
•성공 지표를 사용하여 측정 가능하다
•조직전체의 성공에 기여한다/연속성이 있다
•완수는 조직의 요구에 기초를 둔다.</td><td colspan="3">성공 척도들은 별개의 측정 가능한 도구로 전략적 목표의 성공 여부를 결정할 수 있도록 해준다. 좋은 척도는:
• 정량적인 측정을 제공한다.
• 현실적, 성공의 가능성이 있다.</td></tr>
<tr><td colspan="3"><전략적 목표>
• 양질의 효과적인 리더십 프로그램을 개설한다.
• 바람직한 리더십에 대한 GM의 비전을 정한다
• 네트워킹 기회를 제공하고 각 그룹간에 교류를 증대시킨다.
• IAMG의 Key player와 미래 리더를 확인한다.
• 참석자들에게 방향설정에 참여하여 돕는 기회를 제공한다
• 예산 범위 내에서 설계하고 실행한다</td><td colspan="3"><성공척도>
• 참석자 피드백 > 5점 만점에 3.6점
• GM의 비전을 과정 인사말에 포함
• 업무 그룹의 80%로부터 최소 1명씩의 참석
• 참석자의 90%가 key player이다
• 교육의 50%가 상호 작용 및 그룹 활동을 포함한다
• 예산 이내에 개설한다</td></tr>
<tr><td>수행상 어려움</td><td colspan="6">팀 혹은 프로젝트의 성공을 방해할 장벽에 대한 정확한 설명과 측정 방법
<수행 상의 어려움> — <측 정>
리더십 기대수준, 행동 및 Action에 대해 IAMG 전체가 집중하게 하는 것 — IAMG OE survey 점수
조직이 하나의 IAMG로서 행동하도록 지원 — IAMG OE survey 점수</td></tr>
<tr><td>회사에 미칠 영향</td><td colspan="6">• 나의 사명이 어떻게 회사의 전략적 목표와 연계되는지 파악한다.
• 성공 / 실패의 결과를 명시한다.</td></tr>
</table>

< Team Profile 작성방법 및 예시 >

<table>
<tr><td>범위
및
제한
조건</td><td colspan="2">팀 혹은 프로젝트의 범위 이내 및 밖의 요소들을 정의한다.
범위 내 : IAMG 직원들에게 적절한 리더십 교육을 제공
고 성과 조직을 이끌기 위한 모든 영역을 포함한 교육
범위 밖 : Key player가 아닌 일반 관리자</td></tr>
<tr><td>기 간</td><td colspan="2">팀의 지속 기간 및 해체 계획을 정한다
프로젝트 팀 : 6 – 8개월. 프로젝트 완료 이후 해산함
팀 : 지 속</td></tr>
<tr><td colspan="3">기술 및 역할 명료화</td></tr>
<tr><td>팀
구성원</td><td colspan="2"><이 름> <직 위> <팀 목적과 관련된 역할 및 책임>
○○○ 팀장 예산 및 시간계획을 관리하고, 효과적인 팀 회의를 이끌며 팀워크를 지원함.
○○○ 대리 홍보 계획을 개발 및 실행함. 고객들과 우선적으로 상호작용 함.
○○○ 사원 과정 내용을 예정대로 개발함. 교육과정용 자료를 준비하고 검토 과정을 실시함.</td></tr>
<tr><td rowspan="2">팀
기대</td><td colspan="2">팀 성과에 대한 기대 리스트를 만든다:
▪ 커뮤니케이션과 업무 프로세스, 행동규칙, 효과적인 팀 교육과정에서 배운 원칙들을 고려한다.
▪ 여러분이 속해 있거나 관찰해온 다른 팀들을 생각한다. 그들을 효과적이고 높은 성과를 내도록 만드는 요소들을 생각하고 이 팀에 적용한다.
▪ 이 팀의 구성원으로서 어떻게 대우 받고 싶은지를 고려한다</td></tr>
<tr><td><팀 구성원>
▪ 모든 팀원들에게 의견을 발표할 기회를 준다 ·
▪ 다른 문화를 존중한다
▪ 회의에 활발하게 참여하고 제시간에 사전 준비를 하고 온다
▪ 잘한 일에 대해서는 보상 방법을 사용한다</td><td><팀 리더>
▪ 제 시간에 임무를 완수한다.
▪ 일과 생활의 균형을 지원한다
▪ 필요 시 문제를 제기한다.
▪ 각 회의 마지막에는 다음 회의 안건을 정한다
▪ 회의 agenda는 미리 배포한다</td></tr>
<tr><td colspan="3">회 의 체 계</td></tr>
<tr><td>회의
규칙
및
기대</td><td colspan="2">회의를 효과적으로 만들기 위한 원칙에 팀 전체가 합의한다.
빈 도 : 주 1 회
일정수립 : 분기별로 확정. 추가 회의에 대한 일정은 최소한 5일 전에 정한다.
Agenda : 48시간 전에 배포
회 의 록 : 회의 주관자가 회의록과 Action item을 정리하여 회의 28 시간 이내 배포
참 석 : 참석이 어려우면 주관자에게 미리 알리고 Action item의 진행상황을 통지
기 타 : 회의에 늦으면 1 달러의 벌금을 내어 차기 FTF에 사용하도록 함</td></tr>
</table>

< Team Profile 작성방법 및 예시 >

<table>
<tr><td rowspan="2">의사결정
프로세스</td><td>의사결정 방법을 정한다.
<의사결정 방법>
▪Consultative (협의): 팀으로부터 입력을 받아 리더가 최종 결정을 내림.
▪Consensus (합의): 팀 전체가 동의해야 함 (혹은 반대와 동참)
▪Authoritative (명령): 한 사람이 최종 결정을 내림.
▪Voting(투표): 구성원들이 투표하여 다수결에 따름.</td></tr>
<tr><td>의사결정 방법을 정한다.
[의사결정 방법]
▪ Consultative (협의): 팀으로부터 입력을 받아 리더가 최종 결정을 내림.
▪ Consensus (합의): 팀 전체가 동의해야 함 (혹은 반대와 동참)
▪ Authoritative (명령): 한 사람이 최종 결정을 내림.
▪ Voting(투표): 구성원들이 투표하여 다수결에 따름
▪ 결정이 2개 혹은 그 이상의 하위 팀에 영향을 미친다: Consultative(협의적 방법)
▪ 결정이 개별 하위 팀에 영향을 미친다: Authoritative (권위적 방법)</td></tr>
<tr><td>결정
승인범위</td><td>팀의 결정에 대해 승인, 재결정 혹은 거부할 주요 인물 혹은 그룹을 파악한다
▪ 상위 매니지먼트 승인: 예산, 인력, 시간계획을 넘어서는 경우
▪ 팀 승인: 결정이 3개 이상의 하위 팀에 영향을 미칠 때</td></tr>
<tr><td>경영진
검토</td><td>경영진 검토 및 발표에 대해 정한다
▪ MRC 발표: 03/31/00
▪ 경영진 검토: 분기별</td></tr>
<tr><td>시차
관리</td><td>모든 팀 구성원들이 받아들일 수 있는 회의시간에 대해 합의한다
이름 지역 희망 회의시간 기타
John HSA Sun - Thur 4-6pm PST 금요일에는 사무실에 없음
Pam 이천 Mon-Thur 7-9am PST 때때로 오전 8시 회의에 참석 가능
Nick HSD Mon-Fri 7-8am PST 오전 7시 선호
Chris HSH Mon-Fri 7-3pm PST 화.목요일은 출장</td></tr>
<tr><td colspan="2">Technology 사용</td></tr>
<tr><td>의사결정
커뮤니케
이션</td><td>팀 의사결정을 커뮤니케이션 하기 위한 방법을 명시한다
▪ 이메일로 회의 의사결정 내용을 알린다
▪ 회의 밖에서 의사결정이 내려지면 자세한 사항을 전체 팀에 이메일로 알린다</td></tr>
<tr><td>커뮤니케
이션
규칙</td><td>커뮤니케이션 목적을 위하여 사용될 Technology을 명기한다:
전 화: 장시간 토론이 필요한 질문 및 주제
이 메 일: 긴급하지 않은 요청, 현황 업데이트
휴대전화: 2시간 이내 해결이 필요한 중요한 문제
기 타: 회의 Agenda 및 회의록을 공유한다</td></tr>
</table>

그룹 활동 : 미션 진술문 작성 실습

1. 미션 작성을 위해 우리 조에서 선정된 사람에 대하여 적어봅시다.

2. 미션 진술문 작성을 위한 대표 키워드를 적어봅시다.

3. 미션 진술문을 3가지씩 적어봅시다.

Module 15

팀과 다양성

1) 다양성의 효과에 대한 견해
2) 다양성의 유형
3) 다양성의 분류

다양성의 효과에 대한 견해

우리나라는 5,000년 역사의 전 세계 유래 없는 단일민족으로 구성된 국가이다. 수차례 있었던 외세의 침략이 우리나라의 순수혈통에 어느 정도 영향을 미쳤음에 분명하지만, 인류학적 관점에서 보면 우리나라의 혈통은 하나의 뿌리로 거슬러 올라간다. 쉽게 말해 우리나라의 경우 인종적 다양성은 0에 가깝다고 할 수 있다.

그러나, 반대로 미국과 같은 경우 전 세계 인종을 다 모아놓았다고 해도 크게 틀리지 않을 정도로 인종적 다양성이 매우 높다. 인종 박람회라는 말도 한다. 여기서 많은 사람들이 의문을 제기한다.

"과연 다양성이 좋은 것인가? 아니면 단일성이 좋은 것인가?"

(1) 다양성에 대한 긍정적 입장

▪다양한 견해가 도출된다.

다양성에 대해 옹호하는 입장에서는 가장 대표적인 증거로, 집단 내에서 도출될 수 있는 다양한 견해를 제시하고 있다. 실제로 사람들이 개인이 아닌 집단을 형성하여 일하는 데에는 개인의 능력과 경험으로 해결하지 못하는 문제를 다른 동료의 경험과 능력으로 보완하려는 데에 중점을 두고 있다.

특히, 한 사람의 제한된 의견이 아닌 서로 다양한 의견이 제시됨으로써 이를 통해 좀더 합리적인 대안을 모색할 수 있다는 것이 바로 다양성의 가장 큰 장점이라 할 수 있다.

실제로, 다양성이 부족한 집단에서는 빠른 의견 일치에 대한 압력과 구조적 단일성으로 인해 집단사고(groupthink)라 불리는 '집단착각'현상이 쉽게 나타날 수 있다.

다양성은 이러한 집단사고 현상을 방지할 수 있는 가장 중요한 요소이며, 이러한 차원에서 다양성에 대한 긍정적 의견이 설득력을 가지게 된다.

Ⅰ. 다양성의 효과에 대한 견해

▪범위의 경제를 실현할 수 있다.

한 사람이 한번에 할 수 있는 일은 제한되어 있다.

어떤 사람이 새로운 아이디어를 내는 데에 골몰해 있다면, 그는 흔히 무언가 사소하거나 일상적인 일에서는 한눈을 팔게 되기 쉽다.

끓는 물에 계란 대신 시계를 집어 넣었다던 에디슨의 사례에서 쉽게 이해할 수 있다.

그러나, 사람들이 모인 집단에서는 이러한 한계를 넘어설 수 있다. 즉, 어떤 사람이 새로운 아이디어에 골몰하는 동안 다른 사람은 이에 대한 현실적 실행 방안을 고민할 수 있고, 또 어떤 사람은 대안에 대한 평가에 집중할 수 있다. 이러한 상황을 범위의 경제(economy of scope)라는 용어로 표현한다. 즉, 제조업의 회사가 유통업의 회사를 인수 합병한다면 그만큼 물류비가 절감되거나 새로운 영역으로의 다각화가 가능한 것이다.

특히, 다양한 성격 또는 다양한 배경을 가진 사람들이 모인다면 이러한 다각화, 또는 범위의 경제는 쉽게 실현될 수 있을 것이다. 따라서, 이러한 관점에서라면 집단의 다양성은 궁극적으로 집단의 성과를 향상시킬 것이라는 결론에 도달할 수 있다.

이러한 논의에서 한발 더 나아간다면, 그럼 과연 하나의 집단에는 도대체 어떤 기능들이 포함되는 게 좋은지, 또는 집단은 몇 명으로 구성되었을 때 가장 적절한지에 대한 의문을 제기해볼 수 있다. 해당 부분에 대한 의문은 2장, 3장에 걸쳐 설명될 내용의 핵심주제이다.

▪창의성과 숨겨진 재능을 자극할 수 있다.

자신과 많은 면에서 다른 사람을 만난다는 것은 매우 특별한 경험을 제공한다. 나의 모습에 대해 돌아볼 수 있는 계기도 되며, 다른 모습의 장점도 발견하게 된다.

다른 사람과 함께 일한다는 것은 더욱 특별한 경험이 될 것이다. 다양한 사람들과 함께 부딪히면서 일한다는 것은 사람들에게 신선한 자극이 될 것이며, 이는 개인의 창의성과 숨겨진 재능을 자극하는 기폭제가 될 수 있다.

많은 창의성 연구자들은 이러한 이유로 집단의 다양성을 강조하고 있다. 다양하지 못한 집단에서는 새로운 아이디어가 나올 수 없으며, 개인의 발전도 뒤따르지 못한다는 것이다. 집단이 다양한 사람으로 구성되어 있다는 것은 그만큼 창조적인 잠재력을 보유한 집단이라고도 볼 수 있는 것이다.

(2) 다양성에 대한 부정적 입장

▪갈등이 발생한다.

앞서 수 차례 이야기된 바 있지만, 갈등은 일상적이고 필연적이다.

특히, 다양한 견해와 배경을 가진 사람들 사이에서는 이러한 갈등이 더욱 쉽게, 자주 발생할 수 밖에 없다. 다양성이 높은 집단에서는 끊임없이 크고 작은 갈등 상황이 발생하리라는 것을 쉽게 예측할 수 있다.

이러한 갈등은 집단의 다양성에서 발생하는 여러 가지 이점들을 상쇄해버리는 효과를 가질 것이다.

다양성이 높은 집단에서 여러 가지 다양한 견해가 도출되어 새로운 대안을 모색할 수도 있지만, 서로 자기의 주장을 내세우다가 필요 없는 마찰과 갈등이 발생하여 오히려 의사결정이 늦어지고 때로는 최악의 파국으로 치달을 수도 있는 것이다.

우리나라에서는 찾아보기 힘든 인종 간 분쟁 상황이 미국 또는 유럽에서 매우 쉽게 나타나는 현상을 고려할 때 다양성이 이러한 부정적 측면에 대해서도 고려할 필요성이 발견된다.

▪내부 분화가 발생한다.

인간은 기본적으로 사회적 동물이다.

사회적 동물이라는 것은 인간이 본성적으로 무리를 이루려고 하며, 특히 자신과 유사한 동질적 집단에 속하고자 하는 성향을 가지고 있다는 것이다.

따라서, 다양성이 높은 집단에 속한 사람들은 그 속에서 일하면서 점차 자신과 유사한 사람들을 찾아내게 되고, 이내 유사한 사람들이 서로 모인 집단(clan)이나 무리를 형성하는 경우가 많다.

이렇게 집단 내 분화된 소규모 조직은 집단의 효율과 성과에 매우 큰 저해 요소로 작용한다. 분화된 그룹에 포함된 사람들은 자신이 속한 그룹에 대해 사회적 일체감(social identity)을 형성하게 되고, 이러한 사회적 일체감은 다른 그룹에 대한 무조건적인 배척으로 이어지게 된다.

따라서 분화된 집단 간에는 해결의 방향성을 찾기 힘든 무한 갈등의 연쇄 고리가 형성되고, 이는 결국 집단을 나락으로 이끌 수 있는 것이다.

(3) 다양성의 종합적 효과

요약하자면, "다양성은 좋은 면과 나쁜 면을 모두 가진다."

다양한 견해와, 범위의 경제, 창의성의 자극 등 다양성은 집단 성과에 긍정적인 측면을 가진 반면, 내부 갈등과 분화 등 부정적인 측면도 동시에 발생한다.

그렇다면, 결론은 둘 중 하나가 될 것이다.

ㄱ) 다양성을 유지하되, 부정적인 현상을 막기 위해 노력한다

ㄴ) 다양성을 포기하고 집단의 단일성을 유지한다.

다양성의 부정적 현상에 대한 관리가 가능하다면, ㄴ)의 소극적 방향성을 택할 이유는 없다. 본 교육과정은 ㄱ)의 대안을 전제로 진행되고 있는 것이다. 다양성의 효과를 간단히 도식화하면 다음과 같다.

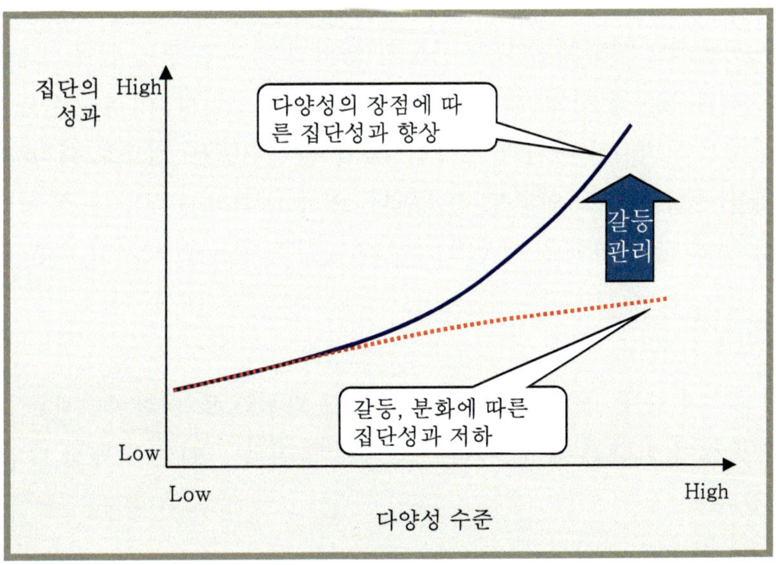

요는 이렇다.

다양성의 장점을 살리기 위한 핵심 성공 요인은 '갈등관리(conflict management)'라는 것이다. 집단의 장점을 살리면서 동시에 시너지를 창출하기 위해서는 성과를 향상할 수 있는 적절한 갈등관리 전략이 요구되는 것이다.

◆ 다양성의 유형

다양성(diversity)은 다양한 측면에서 이야기되어진다.

이를테면, 어떤 조직에 남녀의 비율이 적절히 섞여 있는 경우, 학력수준의 분포가 어느 한 학력수준에 집중되어 있지 않고 고르게 나타나는 경우, 인종적 측면에서 다양한 분포가 나타나는 경우 등…

실제로 기존의 다양성에 대한 연구들도 여러 가지 측면에서 다양성을 바라보고 있다.

(1) 내적 다양성 요인

▪ 성별 (sex)

가장 비근한 사례이지만, 남성과 여성의 성별 차이도 다양성에 있어 매우 중요한 요인 중 하나이다.

실험 연구에서도 성별이 고르게 분포된 집단의 경우 그렇지 않은 집단에 비해 20% 이상의 성과와 사기 향상이 발견되고 있다. 그러나, 이러한 성별 다양성은 양쪽의 성비가 50:50이 아니라 오히려 40:60이나 30:70 정도로 나타날 경우 가장 큰 효과를 본다는 일부 연구도 존재한다. 이에 대해서는 작업 환경 특성과 업종, 직무 특성 등이 많은 영향을 미치기 때문에 확정적 결론을 제시할 수는 없다.

▪ 인종 (race)

기업의 글로벌화에 따라서 국내 기업에서도 외국인 또는 한국인과는 다른 인종의 직원들이 많이 일하고 있다. 이러한 인종적 특성의 차이는 명백한 다양성의 요소로 볼 수 있다.

일련의 실험 결과에 따르면 인종과 성별의 다양성이 높아지면 높아질수록 팀 구성원들의 상호 배려(mutual consideration) 정도가 높아진다는 연구 결과가 있다. 또한, 인종의 다양성은 팀 구성원의 팀에 대한 만족도에도 어느 정도 높은 영향을 미친다는 연구도 존재한다. 그러나, 우리 기업 현실에서 인종이라는 요소는 다양성의 요소로 보기에는 그 비중이 크지 않은 것이 사실이다.

▪연령 (age)

구성원의 나이가 다양성의 중요한 요소로 포함되는 이유는, 일반적으로 연령에 따라 조직 내 구성원들은 서로 다른 계층 문화 또는 세대 문화(generation culture)를 형성하기 때문이다.

흔히, 세대 차라고 말하는 내용이 바로 여기에 속한다. 동일한 연령대로 구성된 집단은 집단 내 세대 차가 크게 나타나지 않지만, 연령대가 다양하게 분포된 집단에서는 세대 차에 따른 보이지 않는 갈등 상황이 발생하게 마련이다.

▪가치관 (culture/ value)

개인이 자라온 환경, 사회문화적 배경, 유전적 특질 등에 따라 일평생을 거쳐 한 개인의 가치관이 완성되어 진다. 이렇게 형성되는 가치관은 그 상황의 다양성으로 인해 사람들마다 매우 상이하게 마련이다.

가치관의 차이, 또는 문화의 차이는 겉으로 명확히 드러나지는 않는 요소이지만, 집단의 업무 수행 중 또는 다양한 상호 관계 속에서 분명히 존재하는 요소이다.

일반적으로 대부분의 연구들은 가치관(value)의 차이는 잘 해결되지 않는 심각한 갈등을 초래하는 경우가 많고, 대부분의 경우 이러한 갈등은 집단의 성과 저하로 연계되는 경우가 많다고 제시되고 있다. 따라서, 다양성의 연구에 있어 이러한 가치관적 특성에 대한 연구가 매우 중요한 주제로 제기되고 있다.

▪성격 (personality)

성격은 가치관과 유사한 개념이지만, 좀 더 유전적이고 본질적인 성격을 띠고 있다. 물론 가치관과 마찬가지로 일평생을 거쳐 성격 또한 형성되고 변화되는 대상이다.

MBTI, DISC 등 성격의 유형을 구분하고 이들의 특성을 규정짓는 많은 도구들이 이미 존재하고 있으며, 최근에는 Big Five라고 하는 5대 성격 요소에 대한 관심이 가장 집중되고 있다.

<Big Five 성격 유형>

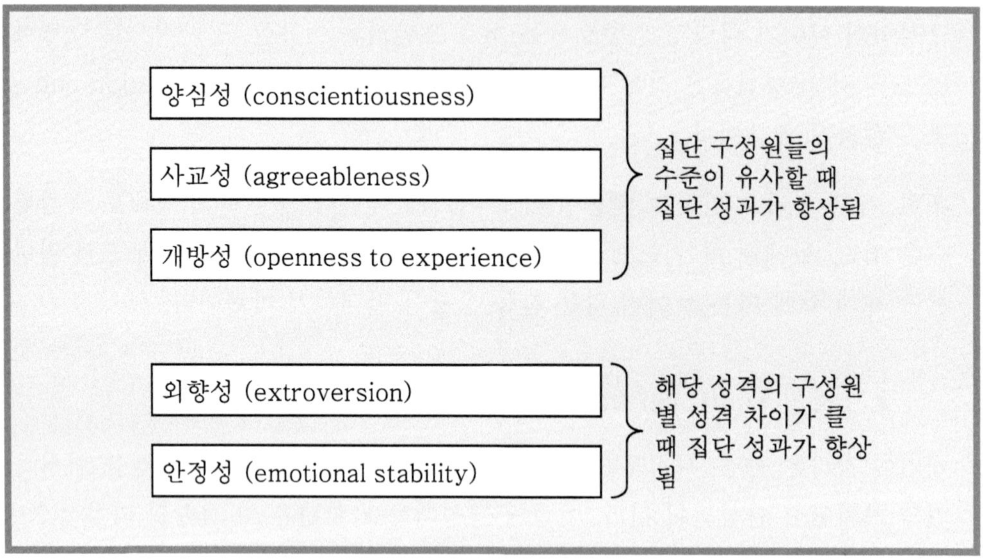

Big Five 성격 유형에 대한 최근의 연구들에서 상당히 이목을 끄는 결과를 발견할 수 있다.

즉, 5가지의 성격 유형이 어떻게 분포할 때 집단의 성과가 향상되는지에 대한 연구 결과, 위에서 제시한 3가지의 성격 특성(양심성, 사교성, 개방성)은 해당 성격의 수준 또는 강도가 유사한 사람들이 모여 있는 집단이 성과가 높게 나타나고 있었다.

이는 양심성과 사교성 등의 특징은 서로 배짱 또는 죽이 잘 맞는 유사한 사람들끼리 잘 어울리게 된다는 점이다.

반대로 아래의 두 가지 성격 요소인 외향성과 안정성은 집단 구성원들 간 성격 편차가 크게 나타나는 경우 오히려 집단 성과가 향상된다는 결과가 도출되었다. 즉, 집단 내에 외향적인 사람이 존재하더라도 반대로 내성적인 사람도 동시에 존재하는 경우가 오히려 더 낫다는 것이다.

Big Five 성격 유형에 대한 이러한 연구 결과는 다양성의 연구에 있어, 일련의 성격 조합(composition)에 대해 연구의 관심을 모으게 중요한 연구결과이기도 하다.

(2) 외적 다양성 요인

▪기술 및 직무 (function and job)

집단의 성과와 관련된 외적 다양성 요인 중 가장 대표적인 요소는 기술 또는 직무의 다양성이다.

이는 본인이 수행하는 직무 자체의 차이와 개인의 과거의 학습을 통해 축적한 개인적 전문 지식 및 기술 분야의 상이함에 따라 나타나는 차이로 해석할 수 있다.

이러한 기술 및 직무적 특성의 차이는 일반적으로 내적 특성에서 기인한 갈등에 비해 훨씬 생산적이고 관리가 수월한 갈등을 야기한다고 보여진다.

서로 다른 분야의 경험을 공유하고 새로운 아이디어를 제시하는 등 생산적 갈등 관계가 발현될 가능성이 높다는 것이다.

▪정보 (information)

정보 다양성은 기술/직무 다양성과 유사하나 가장 최근에 연구되고 있는 요인이다. 기술이나 직무와 같이 구체적으로 한 개인에게 내재화되었거나 또는 오랜 기간 접해왔던 내용이 아니라, 특정 사안에 대한 배경 정보의 특성이나 유무 여부 등에 따라 집단 구성원들 간의 다양성이 발현될 수도 있다는 것이다. 이러한 정보 다양성은 앞서의 기술 및 직무 등에서와 마찬가지로 생산적이고 유용한 갈등 유형을 유발할 것으로 기대되고 있다.

<다양성의 구성 요인 종합>

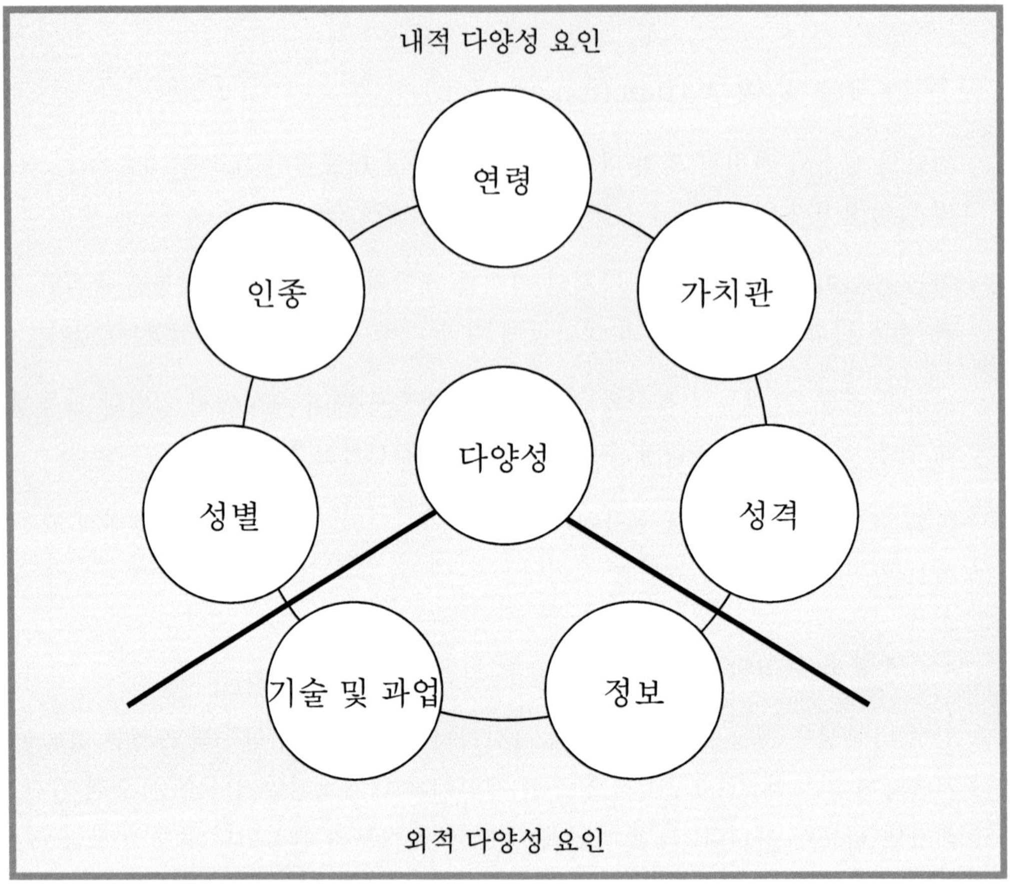

총 7가지의 다양성 구성 요인을 외적 다양성 요인과 내적 다양성 요인으로 구분해 보면 위와 같다. 특히, 외적 다양성 요인의 경우 갈등을 유발하지만 과업과 관련되어 새로운 아이디어나 의견이 제시되는 등 생산적인 갈등 관계를 유발할 수 있으나, 내적 다양성 요인의 경우 그렇지 않은 경우가 많다는 기존의 연구들이 제시되어 지고 있다.

이렇게 다양성 요인들을 구분하고자 하는 시도는 이외에도 상당히 많이 시도되어 왔는데, 그중 최근의 다양성 관련 연구에서 가장 눈에 띄는 시도는 와튼 스쿨의 교수인 Jehn과 그녀의 동료들이 제시한 내용이다.

Ⅲ. 다양성의 분류

◆ 다양성의 유형 분류(Jehn)

Jehn과 그의 동료들은 몇 차례에 걸친 실험과 연구 결과를 통해 다양성 요인들을 아래와 같이 3가지 유형으로 구분하였다.

그리고 3가지의 다양성 유형들은 그 속성에 따라 서로 다른 유형의 갈등 관계를 조장하며, 팀의 성과에 대한 영향 관계도 다양하게 나타난다고 제시하고 있다.

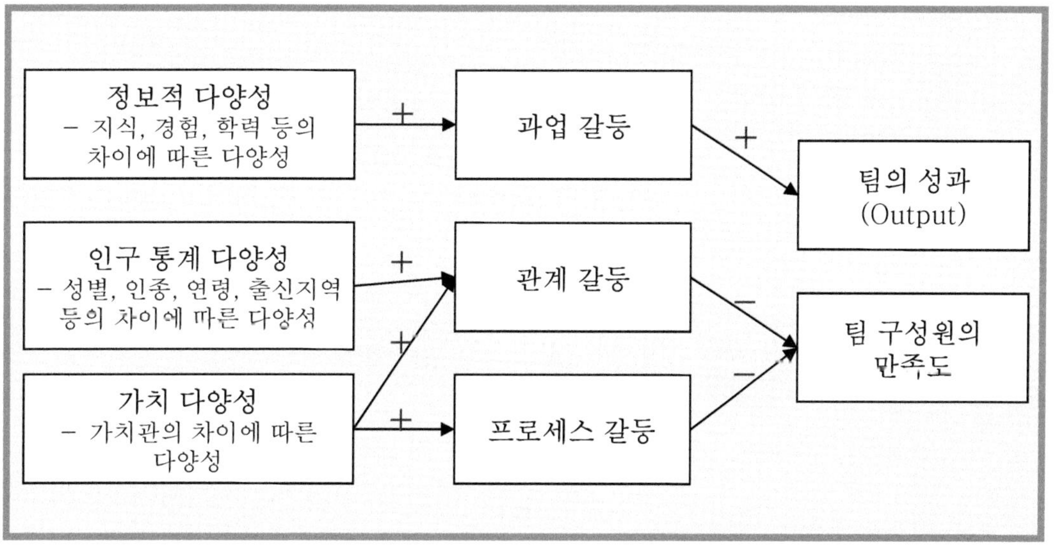

과업 갈등(task conflict)은 주로 집단 내의 과업상 문제에 대한 의견 충돌과 같은 갈등을 의미하며, 이는 주로 팀 구성원의 학력적 배경, 전문지식상의 차이, 그리고 경험상의 차이 등에 의해 발생한다.

관계 갈등(relationship conflict)은 대인 관계상에서 나타나는 갈등을 의미하며, 주로 팀원들의 사회적 배경(예를 들어, 인종, 출신 지역, 성별, 나이 등)에 의해 발생한다. 이러한 관계 갈등의 발생에 대해서는 사회적 정체성 이론에 의해 이론적 지지를 받고 있다.

프로세스 갈등(process conflict)은 팀원의 가치관상의 차이(value diversity)에 의해 발생하며, 팀의 과업 수행 과정상에서 자원의 배분, 우선 순위의 결정 등과 같은 의사결정 문제상의 갈등 상황을 의미한다.

관계 갈등과 과정 갈등은 팀 구성원의 태도적 측면의 유효성에 부정적 영향을 미치게 된다. 또한 다양성과 갈등, 그리고 갈등과 팀 유효성의 관계는 과업 상호의존성이 높을수록 크게 나타나고, 팀 내부에 '사회적 관계에 따른 갈등 현상을 용인하는 정도에 따라 달라질 것'이라고 하고 있다.

Module 16

ICP Model

1) ICP Model의 기본 구성

2) ICP Model

Ⅰ. ICP Model의 기본 구성

◆ ICP Model의 기본 구성

(1) 경쟁 가치 모형

최근까지 조직의 유효성과 특성, 그리고 기업문화에 대한 분석 준거(framework)로서 제기된 다양한 모형 중, 현실적으로나 이론적으로 가장 널리 활용되고 있는 모형은 바로 Quinn과 Cameron의 경쟁가치 모형(Competing Value Framework)이다

특히, 이는 기업문화의 유형 구분에 있어 가장 널리 활용되는 기준이기도 하다.

<기업문화의 경쟁가치모형>

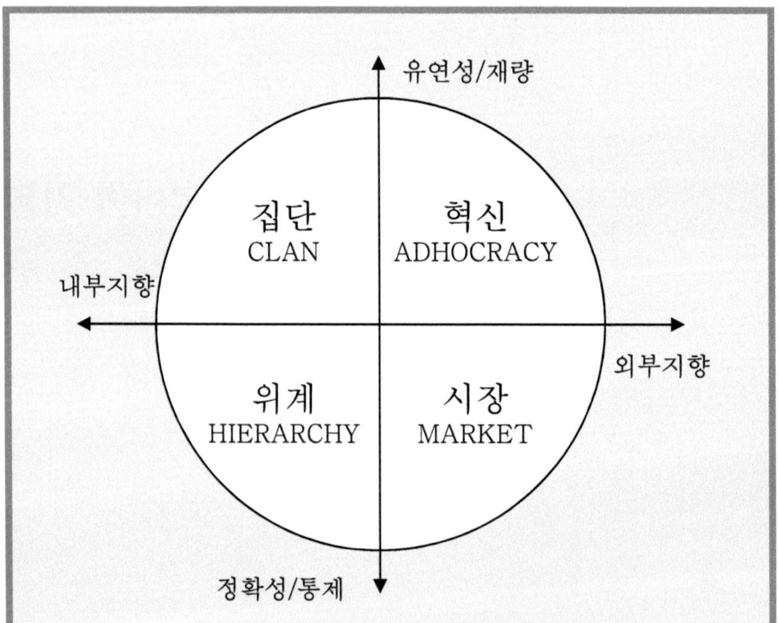

Quinn과 Cameron이 제시하는 기업문화 유형은 위와 같이 혁신, 시장, 위계, 그리고 집단의 4가지로 구분된다.

기업의 환경, 업종의 특성, 역사 등에 따라 기업들은 각기 고유한 기업문화 특성을 나타나게 된다.

◆ ICP (Individual Cultural Profile) Model

(2) ICP 특성 유형

기업의 문화적 특성을 구분하는 주요 기준으로 활용되는 경쟁가치모형을 기반으로 도출된, 한 개인의 가치관 및 성격, 그리고 행동 특성을 유형화하는 모델이 바로 ICP(Individual Cultural Profile) 모형이다.

ICP 모형에서는 총 8가지의 특성이 제시되고 있으며, 인근하고 있는 유형들에는 일부 유사한 모습이 발견되며, 대칭되는 위치에 있는 특성 간에는 상호 대치되는 특성을 발견할 수 있다.

이러한 ICP 모형은 개인과 조직문화, 그리고 집단 문화 간의 연계점의 역할을 할 수도 있으며, 갈등관리의 초점을 제시할 수 있는 중요한 단서이기도 하다.

<ICP의 8가지 특성 모형>

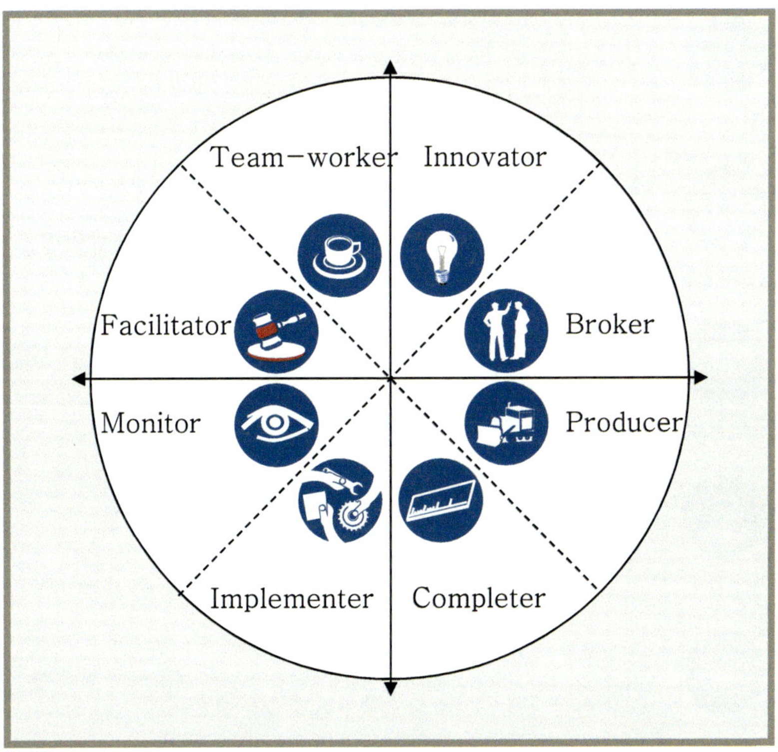

(3) 8개 유형별 정의

Innovator
- 풍부한 상상력과 창의력을 보여줌
- 기존의 관습에 얽매이지 않고 자유로운 문제 해결을 시도함
- 작은 사안들을 무시하는 경향이 있음
- 자신의 생각을 알리는 데에 집착하는 경우가 있음

Broker
- 외향적이며 열정적인 성격
- 새로운 기회 탐색에 능하고 다양한 관계 형성을 시도함
- 지나치게 긍정적인 경우가 있음
- 초기의 열정이 쉽게 사라지는 경향이 있음

Producer
- 도전적이고 활기찬 성격
- 추진력과 용기를 바탕으로 어려운 상황을 극복함
- 남을 자극하거나 다른 사람들의 감정을 상하게 하는 경우가 있음

Completer
- 근면성실하고 꼼꼼한 성격
- 실수나 빈틈을 찾아내는 데에 능하고 업무의 완결을 위해 노력함
- 자질구레한 사안에 지나치게 간섭하는 경우가 많으며, 걱정이 많음

Implementer
- 신뢰성 있고 엄격한 성격
- 보수적이고 능률적이며, 구체적인 실행에 강점을 가짐
- 제3의 대안에 대한 대응이 늦으며, 다소 비탄력적인 모습을 보임

Monitor
- 차분하고 냉정한 성격
- 전략적이며 다양한 사항을 검토하여 정확한 판단을 내림
- 비판적이며, 추진력이 다소 약함
- 앞장서서 이끌어 나가지 못함

Facilitator
- 성숙하고 자신감 있는 성격
- 판단력과 목표의식을 가지고 적절한 의사결정을 수행함
- 남들을 이용하는 듯한 인상을 주기 쉬우며,
- 솔선수범하지 못하는 경향이 있음

Teamworker
- 온화하고 협력적인 성격
- 남을 잘 이해하려 노력하고 필요 없는 마찰을 해소하려 노력함
- 중요한 상황에서 다소 우유부단한 모습을 보이며,
- 다른 사람들에게서 쉽게 영향을 받는 경향이 있음

(4) 유형별 특성 정의

ICP의 기본 유형은 8개이며, 특성 발현의 모습에 따라 총 50가지 이상의 개인별 Profile이 제공된다. 한 유형에 대한 Profile 도출 결과의 일부를 살펴보면 다음과 같다.

Innovator

- 풍부한 상상력과 창의력을 보여줌
- 기존의 관습에 얽매이지 않고 자유로운 문제 해결을 시도함
- 작은 사안들을 무시하는 경향이 있음
- 자신의 생각을 알리는 데에 집착하는 경우가 있음

밝고 긍정적인 성격을 가진 사람으로서, 다양한 아이디어와 새로운 대안을 찾아내는 데에 능하다.

이와 같은 유형의 성공적 케이스로는 발명왕 토마스 에디슨이나, 코페르니쿠스와 같은 이미지를 떠올려 볼 수 있다.

그러나, Innovator의 특성에 집착하는 경우, '게으른 천재' 또는 '몽상가'와 같은 부정적인 모습으로 귀결될 소지도 있다.

때때로 파격적인 모습을 보임으로써, 부하 직원들이 즐거워하거나 때로는 당황해 하는 경우도 발생한다.

상사로서의 Innovator는 일반적으로 '탁월한 성과를 내는 사람'의 이미지를 가지기 힘들다. 그러나, 만약에 부하 중에 보수적이고 능률적인 Implementer가 존재하는 경우에는 탁월한 관계를 형성할 수도 있다.

Broker나 Producer와 같이 외향적이고 적극적인 부하들과는 '개와 고양이' 같은 상극의 관계를 형성할 가능성이 크다.

Innovator인 상사는 개인적으로 Implementer의 보수적이고 능률적인 성격을 보완하기 위해 노력할 필요가 있다.

부하로서의 Innovator는 상사의 유형에 따라 매우 상이한 평가를 받을 소지가 크다. 상사가 Producer나 Completer 유형일 경우, Innovator 유형의 부하는 스트레스와 압박에 시달릴 수 있으며, 상사가 Facilitator나 Teamworker일 경우 매우 유능한 부하직원으로서의 자리매김을 할 수 있다.

(5) 바람직한 유형 조합

ICP모델의 관점에서 바라보았을 때, 집단 또는 팀이 바람직한 과정과 성과를 도출해내기 위해서는 다음과 같이 하나의 특성에 대해 상호 보완의 역할을 할 수 있는 특성간의 조화가 요구된다.

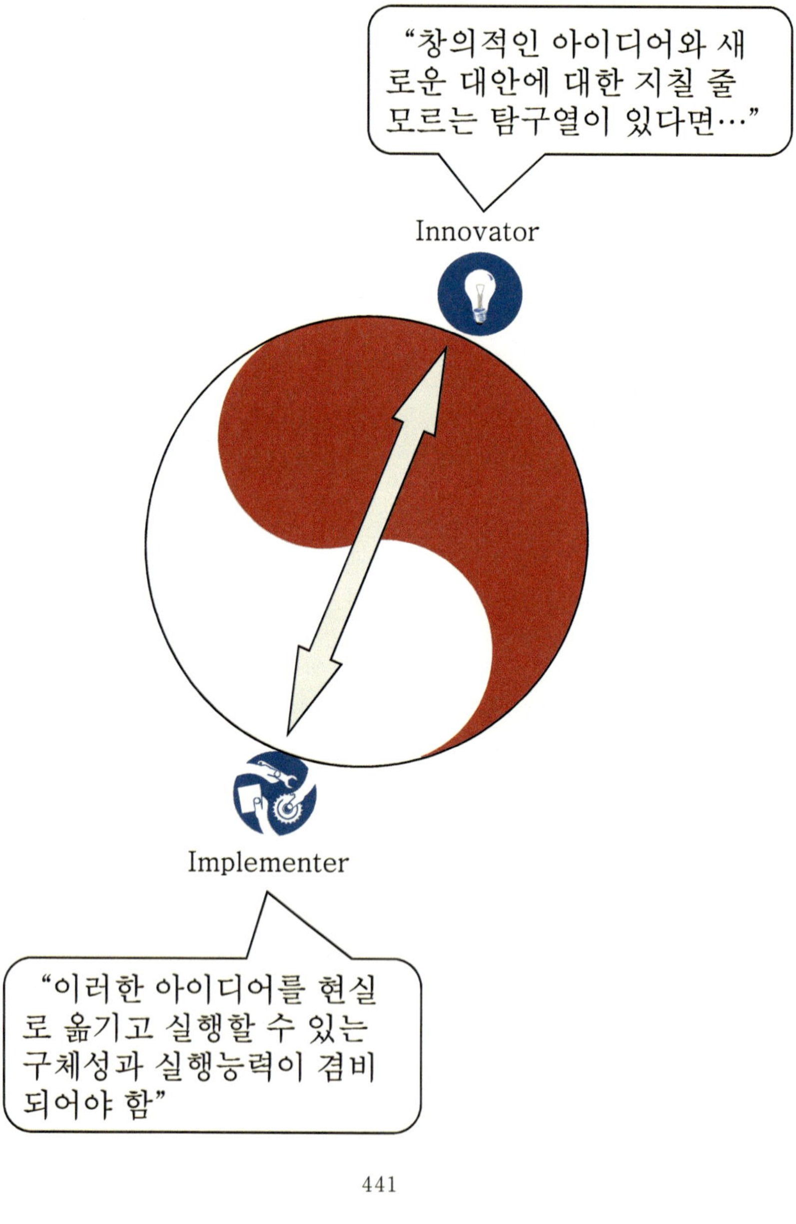

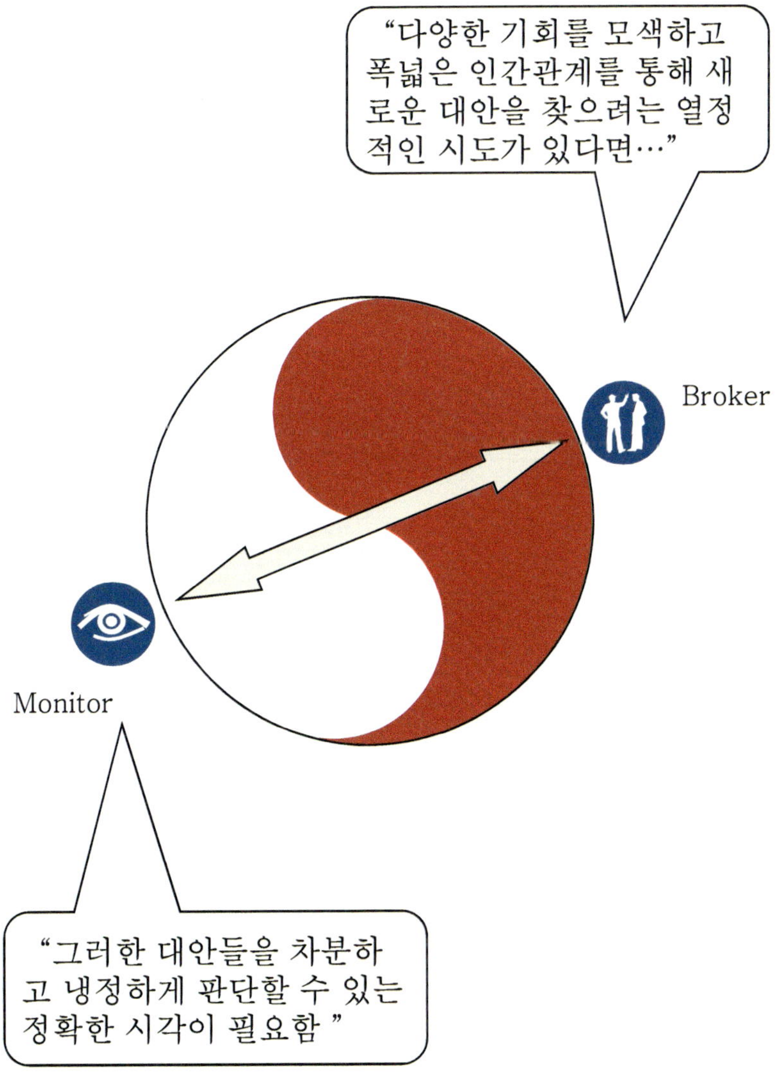
“다양한 기회를 모색하고 폭넓은 인간관계를 통해 새로운 대안을 찾으려는 열정적인 시도가 있다면…”
Broker
Monitor
“그러한 대안들을 차분하고 냉정하게 판단할 수 있는 정확한 시각이 필요함 ”

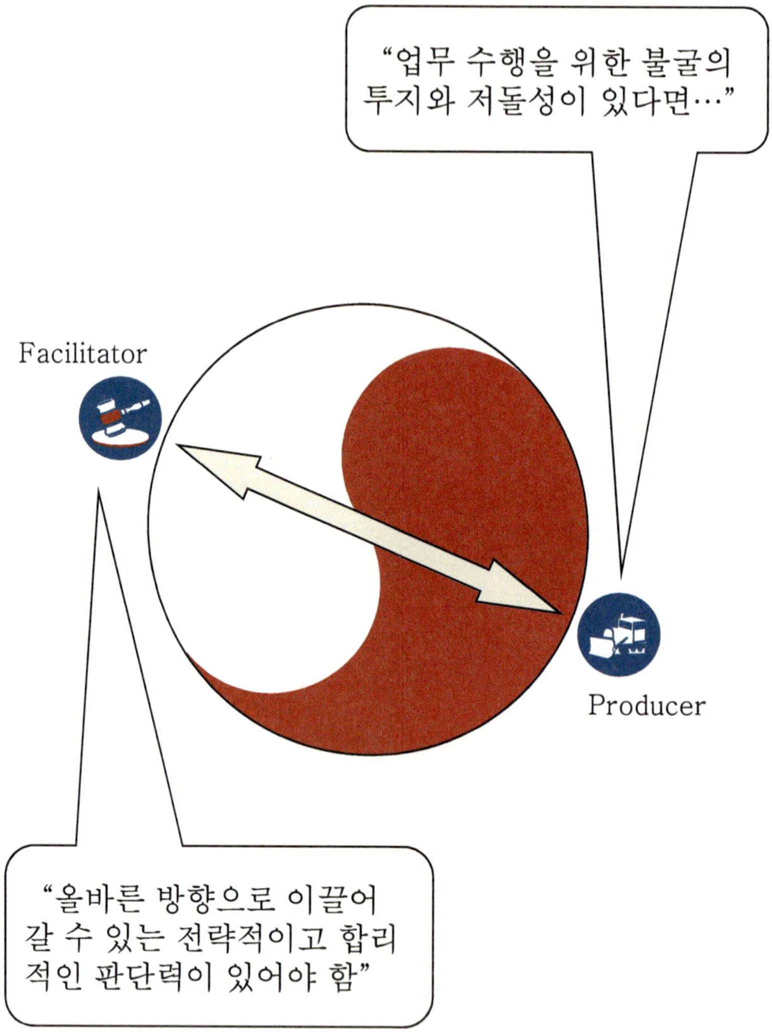
“업무 수행을 위한 불굴의 투지와 저돌성이 있다면…”
Facilitator
Producer
“올바른 방향으로 이끌어 갈 수 있는 전략적이고 합리적인 판단력이 있어야 함”

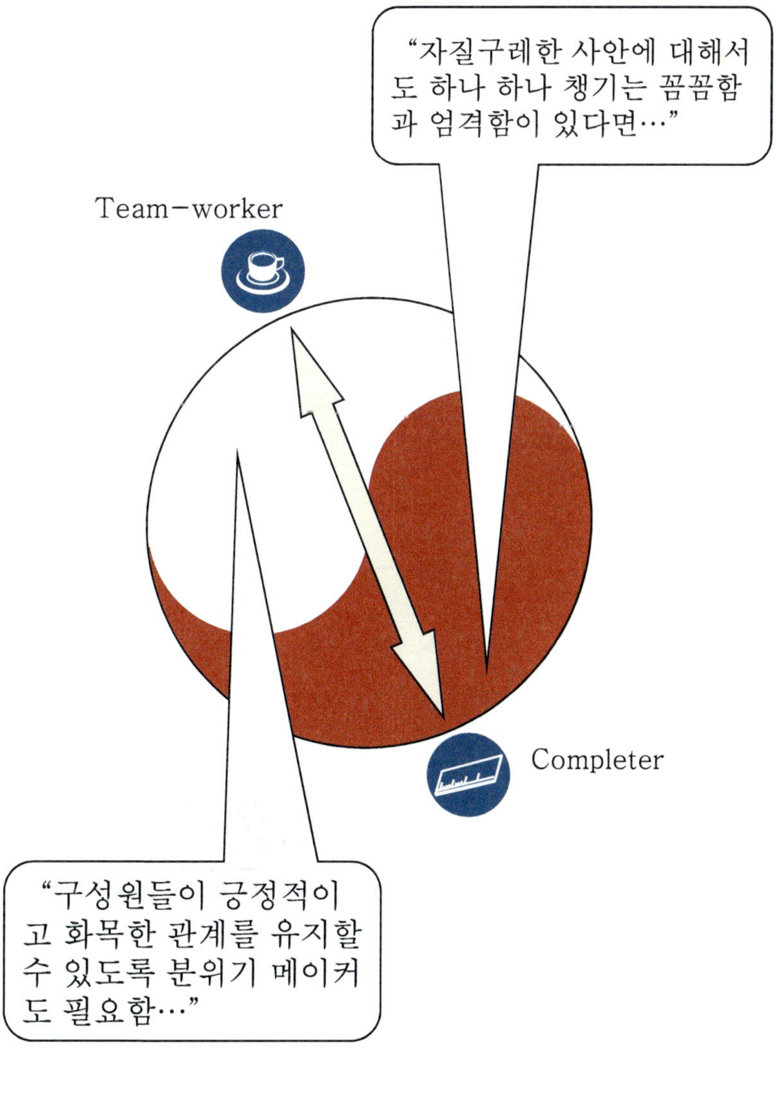
"자질구레한 사안에 대해서도 하나 하나 챙기는 꼼꼼함과 엄격함이 있다면…"
Team-worker
Completer
"구성원들이 긍정적이고 화목한 관계를 유지할 수 있도록 분위기 메이커도 필요함…"

(6) 관계 정의 Profile (예시)

ICP에서는 각 유형들간 생성들 수 있는 모든 관계에 대한 정의와 조언 profile이 제공되고 있어, 상사, 동료 또는 부하의 입장에서 갈등관리를 위한 중요한 단서를 제공받을 수 있다.

<관계 정의 예시 (상사: Innovator)>

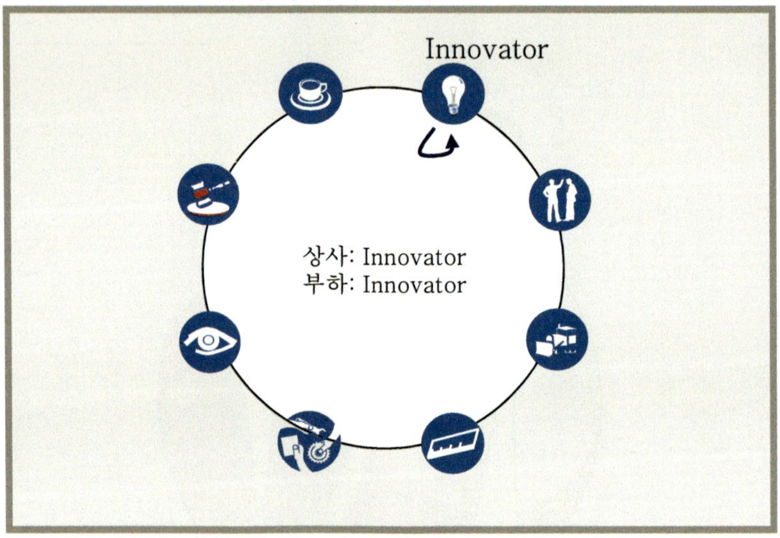

관계 특성

관계	Positive	**Neutral**	Negative
성과	Positive	**Neutral**	Negative

내용

관계
- 잘 맞을 때는 아주 좋지만,
- 아이디어가 대립하는 경우 매우 안 좋을 수도 있다.
- 아이디어 대립이나 의견 대립을 중재할 수 있는 제 3의 중재 역할이 있으면 좋다 ← Monitor, Facilitator

성과
- 성과의 기복이 심하다.
- 시너지를 내기 위해서는 Implementer의 역할을 상사가 개발하거나, 제3의 중재 역할이 존재해야 한다.

<관계 정의 예시 (상사: Innovator)>

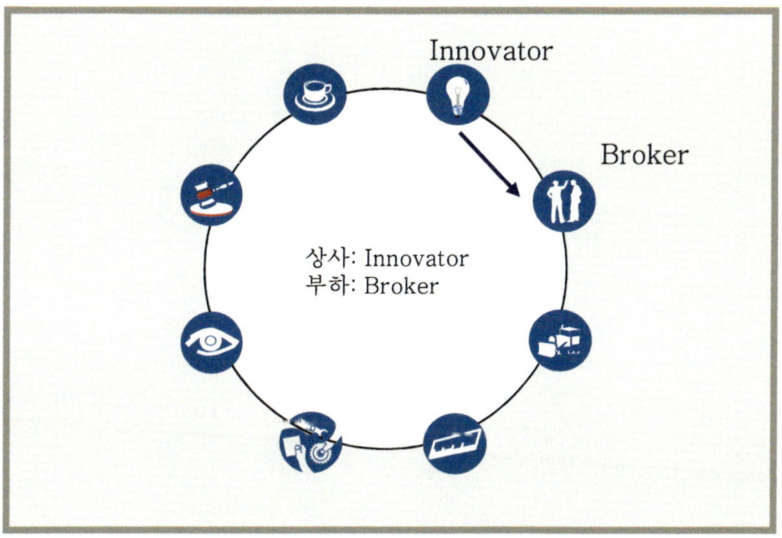

관계 특성				
	관계			Negative
	성과		Neutral	

내용

관계
- 부하가 상사를 답답하게 생각할 공산이 있다.
- 상사에 대해 '게으르고 일 안하는 유형의 상사'라고 생각할 수도 있다.
- 갈등이 겉으로 나타나기보다는 부하가 일방적으로 '고민'을 하거나 '회피'하게 될 가능성이 크다.

성과
- 가시적인 성과가 도출되는 조합은 아니다.
- Monitor와 Facilitator의 역할이 필요하다.
- 그러나, 프로젝트의 초기 단계나 새로운 대안이 모색되는 경우는 의외로 좋은 조합이 될 수도 있다.

<관계 정의 예시 (상사: Innovator)>

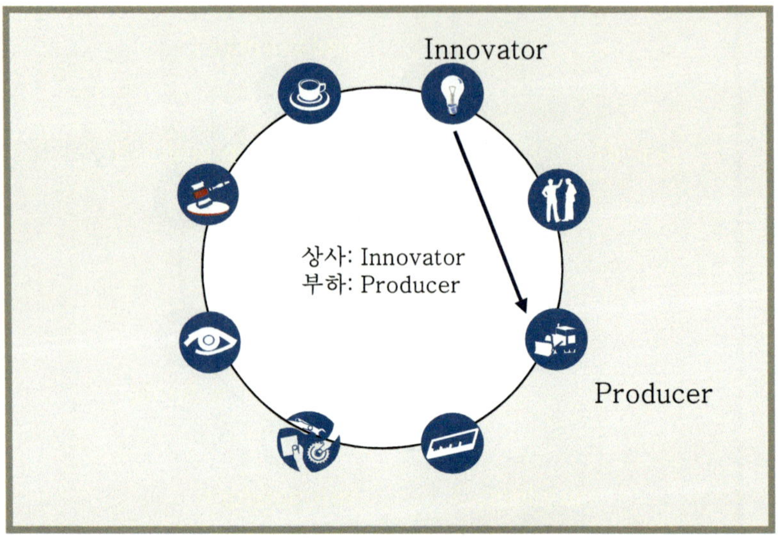

관계 특성

관계	Positive	Neutral	Negative
성과	Positive	Neutral	Negative

내용

관계
- 부하가 상사의 권위에 도전하거나,
- 상사가 그렇게 느끼게 될 가능성이 큰 조합
- 매우 부정적인 관계가 형성될 가능성이 크다.
- 갈등의 유형은 외적인 '충돌' 유형으로 나타날 수 있다.
- 부하는 상사에 대해 답답하게 느낄 수 있다.
- 상사의 경우, 부하를 매우 껄끄러워 하게 될 가능성이 크다

성과
- 업무가 방향성을 잃을 가능성이 크다.

<관계 정의 예시 (상사: Innovator)>

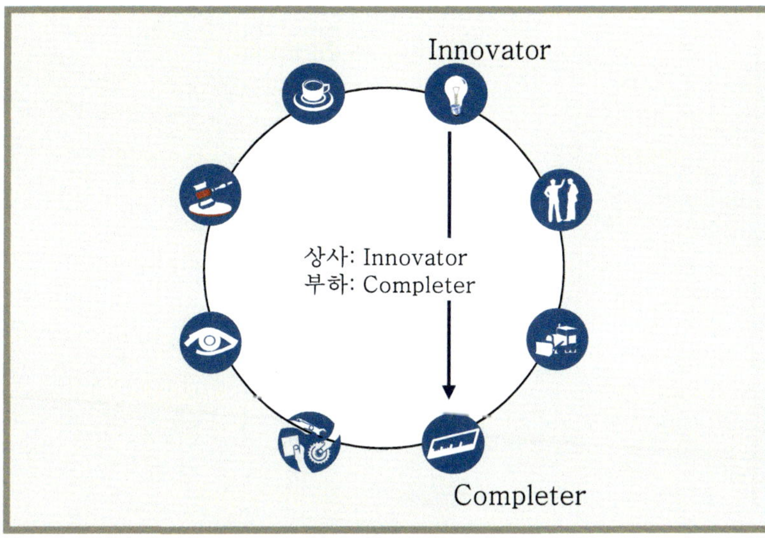

관계 특성

관계		Neutral	
성과		Neutral	

내용

관계
- 특별히 외적인 갈등을 일으키는 조합은 아니다.
- 그러나, 제대로 된 계획이 서 있지 않다면 부하 직원은 매우 불편한 느낌을 가질 수 있다.
- 상사의 입장에서는 Completer에 대해 유능한 직원이라는 인식을 가질 수 있다.

성과
- 부하가 '알아서 제때' 일을 수행함으로써, 그럭저럭 업무가 진행되어 나갈 것이다.
- 적절한 R&R의 설정이 관건이고, 가급적 명확한 지침과 방향성이 초기에 설정될 필요가 있다.

<관계 정의 예시 (상사: Innovator)>

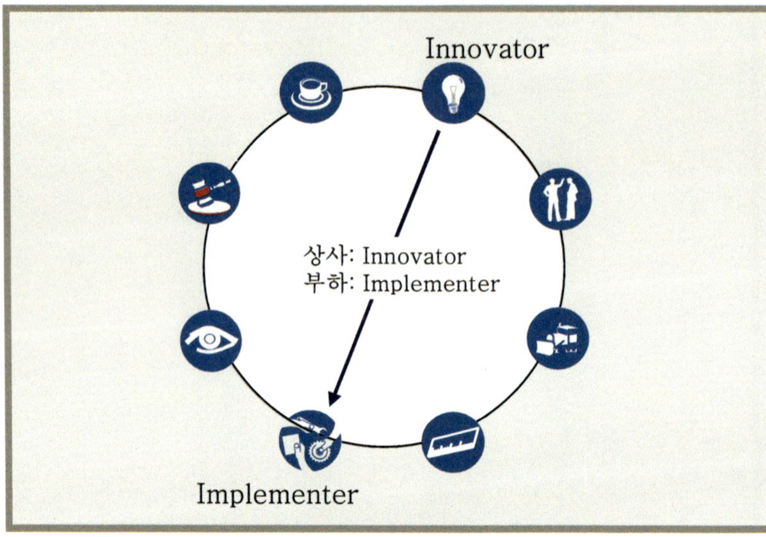

관계 특성				
	관계		Neutral	
	성과	Positive		

내용

관계
- 큰 문제를 일으키는 관계는 아니지만, 반대로 재미있는 관계도 형성되지 않는다.
- 부하의 입장에서 상사가 너무 체계적이지 않다고 느끼는 경우가 종종 있다.
- 상사의 입장에서 부하에 대해서는 지나치게 보수적이라고 느낄 수 있다.

성과
- 생산적인 관계를 형성하기 위해서는 상사가 가급적 체계적이고 명확한 지침을 주려고 노력해야 한다.
- 권한위임을 적절히 하는 경우 매우 탁월한 업적을 창출해낼 가능성이 높은 관계이다.

<관계 정의 예시 (상사: Innovator)>

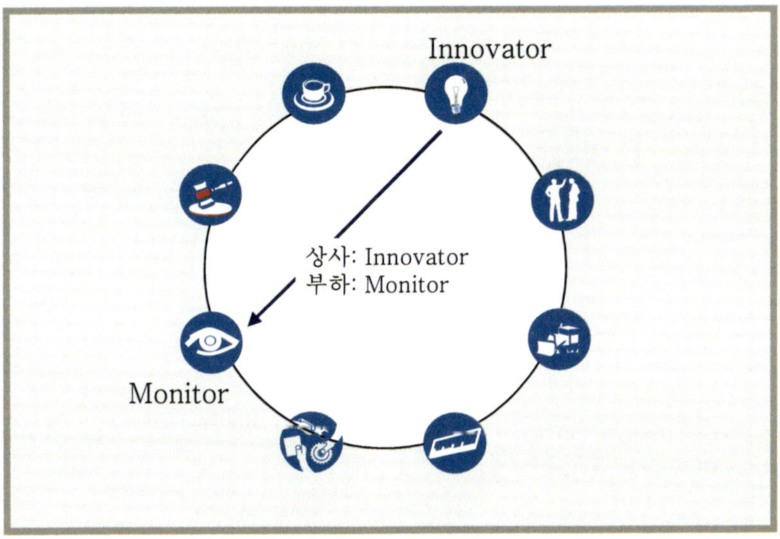

관계 특성

관계	Positive		
성과		Neutral	

내용

관계
- 상사가 권한위임을 많이 하는 경우, 매우 훌륭한 관계를 형성할 수 있다.
- 그러나, 부하의 업무 범위를 좁게 제한하는 경우 매우 답답한 관계가 될 수도 있다.
- 일반적으로 상사-부하 간 매우 깊은 신뢰관계가 형성되는 조합이다.

성과
- 상사와 부하 간 적절한 업무 분장이 있다면 훌륭한 성과를 이끌어낼 수도 있는 조합이다.
- 그러나, 일반적으로 아이디어는 훌륭하지만 추진력이 약한 조합이 될 가능성이 크다.
- 실제로 일을 실행해 나갈 제3의 역할이 필요할 수 있다.

<관계 정의 예시 (상사: Innovator)>

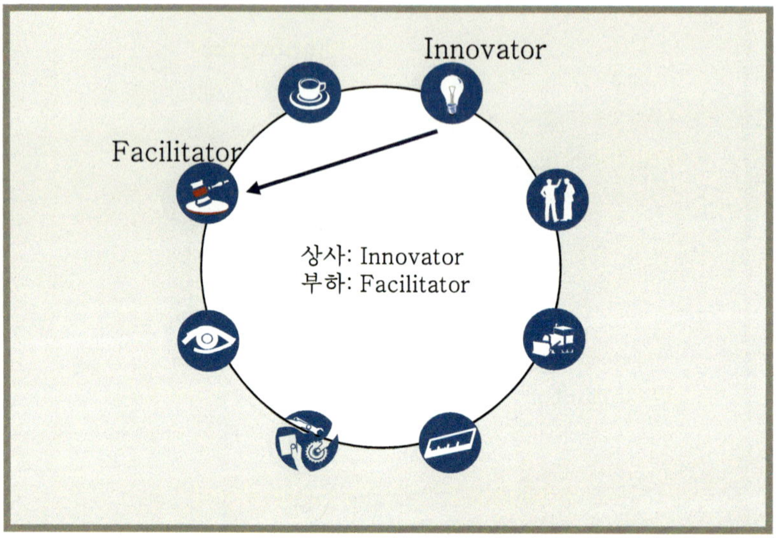

관계 특성				
	관계			Negative
	성과			Negative

내용

관계
- 신뢰가 부족한 답답한 관계
- 때때로, 상사와 부하의 역할이 뒤바뀐 것으로 느껴질 수 있다.
- 상사의 입장에서 부하가 지나치게 이상적이고, 대안 없는 비판만을 늘어 놓는다고 느낄 수 있다.
- 그러나, 일반적으로 외적인 갈등 상황은 좀처럼 잘 나타나지 않는 관계이다.

성과
- '진짜 일하는 사람은 어디 있는 거야?'라는 생각을 가지게 만들 수 있는 조합
- 생각과 의견이 오가지만 정작 겉으로 나타나는 산출물은 없다.

<관계 정의 예시 (상사: Innovator)>

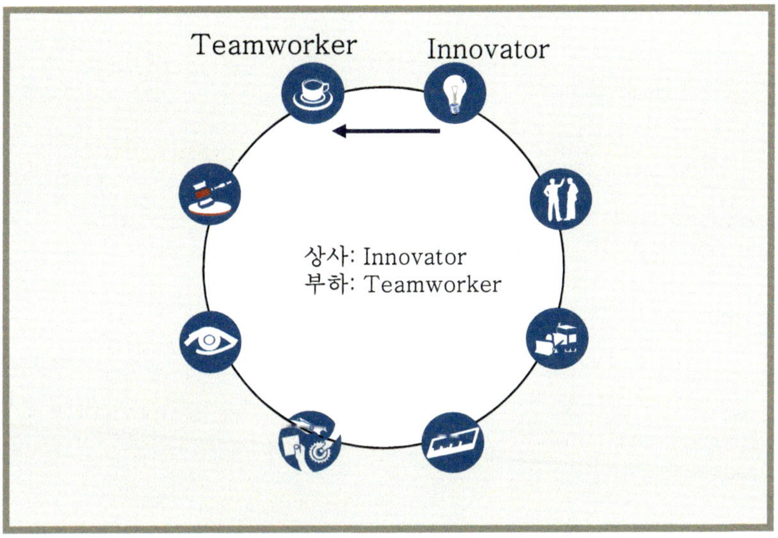

관계 특성			
관계	Positive		
성과			Negative

내용

관계
- 외부에서 보았을 때 매우 활기차고 생기 있는 관계로 보일 수 있다.
- 특별한 마찰이 발생하지 않고, 부하 직원의 성격이 차분하다면 상사에 의한 신뢰가 높아질 수 있다.

성과
- 산출물이 잘 나오지 않는 조합이다.
- 상사가 직접 나서서 무언가 업무를 이끌어나가지 않는다면 업무 기한과 품질의 측면에서 문제가 생길 소지가 큰 조합이다.

Module 17

ICP 진단 및 활용

1) ICP 진단방식(설문지)

Ⅰ. ICP 진단 방식(설문지)

◆작성자 인적사항

성명		팀장 여부(O/X)	
조직명		팀명	

A. Overall Characteristics

다음과 같은 상황을 전제해 주시기 바랍니다.
기본적으로 귀하가 속한 팀에서 평소에 귀하가 행동해왔던 모습을 머릿속에 그려보시기 바랍니다. 여기서 중요한 것은 귀하가 맡고 있는 업무가 아니라, 그 업무를 수행하는 과정 속에서 남들과는 다소 구별되는 독특한 모습입니다.
어떤 사람은 다른 사람들에 비해 매우 외향적일 수도 있고, 어떤 사람은 다소 소극적이지만 매우 꼼꼼한 모습을 보일 수도 있습니다. 어떤 사람은 사람들 간의 관계 유지에 능할 수도 있지만, 어떤 사람은 다소 저돌적이어서 사람들 간의 원만한 관계 형성에서는 미흡한 모습을 보일 수도 있습니다.
본 영역에서는 팀 또는 부서의 일원으로 일하면서 발휘하는 귀하의 전반적인 행동 특성을 살펴보려고 합니다. 9개의 문항을 꼼꼼히 읽어 보신 후, 본인의 행동 특성을 잘 설명하는 항목들에 총점 10점을 적절히 배부해 주시기 바랍니다.

◆응답 항목

A. Overall Characteristics		점수 배분 (합계 10점)
1	사리에 맞지 않는 일은 피한다.	
2	반대 의견을 제시하거나 소수의 의견을 주장하는 데에 주저하지 않는다.	
3	팀 내에 원만한 인간관계가 형성되는 데에 기여한다.	
4	오류가 있거나 빠뜨린 사항이 있다면 반드시 이를 지적하고 넘어간다.	
5	계획했던 바가 시작되면 어떻게 해서든 그 일이 진행되게 하는 능력이 있다.	
6	고리타분하지 않고 새로운 아이디어를 모색한다.	
7	아무리 사소한 일이라 하더라도 완벽하게 끝을 봐야 직성이 풀린다.	
8	다른 팀의 관련 직원 등 사내/외 다양한 사람들과의 접촉을 좋아한다.	
9	다양한 견해를 숙지하고, 적절한 시기에 주저 없이 의사결정을 수행한다.	

B. Strength

다음과 같은 상황을 전제해 주시기 바랍니다.
모든 사람은 자신만의 장점과 약점을 가지고 있습니다. 간혹 그러한 장점이 평소에는 잘 나타나지 않는 사람이라도, 특정한 상황에서는 그러한 능력이 빛을 발하는 경우가 있습니다.
본 영역에서는 여러분들이 가지는 그러한 성격/행동상의 장점을 묻고 있습니다. 이 부분에 응답하기 위해서는 여러분들이 주로 어떠한 측면에서 '팀의 업무'에 기여하고 있는지 생각해 보시면 됩니다. 예를 들면, '팀에 활력이 필요한데 이때 적절히 분위기를 띄우는 역할을 잘하시는지', 아니면 '새로운 아이디어가 필요할 때 적절한 대안을 찾아내는지'와 같습니다. 제시되고 있는 **9**개의 문항을 꼼꼼히 읽어 보신 후, 본인의 행동 특성을 잘 설명하는 항목들에 **총점 10**점을 적절히 배부해 주시기 바랍니다.

B. Strength		점수 배분 (합계 10점)
1	나는 필요한 인맥이나 새로운 기회를 잘 포착하고 활용한다.	
2	나는 업무 진행을 위해 가장 신속하고 효율적인 방식을 찾는 데에 능하다.	
3	나는 나의 과제가 왜 어려운지에 대해 잘 파악한다.	
4	나는 다른 사람의 의견이나 계획이 과연 효과적일지에 대해 쉽게 파악한다.	
5	새로운 업무 방식이나 아이디어를 제시한다.	
6	나는 다른 사람의 고민을 들어주고 잘 이해하는 데에서 재능을 발휘한다.	
7	나는 편견 없이 냉철하고 합리적인 판단을 내린다.	
8	나는 아무리 시간이 많이 걸리는 일이라도 완수하여 끝을 본다.	
9	나는 다소 반대가 있더라도 과감하게 추진하는 모습을 보인다.	

C. Weakness I

다음과 같은 상황을 전제해 주시기 바랍니다.
모든 사람들에게 나름대로의 장점이 존재하듯이, 반대로 모든 사람들에게는 반대급부 요소로서의 단점이 존재합니다.
발명왕 에디슨은 항상 아이디어로 충만해 있고 남들보다 총명한 두뇌를 가지고 있지만, 주변을 살피거나 몸을 부지런히 움직이는 데에는 부족한 모습을 보였고, 나폴레옹은 저돌적인 추진력과 용기를 가지고 있지만 사람들과의 친근한 관계를 형성하는 데에는 실패하였습니다.
이러한 단점들은 항시 나타나기보다는 평소에는 잘 나타나지 않거나, 나타나더라도 큰 문제가 되지 않다가도 특별한 상황에서는 문제가 될 수도 있습니다.
본 영역에서는 귀하의 이러한 약점에 관련된 부분을 묻고 있습니다. 제시되고 있는 **9**개의 문항을 꼼꼼히 읽어 보신 후, 본인의 행동 특성을 잘 설명하는 항목들에 **총점 10**점을 적절히 배부해 주시기 바랍니다.

C. Weakness I		점수 배분 (합계 10점)
1	나는 의사결정 과정이 미흡하거나 충분한 정보가 주어져 있지 않으면 결정을 내리는 데에 불편함을 느낀다.	
2	우리 팀이 뭔가 일을 시작할 때, 내가 실행 방안을 제시하는 편인데 그러다 보니 내가 좀 나서는 것처럼 보일 때가 있다.	
3	나는 새로운 아이디어에 몰입하다가 팀의 업무 흐름을 놓치는 경우가 있다.	
4	우리 팀이 무언가 새로운 정보와 자료를 필요로 할 때 나에게 우선 의존하는 경우가 많이 있다.	
5	미흡한 계획이나 엉성한 마무리를 볼 때면 잔소리를 하곤 한다.	
6	나는 나와 친한 사람하고만 일하고 싶어한다.	
7	객관적이고 편견 없는 사리 판단으로 인해 때로는 동료들과의 긴밀한 관계 형성을 어렵게 하기도 한다.	
8	중요한 업무에 있어 간혹 도전적이고 강압적인 모습을 보이기도 한다.	
9	팀의 분위기를 해칠까 우려하여 남들보다 앞장서서 나아가는 데에 다소 주저하는 경우가 있다.	

D. My Contribution

다음과 같은 상황을 전제해 주시기 바랍니다.
귀하의 팀에 속한 모든 사람들은 모두 저마다의 방식으로 팀의 업무와 성과에 기여하고 있습니다. 본 영역에서 다루는 것은 그러한 개인들의 기여가 얼마나 큰지, 작은지에 있지 않습니다.
일의 중요성을 떠나서, 팀의 구성원으로서 귀하가 주로 어떠한 방식으로 팀의 업무 추진에 기여하고 있는지의 '특성' 부분에 초점을 맞추고 있습니다. 귀하가 팀 내부에서 특정한 방식으로 기여하고 있다고 가정할 때, 만약 귀하가 잠시 동안 팀에서 자리를 비운다면 그러한 특성 측면에서 빈자리가 매우 크게 나타날 것입니다. 그런 빈자리가 과연 어떠한 내용일까에 대해 상상해 보시기 바랍니다.
본 영역에서는 귀하가 팀에 주로 기여하는 방식을 다루고 있습니다. 제시되고 있는 9개의 문항을 꼼꼼히 읽어 보신 후, 본인의 행동 특성을 잘 설명하는 항목들에 **총점 10점**을 적절히 배부해 주시기 바랍니다.

D. My Contribution		점수 배분 (합계 10점)
1	내가 없으면 팀의 분위기가 다소 침체되는 경향이 있다.	
2	어려운 문제가 발생할 경우 어떤 사람과 접촉 해야 하는지에 대해 빨리 판단한다.	
3	꼼꼼하게 미리 살펴서 부주의한 실수를 미연에 잘 방지한다.	
4	효율적이고 신뢰성이 있는 업무수행으로 일의 능률을 높인다.	
5	업무와 관련 없는 내용은 과감히 삭제하고 주된 목표의 진행을 위해 적극적으로 행동한다.	
6	나는 항상 나 본연의 자세를 유지한다.	
7	나는 가장 적절한 대안을 분석하여 팀이 혼선을 겪지 않도록 한다.	
8	동료들은 나에게 새로운 아이디어와 접근방식을 기대한다.	
9	나는 명확한 목표 의식을 가지고 팀의 업무가 제대로 진행될 수 있도록 필요한 판단을 내린다.	

E. My First Action

다음과 같은 상황을 전제해 주시기 바랍니다.
부서 내에서의 업무가 일상적이고 항상 계획에 따라 흘러갈 때도 있지만, 조직 내에서라면 항상 이렇게 계획적으로 일하기는 쉽지 않습니다.
때로는 매우 시급하고 중요한 일이 떨어지기도 하고, 이 때문에 밤을 새 가면서 회의와 토론을 거듭해야 하는 경우도 있습니다.
본 영역에서는 이렇게 비일상적인 상황을 전제로 하고 있습니다.
만약 귀하의 부서에 일상적이지 않은 매우 중요하면서도 시급한 과제가 주어진다면 귀하께서는 주로 어떠한 측면에서 일을 수행하게 될 것인지 머리 속에 그려보시기 바랍니다. 그리고, 제시되고 있는 9개의 문항을 꼼꼼히 읽어 보신 후, 본인의 행동 특성을 잘 설명하는 항목들에 총점 10점을 적절히 배부해 주시기 바랍니다.

E. My First Action		점수 배분 (합계 10점)
1	어려운 과제를 만나면 일단 좀더 쉬운 다른 과제를 찾아 본다.	
2	직원들간의 의견충돌이나 갈등으로 분위기가 침체되지 않도록 노력한다.	
3	우선 스스로 새로운 방안을 찾기 위해 고민해 본 후에 남들과 이야기해 본다.	
4	필요한 사람들과의 지속적인 관계 유지에 소홀하지 않는다.	
5	적극적이고 진취적인 태도를 견지한다.	
6	주어진 자원을 고려하여 적절한 업무 배분과 조정을 한다.	
7	꼼꼼하게 일정을 체크하여 예정보다 일이 늦어지는 경우가 없게 한다.	
8	객관적인 시각과 냉정함을 유지한다.	
9	다소 보수적일 수도 있지만 실행가능성에 초점을 맞춘 해결안을 모색한다.	

F. Weakness II

다음과 같은 상황을 전제해 주시기 바랍니다.
앞선 설문 영역에서 귀하가 평소에 일상적으로 나타내는 '약점'의 측면에 대해 다룬 바 있습니다. 본 영역에서는 이에 대해 조금 다른 시각에서 접근하고 있습니다.
본 영역에서는 평소의 귀하가 나타냈던 모습과 이에 대한 주변의 시각에 대해 머릿속에 그려 보셔야 합니다. 귀하는 평소 본인의 성격과 행동 특성을 부서 업무과정에서 다양한 형태로 나타내었을 것입니다. 그러한 특성이 주변 사람들에게 매우 호감을 주고 만족을 이끌어냈을 수도 있지만, 때로는 그러한 특성이 다른 사람들에게 다소 불편하게 느껴지는 경우도 있었을 것입니다.
매우 치밀하고 섬세한 사람이 때로는 지나치게 까다롭고 딱딱하다고 느껴질 수도 있으며, 매우 저돌적이고 활기가 넘치는 사람이 때로는 너무 '오버하고 있다'라고 느껴질 수도 있습니다. 그러한 주변 사람들의 귀하에 대한 인식을 본 영역에서 다루고 있습니다.
주변의 사람들이 귀하에 대해 느끼고 있는 다소 부정적인 인식을 머릿속에 떠올려 보시면서, 제시되고 있는 9개의 문항을 꼼꼼히 읽어 보신 후, 본인의 행동 특성을 잘 설명하는 항목들에 **총점 10점**을 적절히 배부해 주시기 바랍니다.

F. Weakness II		점수 배분 (합계 10점)
1	나도 하지 못할 일을 남에게 시킨다는 불평을 간혹 듣기도 한다.	
2	업무를 완수하지 못하는 경우가 있다.	
3	딱딱하거나 성격이 급한 사람 앞에서는 다소 주눅이 드는 경향이 있다.	
4	모든 사안의 자초지종을 살피며 지나치게 분석적인 모습을 보이는 경우가 있다.	
5	돌다리도 두들겨 건너려는 꼼꼼한 모습 때문에 주변 사람들이 귀찮아 하거나 불편해 하는 경우가 있다.	
6	불필요한 일로 업무 진행을 더디게 하는 사람을 보면 간혹 성질을 내기도 한다.	
7	새로운 자극이 없는 경우 업무 초기의 관심과 흥미가 사라지는 경우가 있다.	
8	능률적인 업무 실행을 따르다 보니 다소 잘못된 방향으로 나아가고 있는 경우도 간혹 발생한다.	
9	내 의견이 비현실적이라고 딱 잘라 무시되는 경우가 간혹 있다.	

Module 18

질문

1) 질문 스킬
2) 질문 체험

◆ 질문 스킬

■ Facilitator의 3가지 핵심 질문 스킬

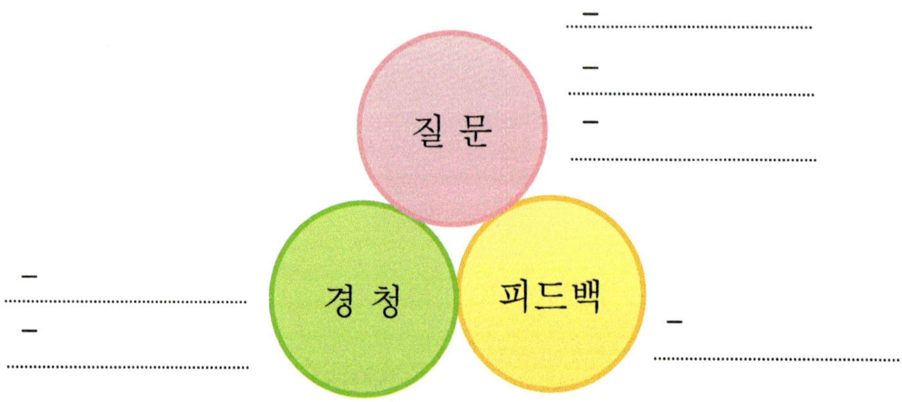

◆ 그룹활동 : 질문 체험

❖ 파트너의 마인드, 신념, 정체성 등과 같은 진정한 내면을 파악하기 위한 질문 5가지를 만들어 봅시다.

◆ 질문하기

1. 팀원들의 가능성을 끌어내기 위한 세 종류의 질문

가. 미래질문: 가능성은 미래에 살고 있다

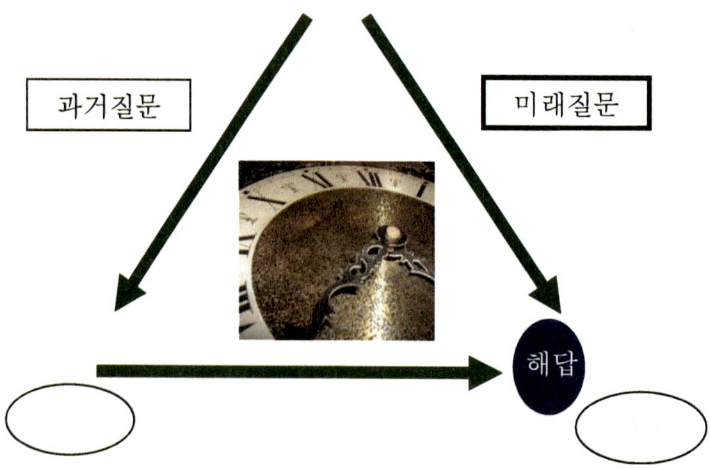

예) 지금까지는 어떻게 했나?, 도대체 왜 그걸 하지 않았나?

→ 앞으로 어떻게 해나가고 싶은가?

→ 그것을 완수하기 위해서는 어떻게 하는 것이 좋겠는가?

나. 확대질문: 깊이 있는 질문이 가능성을 확대한다

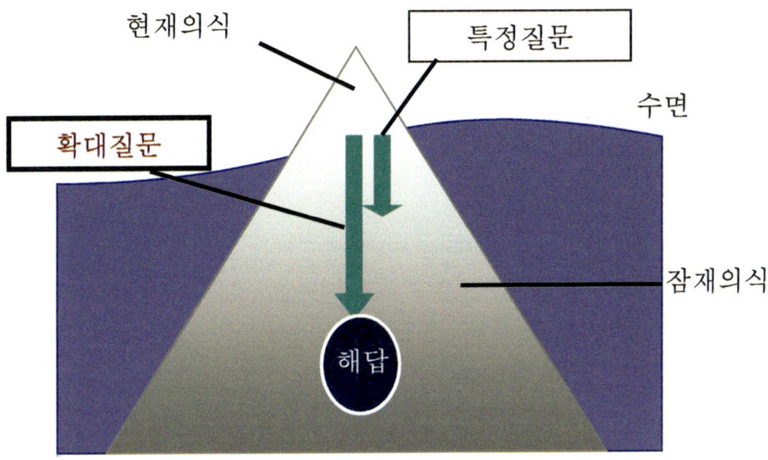

부하의 의식

예) 자네, 올해 입사 몇 년 차인가?

자네 고향은 어딘가?

자네는 독신인가?

여보게, 이 회사가 첫 직장인가?

→ 자네는 앞으로 어떤 일을 하고 싶은가?

→ 자네가 가장 소중하게 여기는 것은 무엇인가?

다. 긍정질문: 가고 싶어하는 곳으로 의식을 돌린다

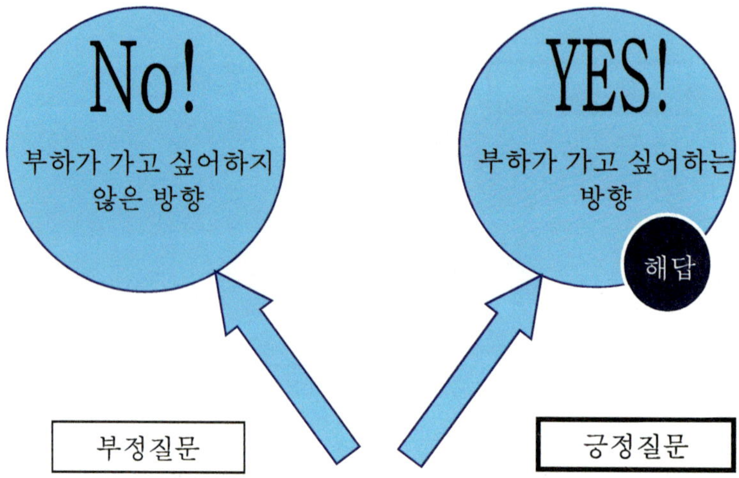

예) 어째서 일이 순조롭게 진행되지 않는가?

뭐가 확실하지 않은가?

→ 어떻게 하면 일이 순조롭게 진행될 수 있겠는가?

→ 뭐가 확실한 것이 될 수 있겠는가?

Module 19

경청

1) 경청의 정의 및 특징

2) 경청의 기법

경청

◆ 경청의 5단계

- 1단계: 무시하기
- 2단계: 듣는 척 하기
- 3단계: 선택적 듣기
- 4단계: 귀 기울여 듣기
- 5단계: 공감적 경청

<경청 매트릭스>

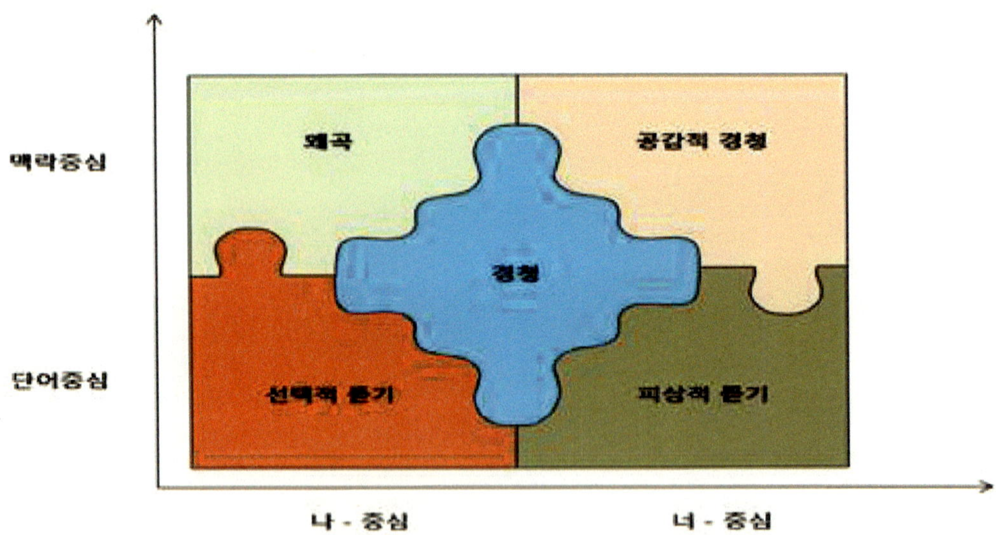

Ⅰ. 경청의 정의 및 특징

◆ 적극적 경청하기

■ 적극적 경청이란?

➢ 상대방의 얘기를 들으면서 그 말 뒤에 숨어있는 상대방의 감정(기분) 상태를 파악하여 내가 이해하고 같이 느끼고 있음을 전달하는 것

■ 적극적 경청의 효과

● 화자의 입장

- 상대방이 자신의 얘기를 매우 관심 있게 경청하고 있음을 느낌
- 기분이 좋아져 자신의 솔직한 생각을 털어놓고 싶어짐
- 스스로 해결방안을 찾아냄으로써 자율적 문제해결 능력의 증대와 함께 몰입도도 높아짐

● 청자의 입장

- 상대방이 표현하지 않은 감정까지 알아주니 듣는 사람에 대해 호의적인 태도를 가짐
- 이에 따라 듣는 사람의 얘기를 잘 받아들여 상대방이 자신의 생각을 듣는 사람의 의도대로 바꿈으로써 자연스럽게 시각차가 해소됨

■ 경청의 종류

● 언어적 경청 vs 비언어적 경청

◆ 적극적 경청을 위한 기법

- 의미에 집중하라
  → 하나의 단어를 청취하려고 하지 말고 전체적인 요점을 파악하도록 노력하라

- 말하는 것에 몰입하라
  → 생각과 사전정보를 동원하라

- 이야기의 모두를 청취하라
  → 이야기가 끝나기 전에 결론을 내지 말라

- 감정을 인정하라
  → 사실 자체만을 청취하는 것은 충분히 효과적이지 못하므로 상대방의 입장에서 사실과 함께 느낌을 인정하라

- 50대 50의 법칙으로 자신을 평가하라
  → 이 법칙에 따르면 50% 이상의 시간을 말하지 않는 것이 최선이다

- 고개를 끄덕이며 적절한 표정을 지으라
- 어수선하게 하는 행동이나 제스처를 피하라
- “내가 듣기로는 당신이 말하는 바가….” 또는 “당신이 말하는 바는…?” 하는 등의 표현으로 부연한다.
- 말하는 사람들 사이에 끼어들어 방해하지 말라
- 너무 많은 말을 하지 말라
- 말하는 사람과 듣는 사람의 역할 간의 전환을 자연스럽게 하라

Ⅱ. 경청의 기법

가. 사실을 확인하기 위한 언어적 경청

➤ 상대방이 방금 말한 내용을 수신자가 정확하게 이해했는지를 스스로 확인하는 것

● 반복하기 (Echo Response)

상대방이 한 말을 그대로 또는 주요 부분을 반복함으로써 확인하는 기술이며, 비교적 짧은 문장의 말에 적용하는 것이 좋음

예1) 부하: "감기 몸살 때문에 오늘 중으로 신규사업 보고서 제출은 어려울 것 같습니다."
관리자: "오늘 중 보고서 제출이 어렵다는 거지"

예2) 부하: "요즈음 왠지 살맛이 안 납니다."
관리자: "요즈음은 왠지 살맛이 안 난다고요?"

예3) 부하: "조퇴를 해도 되겠습니까?"
관리자: "조퇴를 해도 되겠느냐고요?"

- 환언하기 (Paraphrasing)

상대방이 말한 내용에 대해 같은 뜻을 지닌 한두 개의 다른 단어를 사용하여 간단하게 그의 말을 확인하는 것이며, 혼란된 내용을 명료화하고 간결하게 해줌

> 예1) 부하: "그 사람에 대한 판단을 잘 못하겠습니다. 어떤 때는 좋게 생각되다가도 어떤 때는 형편 없거든요."
>
> 관리자: "그러니까 그 사람은 일관성이 없다는 말씀이군요."
>
> 예2) 부하: "저는 이제 직장생활에 싫증이 나서 아침에 일어나서 출근하고 싶은 마음이 없어요."
>
> 관리자: "직장생활에 관한 한, 거의 한계에 도달했다는 뜻이군요."

- 요약하기 (Summarizing)

상대방이 말한 내용의 초점을 압축해서 명확하게 하는 것
더 많은 말에 대한 확인이라는 점에서 '환언하기'와 다름

> 예1) "그러니까 당신이 요즈음 가정생활이나 직장생활에 대하여 말한 것을 종합해 보면 결국 모든 생활에서 좌절감을 느끼고 있다는 것이군요."
>
> 예2) "결국 당신이 조금 더 노력을 하면 보다 원만한 대인관계를 이룰 수 있다는 말이군요."

나. 신뢰형성을 위한 비언어적 경청

➤ Facilitator와 팀원과의 관계에서
  - 팀원의 방식대로 생각하고자 하는
  - 팀원의 관점에서 세상을 보고자 하는
  - 팀원들이 듣는 방식으로 소리를 듣고자 하는
  - 팀원들의 입장에서 어떤 식으로 체험할지를 상상하고자 하는 진실한 노력을 뜻함

- Matching : 행동, 동작의 일치
- Mirroring : 180도 회전하여 행동, 동작의 일치
- Pacing : 호흡, 감정의 일치

Module 20

피드백

1) 피드백의 정의 및 특징
2) Tip
3) 부적절한 경우

Ⅰ. 피드백의 정의 및 특징

◆ 피드백의 종류

- 긍정적 피드백 :

- 개선을 위한 피드백 :

- 부정적 피드백 :

◆ 코칭형 피드백이란?

➢ 상대방의 태도와 능력을 자극하여 잘못된 행동을 개선하고, 보다 나은 방향으로 행동의 결과를 이끌어내도록 도움을 주는 것

Ⅰ. 피드백의 정의 및 특징

◆ 효과적 피드백

➢ 팀원의 말과 행동이 의도한 효과를 가져왔는지를 팀원에게 판단하도록 하는 정보

◆ 효과적 피드백의 3요소

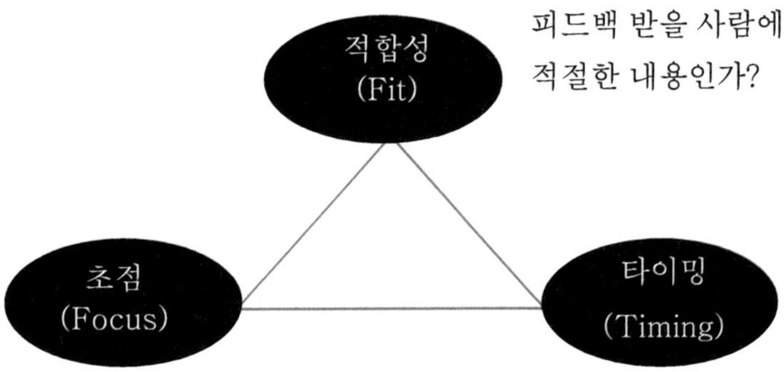

피드백 받을 사람에게
적절한 내용인가?

개인적 특성이 아닌 변화
시키고자 하는 행동에
초점이 맞추어졌는가?

특정 행동이 일어난 즉시
피드백이 주어졌는가?

◆ 효과적 피드백을 위한 Tip

● 적절한 시간과 장소

→ 피드백은 어디까지나 건설적으로 받아들여질 수 있을 때 주어야 한다. 상대의 인격을 존중하고, 편안한 분위기 속에서 방어적 태도를 유발하지 않는 가운데 주어야 한다.

● 받는 사람의 준비

→ 피드백은 받는 사람이 기꺼이 그 정보를 받아들일 태세를 갖추었을 때 주어야 한다. 피드백을 주어도 좋은지 묻는 것도 한 방법이다. 예컨대 "지난 회의에서 당신의 발언에 대한 나의 의견을 말해도 좋겠습니까?" 라고 물을 수도 있다.

● 최근의 사항

→ 피드백은 어떤 사항이 발행한 직후에 주는 것이 미루었다가 나중에 주는 것보다 대체로 유용하다. 즉각적으로 제공되는 피드백은 상황에 대한 기억이 생생한 상태에서 주어지기 때문에 보다 분명히 이해될 수 있다. 그러나 민감하거나 어려운 문제는 어느 정도 시간이 지나야 피드백을 받아들일 마음이 생긴다. 그러므로 정서적으로 민감한 사항에 대해서는 피드백 타이밍을 신중히 판단해야 한다.

● 간결하게 할 것

→ 피드백을 과도하게 주지 않도록 주의한다. 지나치게 많은 정보를 주면 받는 사람이 부담을 느끼고 건설적으로 활용하기도 어렵다.

● 도움이 되도록 할 것

→ 상대에게 진정 도움이 되는 것인지 항상 유념할 것. 받는 사람의 입장에서 피드백 정보의 가치를 따져볼 것.
피드백은 사실적인 데이터를 제공하는 것이지 충고하는 것이 아니다.

● 묘사

→ 보고들은 그대로의 사실을 제공할 것. 상대가 무엇을 했는지 묘사하되, 그 동기나 의도를 넘겨짚어 말하지 않는다. 아울러 구체적인 피드백을 하도록 노력한다.

● 상대적인 정도를 말할 것

→ 상대방의 행동을 묘사할 때 가급적 경향, 정도 등의 견지에서 말할 것.
단정적인 표현은 피한다. 예컨대 "당신은…하다(않다)"라고 하기보다는 "당신은 비교적 … 하는 (덜 하는)편이다."라고 하는 것이 좋다.

● 대안 모색

→ 피드백은 상대방으로 하여금 앞으로의 대안을 개발하도록 도와주기 위한 것이다. 피드백을 줄 때는 당장 구체적인 해결책을 찾아 주기보다는 새로운 가능성을 탐색하는 태도로 임해야 한다.

● 긍정적인 면과 부정적인 면

→ 피드백을 줄 때는 긍정적인 면과 부정적인 면을 균형되게 지적해 줄 것.

● 긍정적인 면과 부정적인 면

→ 피드백을 줄 때는 긍정적인 면과 부정적인 면을 균형되게 지적해 줄 것. 피드백 제공자는 자칫 긍정적인 측면은 외면한 채, 부정적인 측면만 일방적으로 거론되기 쉽다.

● 유사한 경험을 공유할 것

→ 피드백 제공은 종종 우월감이나 열등감을 유발할 수 있다. 피드백 제공자는 상대방 위에 우뚝 서서 가르치듯이 하는 태도는 피해야 한다. 피드백은 받는 사람이 메시지의 내용을 경험적으로 공감할 수 있어야 한다.

● 참신한 표현

→ 타성적으로 피드백하지 말 것. 피드백은 새롭고 창의적인 방식으로 주는 것이 좋다.

● 변화를 기대하지 말 것

→ 피드백은 상대방의 행동변화를 요구하거나 충고하는 것이 아니다. 단지 정보를 제공해 주는 것뿐이며 변화의 고려 여부는 상대방 본인에게 달려 있다.

Ⅲ. 부적절한 경우

◆ 피드백을 하기에 부적합한 경우

- 감정적이거나 스트레스를 받았을 때
- 실수를 했을 때
- 너무 바쁠 때
- 강력한 관계를 만들지 못했을 때
- 존경과 신뢰가 없을 때
- 상대방이 방어적이거나 부인할 때

Module 21

프레젠테이션

1) 발표 요소

2) 발표 준비

3) 발표자의 기본 요소

'가르치다'의 의미는?

갈 : 다[3] [가니·갈아] [타동사]

1. 논밭을 쟁기 따위로 파서 흙을 뒤집은 뒤 고르게 해 놓다.

¶경운기로 밭을 **갈다**.

2. 곡식이나 채소를 심어 농사짓다.

¶뒷밭에는 보리를 **갈고**, 텃밭에는 약초를 심었다.

치다[10] [타동사]

1. 발 같은 것을 위에서 아래로 늘어뜨리다.

¶발을 **치다**.

2. 고기를 잡으려고, 그물 같은 것을 펴 놓다.

¶그물을 **치다**.

3. 병풍·가리개·장막·밧줄 따위로 둘레를 둘러막다.

¶철조망을 **치다**./병풍을 **치다**./거미줄을 **치다**./울타리를 **치다**./인줄을 **치다**./담(벽)을 **치다**.

✓ *아래 그림은?*

✓ 마차 : a *C*oach, a Carriage, a Cab
-출처 Naver.com 영어사전-

전달하다.. Final Goal!

이론이나 자신의 주장이나 의견, 아이디어를 설명하여 회사 동료 및 고객 등 상대방을 이해시키고, 의도한 결과를 내기 위한 적극적인 행동이다.

전달하는 방법은?

전달하는 방법에 따라.. ➔ 3종류

Teaching 방식
Instructor
➔ Student

Counseling 방식
Salespeople
➔ Client

Facilitating 방식
Facilitator
➔ Audience

발표의 3가지 Factor?

Contents	What message go Delivery?
Tool	What Tool to use?
Presenter	Who skill to Presenter?

3요소 중 가장 중요한 것은?

발표 구성요소는...➔ 알버트 멜라비언 법칙!, UCLA 대학

발표 Contents
7%

발표 시 사용 Tool
38%

발표자의 Personality
55%

Delivery Skill!

✓ *많이 알고 있는 것 (기획하는 것)!*

VS

✓ *잘 전달하는 것 (발표하는 것)!*

세상에서 가장 두려운 것!

✓(남 앞에서 *발표,강의* 하기)

✓높은 곳	✓죽 음
✓곤 충	✓날 기
✓곤 경	✓고 독
✓깊은 물	✓ 개
✓질 병	

(출처 : 1974년 토론트 대학 연구보고서)

준비된 자, 두려움 NO! - 준비

❖ 불안감을 떨치고, 자신감 있는 태도

❖ 똑바른 자세➔ 절대 열중쉬어 자세가 아님!! 양다리에 균형감 조정!!

❖ 전산기기 사용법!

❖ 얼굴 표정 : 웃어라!

❖ 적당한 동선 확보 후 이동(필수)
➔ Public Speech No!
➔ 좌석배치

준비1 – 자신감 있는 태도

- ✓ 발표는 Face to Face
  “진검 승부” ➔
  성공의 지름길이다!!(아무나 할 수 없다!)
- ✓ 성공한 발표자로서 나를 상상하라!
- ✓ 청중들은 나보다
  “낮다!, 모른다!”
  라고 생각하라! (피그말리온 효과)

준비2 – 똑바른 자세

<군인–열중쉬어 자세>
10분 이상 견딜 수 없음!!

<기타 – 입수 기립, 팔짱 자세, 짝 다리 자세>
청중에게 무성의함, 불쾌감, 거만한 감정 유발

준비2- 똑바른 자세

Taming the Beast Within
Scott W. Lee PhD
Columbia Psychological Associates

발표명인: 스티브 잡스(Steve Jobs)

1955년생 (생모가 아이를 양육할 수 없어 입양을 보냄)
1976년 'Apple'을 설립하고 'Apple 1'을 출시
1974년 'Apple 2' 출시
1980년 'Apple' 주식 공모
<포춘>지 선정 500대 기업으로 성장
1984년 세계 최초의 GUI방식 컴퓨터
'매킨토시(Macintosh)' 개발
1985년 그의 독선과 모험적 태도를 이유로 경영권 박탈
1986년 '픽사(Pixar)' 인수
1997년 연봉 1달러에 '애플'로 복귀
2004년 췌장암 수술
2006년 <비즈니스 위크> '가장 성장성 있는 기업 1위'
압도적 지지로 '가장 닮고 싶은 CEO' 선정

Why Steve Jobs' Presentation?

- ✓ 하나의 완벽한 드라마
- ✓ 몸짓 하나 하나까지 연출된 치밀한 구성력
- ✓ 핵심만 보여주는 강력한 'One Point' 슬라이드
- ✓ 청중을 위한 쇼, 예상하지 못한 이벤트
- ✓ 슬라이드와 하나가 된 엔터테이너 잡스의 진행력
- ✓ 이해도를 높이는 꼬리의 꼬리를 무는 화법

준비3- 전산기기

❖ 매체 선정시 고려사항

- ✓ 전체가 볼 수 있는 매체 선정
- ✓ 작동이 용이하고, 숙련된 것
- ✓ 기기는 항상 사전 점검
  ➔ 기기특성 / 확장코드 / 콘센트 / Setting상태
  * 버튼 기능 조작
  * 테스트
  * 다른 기기와 호환
  * 고장시 대비한 보조 수단
- ✓ 아날로그 매체와의 연계성 검토
  ➔ OHP, White Board, Speaker등

❖ 발표 환경에 따른 매체 선정 고려사항

불을 끄고 하는 매체: 슬라이드 프로젝트, 영사기, LCD 패널, 빔 프로젝트

불을 켜고 하는 매체: TV, VTR, White board

준비3- 전산기기

❖ 전산 기기 중 가장 많이 사용하는 것!

➔ 노트북과 빔 프로젝트

@ 실습해 볼까요

❖ 빔 프로젝트 사용법!

➔ 발표 중 청중을 집중하려면..
빔의 화면을 사려지게 해야 함!

@ 실습해 볼까요

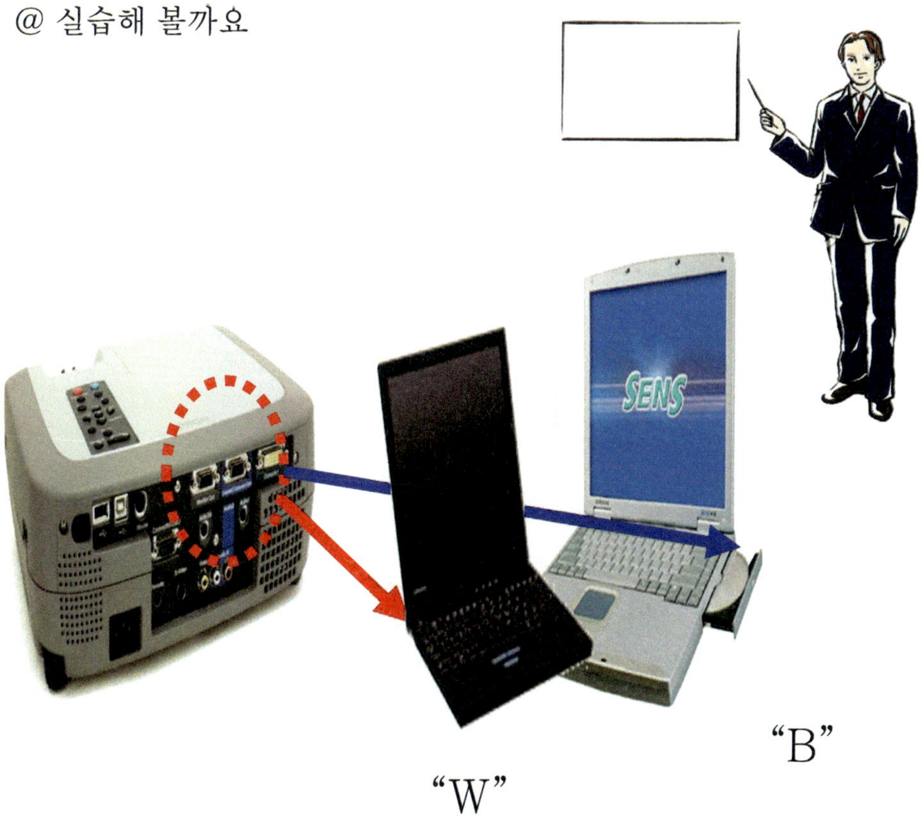

준비4– 좌석배치

❖ 청중의 좌석배치 방법

➔ 발표 중 청중의 집중도를 고려한 좌석배치를 필수

@ 고려사항

: 청중의 수, 장소의 넓이, 조명등

❖ 좌석배치 종류

➔ 학교형, U 자형, ㄷ 자형, V 자형(Fish bone), 대면형, ㅁ 자형, 섬형, 반원형, 삼각형형, 원형(Fish bowl)

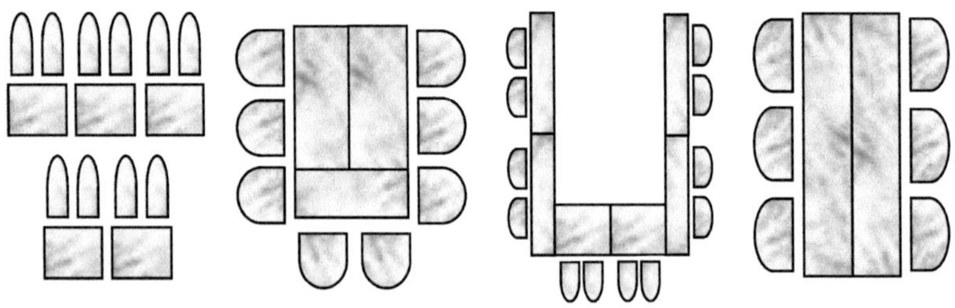

<학교형> <U 자형> <ㄷ 자형> <대면형>

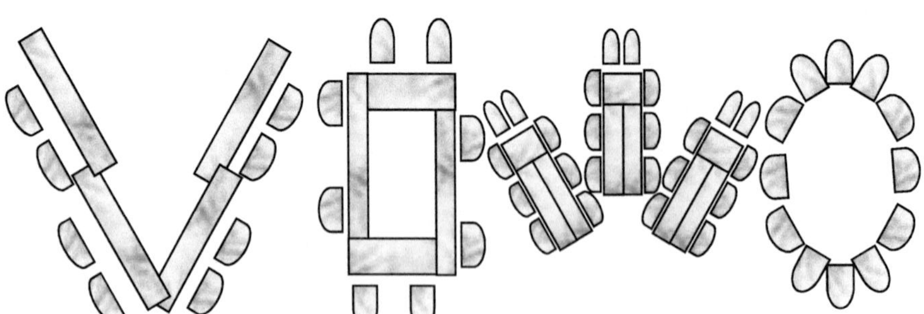

<V 자형> <ㅁ 자형> <섬형> <원형>

발표자 Personality

- ❖ Image Making 中 첫인상
- ❖ Eye Contact, 시선처리
- ❖ Speech, 화법사용 기법
- ❖ Visual Hand, 손 사용 기법
- ❖ Gesture, 몸동작 사용 기법
- ❖ Question, 질문하는 법, 받는 법

Image-making 中 첫 인상

30초 동안에 처음 만난 상대의 성별, 나이, 직업, 성격 깔끔함, 신뢰감, 성실성 등을 어느 정도 평가할 수 있다.

– Gorden Allport [대인지각 이론 中] –

체험학습 (1)

사례 1

장자크 루소, 그는 프랑스의 작가이며 사상가로서, 우리에게는 '자연으로 돌아가라'고 외친 사람으로 잘 알려져 있다. 교육 소설 「에밀」의 작가이며 당시 계몽주의 사상가들과 함께 프랑스 혁명의 정신적 지주였으며 감정의 해방을 주장하여 페스탈로치에게도 많은 영향을 준 사람이다.

총점 (   )

구 분	매우 그렇다	약간 그렇다	그저 그렇다	그렇지 않다	전혀 안그럼
1. 이 사람은 헌신적이다…	5	4	3	2	1
2. 이 사람은 점잖다…	5	4	3	2	1
3. 이 사람은 따듯하다…	5	4	3	2	1
4. 이 사람은 도덕적이다…	5	4	3	2	1

체험학습 (2)

사례 2

제임은 다섯명의 쌍둥이를 고아원에 버렸다 또한 연상의 과부뿐 아니라, 자기 집의 가정부와 자기가 부렸던 아랫사람. 그리고 하숙집 딸 등 닥치는 족족 성희롱을 했던 것이다.

총점 (   )

구 분	매우 그렇다	약간 그렇다	그저 그렇다	그렇지 않다	전혀 안그럼
1. 이 사람은 헌신적이다…	5	4	3	2	1
2. 이 사람은 점잖다…	5	4	3	2	1
3. 이 사람은 따듯하다…	5	4	3	2	1
4. 이 사람은 도덕적이다…	5	4	3	2	1

체험학습 (2)

사례 3

어떤 사람에 대한 특징을 나타낸 말이다.
이 사람에 대해 호감도는 어느 정도인가?

호감도 (　　　　점)

사례 4

어떤 사람에 대한 특징을 나타낸 말이다.
이 사람에 대해 호감도는 어느 정도인가?

호감도 (　　　　점)

호감 주는 표정-웃는 얼굴

❖ 웃음의 효과

- ✓ 호감의 효과
- ✓ 감정이입의 효과
- ✓ 마인드 컨트롤 효과
- ✓ 건강증진 효과

❖ 웃음의 포인트 ➔ 눈, 입

Eye-Contact ➔ 시선처리

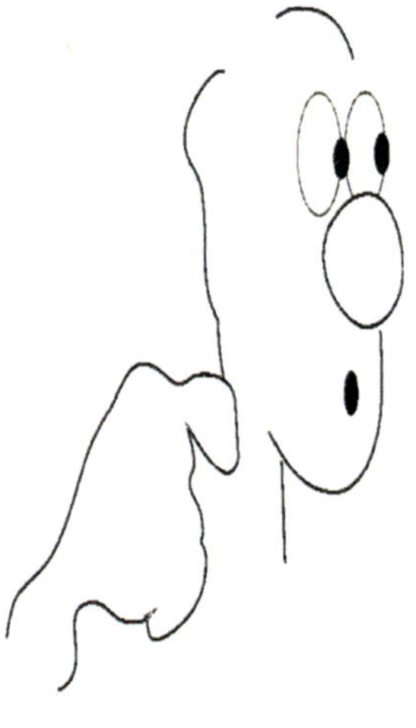

❖ 눈은 설득력이 풍부

❖ 상대방은 당신에게 주목 받고 싶어한다.
(소녀의 마음을 알아 주세요)

❖ 주시율이 높으면 신뢰 받는다.

❖ 시선을 한껏 맞추자. (Key-man을 중심으로)

❖ 대면시선 훈련

주시율 VS 청중 평가도

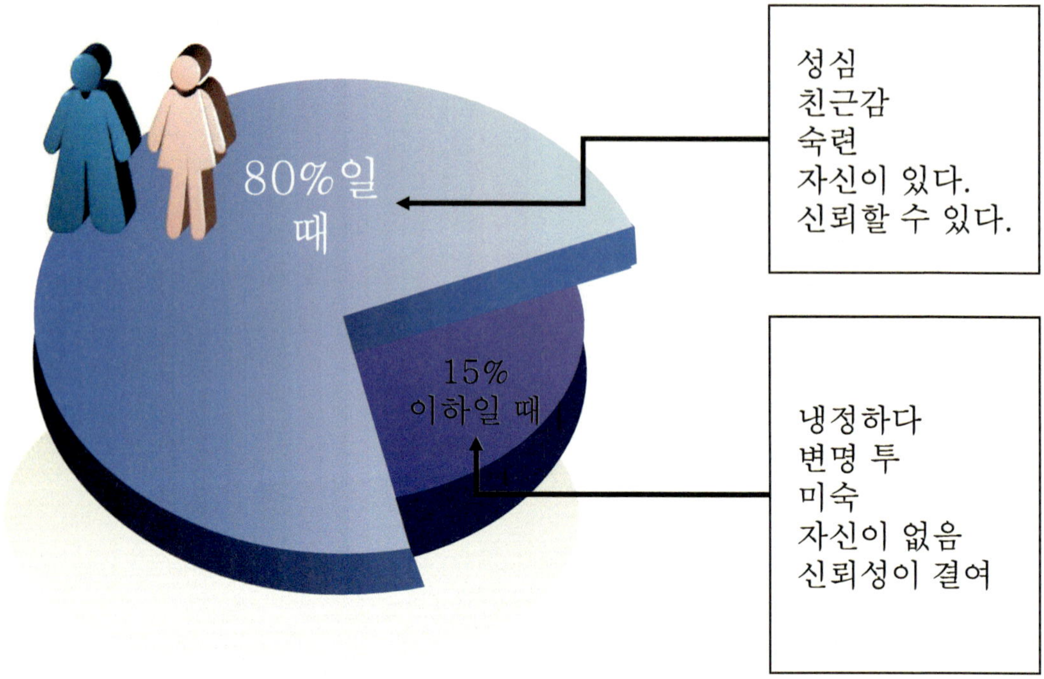

Eye-Contact ➔ 『Skill』

- 항상 1:1로 이야기 하듯이
  (전체에게 이야기하려 하지 않는다)
- 시선을 바꾸는 타이밍
  ➔ "One Sentence, One Person"
- 눈과 몸을 같이 움직인다.
- "지그재그법"
- 오른쪽 끝의 사람을 의식적으로 주목하라

Zig-Zag 법

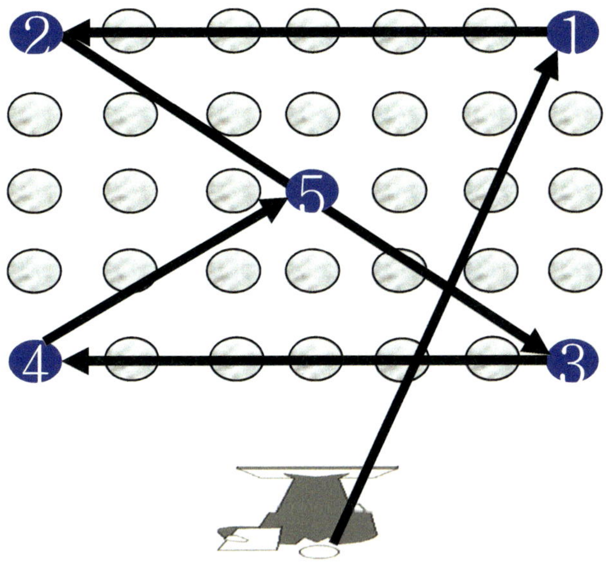

Eye-Contact ➔ 『Skill』

- ❖ Presentation Eye-contact Point
- ❖ ➔ "Look - Smile - Talk"

- ❖ 호의적인 사람을 찾아
- ❖ Eye Contact후, 또 다른 호의적인 사람을 찾아
- ❖ Eye Contact하라

Eye-Contact ➔ 『Skill』

❖ 상대방의 얼굴을 너무 오래 보지 않는다.

❖ 부드러운 표정으로 시선 이동을 한다.
➔ 남자: 넥타이 매듭 부분
➔ 여자: 목걸이 펜던트 부분

❖ 이러한 유형의 Eye-contact 범위를
➔ 비즈니스 아이존!!

Speech!!

✓ 발표자의 음계 및 속도는?
➔ 오전:
➔ 오후:
➔ 저녁:

✓ 가장 큰 목소리의 ( )%

✓ 육성으로 제일 뒷사람이 들릴 정도

✓ Never! 성적농담, 지역감정 발언

Speech!!

✓ *발표자*의 발음은 어떻게

2인 1조로 실습해 보겠습니다. 함께 해볼까요?

2인1조 활동
(제한시간10분)

Speech!!

✓ *발음*은 어떻게? 연습해 볼까요!!

1. 멍멍이네 꿀꿀이는 멍멍해도 꿀꿀하고, 꿀꿀이네 멍멍이는 꿀꿀해도 멍멍하네.
2. 들의 콩깍지는 깐 콩깍지인가, 안 깐 콩깍지인가. 깐 콩깍지면 어떻고 안 깐 콩깍지면 어떠냐. 깐 콩깍지나 안 깐 콩깍지나 콩깍지는 콩깍지인데.
3. 상표 붙은 저 깡통은 깐 깡통인가, 안 깐 깡통인가?
4. 강낭콩 옆 빈 콩깍지는 완두콩 깐 빈 콩깍지고, 완두콩 옆 빈 콩깍지는 강낭콩 깐 빈 콩깍지다.
5. 작년에 온 솥 장수는 헌 솥 장수이고, 금년에 온 솥 장수는 새 솥 장수이다.
6. 내가 그린 구름 그림은 새털구름 그린 그림이고, 네가 그린 구름 그림은 뭉게구름 그린 그림이다.

✓ *발음*은 어떻게? ( ) 처럼 들리지는 않는가요?

19세:기 이:전까지 중국과 러시아는 우리 동해를 거의(거:이) 모든 지도에서 동해로 표기했던 것으로 밝혀졌습니다.(발켜저씀니다)

우리나라와 중국, 러시아 학자(학짜)들이 참석한(참서칸) 동해 명칭 관련(괄련) 세(쎄)미나에서 중국 과학연:구원의 두명상 명예원장은 중국의 요, 송 시대부터 청대 초까지 중국은 계:속 동해 또는 경해라는 표현으로 각종(각쫑) 지도와 문서에 통:일해 왔으며,19세:기 중반 아편전:쟁을 계:기로 일본해라는 표현이 나타나기 시:작했:다고(시:자캐:타고) 지적했:습니다.(지저캐:씀니다)

발표자의 Speech Skill!

✓ 발표자 의사용 용어는 쉬워야 한다
" Communication의 구조"

➔ 송신자는 수신자에게
공통의 상징체계를 가지고
의미를 전달하고 이해 시키는 것!

✓ 말버릇을 피한다

✓ 필히 경어를 사용한다

✓ 공백표현 기법을 활용한다

상대방을 사로잡는 말씨 (화술)

김제동

래리 킹

1:1 Communication Skill

❖ 어형 선택하기

❖ 부정형, 명령형보다
　　　긍정형과 의뢰형 사용하기

Ex)
　안됩니다, 못합니다, 모릅니다 / 3無 운동

　➔ 제가 해보겠습니다.
　　알아보고 말씀 드리겠습니다.

❖ 쿠숀용어 (매직언어)
: 문장 앞에서 양해를 구하는 언어

Example)

　죄송합니다만, 괜찮으시다면 등

❖ 공감적 경청
: 필히 청중의 답변에 공감을 표하라!!

절대 비급 – 반드시 활용하면..

❖ 피해야 할 주제 : 지연, 종교, 정치, 학연, 혈연
❖ 권장 대화 화제 : 주여,신식의사가, 천생연분이오

- ㅇ 주 : 주거, 주택
- ㅇ 여 : 여행
- ㅇ 신 : 신문, 뉴스 소문
- ㅇ 식 : 음식, 식생활
- ㅇ 의 : 의복, 액세사리
- ㅇ 사 : 사업, 업무, 일
- ㅇ 가 : 가족관계
- ㅇ 천 : 천재지변, 날씨
- ㅇ 생 : 생명, 건강
- ㅇ 연 : 연애, 결혼
- ㅇ 분 : 분위기, 환경
- ㅇ 이 : 이웃
- ㅇ 오 : 오락, 여가생활

Visual Hand & Gesture

❖ Visual Hand란?
➔ 손을 사용하여 이야기를 시각화 하는 것!

❖ 청중에게 강력한 이미지
❖ 강한 Impact 제공
❖ 설득력의 증대 ➔ 43% 증대, 미네소타 주립대

Visual Hand 3 사용 원칙

❖ 강조 시 상하로 움직인다

❖ 결론을 말할 때는 한걸음 앞!

❖ 틀려도 머리에 손을 ➔ No!

강사의 잘못된 손동작!

✓ 아담과 하와의 성기를 가리는 손동작

✓ 뒷짐을 지는 수갑형 손동작

✓ 기타 ➔ 주머니에 손, 팔짱, 시계나 반지 만지기, 등

Visual Hand 표현 방법

- ❖ 1. 2. 3. 4
- ❖ 30% 신장!
- ❖ 과거 ➔ 현재 ➔ 미래
- ❖ 1단계, 2단계, 3단계
- ❖ 강조와 결론
  : 이번 프로젝트의 가장 중요한 것은 이것입니다.
  : 이상이 본 발표의 핵심입니다.

Visual Aid 표현의 철칙

❖ 시각자료는 청중을 보여준 後, 청중을 바라 본 後, 발표한다

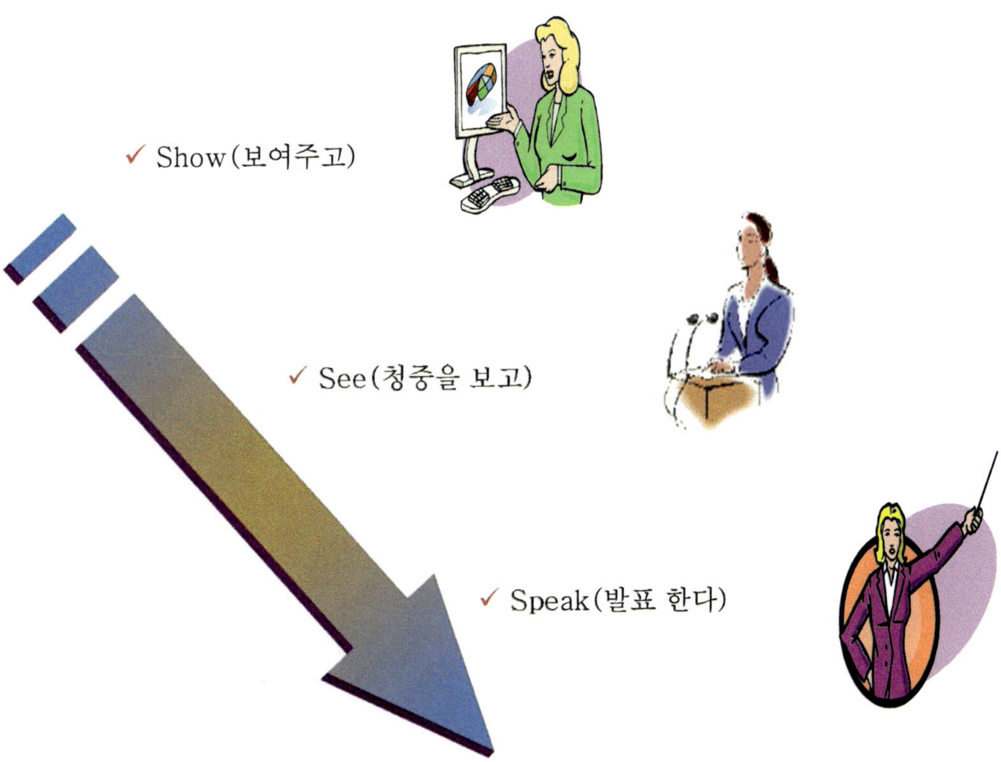

발표자의 최대무기- 질문하라!

❖ 1원칙 : 참여를 끌어내는 개방형 질문을 하라!
➔ 공허한 질문은 무의미
'식사 했습니까?'

❖ 2원칙 : 질문하는 거도 Process다!
Logic으로 질문하라!
➔ 전체질문
➔ 포위질문
➔ 개별질문
➔ 중계질문

발표자의 최대위기- 질문 받기!

❖ 원칙: 절대 여유와 Process로 대처하라!

Situation

귀하가 발표 중 질문을 받으면 How TO?

Situation Analysis & Process

- ✓ 아! 질문 있으시군요! (음계를 높인다!, 기선제압)
- ✓ 천천히 질문자에게 다가간다 (공격적 Eye-contact)
- ✓ 궁금합니다. 질문이 무엇인지? (거래적 관계위치 선정)
- ✓ 질문에 공감적 경청을 한다 (앵무새가 된다)
- ✓ 질문을 전체에게 공유한다 (질문자의 자존심을 존중 後)
- ✓ 중계 및 역 질문 또는 직접 답한다
- ✓ 질문자에게 확인 받는다 (공격적 Eye-contact)

Question Receive Skill

❖ 여유를 가져라! 청중들이 보고 있다
진검 승부다! ➔ "승리해야 한다!"

❖ Process로 접근하라

- ✓ 질문자에게 확인 요약하라!
  - ✓ 전체에게 공유하라!
    - ✓ 전체에게 답변하라!

곤란한 질문 처리 요령

- ✓ 질문을 받는 타이밍

  Ex. 아인쉬타인의 운전기사

- ✓ Yes ~ but 화법, 먼저 공감을 표시.
- ✓ 릴레이 질문
- ✓ " I don' t know " 라고
  말하는 용기도 필요

퀴즈! 이 사람은 누구인가요?

- ✓ ' 05년 1월기준, MBC 보도국 부장대우
- ✓ 1956년생,
  미네소타 주립대 석사
- ✓ '05년 대학생이 뽑은 '공공의 적 2'에 공공의 인물로 가장 적합한 인물 1위
- ✓ MBC 100분 토론 진행자

Ground-Rule의 중요성!

✓*R*emember! Remember! : G-R

❖ Scenario 작성

발표는 총 30분간 진행되겠습니다. 발표의 원활한 진행을 위해, 핸드폰은 진동으로 부탁 드리며, 발표시 궁금사항은 발표가 마무리 되면, 질문 시간을 별도로 가지려고 하오니 그때 부탁드립니다. 공감하시겠습니까?, 예, 그럼…

Facilitator로서의 Role

❖Who is *F*acilitator?

발표시 분위기를 촉진시키기 위해
참여발표(학습)방법을 활용하여
청중들이 좀 더 쉽게
발표내용을 숙지 및 학습할 수
있도록 발표 분위기를 촉진 /
지원하는 역할을 수행하는 사람

Presentation VS Facilitation

Presentation Skill	Facilitation Skill
• One-way Communication (Presenter → 청중)	• Two-way Communication (Facilitator ↔ 참석자)
• Presentation Skill	• Presentation Skill • Interaction Skill - Questioning, Listening, Feed-back, Summarizing
• 대규모 강연 • 신상품소개, 발표회, Sales Proposal 등 공식행사 시	• 소규모 강의, W/S • 팀 회의, 토의, 연구회 등의 비공식 모임

Facilitation 5 Skill

❖ Facilitation 5 Skill
➔ " 자 공 문 이 다"

FS 1: 청중의 자존심을 중시하라!

FS 2: 청중의 의견을 공감적으로 경청하라!

FS 3: 발표 시 문제해결에 도움을 청하라!

FS 4: 청중의 이해도를 체크하라!

FS 5: 다음에 무엇을 할 것인지 알려줘라!

FS 1 : 자존심을 중시하라!

■ 청중의 발언 중시, 개개인을 특별하고 중요한 존재로 인정...
■ 문제 발생시, 청중을 먼저 탓하지 말라.
■ 능력인정, 참여에 감사표시, 이름 사용
■ 공개적인 질문에 비난/질책은 금물, 틀린 경우에도 자존심 유지...

✓ 이럴 경우에는?
- 발표 시작시와 종료시
- 질문에 틀린 대답을 했을 경우
- G/R에 어긋나는 행동을 했을 경우
- 발표시 질문에 참여했을 경우,
- 질문을 했을 경우

FS 2 : 공감적으로 경청하라!

■ 청중의 질문이나 말의 내용을 정확히 파악하여 되풀이 한다.
■ 발언의 이면에 깔린 느낌, 기분, 의중을 파악하여 공감을 표시.
■ 발언을 들으려는 자세를 취한다. (자세, 시선, 끄덕임)

✓ Quiz: ( )가 되자.

✓ 이럴 경우에는?
- 곤란한 질문이나 부정적인 발언을 했을 경우...
- 뭔가 문제의식을 가지고 발언을 한 경우...

FS 3 : 문제해결에 도움을 청하라!

■ 가능한 한 발표에 참여하도록 하고 선택의 여지를 넘겨준다.
■ 질문을 통해 최대한 참여를 이끌어낸다.
■ 발표전과 중(운영시) 청중의 기대사항을 청취한다.

✓ 언제, 어떻게 하는 것인가?

제안하기 :
아이디어 요청하기 :

FS 4 : 이해도를 체크하라!

■ 전달한 부분을 재확인 하는 질문
■ 이해가 되었는지 물어보고, 부족한 부분은 재설명
■ Process대로 진행되고 있는지 순회하면서 확인한다.

✓ 이럴 경우에는?
- 내용 설명 종료 후
- 중요 사항 재확인
- *Quiz*

FS 5 : 다음 절차를 알려줘라!

■ 발표내용에 대한 Concept 설명
■ 중요부분, 핵심부분을 재강조하여 놓치지 않게 한다.
■ 논점에서 어긋나는 청중을 본 궤도에 진입시킨다.

✓ 이럴 경우에는?
- Module Or Theme가 바뀐 경우
- 중요한 내용을 말하기 전에
- 동영상을 시청하기 전, 후...

프리젠터의 시간관리!

✓ 정시에 시작해서 정시에 끝마쳐라

✓ 발표 준비 時 내용에 대한 설명을 110% 정도가 되도록 구성

✓ 시간이 부족할 때

✓ 시간이 남을 경우

Synopsis & Scenario 점검-1

❖ 발표 Contents 점검

- ✓ introduction의 Logic
- ✓ 목표에 대한 정의
- ✓ 현상에 대한 분석
- ✓ 문제 및 문제점 파악
- ✓ Before VS After 정리
- ✓ Visual Aid化, Closing

Synopsis & Scenario 점검-2

❖ 발표 Place 점검

- ✓ 좌석 배치
- ✓ 전산기기 시범 운영
- ✓ 조명기기 확인
- ✓ 유인물 확인
- ✓ 명함 확인
- ✓ 레이저 포인트 확인

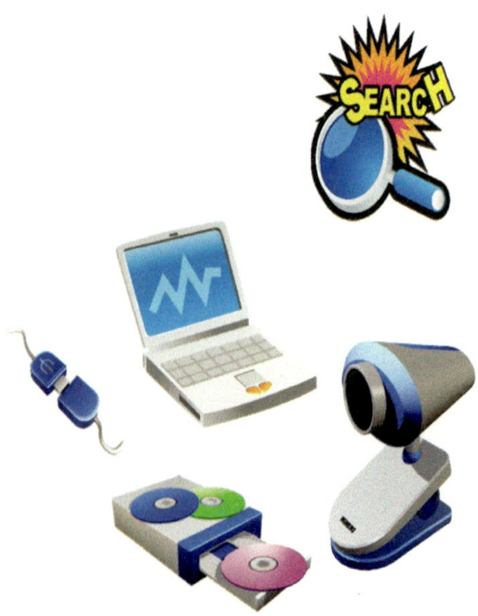

Synopsis & Scenario 점검-3

❖ Delivery Skill 점검

✓ 질문 제 기법(하는 것, 받는 것)
✓ 학습 촉진 기술 숙지
✓ 비협력자 퇴치법
✓ Key-man 활용법
✓ Hand-out 활용법
✓ 키보드 "B", "W" 활용법

Module 22

시간관리

1) 시간관리 방법
2) 시간관리와 성과분석
3) 시간관리의 필요성 및 이해
4) 나의 시간관리

시간관리

◆ 시간관리

- 자기 자신을 관리하는 것
- 인생 · 생애를 계획하는 것
- Event Control 하는 것

<시간관리의 분류>

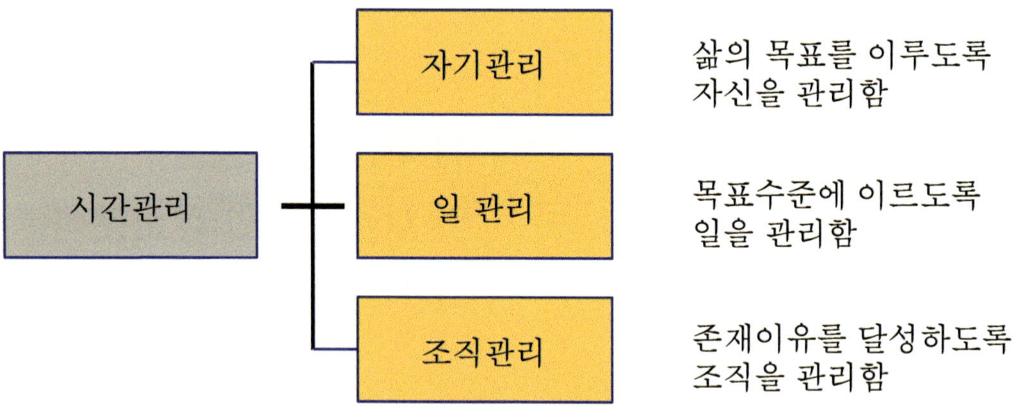

◆ 시간관리의 방해요인

- 기술적 무지
- 심리적 장애
- 외부적 현실
- 창고와 시간의 유사성

시간관리

◆ 시간관리의 원칙

- 명확성의 법칙: 목표가 명확하면 목표 달성이 빠름
- 우선순위의 법칙: 우선순위의 결정이 삶의 질을 좌우
- 버림의 법칙: 새로운 것을 시작하려면 낡은 것을 버려라
- 계획의 법칙: 계획에 들인 1분이 10분을 결정함
- 기록의 법칙: 시간을 기록하라
- 기록된 시간을 관리하는 것이 필요하다
- 시간을 통합하라

◆ ABC분석의 원칙을 통한 시간관리

<ABC 원칙을 통한 시간관리>

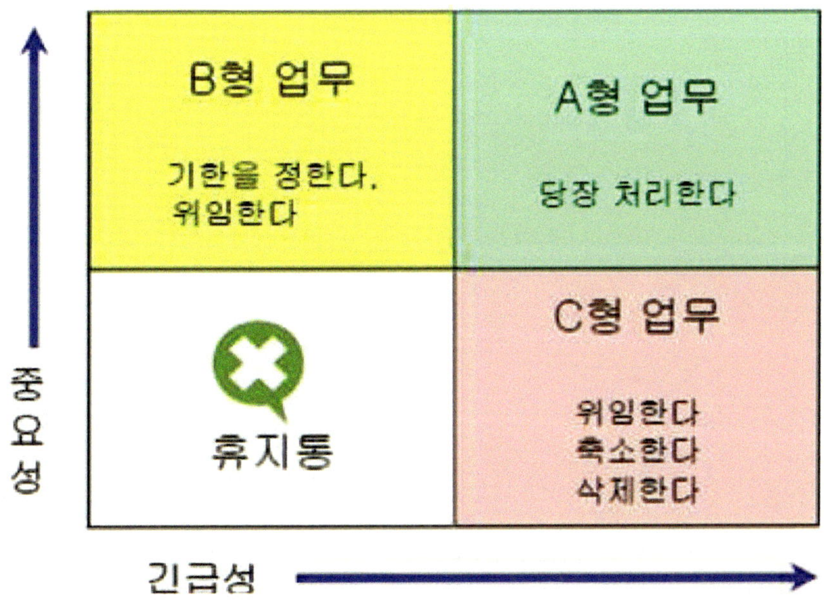

시간관리

<ABC분석의 원칙을 통한 시간관리>

A순위	B순위	C순위
오늘 반드시 해야 한다.	해야 한다.	할 수 있으면 좋다.
최고로 중요	평균적으로 중요	중요하지 않음
모든 과제의 15%에 불과 가치에 있어서 65%의 비중	모든 과제 중 20%를 차지 가치에 있어서 20%의 비중	모든 과제의 65%에 달하나 가치 비중은 15%에 불과
스스로 수행, 위임 불가	전략적으로 계획하고 기한을 정함	위임하거나, 줄이거나 취소함

임파워먼트

◆ 임파워먼트란 실무자들의 업무 수행 능력을 제고시키고, 관리자들이 지니고 있는 권한을 실무자에게 이양하여 그들의 책임 범위를 확대함으로써 종업원들이 보유하고 있는 잠재 능력 및 창의력을 최대한 발휘하도록 하는 방법

<임파워먼트의 다양한 의미>

내 용	역량증대 활용, 확산	· 자신과 구성원으로부터 최고/최선을 추구하는 것 · 개인 속에 구속된 파워를 키워주고 풀어주는 것 · 사람의 능력을 최대한 활용하는 것.
목 적	능동, 자율, 창조 경영	· 수동적, 상황적응적 관리(reactive management)를 지양하고 능동적, 상황창조적 관리(flexible management)를 추구 · 조직 내 구성원으로 하여금 수동적보다는 능동적인 삶을 살게 함 · 조직의 지속적 성장을 추구
방 법	권한이전	· 위임을 넘어서서 가장 효과적으로 파워가 쓰이는 곳에 실질적으로 파워를 부여하는 것 · Power delegation보다는 power devolution 관점 · 파워를 잃는 것도 주는 것도 아니고, 파워를 풀어주고 키워주는 것

임파워먼트

◆ 임파워먼트의 구성요소는 다음과 같음

- 의미성
- 역량성
- 자기결정성
- 영향성

◆ 임파워먼트의 방법은 다음과 같음

- 정보화를 통한 임파워먼트
- 비전의 공유를 통한 임파워먼트
- 권한이양을 통한 임파워먼트
- 인정과 보상을 통한 임파워먼트

Ⅰ. 시간관리 방법

1. 우선순위

ABC 분석법 활용

▪ 우선적으로 해야 할 일을 선택할 때 가장 어려운 점은?

→ 일의 우선순위를 결정하여 위임하는 것이다.

ABC 분석법 활용

업무 LIST를 나열하고
목표달성 공헌도에 따라
순번을 매기는 방식

1. 우선순위

ABC분석 연습하기

1 ABC분석을 실습해 봅니다. (2분)

2 실습 후 등급 차트를 완성합니다.
차트의 분포는 어떠한지
그룹 토의합니다.

Ⅰ. 시간관리 방법

1. 우선순위

효과적인 우선순위 분포도

이익이 많은 업무 (등급 A와 B)

업무	등급	시간비율

A+B의 시간량 = C+D의 시간량

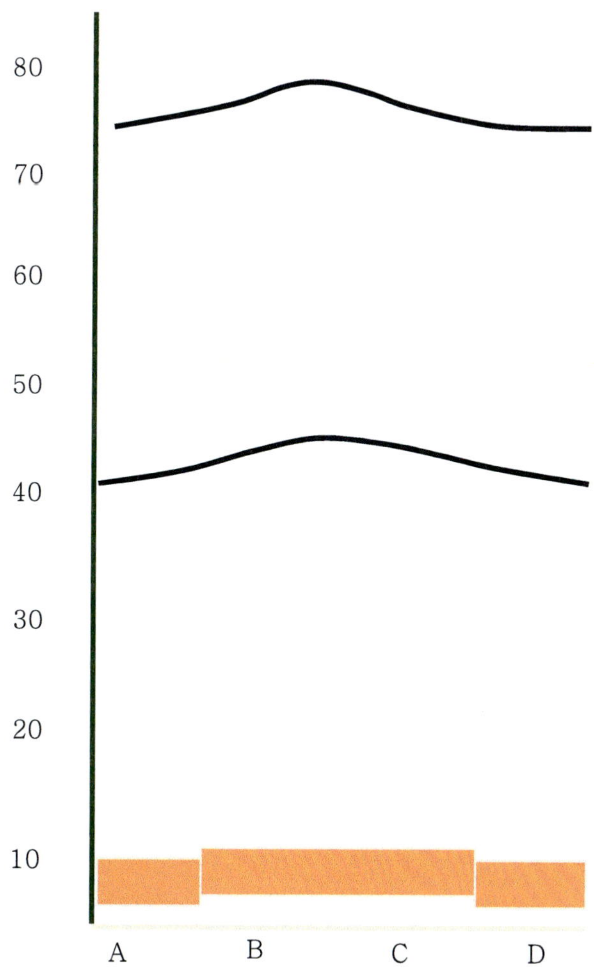

이익이 적은 업무 (등급 C와 D)

업무	등급	시간비율

2. 권한위임

권한위임이란?

권한위임 책임(위임 불가능)

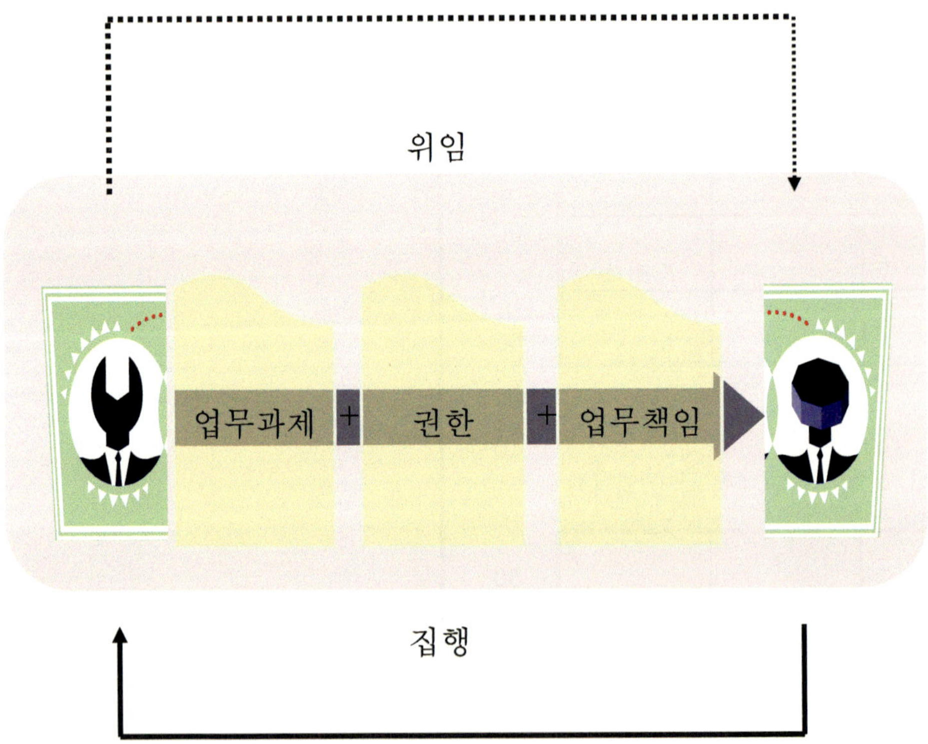

남이 시키는 일만하면 일찍 죽는다?

직장에서 자기 업무를 스스로 결정할 기회가 거의 없고 상사가 지시하는 일만 하는 직장인은 결정을 내리는 위치에 있는 직장인보다 오래 살지 못하는 것으로 밝혀졌다. 미국 텍사스대학 보건과학센터의 벤저민 애믹 박사는 '심신(心身)의학' 최신호 인터넷 판에 실린 연구보고서에서 1968년에서 1991년까지 23년간 5천 가구의 직장인들을 대상으로 직업의 신체적, 정신적 근로조건을 조사 분석한 결과 이 같은 사실이 밝혀졌다고 말했다.

애믹 박사는 직무 수행 시 결정권이 없는 사람은 결정권을 많이 가진 사람에 비해 사망 위험이 43% 높으며 이러한 가능성은 퇴사 후까지 영향을 미쳐 퇴직 후 10년 동안의 사망확률도 35%나 높은 것으로 나타났다고 밝혔다.

직장에서 결정권이 없는 사람들의 직무는 업무 수행에 필요한 기능이 다양하지 못하고 반복적인 일이 대부분 이기 때문에 이런 직장인은 일에 몰두하게 되지 않는 것으로 밝혀졌다고 애믹 박사는 말했다.

애믹 박사는 이처럼 의미 없는 일을 하게 되면 건강에 좋지 않은 생활습관을 갖게 될 수 있다고 지적했다. 애믹 박사에 따르면 또 이처럼 수동적인 직무를 수행하는 사람은 항상 신경을 써야 하기 때문에 스트레스가 유난히 심할 수 있다는 것이다.

스스로 흥미를 갖지 못하는 직무는 스트레스 관련 호르몬의 분비를 증가시킨다는 연구보고서도 있다고 애믹 박사는 말했다.

애믹 박사는 안타까운 것은 직장인의 직무를 의미 있게 만들 수 있는 방법이 없는 것이 아니며 또 그 방법이 생산성의 저하를 가져오는 것도 아니라는 사실이라고 지적했다. <연합뉴스>

2. 권한위임

권한 위임이 어려울 때

1. 매우 중대한 일이기 때문에 맡겨야 할 일을 설명하거나 관리할 시간이 없다
2. 업무의 문제점을 확실히 파악하지 못해 부하에게 무엇을 맡길지 불명확하다
3. 부하에게 맡기는 것보다 자신이 하는 편이 빨라 시간이 절약된다고 생각한다
4. 자신의 업무를 부하에게 맡기면 상사로부터 반감을 살까 봐 두려워 한다.
5. 재미있는 일과 행동에 스스로 열중해 버린다
6. 부하가 더 일을 잘 할까 봐 경쟁하는 것을 피하고 싶다.
7. 자신의 손에서 떠난 일이 통제 불가능해 지지 않을까 우려가 된다.
8. 부하의 역량에 확신이 없어 굳이 위험을 감수하고 싶지 않다.
9. 부하가 위임을 거부하면 어떻게 반응해야 할지 모르기 때문이다.

2. 권한위임

위임의 결정

권한위임 할 수 있는 것	권한위임 할 수 없는 것
일상적인 업무	경영관리자 본래업무 (목표설정,정책결정,결과통제 등)
전문지식을 필요로 하는일	부하의 지도와 동기유발
세세한 일	파급효과가 큰 업무
준비(설계 등)	예외적인 사항 등

2. 권한위임

공유해봅시다

권한위임의 성공경험	절대 위임 못한 일들

위임업무의 평가

개인적 특성

관찰된 행동

태도, 성향, 할애한 시간

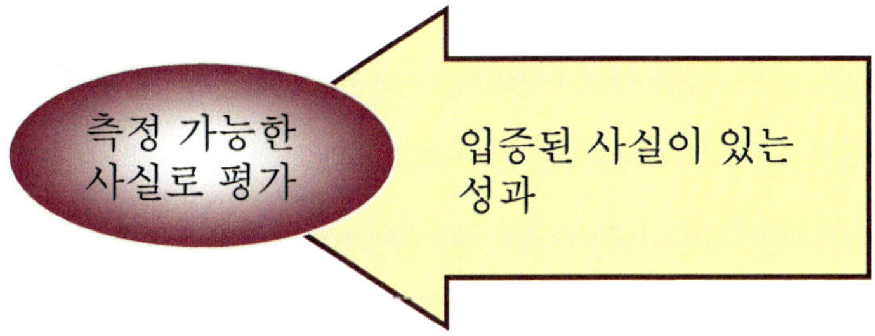

부하직원에게 두 가지 메시지를 동시에 주어선 안됩니다.
평가의 핵심은 사실에 입각한 것이어야 하며,
개인적 성향으로 부하직원을 평가할 경우 혼란이 야기됩니다.

관찰된 행동 찾기 연습

1 사례를 읽고 관찰된 행동을 찾아 설명해 봅니다.

2 부하직원 중 관찰된 행동(긍정적이든 부정적이든) 을 기술하고, Value와도 연결하여 봅니다.

Action Plan 수립

관리자의 시간관리에 80:20의 법칙을 활용하여 앞으로 스스로 수행해야 할 과제와 부하에게 위임할 수 있거나 위임하고자 생각하는 일은 무엇입니까?

스스로 수행할 과제	위임할 과제
◎	◎
◎	◎

Ⅲ. 시간관리의 필요성 및 이해

◆ 시간관리의 필요성

❖ 직장에서 좋은 성과를 내 승진하는 것
❖ 재테크를 잘해 돈을 벌어 부자가 되는 것
❖ 평생 동안 지속적인 학습을 통해 삶에 필요한 지식을 쌓는 것
❖ 가족들과 삶의 여유를 느끼며 행복하게 사는 것
❖ 가보지 못한 곳을 가 보고, 먹어보니 못한 것을 먹어 보는 경험을 하는 것
❖ 등등 …

◆ 시간의 두 가지 속성

▶

- 모든 사람이 가지고 있는 유용한 자원
- 하루를 25시간 활용하는 사람은 없다

▶

- 지금 내가 무엇을 하는 것은 다른 무엇을 할 수 없는 것이다
- 하루에 주어진 24시간, 무엇을 하느냐에 따라 인생이 달라진다

Ⅲ. 시간관리의 필요성 및 이해

◆ 시간관리에 대한 잘못된 사고

✓ 시간관리란 시간을 분 단위로 쪼개서 하는 것

✓ 많은 일을 동시에 하는 것이 시간관리다

✓ 쉬는 시간 없이 바쁘게 살아가는 것이 시간관리다

◆ 시간의 우선 순위를 설정하라

중요함 ↑

• 새로운 기회 발굴 • 성공을 부르는 기회 (예: 자기계발) 행동지침을 세워 실행	• 위기/급박한 문제 • 기간이 정해진 프로젝트 즉각 대처
• 즐겁지만 생산성 없는 일 • 하찮은 일 적당한 조절이 필요	• 눈 앞의 급박한 상황 (예: 서류작성,전화,회의) • 작업의 흐름을 방해하는 사소한 일 단순화/제거/위임

→ 긴급함

◆ 자신의 목표와 관련된 시간의 우선순위 작성

당신의 목표는?

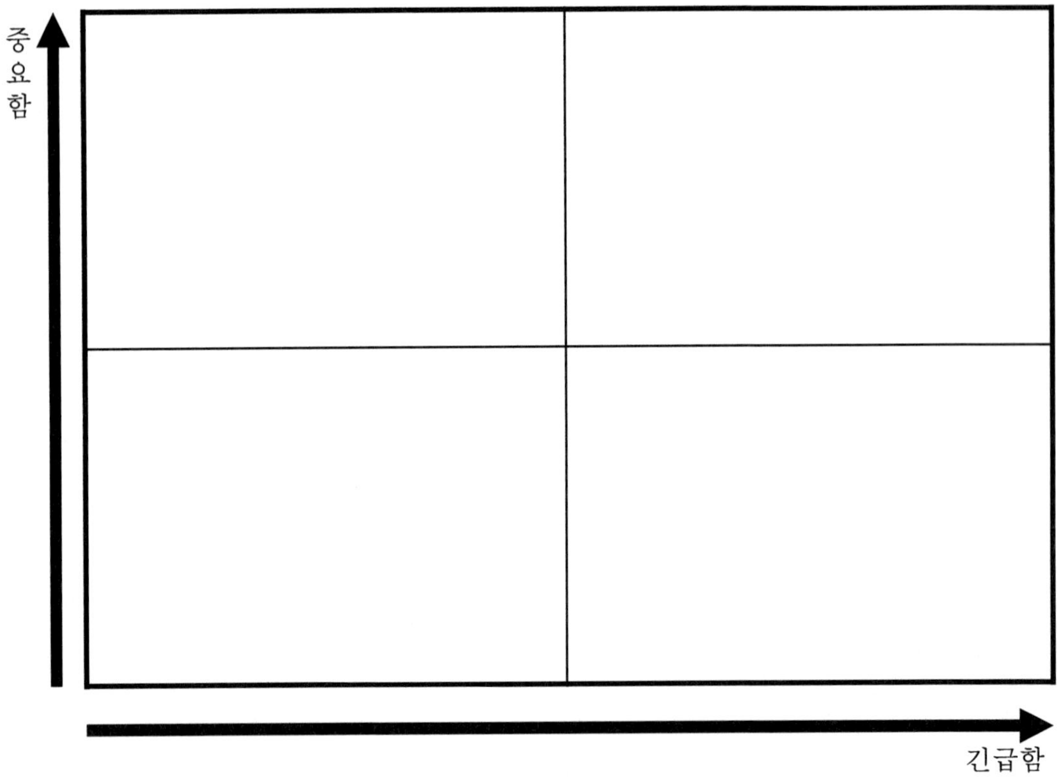

Ⅲ. 시간관리의 필요성 및 이해

◆ 시간의 속성을 이해하라

속성 1:

◆ 시간 관리의 엄청난 효과

- 하루 주어진 시간의 1%(15분)을 계획에 활용한다면 ________시간을 추가로 확보한 효과가 납니다
- 계획에 소비한 시간은 실행을 할 때 ____________배의 시간을 절약시켜 줍니다
- 하루에 30분의 추가시간을 얻는다는 것은, 하루 업무 시간을 8시간으로 계산할 때 일년에 _________일을 얻게 된다는 사실을 알고 계십니까?

속성 2:

사람은 시간을 의지대로 제어할 수 없다

하지만 사건은 의지대로 제어할 수 없다

속성 3:

본인이 느끼는 정도에 따라 결과가 달라짐

Ⅲ. 시간관리의 필요성 및 이해

◆ 하루에 15분을 활용한다면

✓ 1년간

- 책 1권을 쓸 수 있고, 악기 하나를 배울 수 있고, 중급의 외국어 회화 실력을 기를 수 있다.

✓ 3년간 계속하면

- 한 분야의 전문가가 될 수 있다.

✓ 40년간 지속하면

- 책 1,000권을 읽으며, 대학을 5번 다니게 된다.

◆ 성공적인 주말경영을 위하여

❖ 주말 경영은 금요일 저녁부터 시작하라

❖ 주말 아침을 장악하라

❖ 규칙적인 운동으로 마음을 다스린다

❖ 텔레비전을 통제하라

❖ 감동, 행복, 창조, 몰입하라

Ⅲ. 시간관리의 필요성 및 이해

◆ 주말생활의 6원칙

❖ 주중에만 양심껏, 받는 만큼만 일하라

❖ 가장 긴급하고 중요한 일은 미루지 말라

❖ 지나치게 방대한 인맥은 과감하게 가지치기하라

❖ 정보기기를 적극 활용하라

❖ 메모하는 습관을 들여라

◆ 소중한 것 먼저 하라

✓ 일보다 인간에게 시간을 써라

✓ 하루가 아니라 주간단위로 계획을 세워라

✓ 중요한 일이 생기면 그것부터 해라

✓ 긴급한 것을 먼저 해야 한다는 '긴급성 중독'에서 벗어나라

✓ 의견차이를 시간낭비가 아니라 새로운 시너지 효과의 시작이라고 여겨라

◆ 나의 시간 사용 현황

지난 1주일 동안 일/행동	시간			

잘못 사용된 시간 내용 분석

1.
2.
3.
4.
5.

◆ 향후 일주일 나의 시간 사용 계획서

향후 일주일 나의 시간 사용 계획	시간	중요도	긴급도	비고

◆ I Will

◇ 저 자 소 개 ◇

양 성 국
제주대학교 경영학과 교수

강 석 규
제주대학교 경영학과 교수

김 정 훈
제주대학교 경영학과 교수

조 부 연
제주대학교 경영학과 교수

방 호 진
제주대학교 경영학과 교수

리더십 역량 워크북

2015년 11월 16일 초판 인쇄
2015년 11월 20일 초판 발행

저 자 양성국 · 강석규 · 김정훈 · 조부연 · 방호진
발행인 윤 동 구
발행처 **창 민 사**
주 소 서울시 마포구 구수동 68-2 대건빌딩 103호
등 록 1999.10.28/제10-1846호
전 화 3472-1243~4
팩 스 3472-1245
e-mail cmbooks@hanmail.net

정가 30,000 ISBN 978-89-90359-87-2 93320